LA PIEUVRE

CLAIRE STERLING

LA PIEUVRE

La Mafia à la conquête du monde
1945-1989

Traduit de l'américain
par Béatrice Vierne et Colette Vlérick

ÉDITIONS ROBERT LAFFONT
PARIS

Cet ouvrage est publié
sous la direction de Bernard Oudin

Couverture : Michèle Greco, le pape de Palerme.
Ph. Franco Zecchin-Gamma.

Titre original : OCTOPUS
The Global Reach of the Sicilian Mafia

ISBN 2-221-06412-7
(édition originale :
ISBN 0-393-02796-1 W.W. Norton & Company, New York)

Pour mes bien-aimés Abby et Luke

Introduction

Si l'ouvrage que l'on va lire est écrit au passé, c'est parce que les faits que j'ai réunis au cours des quatre dernières années s'estompent déjà dans le flou de l'Histoire. La Mafia n'attend pas de se laisser rattraper par les événements ; elle a toujours su garder de l'avance sur ce qui apparaît au grand jour.

Quand je me suis lancée dans cette entreprise, en 1985, les hommes chargés de faire appliquer la loi tout autour du monde commençaient tout juste à découvrir à quoi la Mafia sicilienne en particulier s'était occupée au cours des vingt-cinq années précédentes. Beaucoup d'entre eux ne sont pas encore revenus de l'ampleur de leur découverte.

A partir de 1957, un modeste groupe de criminels, censés opérer à l'intérieur d'une petite île de la Méditerranée, s'est transformé en cartel multinational de l'héroïne, sévissant aux quatre coins de la planète. Aujourd'hui, ces hommes servent en outre de courtiers pour une importante quantité de la cocaïne mondiale. D'ailleurs, la Mafia sicilienne est le seul et unique syndicat du crime capable d'expédier de l'héroïne et de la cocaïne à travers les océans et continents en quantités massives.

Jusqu'au début des années 1980, il n'y avait pas un pays au monde où les autorités eussent la moindre idée de cet état de choses. A cette époque, les hommes d'honneur de Sicile occupaient des avant-postes stratégiques allant de Bangkok, Londres, Munich et Marseille à Montréal, Caracas, São Paulo et quelque vingt-cinq villes clefs aux Etats-Unis. Il n'y avait pratiquement pas un seul pays d'Europe, d'Asie, d'Afrique ou de tout l'hémisphère occidental qu'ils n'eussent envahi et corrompu au passage.

Ce qui leur permit de rester si longtemps invisibles — comme ils le sont toujours dans beaucoup de ces pays — ce n'était pas tant leur propre ruse que la naïveté des sociétés qu'ils avaient ainsi vampirisées. En dépit des preuves qui s'accumulaient, quant à la nature et aux objectifs de leur confrérie, ils étaient protégés par une solide muraille d'incrédulité populaire et officielle.

Le public n'avait aucun moyen de comprendre le phénomène et les forces de la loi n'étaient pas habituées à y faire face, et encore moins équipées pour le faire. Policiers et magistrats ne savaient pas ce que c'était que la Mafia sicilienne et n'éprouvaient aucun besoin de le savoir. Ils manquaient non seulement de curiosité, mais aussi, singulièrement, de mémoire historique. Leur incapacité à chercher des renseignements dans leurs propres archives, à se communiquer leurs réflexions et à les confronter, à relier ensemble divers actes criminels et à rapprocher les crimes d'aujourd'hui de ceux d'hier joua un rôle essentiel dans la réussite d'un calamiteux complot international.

Peut-être tous les défenseurs de la loi n'accueilleront-ils pas favorablement la publication de ces vérités gênantes, mais il sera impossible de faire échec à la Mafia tant qu'elles resteront valables. Il en va de même pour d'autres vérités gênantes dont on proclame invariablement qu'elles constituent une attaque contre le peuple sicilien.

Cette interprétation est depuis un siècle le moyen de défense classique de la Mafia, mais il s'agit là d'un mensonge cousu de fil blanc. En Sicile, les adhérents de la Mafia ne représentent qu'un pour cent de la population de l'île. Ceux qui les soutiennent de leur plein gré et en toute connaissance de cause ne forment qu'une petite minorité. Des millions d'honnêtes Siciliens ne supportent la Mafia que parce que la terreur les pousse à se taire. Les hommes et femmes qui ont lutté contre Cosa Nostra avec le plus de courage et de panache ont été des Siciliens.

D'aucuns s'offusqueront quand même de la piètre image que donnent de leur île les faits rassemblés sous ma plume. C'est la faute de la Mafia, pas la mienne. De grâce, ne tuez pas la messagère.

L'histoire racontée dans ces pages est fort compliquée, mettant en scène de nombreux personnages et événements. Le lecteur souhaitera peut-être consulter, aux pages 12-13, une carte de la criminalité en Sicile et un tableau regroupant les superclans de la Mafia sicilienne, ainsi qu'aux pages 341-343, un résumé chronologique des événements narrés ici et une liste des victimes de la Mafia.

La pieuvre est un animal marin, possédant un corps mou et huit bras appelés tentacules… Des rangées d'excroissances rondes sur le dessous de chaque tentacule jouent le rôle de ventouses. Elles peuvent s'attacher puissamment à n'importe quel objet et s'y cramponner même quand la tentacule est tranchée. S'il arrive à une pieuvre de perdre une tentacule, une autre poussera à sa place...

La pieuvre a deux yeux et y voit bien. Elle possède le cerveau le plus développé de tous les invertébrés...

Certaines espèces de pieuvres injectent un poison qui paralyse leur proie…

La pieuvre peut aussi dégager par giclées un liquide noir formant un nuage opaque qui la cache aux regards et lui permet d'échapper ainsi aux requins, baleines, êtres humains et autres ennemis.

Encyclopædia Britannica

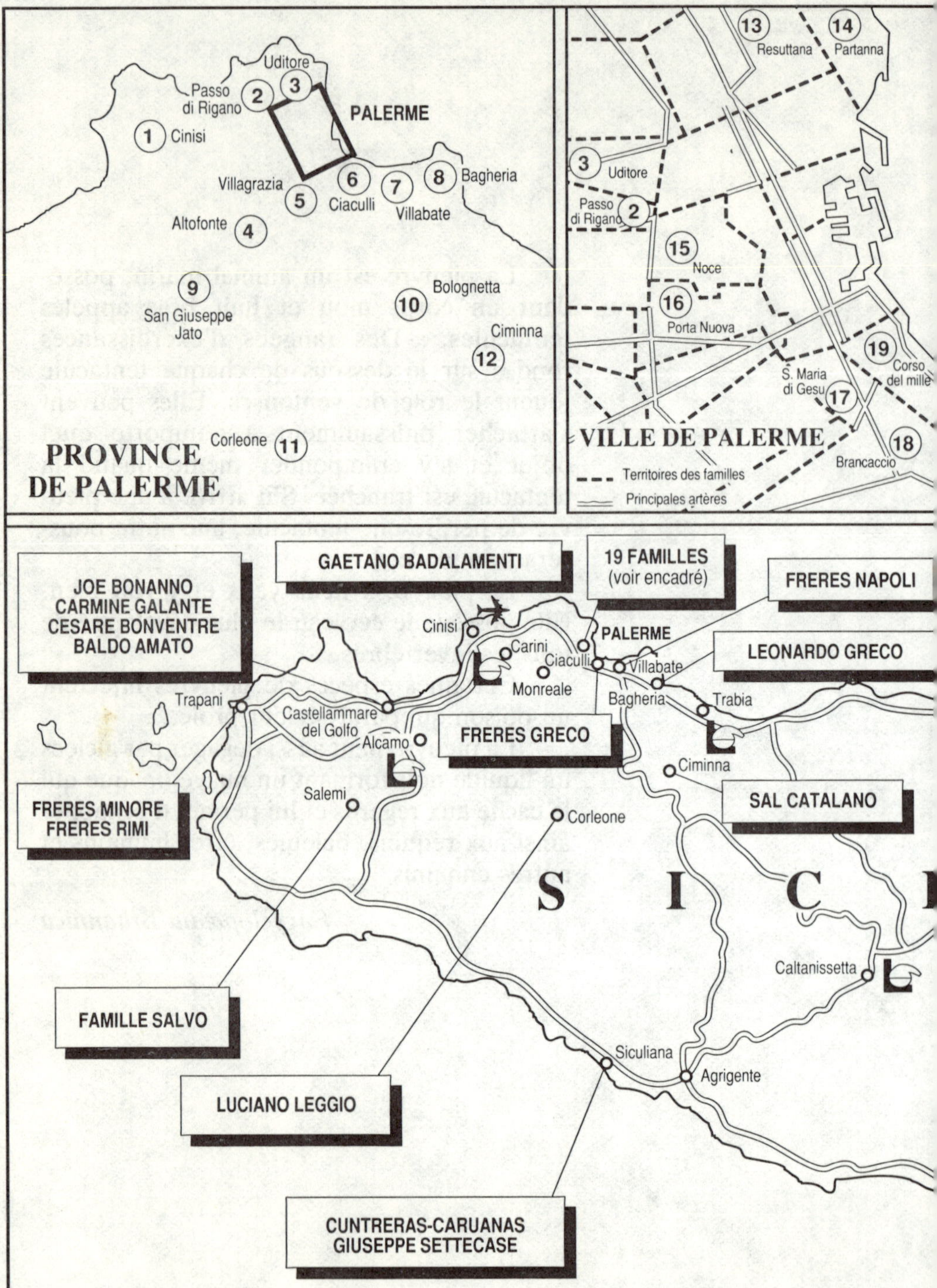
PROVINCE DE PALERME
Uditore
Passo di Rigano
PALERME
1 Cinisi
2
3
Villagrazia
5
6
Ciaculli
7
Villabate
8 Bagheria
Altofonte
4
9
San Giuseppe Jato
10
Bolognetta
Ciminna
12
Corleone
11
VILLE DE PALERME
13 Resuttana
14 Partanna
3 Uditore
Passo di Rigano 2
15
Noce
16
Porta Nuova
19
Corso del mille
S. Maria di Gesu
17
18
Brancaccio
Territoires des familles
Principales artères
JOE BONANNO
CARMINE GALANTE
CESARE BONVENTRE
BALDO AMATO
GAETANO BADALAMENTI
19 FAMILLES
(voir encadré)
FRERES NAPOLI
LEONARDO GRECO
Cinisi
Carini
PALERME
Ciaculli
Villabate
Monreale
Bagheria
Trabia
Trapani
Castellammare del Golfo
Alcamo
FRERES GRECO
Ciminna
SAL CATALANO
FRERES MINORE
FRERES RIMI
Salemi
Corleone
S I C I
Caltanissetta
FAMILLE SALVO
Siculiana
Agrigente
LUCIANO LEGGIO
CUNTRERAS-CARUANAS
GIUSEPPE SETTECASE

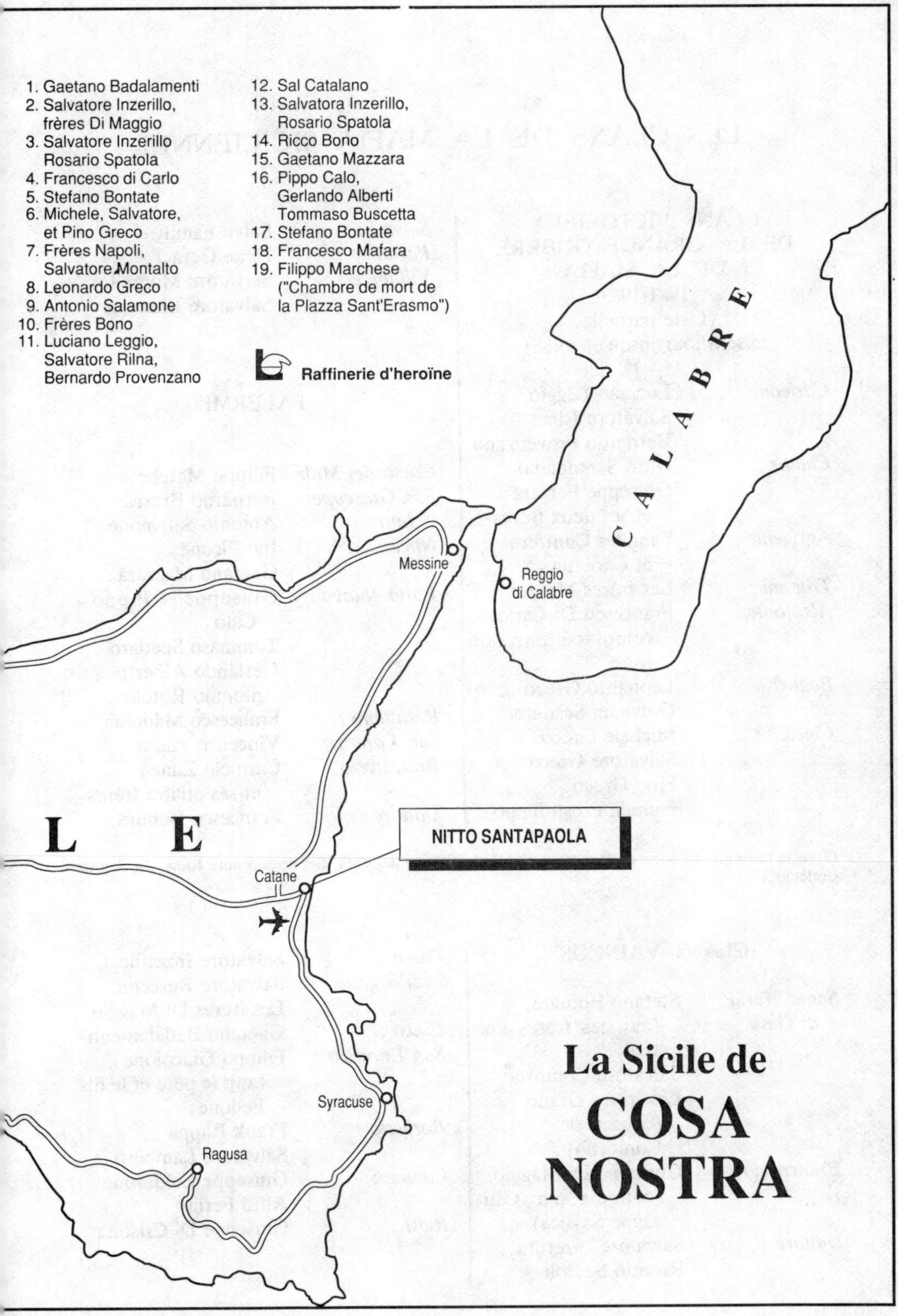
1. Gaetano Badalamenti
2. Salvatore Inzerillo, frères Di Maggio
3. Salvatore Inzerillo Rosario Spatola
4. Francesco di Carlo
5. Stefano Bontate
6. Michele, Salvatore, et Pino Greco
7. Frères Napoli, Salvatore Montalto
8. Leonardo Greco
9. Antonio Salamone
10. Frères Bono
11. Luciano Leggio, Salvatore Rilna, Bernardo Provenzano
12. Sal Catalano
13. Salvatora Inzerillo, Rosario Spatola
14. Ricco Bono
15. Gaetano Mazzara
16. Pippo Calo, Gerlando Alberti Tommaso Buscetta
17. Stefano Bontate
18. Francesco Mafara
19. Filippo Marchese ("Chambre de mort de la Plazza Sant'Erasmo")
Raffinerie d'heroïne
CALABRE
Messine
Reggio di Calabre
L E
NITTO SANTAPAOLA
Catane
Syracuse
Ragusa
La Sicile de
COSA NOSTRA

LES CLANS DE LA MAFIA SICILIENNE

CLANS VICTORIEUX DE LA GRANDE GUERRE DE LA MAFIA 1981-1983

(Liste partielle, mise à jour jusqu'en 1988)

Corleone :	Luciano Leggio Salvatore Riina Bernardo Provenzano
Catane :	Nitto Santapaolo Giuseppe Ferrara et ses deux frères
Agrigente :	Familles Cuntrera et Caruana
Trapani :	Les frères Minore
Alsofonte :	Francesco Di Carlo, remplacé par son frère
Bagheria :	Leonardo Greco Giovanni Scaduto
Ciaculli :	Michele Greco Salvatore Greco Pino Greco Famille Prestifilippo
Salemi :	Salvo Family
Partinico :	Nene Geraci
Villabate :	Salvatore Montalto Salvatore Buscemi

PALERME

Corso dei Mille :	Filippo Marchese
San Giuseppe Jato :	Bernardo Brusca Antonio Salamone
Noce :	Ino Picone Gaetano Mazzara
Porta Nuova :	Giuseppe « Pippo » Calò Tommaso Spadaro Gerlando Alberti Antonino Rotolo
Resuttana :	Francesco Madonia
San Lorenzo :	Vincenzo Puccio
Brancaccio :	Carmelo Zanca et ses quatre frères
Uditore :	Francesco Bonura

(Tout le territoire à l'ouest de Resuttana constitue le Piana dei Colli, fief de Salvatore Riina, du clan de Corleone.)

CLANS VAINCUS

Santa Maria di Gesu :	Stefano Bontate (auj. les frères Pullara) Salvatore Contorno Les frères Grado (cousins de Contorno)
Brancaccio :	Giuseppe Di Maggio (conquis par Giuseppe Savoca)
Uditore :	Salvatore Inzerillo Rosario Spatola
Passo di Rigano :	Salvatore Inzerillo Salvatore Buscemi Les frères Di Maggio
Cinisi :	Gaetano Badalamenti
San Lorenzo :	Filippo Giacolone (auj. le père et le fils Pedone)
Borgetto :	Frank Rappa Salvatore Lamberti
Catane :	Giuseppe Calderone Alfio Ferlito
Riesi :	Giuseppe Di Cristina

Prologue

Les deux hommes dînaient au Palace qui était à l'époque — l'hiver de 1977 — l'un des restaurants les plus délectablement chers de l'East Side new-yorkais. (Les clients qui y laissaient plus de dix mille dollars par an se voyaient octroyer une carte de crédit en or de vingt-quatre carats.) Tous deux étaient vêtus avec une élégance consommée : costumes sur mesure, cravates de grands couturiers relativement discrètes, pas de diamant au petit doigt. Seule leur façon de parler aurait pu les trahir, si quelqu'un avait pu surprendre les demi-phrases qu'ils se murmuraient.

Celui que son compagnon appelait Enzo baragouinait à peine quelques mots d'anglais avec un fort accent italien. Le compagnon en question, Tommy, s'exprimait exclusivement en argot de Brooklyn. Autour d'un carré d'agneau et d'une bouteille de château lafite-rothschild 1955, ils parlaient affaires :

ENZO : C'est un tableau qui vient d'un musée.
TOMMY : Pardon ?
ENZO : C'est un tableau…
TOMMY : Ah ouais, dans un musée… Y' a des gens qui les collent dans leur salle de bains et les y laissent pendant des années, ils s'en foutent…
ENZO : Ouais… Dis voir, depuis que t'étais parti, j'ai fait pas mal de recherches. Cent mille dollars, ça te va ?

Le tableau volé dont il s'agissait n'était autre (à les en croire) qu'un « Tiepido » (Gian Battista Tiepolo, maître italien du XVIIIe siècle). Enzo précisa qu'il pouvait organiser sur commande l'enlèvement d'autres pièces de musée.

TOMMY : Rembrandt.
ENZO : Quoi, Rembrandt ?
TOMMY : Rembrandt, y' en a des tripotées. Da Vinci, Van Gogh, tu veux que j' te débite toute la liste ? Van Gogh, Da Vinci... Tu vois de quoi j' veux causer ?
ENZO : V-A-A, G-O-R-A. Van Go ?

Ils passèrent aux instruments de musique.

ENZO : Des violons... Stradinoff...
TOMMY : Stradius ?
ENZO : Stradivar... j' me rappelle plus le nom. Ils valent un million de dollars.
TOMMY : Qu'est-ce qu'y demanderaient pour deux ?
ENZO : Y veulent deux cent dix mille dollars pour les six. Divisé par six, ça fait trente-cinq mille dollars pièce.
TOMMY : Tu sais que ça fait chier de discuter avec toi... j'en prendrai un de ces Stradivarus ou j' sais pas comment. Quel est le connard qui va m'acheter six Stradivarus ?

De là, les deux compères en arrivèrent aux valeurs détournées.

TOMMY : File-moi donc pour cent mille dollars de bons du Trésor. J' les prendrai le week-end prochain. Si y a pas d' risque de s' faire poisser. D'accord ?
ENZO : On attend. Ça foutrait tout par terre... Va y avoir dix millions de dollars... Dix pour cent d'avance, quinze pour cent après qu'on les a palpés en liquide. Ça te va ?
TOMMY : Ça me va... Bon, file-m'en cent à cent vingt-cinq mille et p't' être que la prochaine fois, on en prendra pour un million...

Pour finir, la conversation roula sur un sujet plus délicat.

TOMMY : Et un juge fédéral ?
ENZO : Quoi ?
TOMMY : Tu connaîtrais pas un juge fédéral ?
ENZO : A New York ?
TOMMY : Ouais.

ENZO : Si c'est pour de la came, c'est vachement dur, pour le reste, le premier prix, c'est cinquante mille dollars [1] *.

Lorsque les deux hommes en arrivèrent au cognac — une fine Napoléon millésimée, à mille huit cents dollars la bouteille, qu'on leur apporta sur une table roulante —, ils avaient couvert encore beaucoup de terrain. Enzo avait proposé de fausses montres Cartier à soixante-cinq dollars pièce, de fausses coupures de vingt dollars à vingt points par dollar, des camions entiers de faux jetons en cuivre pour les distributeurs automatiques de cigarettes et dix tonnes de coquilles Saint-Jacques à trente *cents* au-dessous du prix du kilo.

Il avait mentionné la main-d'œuvre spécialisée : « Ecoute, Tommy, si jamais tu veux faire descendre ou tabasser un mec, t'as qu'à demander. J'ai des gars excellents. Je peux t'arranger le coup. » Il pouvait aussi organiser, pour deux cents dollars, un bon petit incendie « pour se débarrasser d'un bâtiment ou tout c' genre de trucs ». Il connaissait un pilote qui acceptait de passer en fraude tout paquet en provenance d'Italie d'un poids inférieur à cinq kilos. Il était en mesure de faire passer la douane à un paquet de la taille d'une boîte à chaussure, expédié d'Europe. « C'est dangereux. Ça vaut le coup que pour des diams ou de la came », précisa-t-il toutefois.

Une bonne partie de la conversation ésotérique qui eut lieu ce soir-là dépassa les agents qui l'écoutaient en douce et même, parfois, les deux interlocuteurs eux-mêmes :

TOMMY : Tu me tiendras au courant pour l'autre truc, tu sais, cet autre truc dont j' t'ai causé l'autre fois… Tu vois d' quoi j' parle ?

ENZO : Non.

Les agents non plus (d'ailleurs, ils n'en pouvaient plus). Cela faisait plusieurs mois qu'ils enregistraient les rencontres entre les deux hommes. « Tommy », qui portait un minuscule appareil enregistreur dans une poche spéciale cousue à la braguette de son caleçon, était en réalité l'inspecteur de police Douglas Le Vien, rattaché à la Central Investigation Section, unité d'élite de l'Organized Crime Control Bureau, appartenant au New York City Police Department.

Avant et depuis, Le Vien a collaboré à de nombreuses affaires sensationnelles. L'agent qui portait le micro électronique dans la

---

* Les chiffres renvoient aux notes en fin de volume.

célèbre affaire Goldbug, en 1972, c'était lui. Se faisant passer, à cette occasion, pour un flic véreux dans un entrepôt de ferraille de Brooklyn, il parvint à épingler Carmine Tramunti, patron des Lucchese, une des familles de la Mafia, ainsi que quarante autres gangsters et vingt et un policiers corrompus. Résultat : pour la presse, il devint « le flic qu'on n'a pas pu acheter ». Plus tard, il fut mis sur l'affaire Abscam, qui fit couler tant d'encre, « l'arnaque » qui permit de mettre à nu la corruption régnant dans les hautes sphères de la fonction publique. L'inspecteur Le Vien a en outre été cité à l'ordre du mérite par le New York Police Department, le ministère américain de la Justice, le Trésor américain, le fisc américain et le Federal Bureau of Investigation. Le juge William Webster qui dirigeait à l'époque le FBI l'a personnellement félicité pour les « services inestimables » qu'il avait rendus dans l'affaire Abscam. Il a aussi accompli un travail remarquable pour la commission présidentielle sur le crime organisé, au début des années 1980. « L'habileté et l'intuition de Doug Le Vien ont été à la base des recommandations les plus importantes proposées au président », déclara le directeur et principal conseiller de ladite commission, James Harmon. Aujourd'hui, Le Vien compte parmi les meilleurs limiers d'Amérique.

Pourtant, personne ne lui sut gré de sa remarquable enquête sur Vincenzo Napoli, dit « Enzo ». Il était sur la piste d'un phénomène resté parfaitement caché à la police de deux continents pendant un quart de siècle et qui était peut-être la plus grosse affaire de l'histoire contemporaine du crime organisé. L'eût-on laissé poursuivre, Le Vien aurait pu découvrir un complot criminel international d'une ampleur monstrueuse — mais on l'arrêta net. Fut-ce par hasard ou par dessein, par ignorance, indifférence, incompétence ou par une habile ingérence ? Toujours est-il que les rares personnes qui savaient de quoi Le Vien s'occupait n'eurent quasiment rien de plus pressé que de clore l'affaire Napoli. Elles sont encore loin de se douter qu'elles commirent ainsi une erreur dramatique.

« Enzo » était la découverte de Doug Le Vien ; il fut aussi sa bête noire. Dès le jour où il fit cette fabuleuse trouvaille, en juin 1976, les progrès de son enquête furent constamment entravés par une curieuse inertie. Ses supérieurs étaient tout bonnement incapables de comprendre pourquoi il s'excitait sur cette affaire. Plus il s'acharnait à discuter, moins ils semblaient l'écouter. « Ils me regardaient comme si je n'avais plus toute ma tête. Pourquoi est-ce que je parlais si fort ? J'étais bourré ou quoi ? »

Pour finir, ils cessèrent carrément de lui prêter oreille. Le budget alloué à l'enquête, qui n'avait jamais été princier, se tarit très vite. Les rapports de Le Vien ne furent jamais publiés au grand jour, ni dans une salle d'audience, ni ailleurs ; leur contenu est publié ici pour la première fois. Les secrets qu'il surprit par hasard ne furent jamais approfondis. Les résultats qu'il obtint furent ensevelis sous des monceaux de paperasses officielles, son rarissime spécimen de mafioso parvint à filer et l'affaire mourut faute de soins. « Merde, c'était pas croyable », constate Le Vien.

Précisons quand même, pour être juste, qu'à l'époque il ne savait pas lui-même à quel point il avait mis dans le mille. Il se croyait en train de noyauter la Mafia américaine, comme l'avaient déjà fait de nombreux agents secrets, alors qu'en réalité, c'était la Mafia sicilienne en Amérique qu'il avait réussi à noyauter, exploit que personne n'avait encore réalisé.

L'opération était déjà terminée lorsqu'il commença à se demander qui au juste était sa cible. Comme ses collègues du siège principal de la police, Le Vien avait pris Enzo Napoli pour un soldat de la famille Gambino, le clan le plus puissant de la Mafia américaine. « Et puis le type se retrouve en tôle et voilà qu'on a le tuyau selon lequel il a engagé quelqu'un pour me descendre, explique Le Vien. Moi, je n'y crois pas, mais notre source dit : Faut prendre ça au sérieux. C'est pas un Américain, ce mec-là. C'est un *geep*. Ils [les Gambino] le contrôlent pas du tout. »

Les *geeps,* dans le jargon des malfrats new-yorkais, c'étaient les Siciliens. Enzo Napoli, né à Villabate, Sicile, avait régulièrement prêté serment en tant qu'adhérent de la Mafia sicilienne, à laquelle il était lié pour la vie et par le sang. Les Gambino à New York n'avaient sur lui aucun pouvoir. Il travaillait avec eux et non pour eux, et ce uniquement lorsque la chose était nécessaire ou opportune[2]. De New York, ses opérations s'étendaient à Detroit, Milwaukee, Chicago, Anaheim, Houston, Virginia Beach et Miami, et au-delà des frontières à Montréal, Porto Rico, les Bahamas, la Grenade et Caracas, puis à Munich, Zurich, Lugano, Paris, Milan, Rome, Palerme, Bangkok et Hong Kong[3]. « C'était un gars de pointure mondiale », reconnut un assistant US Attorney à Brooklyn, dix ans après que Doug Le Vien eut eu Napoli à sa main et l'eut perdu.

Ce n'était pourtant pas de l'héroïne que cherchait Le Vien lorsqu'il tomba sur Napoli. Il était tout simplement intrigué par ce gangster jouissant manifestement de solides « relations » et totalement accaparé par des activités lui permettant de gagner d'énormes sommes d'argent. Il aurait été stupéfait d'apprendre que Napoli faisait partie d'un vaste réseau clandestin dirigé depuis une lointaine île de la Méditerranée.

La première rencontre entre Le Vien et Napoli, en juin 1976, fut organisée par un sous-fifre de ce dernier, qui prenait le policier pour un riche homme d'affaires du Connecticut chargé de faire des achats pour le compte d'un entourage interlope. (Cela faisait des années qu'un tel personnage traitait avec Napoli par l'entremise du sous-fifre sans qu'on l'eût jamais vu.) Les informations concernant Napoli étaient maigres et consistaient essentiellement en bribes de conversation recueillies grâce à une table d'écoute dans une affaire de mœurs à Manhattan. L'homme qui appelait le numéro surveillé — et qui n'était de toute évidence pas sicilien — travaillait dans un somptueux cercle de jeu dont Napoli était propriétaire, le Murray Hill Townhouse, qui proposait des filles, une bonne table, une cave honorable, un crédit minute, un jeu de baccara et un jeu de cartes sicilien appelé le *zigonet.* Divers extraits du dialogue fournirent un aperçu d'Enzo Napoli qui donnait envie d'en savoir plus :

Je crois qu'il a peut-être un peu de respect, tu vois ce que je veux dire... Mais c'est un foutu combinard. J'ai toujours eu la plus grande estime pour ce type parce qu'il a toujours du pèze ; à présent, il a plus un rond, alors j'ai plus si bonne opinion de lui... [Napoli avait l'habitude de pleurer misère pour parer aux demandes financières pressantes de ses employés.]

Il me dit qu'ils ont fait treize mille dollars la semaine dernière, dans toute la semaine. Il raconte des craques... Ce jeu-là, il rapporte un demi-million par semaine... Il me dit que les huit mille qui restent doivent être divisés en seize parts. Il dit que chacune des foutues familles de New York est dans le coup, tout le monde... Y a des gros pontes de la Mafia qui ont une part là-dedans...

Figure-toi que d'autres types voulaient s'approprier l'endroit. [Les « types » en question étaient les hommes de « Fat Andy » Ruggiano, de la famille Gambino. Y a eu une réunion et les types de Napoli ont dit « Bas les pattes — l'affaire est pour nous »... Il leur a dit : « Vous imaginez surtout pas que vous pouvez nous foutre dehors, parce qu'on est bien décidés à rester. Et personne d'autre n'y fourrera son nez. C'est nous qui restons... »

Ben, je peux vous dire qu'en ce qui me concerne, j'aimerais entrer là-dedans avec deux mitraillettes, braquer l'endroit, faucher leur fric et, bon, oublie-moi tout ça...

Y a trop de Siciliens là-dedans, [répond l'interlocuteur].

Ça, tu peux le croire. Ils te mettraient en pièces.

Ils te couperaient les couilles comme un rien [l'autre fait chorus][4].

Sans autres indices que cet enregistrement, Le Vien s'arrangea pour faire la connaissance de son homme dans un salon de coiffure du sud de Manhattan. Il s'y présenta sous le nom de « Tommy Russo », le millionnaire véreux du Connecticut. Enzo Napoli, quarante-six ans, un mètre quatre-vingts et pesant allègrement ses cent kilos, avait un début de bedaine et l'allure avachie d'un quasi-quinquagénaire. Ses traits étaient empâtés, ses yeux rapprochés, avec une légère coquetterie dans le regard, ses mains moites. Il s'habillait bien et parlait doucement, avec des résultats meurtriers.

Napoli tenta de vendre à Tommy un Beretta 9 mm, muni d'un silencieux sur mesure, pour la somme de mille dollars. « Je m'en suis servi personnellement, dit-il ; il fait pas beaucoup de bruit. » Il avait à vendre des armes encore plus perfectionnées, notamment un fusil automatique avec silencieux, « fabriqué exclusivement pour la CIA », mais il avait aussi des affaires beaucoup plus grosses à proposer. C'était un « gagne-gros », Le Vien s'en rendit aussitôt compte : un trafiquant éclectique, intelligent, prudent et indéniablement dangereux. « Je lui ai dit que je voulais simplement qu'on gagne des sous ensemble, lui et moi, observa Le Vien ultérieurement. Je me suis dit : " Qui est Enzo Napoli ? " et j'ai commencé à regarder. Il s'est jamais fait pincer. C'est un inconnu et nous ignorons une grande partie de ce qui se passe là-dedans... Je me suis dit, y a sûrement aucun moyen d'aller plus haut que ce gars-là. Alors je vais me concentrer sur lui. »

Mais il tomba sur un bec. En effet, au siège de la police, où l'on ne s'occupait que des affaires de première importance, « ils ne voulaient rien savoir... J'arrive avec mon flingue, ils me disent : " Pourquoi acheter à ce type ? On peut acheter ça n'importe où. " Je leur réponds : " Vous voulez rigoler ? Ce type a tout ce qu'il faut. C'est un mec de qualité. Il sait ce qu'il faut faire. " ».

Avec l'autorisation provisoire de son capitaine (mais pas de fonds), Le Vien commença sa nouvelle double vie. En 1976, lorsqu'il se chargea de l'affaire Napoli, cela faisait six ans qu'il était agent clandestin et qu'il grimpait rapidement les échelons. A vingt-neuf ans, c'était un enquêteur consciencieux et tenace, doué d'imagination et de courage — drôle et sympathique de surcroît. Il faisait un escroc merveilleusement convaincant. Ayant grandi dans la zone la plus louche de Brooklyn, Le Vien avait été un gamin des rues déchaîné qui côtoyait les rejetons de la Mafia. A quinze ans, il jouait déjà les bookmakers et avait pris la tête d'une bande connue sous le nom de Hilltoppers. Aujourd'hui, il est capable de marcher, de parler et, si besoin est, de penser comme un mafioso. Et malgré ses origines de Canadien français, il a même l'air italien. Brun de peau et de poil, trapu, il possède l'allure d'un dur à cuire et la paupière lourde d'un George Raft (encore qu'un léger bégaiement gâche un peu ses effets) ; on pourrait aisément le prendre pour un petit mariolle de la Mafia.

« J'aurais pu en être un, si je n'étais pas entré dans les Marines », fait-il remarquer. (Il a servi dans cette unité au Vietnam.)

Coûteusement vêtu — il dirait « sapé princier » —, Le Vien pouvait se faire passer pour un milliardaire ayant gagné sa fortune à la force du poignet. Et il pouvait à coup sûr jouer les malfrats. Au cours des deux années suivantes, jamais Napoli ne douterait qu'il fût l'un et l'autre.

Une enquête officielle concernant Enzo Napoli, ayant pour nom de code « Opération Gros Sous », démarra finalement en novembre 1976. Pour en arriver là, Le Vien avait dû circonvenir tout le New York Police Department. Ne parvenant pas à remuer ses supérieurs, il fit secrètement appel à un fonctionnaire des Douanes américaines qui possédait quelques renseignements sur Napoli. Les Douanes firent pression sur les services de police jusqu'à ce qu'ils cédassent. Une opération conjuguée fut alors lancée « à titre d'essai » par la force de frappe de l'Eastern District[5]. Il s'agissait d'une unité inter-services publics dirigée par le bureau de l'attorney general à Brooklyn-Queens, au sein de laquelle se trouvaient regroupés la police new-yorkaise, les douanes, l'IRS (le fisc), l'INS (les services d'immigration et de naturalisation), l'ATF (les services contrôlant l'alcool, le tabac et les armes à feu), la DEA et le FBI.

L'enquête portait non seulement sur Vincenzo Napoli, mais sur ses frères Antonino et Gaetano, respectivement connus sous les noms de Nino et Tommy. Tous trois étaient considérés comme « des membres haut placés et des hommes de confiance de la famille Gambino ». Antonino avait été « cible du mois » de la 123e Police Precinct, quelques années auparavant, en raison des innombrables forfaits dont on le soupçonnait. Enzo, pour sa part, était dépeint comme un « ratisseur » ou un « brasseur d'argent », en tout cas une « importante source de revenus... pour les échelons supérieurs du crime organisé[6] ».

Dès la fin de 1976, on avait équipé et installé au quai de la 23e Rue à Manhattan, une caravane qui devait servir de base secrète à Le Vien. Un tableau des cinq familles de la Mafia new-yorkaise et une carte des Etats-Unis étaient punaisés au plafond. (Une carte du monde les rejoignit plus tard.) On loua pour le policier un appartement à Fairfield, Connecticut, et on mit sur pied un circuit téléphonique permettant de relayer les appels parvenant à cet appartement dans la caravane. On lui fournit aussi un permis de conduire, une vignette, un compte en banque et de quoi s'acheter le vestiaire adéquat.

Ainsi naquit l'étourdissant « Tommy Russo », un homme qui

avait étudié les vins et les beaux-arts. Le Vien s'était payé une coupe de cheveux à vingt-sept dollars et une manucure. Il portait une montre Piaget de vingt-cinq mille dollars (prêtée par les Douanes), un pardessus en cachemire, un costume Oleg Cassini (sur l'étiquette duquel on pouvait lire « Confectionné spécialement pour Tom »), une écharpe et une cravate de chez Valentino, des chaussettes de chez Saks Fifth Avenue et des chaussures Gucci. « Si Enzo me voit chez Thom McCann's, c'est dans la poche », confia-t-il au magnétophone qui lui tenait lieu de journal intime. Le portefeuille Gucci de Le Vien était bourré de billets de banque tout prêts à être distribués sous forme de pourboires princiers de cinquante dollars aux maîtres d'hôtel et « aux types agrégés ès cartes des vins ». « Voilà un agréable vin, ce château morton[mouton]-rothschild 1955, assurait-il à Enzo. Celui que nous avons bu la dernière fois, le château la fête [lafite] 1962, il était pas mal non plus... T'aimes les havanes ? »

Il commandait des escargots et du Dom Pérignon au « 21 », des œufs Benedict pour le petit déjeuner au St. Regis. Des collègues en élégants costumes trois-pièces s'arrêtaient à leur table pour lancer : « Ça gaze, Tommy ? Comment ça s'est passé à Acapulco [ou à Paris, ou au Costa Rica] ? » Un jour, il fit son apparition accompagné d'un agent secret jouant les chauffeurs : « Sal, mon trimballeur. » Pour couronner le tout, les Douanes se fendirent d'une Mercedes noire pour son usage personnel. « Comme ça, Enzo sait que j'ai une bagnole à trente mille dollars ; donc, je peux pas être un flic », se dit-il.

Toutefois, sous cet extérieur insouciant, Le Vien était plein de sombres pressentiments : « On dirait un conte de fées, et je peux vous dire que j'ai les jetons... J'ai pas apprécié une seule des minutes que j'ai passées avec ce type... Il a une mentalité de chirurgien spécialisé dans les opérations du cerveau... Il faut être super-, hyper-affûté avec ce mec-là... Il me flanque une pétoche du feu de Dieu. »

Cependant, malgré tous ses rapports sur l'homme qu'il surveillait ainsi — une accumulation de renseignements étonnants — Le Vien se heurtait toujours à la même étrange apathie. « Les inspecteurs principaux ne voulaient rien écouter », confiait-il à son magnétophone. Ou bien : « A mon bureau, ils en avaient strictement rien à foutre de tout ça. » Dans les trente-cinq bandes qu'il enregistra au fil des mois, la question, empreinte de perplexité et de frustration, qui revient sans cesse sur ses lèvres est : pourquoi ?

Comme le découvrit Le Vien par la suite, tous les services administratifs possédaient déjà quelque chose sur Vincenzo Napoli. Il figurait dans le fichier des services secrets américains pour trafic de bons du Trésor, d'une valeur de cent mille dollars ; dans celui de l'ATF pour avoir vendu des armes ; dans celui de l'INS pour avoir fait entrer en fraude des étrangers ; dans celui des douanes pour contrebande de devises ; dans ceux de la DEA et du ministère de la Justice qui le soupçonnaient de trafic d'héroïne ; dans celui du FBI pour une escroquerie bancaire d'un million de dollars ; dans divers fichiers de police pour manœuvres frauduleuses, vol, jeu illégal, usure, distribution de drogue et association avec les milieux les plus secrets de Cosa Nostra[7].

Le Vien ne possédait qu'une petite fraction de ces renseignements lorsque débuta l' « Opération Gros Sous ». Plusieurs services, à commencer par la force de frappe de l'Eastern District, avaient oublié les documents qui dormaient dans leurs archives. Beaucoup n'aimaient pas, par principe, partager les informations. Bien peu se sentaient irrésistiblement poussés à s'intéresser à des délits hors de leur juridiction. Et même à l'intérieur de celle-ci, ce qui comptait, c'était moins la nature des délits que les résultats obtenus par la police : nombre d'arrestations, de condamnations, de citations à l'ordre du jour, de félicitations, de promotions.

Personne n'avait jamais eu l'idée de comparer tous les fichiers. Enzo Napoli était trop *occupé.* Il aurait fallu lui consacrer trop de paperasses. Il franchissait les frontières de trop nombreuses agences gouvernementales, son cas était trop éloigné de ce qui était confortablement familier, trop déroutant, trop inhabituel. « Grosses affaires, gros problèmes », ont coutume de dire les policiers. L'affaire Napoli était trop grosse.

Il était impossible d'appliquer à Napoli les idées reçues concernant Cosa Nostra en Amérique. Impossible de faire remonter la majeure partie de ses multiples transactions aux exécutants habituels de la Mafia, d'autant qu'elles se déroulaient sur une échelle à peine croyable — il y en avait pour des millions et des millions de dollars d'or, de diamants, d'émeraudes, de drogue, de valeurs et d'armes de contrebande, sans parler d'une source apparemment intarissable de bons du Trésor américain, d'innombrables cartes de l'American Express, d'inestimables tableaux volés en Europe, de fausse monnaie en provenance d'Italie, de mandats postaux subtilisés à Londres, de faux chèques arrivant de Tokyo et de Sydney, et de fonds détournés passés par sa propre banque écran à la Grenade.

Il y eut des périodes où Le Vien se demanda qui était en train de rouler l'autre. Non seulement Napoli s'exprimait invariablement en chiffres improbables comprenant des six ou sept zéros, mais il essayait aussi de lui fourguer des faux évidents. Notamment, le fameux Tiepolo. Il y eut aussi une paire de prétendus vases Ming et deux volumes de croquis de « Paccio » (Picasso). En partageant un petit déjeuner au St. Regis, Le Vien laissa libre cours à une indignation de bon aloi. « Faudrait pas me prendre pour ton expert, bordel, lança-t-il à Enzo. Ce Tripoli — Tiepolo — il vaut que dalle. Mes associés, ils toléreront pas ce genre de sous-merdes, ils veulent de la qualité. » (De toute façon, il n'avait pas d'argent pour l'acheter.)

En revanche, d'autres œuvres d'art proposées par Napoli étaient parfaitement authentiques. Deux bronzes volés, dus au sculpteur américain Frederic Remington, valaient cent mille dollars pièce. Une paire de tableaux européens du XVIIe siècle étaient estimés à cent cinquante mille dollars chacun : il s'agissait d'un Rubens et d'une esquisse à l'huile de Gerard Ter-Borch, l'un des meilleurs petits maîtres flamands[8].

Quant aux armes qu'il avait à vendre, elles étaient aussi tout ce qu'il y avait d'authentiques. Napoli était spécialisé dans toutes les espèces d'armes à feu pour règlements de comptes : mitraillettes, revolvers, fusils, calibres 45, 38 ou 22. « Le mieux pour dessouder un mec, c'est le 22, avait-il assuré à Le Vien dès leur première rencontre. C'est chouette, pas bruyant, aucun problème. » Juste avant la Noël de 1976, Napoli offrit à son ami Tommy Russo un « cadeau de Noël » (pour deux mille cinq cents dollars seulement, une vraie affaire !). C'était l'arme parfaite du tueur à gages : un fusil automatique High Standard AR-7, calibre 22, équipé, selon Le Vien, « du silencieux et du viseur les plus chiadés qu' tu verras jamais... D'une fenêtre du dixième étage, on pourrait descendre un type en train de marcher dans la rue à un pâté de maisons sans que personne entende que dalle dans la pièce voisine ».

Des calibres 22 apparemment identiques furent utilisés cette année-là pour exécuter vingt et quelques hommes mis sur la liste noire de la Mafia aux Etats-Unis, d'une côte à l'autre du pays. Parmi les victimes, témoins en puissance devant les tribunaux ou informateurs confidentiels de la police, figuraient Sam Giancana, patron de Chicago retiré des affaires, et Frank Bompensiero, le plus haut placé de tous les informateurs sur la Mafia qu'employait le FBI, lequel fut d'ailleurs suffisamment troublé pour organiser de toute urgence une conférence de vingt de ses agents à San Diego. « C'est un vrai foutoir. Personne ne sait qui agit, ni pourquoi, mais les gars de Washington sont dans un état voisin de la panique », confia l'un d'eux au *New York Times*. « Certains spécialistes de la pègre pensent que les tueurs sont une escouade de *greenies* en provenance de Sicile, qui auraient réussi à pénétrer de façon illicite dans notre pays », annonçait le journal, s'approchant ainsi plus près de la vérité que ne le pensait sa rédaction[9].

Pourtant l'arme parfaite du tueur patenté resta une année entière sur une étagère, dans son papier cadeau, avant d'arriver jusqu'au FBI. « On se demande si on rêve ! Pourquoi ils veulent pas au moins laisser le FBI examiner ce calibre 22 ? Ça leur ferait mal aux seins ? C'est tellement con que c'en est à pleurer ! » hurla Le Vien à son magnétophone[10].

Et il se heurta à d'autres invraisemblables obstacles. Peu après leur première rencontre, durant l'été de 1976, Napoli avait raconté à Le Vien qu'il avait dû acheter un juge fédéral à Miami pour se tirer d'affaire. « Tu veux dire que le juge là-bas a fait ce qu'il fallait ? insista le policier, pour l'édification de son petit micro secret. — Ouais... ça m'a coûté quarante mille fafiots », répondit Napoli.

Or, corrompre un juge fédéral est un délit particulièrement grave aux Etats-Unis. Pourtant, la force de frappe n'eut aucune réaction lorsque Le Vien rapporta cet aveu tombé de la bouche même du suspect. Exaspéré, il harcela ses supérieurs pour obtenir tous les renseignements voulus sur cette histoire et se mit lui-même à leur recherche.

Il découvrit que son homme avait été arrêté par le FBI à Miami en août 1976. Il attendait au coin d'une rue pendant que deux *picciotti* (c'est-à-dire deux jeunes apprentis de la Mafia) à sa solde encaissaient pour soixante-cinq mille dollars de faux chèques à la Biscayne Bank. Un juge fédéral le relâcha avant même qu'il n'eût été inculpé ; ses complices furent libérés peu après, sans être passés en jugement. Le juge en question était un certain Jacob Eshkenazi, qui devint US Attorney l'année suivante. Le Vien signala son nom aux autorités de l'Eastern District, mais Eshkenazi ne fut jamais inquiété[11]. Enzo Napoli non plus d'ailleurs, ni pour ce délit, ni pour d'autres noirs forfaits connus de son faux ami policier. Le Vien eut vent de sa participation à une bonne demi-douzaine de coups fourrés se chiffrant par dizaines de milliers de dollars, mais, pour sa plus totale mystification — et l'on serait mystifié à moins —, jamais Napoli n'a été interrogé à leur sujet.

Un jour, Napoli expliqua à Le Vien comment il comptait dévaliser une officine de bookmaker en plein milieu de Manhattan ; un mois plus tard, l'endroit en question se fit voler un quart de million de dollars exactement selon la méthode décrite par Napoli. Une autre fois, il montra à Le Vien un échantillon de mandat postal dérobé à l'USN de Milford, Connecticut, l'une des plus grandes banques privées du pays. La firme fit banqueroute peu après, par la faute d'une « fuite » de cinq millions de dollars[12].

Toujours en 1976, Napoli escroqua un million de dollars à une banque de Staten Island, argent qu'il blanchit par l'entremise de sa banque écran à St. George, la Grenade : Le Vien en trouva la preuve dans un rapport douanier qui stagnait dans les propres archives de l'Eastern District[13]. L'année suivante, Napoli réussit à s'emparer d'un autre million de dollars en diamants — alors même que le FBI et une force spéciale de police reconnaissaient n'avoir accompli « aucun progrès » dans leur enquête sur une série de vols dans le quartier des diamantaires à New York, où des millions de dollars étaient en jeu[14]. Les diamants furent volés pour le compte de Napoli le 18 avril 1977, toujours par les deux mêmes *picciotti* à sa solde[15]. Le lendemain soir, il jetait les pierres étincelantes sous le nez de « Tommy ».

Pour éviter d'avoir à les acheter, Le Vien persuada Steve Rogers, un fonctionnaire des Douanes, d'amarrer au quai de la 79e Rue un yacht équipé d'un vieux loup de mer de capitaine, d'un équipage au complet, d'une « femme-agent » fort sexy, chargée de se prélasser dans la principale cabine et d'un autre lot de diamants valant un bon million de dollars. En pantalon blanc et casquette nautique de chez Abercrombie and Fitch, il accueillit Napoli à bord et jeta sa propre verroterie sur la table. « Qu'est-ce que j'en foutrais de tes diamants ? J'en ai, des diamants ! » lança-t-il. Puis il emmena son compère faire une balade sur l'Hudson au clair de lune.

Cela faisait alors — au printemps de 1977 — six mois à peine que l' « Opération Gros Sous » avait démarré, pourtant on exerçait déjà des pressions de plus en plus fortes pour y mettre fin. Le Vien ne parvenait à se faire écouter de personne. Il devint un rouspéteur et un casse-pied, peut-être même un gêneur. A mesure que les mois s'écoulaient, on le mit sur la touche, on le priva de ses assistants, on lui refusa des fonds et on le laissa dangereusement à découvert. (Par deux fois il reçut du New York Police Department l'ordre de se présenter publiquement en uniforme, ce qui aurait pu très facilement lui valoir d'être reconnu et abattu).

Il se mit à lire Agatha Christie dans sa caravane secrète où le téléphone ne sonnait jamais. Le chef de la force de frappe de l'Eastern District, l'US Attorney Tom Puccio, ne répondait presque jamais à ses appels et prétendit même un jour avoir oublié son numéro. Non seulement on ne tenait aucun compte des rapports de Le Vien, mais on ne les lisait même pas.

Le policier avait arraché de nombreuses informations à un ensemble d'unités de renseignements de la police et d'agences fédérales. Il avait obtenu la liste des appels téléphoniques longue distance de Napoli vers la plupart des Etats américains, l'Amérique du Sud, l'Europe et l'Asie ; celle de ses dépenses de voyages réglées par carte de crédit, indiquant qu'il avait sillonné tous les Etats-Unis et l'Europe entière ; il avait eu accès à une correspondance ancienne et désormais classée dans les archives de la police italienne ; à des listes des proches collaborateurs des frères Napoli, remontant au début des années 60. Ensevelis au fin fond de ce dernier dossier, enterré depuis longtemps, on trouvait des détails que la Mafia sicilienne aurait tué pour protéger — pour lesquels elle a tué, à bien des reprises, depuis que Le Vien a enquêté sur cette affaire il y a une douzaine d'années.

C'étaient, en effet, les noms des collaborateurs qui vendirent la mèche, ce qui ne veut pas dire que Le Vien comprit sur le coup à quel gros gibier il avait affaire. Dans les années 1970, personne ne savait ce que les experts savent aujourd'hui. L'Italie et les Etats-Unis n'échangeaient à cette époque pratiquement aucune information. Les Américains ne comprenaient pas grand-chose à leur propre Mafia et pour ainsi dire rien à la cellule mère qui subsistait en Sicile. Les membres des deux Mafias se ressemblaient, parlaient le même jargon incompréhensible, possédaient les mêmes habitudes déplorables, portaient les mêmes noms imprononçables. Ces noms seuls, qui restaient pour la plupart des enquêteurs une bouillie de voyelles enchevêtrées et de consonnes obsédantes, avaient raison de tous les espoirs.

Néanmoins, il n'y avait pas besoin d'être grand clerc pour remarquer qu'Enzo Napoli fréquentait un drôle de monde. Bien que les deux Mafias fussent occupées à amasser de colossales sommes d'argent par tous les moyens possibles et imaginables, les « gagne-gros » américains étaient bien loin d'avoir son envergure.

Jamais Napoli ne dit à Le Vien *qui* étaient « ses associés », mais il parlait souvent de leurs activités et des endroits où ils se trouvaient. Ses associés en Sicile installaient des casinos au Maroc, annonça-t-il. Ses associés au Brésil faisaient de la contrebande d'émeraudes. Ses associés au Venezuela possédaient un navire qu'il avait l'intention de faire venir jusqu'à Atlantic City pour le transformer en casino flottant. Ses associés à Rome avaient fabriqué pour huit millions de dollars de fausses coupures de vingt dollars, dont quelques-unes furent soumises à l'examen de Le Vien.

Ses associés en Sicile étaient aussi occupés à « faire venir de l'héroïne de première qualité du Triangle d'or », en Asie, et ses associés en Amérique du Sud étaient en mesure de conclure « des affaires très sûres dans le domaine de l'héroïne ». « Ça vous intéresse, l'héroïne, vous autres ? avait-il murmuré à " Tommy " lors d'un dîner au " 21 ". — Oui et non », avait répondu le policier sans mentir.

Ce fut l'unique rapport de Le Vien qui causa quelques remous parmi ses supérieurs et ce fut à cause de lui que l'affaire fut finalement classée. La DEA mit aussitôt Napoli sous surveillance, pista un de ses passeurs jusqu'à Bangkok et les arrêta tous les deux lorsque l'homme en question revint avec un kilo d'héroïne. Après quoi, l'enquête tout entière fut stoppée pour un seul kilogramme d'héroïne : deux malheureuses livres. Petites affaires, petits problèmes.

En réalité, ce kilogramme n'était qu'un banc d'essai. Napoli devait être le canal par lequel vingt kilos d'héroïne par mois seraient expédiés à New York depuis la Thaïlande, soit un quart de tonne par an, cinq millions de doses [16]. Et, à en juger par les rapports réunis par Le Vien, à commencer par ceux de la DEA, ce n'était qu'une petite partie.

Les frères Napoli n'étaient, nous le verrons, qu'une fenêtre ouvrant sur un immense paysage caché. Enzo faisait partie du plus grand réseau d'héroïne du monde. Son frère aîné, Antonino, était fiché par la police new-yorkaise comme « le plus grand trafiquant de drogue à destination des Etats-Unis » — et par l'Eastern District comme « l'un des principaux trafiquants de drogue du monde ». Des associés très proches des Napoli, dont les noms figuraient sur les listes du gouvernement américain, comptaient parmi les plus gros trafiquants internationaux connus à ce jour. Tous étaient des membres assermentés de la Mafia sicilienne.

Ils achevaient tout juste leur conquête du marché mondial de l'héroïne — la multinationale la plus rentable du monde — lorsque Le Vien débarqua par hasard sur le devant de la scène. Cette conquête était leur but depuis qu'ils étaient parvenus à un accord secret avec la Mafia américaine, vingt ans auparavant. Et cet hiver-là — l'hiver 1976-77 — la Mafia sicilienne mit en service un énorme pipeline d'héroïne vers les Etats-Unis. Ses propres hommes étaient désormais en place, prêts à acheminer la marchandise aux quatre coins du pays et vers divers points stratégiques dans tout l'hémisphère occidental. Des flots de drogue eurent le temps de se déverser sur l'Amérique avant que cette armée secrète ne fût décelée, vers le milieu de la décennie suivante.

Le Vien était là qui observait tout : le seul enquêteur qui se fût jamais approché suffisamment près pour voir la Mafia sicilienne à l'œuvre ailleurs que chez elle. Si ses supérieurs l'avaient écouté, ils auraient pu en apprendre assez pour contenir le fléau croissant de la drogue avant qu'il n'échappât à tout contrôle. Mais ils restèrent sourds à ses propos et le fléau s'abattit sur les Etats-Unis.

1

Vu de Palerme

Au printemps de 1988, les principaux pourvoyeurs d'héroïne du monde étaient, à ce qu'on disait, liquidés. Leur destruction étant assurée grâce à « la plus vaste campagne d'arrestations qui ait jamais eu lieu dans l'histoire de l'humanité », pour reprendre les mots du plus grand expert du FBI sur le crime organisé. Cent trafiquants de drogue siciliens avaient été interpellés en Italie et aux Etats-Unis, et cent cinquante autres mandats d'arrestation avaient été lancés. « La filière de la drogue de la Mafia sicilienne a été démantelée », annonça un porte-parole du FBI à Washington[1].

Dans le cadre de ce que l'on appela par la suite la troisième guerre mondiale — la lutte apparemment perdue d'avance que livrait la société à la drogue —, ces nouvelles en provenance du front étaient bien réconfortantes. Obsédés par le fléau nommé cocaïne, qui se répandait comme une traînée de poudre (blanche), la presse et le public, et jusqu'aux forces de la loi avaient tendance à négliger l'avance inexorable et ininterrompue de l'héroïne. Celle-ci, la plus dure des drogues, la plus assassine de tous les stupéfiants mortels, avait résisté jusque-là à tous les assauts. En 1988, elle valait dix fois son poids en or.

Elle rapportait entre douze et vingt milliards de dollars dans les rues des Etats-Unis, pour un marché global des stupéfiants qui était de l'ordre de cent dix milliards de dollars en Amérique, trente-cinq en Italie et trois cents milliards de plus environ sur toute la planète[2]. Chaque dollar investi à la source dans l'héroïne rapportait à peu près mille six cents pour cent. Les profits étaient tels que bien souvent les responsables du trafic à New York ne se donnaient même pas la peine de compter les billets ; ils se contentaient de les peser[3].

L'argent arrivait principalement en petites coupures, versé par des clients qui transformaient leurs villes en champs de bataille pour payer leurs doses. Le nombre d'héroïnomanes en Amérique avait décuplé depuis le début du boom et se maintenait désormais aux alentours d'un demi-million, selon les sources officielles ; le chiffre officieux était sans doute plus proche du million[4]. Ailleurs dans le monde, la population des drogués avoisinait les trois millions et connaissait une croissance exponentielle.

L'Europe occidentale a désormais non seulement rattrapé mais dépassé les Etats-Unis pour le nombre de drogués. Selon une estimation officieuse du Département d'Etat, les Européens consommaient dix à quinze tonnes d'héroïne par an en 1988, soit une fois et demie par habitant ce que consommaient les Américains[5]. L'Italie possédait en 1988 trois cent mille héroïnomanes, trois fois plus que les Etats-Unis par habitant ; et le nombre des décès par overdose se monta cette année-là à huit cents, ce qui voulait dire qu'ils s'étaient multipliés par huit en l'espace de cinq petites années[6]. L'Allemagne fédérale recensait un demi-million d'usagers dont cent cinquante mille étaient officiellement étiquetés toxicomanes — alors que dix ans plus tôt le nombre total d'héroïnomanes avait été de vingt-sept ; désormais, le chiffre triplait presque chaque année[7]. A Berlin-Ouest, il y avait neuf mille drogués sur une population de deux millions, soit plus du double du taux américain. L'Espagne recensait cent vingt-cinq mille drogués, un taux de cinquante pour cent supérieur au taux américain. La France et la Grande-Bretagne se situaient aux alentours de cent vingt mille chacune et le taux britannique s'accroissait de vingt-cinq pour cent par an[8].

Les saisies d'héroïne étaient sept fois plus importantes en Europe occidentale qu'aux Etats-Unis : environ trois tonnes et demie en 1987. Se fiant à leur propre règle empirique, les policiers des services anti-drogue estimaient qu'une quantité dix fois supérieure avait dû circuler sur le vieux continent cette année-là : soit un milliard et demi de doses[9].

La Mafia sicilienne, en grande partie responsable de la création et de l'alimentation de ce besoin en Occident, avait été un des piliers du trafic depuis les années 1950 et elle le dominait depuis les années 1970. Selon le directeur du FBI, William Sessions, en 1988, l'organisation avait « fourni la majeure partie de l'héroïne vendue aux Etats-Unis entre 1975 et 1984 ». Un peu plus tôt, les services anti-drogues de la DEA avaient avancé le chiffre de quatre-vingt-cinq pour cent[10]. Pour les magistrats siciliens, la Mafia sicilienne, ou la Pieuvre, comme l'appellent les Italiens, était « le directoire central du trafic mondial de la drogue[11] »

Presque toutes les familles de la Mafia de Sicile étaient dans le coup — cent cinquante clans, regroupant chacun entre cinquante et cent membres, au dernier recensement. Ils avaient des envoyés dans tous les Etats-Unis et dans des douzaines de points de chute de Bangkok à Londres, de Caracas à Montréal. Des milliers de ressortissants d'autres pays travaillaient avec ou pour eux tout autour du globe : Belges, Hollandais, Britanniques, Thaïlandais, Libanais, Palestiniens, Israéliens, Turcs, Chinois, Népalais, Brésiliens, Canadiens, Américains.

Ce réseau fut peut-être en partie démantelé au printemps de 1988, mais pas en totalité. Son ampleur n'a cessé de surprendre. Invisible pendant un quart de siècle, l'armée secrète de la Mafia sicilienne à l'étranger n'avait même pas été remarquée par les forces de la loi où que ce soit avant 1984. Des années se passèrent avant qu'on ne commençât à saisir quelle était la nature de cette énorme entreprise souterraine, si tant est qu'on l'ait vraiment saisi. Chacune de leurs découvertes ou presque a laissé les policiers pantois.

La grande rafle antidrogue de 1988 a mis en lumière plusieurs nouveaux facteurs des plus inquiétants. Les autorités américaines avaient toujours cru que la Mafia sicilienne n'était implantée que le long de la côte est de leur pays. Or, ils s'aperçurent à cette occasion qu'elle opérait dans au moins vingt-cinq grandes villes sur tout le territoire[12]. Ils s'étaient imaginé que le fait de démasquer les criminels et de procéder à des arrestations spectaculaires des deux côtés de l'Atlantique avait sérieusement nui aux affaires de la Mafia ; on pensait que sa part du marché américain de l'héroïne se montait à trente malheureux pour cent, derrière la triade chinoise et ses quarante pour cent. En réalité, à New York, les Chinois remettaient une grande partie de leur héroïne aux Siciliens à des fins de distribution (voir chapitre 20)[13].

On croyait fermées les raffineries de la Mafia en Sicile et, parce que les agents de la brigade des stupéfiants n'en trouvaient plus sur les habituelles routes transatlantiques, on s'imaginait que ses expéditions d'héroïne diminuaient. Or, la Mafia avait tout simplement fait appel à des moyens de transport que les agents ne surveillaient plus : des gros jumbos étroitement surveillés, elle en était revenue aux bons vieux cargos d'antan. Une partie de son héroïne arrivait du Moyen-Orient et d'Extrême-Orient, mais une quantité considérable était toujours manifestement produite en Sicile ou en Italie. Les brigades antidrogue américaine et italienne y cherchent toujours les nouvelles raffineries[14].

Au moment même où le FBI annonçait la fin de la filière de la drogue de la Mafia sicilienne, les faits prouvaient qu'elle connaissait une phase d'expansion terrifiante. Les trafiquants siciliens arrêtés en 1988 fournissaient le funeste présage d'un avenir calamiteux : en échange de l'héroïne qu'ils apportaient à New York, ils se faisaient payer en cocaïne qu'ils remportaient en Europe.

C'étaient l'affaire du siècle. L'héroïne coûtait cinquante mille dollars le kilo en Italie et environ deux cent mille à New York. La cocaïne, en revanche, se vendait onze mille dollars le kilo à New York et cinquante mille en Italie. Or personne n'était capable d'effectuer ce genre de troc avec autant de doigté que la Mafia sicilienne. Par conséquent, l'organisation se lançait, naturellement, inexorablement, dans le trafic de la cocaïne.

Dans les années 1980, l'explosion de la cocaïne avait presque éclipsé le marché de l'héroïne. Au milieu de la décennie, la consommation avait largement doublé en Amérique, passant de trente et une tonnes à soixante-douze pour quelque six millions d'usagers réguliers. En 1988, le nombre des cocaïnomanes en Europe triplait d'année en année ; en 1987, l'accroissement fut de trois cent cinquante pour cent [15]. La majeure partie du trafic de cocaïne était contrôlée depuis la ville de Medellin en Colombie. En 1988, cependant, les marchands de cocaïne colombiens s'aperçurent qu'ils avaient besoin des marchands d'héroïne sicilienne. Le marché américain était saturé ; en deux ans, le prix de la cocaïne avait chuté de plus des deux tiers.

En Europe, en revanche, la cocaïne se vendait quatre fois plus cher, car elle commençait tout juste à faire rage sur le vieux continent. La Grande-Bretagne, la France, l'Allemagne fédérale, le Danemark, la Suède, la Hollande, l'Italie et l'Espagne succombaient à une vitesse affolante. Sur le seul territoire espagnol, la police saisit plus de trois tonnes de cocaïne entre janvier et juin 1988. Tout laisse à penser qu'une quantité dix fois supérieure dut s'écouler en Europe par cette unique voie — peut-être même une soixantaine de tonnes par an. Il ne faudrait pas longtemps pour que l'Europe rattrapât, voire, surpassât aussi l'Amérique dans le domaine de la cocaïne.

Et là, la Mafia sicilienne avait des possibilités dont ne disposait pas le cartel de Medellin. Cela faisait plus de vingt-cinq ans que l'Europe était son marché quasi exclusif. En outre, les Siciliens étaient déjà beaucoup plus proches des trafiquants de cocaïne colombiens que beaucoup de gens ne le supposaient. Selon la DEA, la branche vénézuélienne de la Mafia sicilienne avait expédié « d'énormes quantités » de cocaïne en Europe dès 1978 [16]. En 1982, soixante pour cent de toute la cocaïne en transit passait entre ses mains, si l'on en croit la DISIP, le service de renseignements vénézuélien ; or, les quatre cinquièmes de la cocaïne expédiés aux Etats-Unis et en Europe passait par le Venezuela [17]. En 1984, la branche sicilienne dans ce pays se livrait à « un gigantesque troc de cocaïne contre de l'héroïne [18] ».

Désormais, les experts trouvaient les preuves d'une association dans les règles. On savait que des tractations à ce sujet avaient eu lieu entre la Mafia et le cartel de Medellin au printemps de 1988. « Nous nous attendons à voir la Mafia sicilienne prendre en main la distribution de la cocaïne en Europe. Elle a le réseau nécessaire ; pas les Colombiens », déclara l'Assistant US Attorney, Louis Freeh, qui dirigeait alors l'équipe luttant contre le crime organisé pour le compte du Southern District de New York [19]. L'année suivante, l'association Siciliens-Colombiens-Européens battaient son plein.

Le mélange avait de quoi faire dresser les cheveux sur la tête. Les trafiquants de drogue colombiens étaient probablement les plus cruels du monde entier ; ceux de Sicile, qui ne l'étaient guère moins, étaient les plus sophistiqués et les mieux placés. Le chiffre d'affaires global pour la marchandise qu'ils avaient à vendre devait atteindre, selon les estimations, dans les deux cents milliards de dollars par an [20]. Ensemble, ces deux organisations étaient en mesure de causer des ravages inimaginables.

Telle était la situation, alors que la décennie touchait à sa fin. En tout état de cause, la Mafia sicilienne aurait dû être morte ou agonisante. Tout au long des années 1980, elle avait été victime de désertions sensationnelles, d'incroyables révélations, d'arrestations massives, de procès et de condamnations en Italie et en Amérique. Ses secrets étaient trahis, son réseau de drogue disloqué, toute une génération de ses chefs avait été jetée en prison ou obligé de se terrer et dépouillée de ses richesses. Pourtant, elle semblait toujours aussi forte — plus forte même. Elle paraissait hors de portée du reste de l'humanité : une puissance sans visage, désincarnée, malveillante, imperméable à la loi, semant la mort et la destruction. Pourtant, la Mafia n'était pas une force de la nature. C'était un petit groupe d'hommes d'une avidité insasiable, rendus fous par l'argent que rapportait la drogue et de ce fait vulnérables. La fortune fabuleuse qu'ils sentaient à leur portée faisait naître en eux une convoitise incontrôlable. Les hommes d'honneur siciliens n'étaient jamais aussi meurtriers que lorsqu'ils devenaient prodigieusement riches. Ils pourraient peut-être avoir raison de la loi, mais ils leur faudrait quand même compter avec leurs semblables.

Au début des années 1980, alors que le trafic de l'héroïne atteignait son apogée, une orgie de meurtres sanglants décima les clans de Sicile en guerre les uns contre les autres. A Palerme, la capitale de l'île, la Mafia accouchait d'un cadavre par jour. Un nombre croissant de ceux-ci étaient d'éminents personnages publics, abattus en plein jour ou déchiquetés par des voitures piégées : cinq juges, un procureur général, un procureur de l'Etat, deux chefs de la police, un colonel et un capitaine des Carabiniers (la police paramilitaire d'élite), un journaliste en mal de croisade, le secrétaire provincial du parti démocrate chrétien, le secrétaire régional du parti communiste, le président du gouvernement régional de Sicile et l'immense héros antiterroriste d'Italie, le général Carlo Alberto Dalla Chiesa. C'étaient les « cadavres exquis » comme disaient les Italiens.

On retrouvait des cadavres moins « exquis », dans les bars, les décharges publiques, les entrées d'immeubles, les villas de bord de mer, les voitures garées en plein centre-ville. Beaucoup étaient mutilés de façon obscène, les parties génitales enfoncées dans la bouche, des dollars entre les cuisses. D'autres n'avaient plus de tête. D'autres encore étaient morts lentement étranglés par leurs propres mouvements grâce à un système de nœuds coulants rattachant le cou, les bras et les jambes. Ces derniers étaient les *incaprettati,* c'est-à-dire ceux que l'on avait « troussés comme des chèvres ».

Parmi les policiers et magistrats italiens, nul ne comprenait cette guerre. Les clans de Palerme semblaient occupés à régler de mystérieux comptes intestins. A l'époque, la police ignorait que la Mafia sicilienne avait désormais le monopole du marché mondial de l'héroïne — comme les tribunaux n'allaient pas tarder à l'établir — et que quiconque parviendrait obtenir la suprématie à Palerme contrôlerait ledit marché. Personne ne se doutait du fait que la Mafia possédait une douzaine de raffineries d'héroïne en Sicile même et une demi-douzaine d'autres dans le nord de l'Italie ; plus une armée déployée à l'étranger pour assurer le trafic ; et surtout la concession du plus vorace de tous les marchés de l'héroïne : les Etats-Unis.

Jusqu'à la fin de la grande guerre de la Mafia, de 1981 à 1983, rien de tout cela ne filtra, ni en Italie ni à l'étranger.

Le silence fait partie de la mémoire raciale sicilienne. Deux mille ans d'occupation étrangère et de despotisme ont appris au cinq millions d'habitants de cette petite île de la Méditerranée l'art de la bouche cousue. L'Etat est l'ennemi, qu'il se présente sous la forme de conquérants normands, de rois Bourbon ou de l'Etat italien moderne (dont la Sicile fait partie depuis 1860). Aider la police à élucider un crime, collaborer avec les forces de la loi ou faire appel aux tribunaux pour réclamer justice, c'est être *infame* — être un lâche, un renégat. La justice, l'honneur, la vengeance, un homme digne de ce nom doit s'en charger tout seul. Les Siciliens ont un mot pour désigner ce code de conduite : *omertà,* être un homme.

Jusqu'aux années 1980, il n'y avait pratiquement pas âme qui vive, dans l'île tout entière, qui consentît à dénoncer la Mafia. La peur — bien souvent la plus complète terreur — retenait les gens, certes, mais aussi l'orgueil et une féroce loyauté ethnique. Ce même orgueil passionné anime d'ailleurs les hommes et les femmes les plus courageusement engagés dans la lutte contre la Mafia ; des écrivains, députés, policiers, magistrats, syndicalistes ou ménagères de Sicile. Dans l'ensemble, cependant, le code séculaire de l'*omertà* a su asservir tout un peuple.

Secrète de nature, la Mafia l'était doublement grâce à cette grande muraille de silence populaire qui l'entourait. Alors même qu'elle se rendait coupable de vols, d'enlèvements, d'extorsions, de meurtres, qu'elle achetait et vendait des fonctionnaires, pillait les deniers publics, terrorisait les juges et les jurys, se livrait au trafic de drogue et amassait des fortunes colossales, de nombreux experts soutenaient mordicus que la Mafia n'existait pas. Or, il n'y avait aucune preuve accablante, irréfutable du contraire — pas la moindre main dans le sac. La Mafia ne couche jamais rien par écrit : aucune personne du dehors ne saurait être initiée à ses mystères ; les hommes d'honneur qui adhèrent à la Mafia s'engagent solennellement, sous peine de mort, à jurer que Cosa Nostra est une fable. De ce fait, elle est probablement la seule et unique organisation criminelle structurée qui fonctionne depuis plus d'un siècle sans laisser la moindre trace matérielle.

Des générations d'érudits ont été dupées par cet expédient. Pour oppressant que soit le sentiment de la *présence* de la Mafia en Sicile, il leur était impossible de surmonter cette absence de preuve tangible de l'existence de l'organisation. Ils en conclurent que c'était effectivement une fable.

« Nulle association criminelle organisée, secrète, hiérarchisée appelée « Mafia » n'existe et n'a jamais existé », écrivait en 1983 un distingué criminologue italien, Pino Arlacchi, faisant écho à une longue lignée de prédécesseurs. « Aucune organisation de ce genre n'a jamais existé », renchérissait le méticuleux spécialiste allemand, Henner Hess. C'était uniquement par la faute de « journalistes avides de scandale, de juristes brouillons du nord de l'Italie et d'auteurs étrangers » que l'on voyait la Mafia sous ce jour, ajoutait-il[21].

A vrai dire, les auteurs étrangers avaient plutôt l'habitude de se référer justement à des sources telles que Hess. Les récits à vous glacer le sang, qui mettaient en scène une confrérie sinistre maniant le poignard, étaient aussi démodés que les tralalas dans la mode féminine. Les premières apparitions de la Mafia aux Etats-Unis avaient donné naissance à de féroces attaques contre tous les Siciliens et autres Italiens, ces « étrangers basanés, jacassant leur charabia » qui « se complaisaient à sectionner à coups de couteau le doigt d'autrui ou à lui taillader la joue ». (« Que faire du métèque ? » demandait un titre du *Popular Science Monthly* en 1890)[22]. La thèse du complot se transforma ainsi en racisme de mauvais aloi et les intellectuels ne tardèrent pas à la rejeter. A dater de ce moment, la sagesse populaire voulut que la Mafia fût non pas une société secrète, mais une façon de vivre typiquement sicilienne : une « affinité mentale », un « point de vue », un « état d'esprit ».

De toute façon, la Mafia n'avait censément rien à voir avec l'Amérique. Cette seule idée semblait offenser aussi bien les Italiens que les Américains. Les premiers avaient tendance à considérer la Cosa Nostra d'outre-Atlantique comme du « gangstérisme » ; les seconds prenaient la Cosa Nostra sicilienne pour du folklore. « Le mythe persiste, selon lequel Cosa Nostra aux Etats-Unis est contrôlée par une Mafia mythique et quelque peu romantique, avec des rites d'initiation au cours desquels il faut faire couler son sang, tenir un papier en flammes dans ses deux mains et prêter serment », écrivit à Chicago l'ancien chef de la Commission sur la criminalité, Virgil Peterson, conseiller du président sur le crime organisé. En 1985 encore, il estimait que la Mafia était un mythe[23].

Il en allait de même pour de nombreux autres dont l'honnêteté n'était pourtant pas douteuse. Ils refusaient tout bonnement de croire que les Etats-unis hébergeaient la moindre Mafia — et ce après que les dirigeants de celle-ci eurent été traînés devant les tribunaux. « D'aucuns prétendent que la Mafia est une organisation ; je vous dis, moi, que c'est de la foutaise », déclara le gouverneur de New York, Mario Cuomo, en décembre 1985, au moment même où la commission nationale de la Mafia américaine au grand complet comparaissait au banc des accusés[24]. Des sceptiques américains endurcis avaient rengainé le même refrain depuis le règne de J. Edgar Hoover, directeur du FBI de 1924 à 1972. Ce dernier se refusa jusqu'au jour de sa mort à laisser ses services reconnaître l'existence de la Mafia.

Aucun « ami d'amis », au sens que la Mafia donne à cette expression, n'aurait pu mieux servir les intérêts de celle-ci que ces incrédules intègres et obstinés. Leur refus de voir une vérité qui crevait les yeux fut pire que trompeur ; il empêcha pendant plus d'un siècle toute attaque contre la Mafia en tant qu'*association criminelle organisée.*

Les Italiens pourtant avaient eu l'exemple des laborieuses enquêtes parlementaires qui se répétaient depuis 1867 ; la dernière en date avait duré dix ans, s'achevant en 1974. Et les Américains avaient été avertis de l'existence de la Mafia par deux enquêtes exhaustives du Congrès. Celle du sénateur John McClellan avait même vu se manifester le premier dissident de la Mafia américaine, Joseph Valachi, qui, en 1963, révéla quels étaient ses serments, sa structure, ses dirigeants, ses objectifs et même son nom pour les initiés — Cosa Nostra. Dès 1951, le sénateur Estes Kefauver avait fourni de nombreuses preuves. « Il y a un syndicat national du crime connu sous le nom de Mafia, concluait-il. Celui-ci existe aux Etats-Unis, n'en déplaise à une bande curieusement hétéroclite de criminels, politiciens arrivistes, imbéciles aveugles et autres qui se fourvoient peut-être en toute bonne foi. » Qui plus est, ajoutait-il, ce syndicat était lié à une « mystérieuse organisation criminelle internationale, désignée elle aussi sous le nom de " Mafia ", si hallucinante que la plupart des Américains ont peine à croire qu'elle existe vraiment[25] ».

Les soldats de Cosa Nostra furent affolés de voir ainsi menacé leur anonymat, comme le révéla une conversation téléphonique surprise à New York dans les années 1960 :

« Faut qu'on batte en retraite. Faut qu'on s'enfonce profond, profond, profond, profond... jusqu'au fond du trou, bordel, et qu'on creuse de nouveaux tunnels.

— Clandestins ?

— Clandestins. Clandestins, et qu'on se réorganise avant de remonter à la surface. Et qu'on laisse une paire de foutus cadavres à chaque coin de rue, bordel...

— Tu sais où il faut mettre un salaud qui parle ? Le pendre à un lampadaire. Tu piges ? Faut lui couper la bite, la fourrer dans la poche, et puis lui faire une belle petite entaille et le laisser pendu là-haut[26]. »

Ils avaient tort de s'inquiéter. Entre les politiciens arrivistes, les imbéciles aveugles et les fourvoyés en toute bonne foi, personne ne se lança aux trousses de la Mafia, malgré les efforts des sénateurs Kefauver et McClellan. Selon Daniel Bell, professeur à Harvard et arbitre de la mode intellectuelle, le Comité Kefauver s'était laissé « abuser par ses propres ragots[27] ». Selon le conseiller présidentiel, Virgil Peterson, le témoin vedette du Comité McClellan — Joe Valachi — avait « fort probablement inventé de toutes pièces l'expression La Cosa Nostra[28] »

Et ainsi de suite, jusqu'aux années 1980. Les Mafias sicilienne et américaine progressèrent inexorablement dans leurs pays respectifs. Des hommes d'honneur de Sicile s'installèrent à l'étranger et l'ère de l'héroïne commença. Et puis le mur du silence se fissura. En Amérique, la Mafia fut prise au piège par une fantastique surveillance électronique et en Italie par un phénomène extraordinaire qu'on en vint à appeler le *pentitismo,* le repentir.

En effet, dans le camp des vaincus de la grande guerre de la Mafia sicilienne, certains ne parvinrent pas à digérer leur défaite. Désignés par le nom assez vague de *pentiti* ou repentis, ils n'étaient pas nécessairement repentants, mais prêts en revanche à révéler les secrets de la Mafia. Un seul *pentito* aurait déjà été ahurissant — or il y en eut une bonne trentaine dès le début et ils devaient bientôt se chiffrer par centaines. Ils décrivirent un univers de la pègre aussi inconnu que la face cachée de la lune. En l'espace de trois ou quatre ans, à partir de 1982 environ, des mythes et mystères vieux d'un siècle s'estompèrent. Pour la première fois de son histoire, la véritable Mafia, société secrète étrangement dangereuse, apparut telle qu'en elle-même.

Sa nature se fit jour lors d'une série de procès spectaculaires à Palerme et New York. La procédure différait, mais les résultats concordaient. Les témoins se succédaient à la barre, pour révéler à quels abîmes de dépravation s'abaissait la Mafia et sa faculté ancestrale de tromper son monde. Les preuves accablantes fourmillaient dans les millions de pages que regroupaient les procès-verbaux des débats.

Il existe vraiment une confrérie organisée et hiérarchisée conspirant contre la société et se désignant elle-même sous le nom de Cosa Nostra, « notre affaire ». Elle est étroitement structurée — un tribunal sicilien a parlé de « pyramide paramilitaire » — avec ses rites et ses règlements, ses réunions et ses votes, et elle est dirigée, tant en Sicile qu'aux Etats-Unis, par des conseils d'administration regroupant ses éléments d'élite. Ces deux conseils sont distincts mais non égaux. Les Américains le cèdent aux Siciliens ; ce sont ces derniers, et non les Américains, qui opèrent à l'échelon mondial ; le centre du pouvoir de la Mafia se trouve à Palerme, pas à New York. Parmi toutes les découvertes de ces dernières années, celle-ci est la plus importante.

C'est l'héroïne qui a fait toute la différence : la Mafia américaine se contente d'en faire le trafic, alors que la sicilienne dirige les opérations. Pour ce faire, elle fonctionne en tant qu'entité indépendante aux Etats-Unis et partout ailleurs. Il y a encore quelques années, à peine, on croyait que ses hommes, déployés à travers tout le territoire américain depuis les années 1950, appartenaient à la Cosa Nostra américaine. En réalité, ils empiètent régulièrement sur la souveraineté et l'espace vital de celle-ci. Des Siciliens directement responsables envers Palerme occupent plusieurs des enclaves exclusives de la Mafia américaine et braconnent sur ses terres. La pègre américaine les a baptisés les *zips* ou les *geeps,* les « putains de ritals » ; elle n'a pour ces êtres renfermés et prédateurs qu'antipathie et ressentiment, mais ne s'attaque pas à eux pour autant.

C'est d'ailleurs la Mafia américaine qui les a invités à venir, pour se soustraire aux risques du trafic d'héroïne tout en touchant sa part des bénéfices. D'aucuns diraient peut-être que ce fut un des premiers signes de son déclin ; ce fut, en tout cas, une capitulation. La concession de l'héroïne aux Etats-Unis a propulsé la Mafia sicilienne à la tête de la pègre internationale et augmenté sa férocité à un point qui effraie jusqu'à sa « petite sœur » américaine.

« Pourquoi n'y a-t-il pas de macchabées siciliens à New York ? Comment se fait-il que nos gars ne résistent pas ? » demandait un agent du FBI couvrant la zone de Brooklyn dans les années 1980. « La Mafia américaine refuse tout affrontement », répondit Robert Stutman, directeur de la DEA à New York. En comparaison des cousins de Sicile, les mafiosi américains font mollassons. Leurs chefs appartiennent à une espèce hybride, que deux ou trois générations séparent du pur sang de la Mafia. Leur moyenne d'âge oscille entre soixante-dix et quatre-vingts ans, alors qu'un sang nouveau vient constamment alimenter la direction sicilienne. Les Américains acceptent quiconque possède un père italien ; en Sicile les deux parents d'un adhérent doivent être siciliens. Les Américains louent leurs rackets à d'autres : les familles new-yorkaises ont cédé ainsi vingt-sept de leurs trente-six jeux de loto clandestins à des Cubains. Ils tuent moins et rechignent à descendre les policiers. Bref, ils n'ont pas la fibre amorale d'un mafioso sicilien.

Pour le moment toutefois, même s'ils s'inclinent devant les hommes de Palerme, ils tiennent tête à tous les autres. En dépit de ses vicissitudes, les experts du FBI considèrent toujours la Mafia américaine comme « la plus importante organisation criminelle des Etats-Unis[29] ». Il faut bien dire qu'elle a survécu à toutes les autres bandes de criminels du pays depuis la fin du siècle dernier.

La richesse des deux Mafias est incalculable. A eux seuls, les stupéfiants en font la vingtième « nation » du monde sur le plan des revenus — ceux-ci sont en effet plus élevés que ceux de cent cinquante Etats souverains[30]. Et les millions arrivent à flots, grâce à toutes sortes d'autres combines, licites et illicites, qui rapportent gros (le jeu, l'extorsion, l'usure, la fraude, etc.). Les sources gouvernementales, toujours prudentes, estiment que les Mafias sicilienne et américaine combinées ont un chiffre d'affaires annuel proche des deux cent cinquante milliards de dollars. Selon la Commission sur le crime organisé établie par le président Reagan, le chiffre américain était de cent soixante-huit milliards de dollars en 1984. Les bénéfices nets sur les opérations strictement criminelles se montaient à trente milliards de dollars. Les revenus que la Mafia sicilienne tirait *uniquement* de la drogue, des extorsions, des enlèvements et du jeu étaient estimés pour 1989 à trente milliards de dollars — soit trois fois le budget annuel du gouvernement régional de Sicile ou six mille dollars par tête pour chaque homme, femme et enfant de Sicile[31].

Or, en dernier ressort, les bénéficiaires sont incroyablement peu nombreux. Pour chaque mafioso adhérent, un nombre limité de points par dollar revient à une dizaine d'« associés » et de « ratisseurs », et il y a des légions de « protecteurs » à payer : hommes d'affaires, avocats, politiciens, juges, policiers. Mais Cosa Nostra ne compte que mille sept cents membres aux Etats-Unis, sur une population de près de deux cent cinquante millions. Et en Sicile même, il y en a à peine quinze mille, soit un pour cent de la population de l'île[32].

C'est délibérément que la taille de la Mafia reste ainsi réduite. Bien des gens ont payé pour avoir le privilège d'y adhérer, un peu comme ils achèteraient une charge d'agent de change. Dans les années 1950, Albert Anastasia, chef de ce qui devait devenir la famille Gambino à New York, vendit des bulletins d'adhésion pour cinquante mille dollars l'un. Un puissant patron de cette même famille a payé, dit-on, de nos jours cent mille dollars de droit d'entrée[33].

Ces chiffres mêmes semblent démentir toute l'histoire. Comment un si modeste groupe pourrait-il détenir un tel pouvoir ? Comment croire que quelques milliers de criminels sachant à peine lire et écrire sont capables de lâcher sur le monde le fléau de l'héroïne, de rançonner des nations entières, de voler annuellement des sommes d'argent supérieures au produit national brut de la Norvège ou du Danemark ? Ce n'est pas aussi improbable qu'on pourrait le croire. Quelques milliers de terroristes politiques ont bien été capables de mettre à genoux la moitié du monde au cours de ces dernière années. « Un mort fait dix mille terrorisés », telle est l'élémentaire prémisse de leur raisonnement. Or c'était déjà celle de la Mafia bien avant l'apparition des terroristes.

En Sicile, les hommes d'honneur sont obligés de tuer avant de pouvoir prêter serment ; ils l'ont déclaré devant les tribunaux. On appelle ceux qui tuent le mieux des hommes de courage. Quant à ceux qui se dégoûtent de cette besogne, ils risquent la mort à leur tour. « Le prestige d'un homme d'honneur au sein d'une famille de la Mafia dépend avant tout des meurtres qu'il commet. Plus un meurtre est important, plus grand est le prestige », a témoigné un dissident en Italie[34]. A l'intérieur de la Mafia, le système tout entier du pouvoir dépend par-dessus tout d'un facteur : il faut *montrer* que l'on est prêt à tuer — instantanément, n'importe quand, n'importe où.

La force de ce système, correctement appliquée, est capable de plier la volonté du plus grand nombre à celle d'une petite poignée d'hommes. « Que l'on me donne la place de me tenir debout et je soulèverai le monde [avec un levier] », déclara le génial mathématicien et inventeur de l'Antiquité, Archimède, vers l'an 240 avant notre ère. Archimède vivait à Syracuse, en Sicile.

Contrairement à ce que prétend la légende, la Mafia n'est pas vieille de plusieurs siècles, mais elle était déjà vieille en naissant. La clef de sa puissance singulière — cette capacité de dévaster impunément le monde — réside dans son adroite utilisation de la géographie, de la culture distincte, de la misère et de l'histoire millénaire de la Sicile.

L'histoire de la Sicile, en effet, fait peur à lire. Depuis les mythiques cyclopes, les envahisseurs de tout poil se sont laissé attirer par ses quinze mille kilomètres carrés de superbes terrains à bâtir. L'île se trouvait au beau milieu des voies maritimes de la Méditerranée, laquelle était le centre de leur univers. Les Phéniciens s'en emparèrent, suivis des Grecs, des Romains, des Vandales, des Ostrogoths, des Byzantins, des Arabes, des Normands, des Germains, des Aragonais, des Espagnols et des Bourbon. Certains étaient plus éclairés que d'autres, mais tous étaient d'incorrigibles colonialistes. Le blé sicilien, que faisaient pousser les esclaves siciliens, servait à nourrir leurs armées, de vastes parcelles de terre sicilienne leur permettaient de s'enrichir. Sous cette occupation étrangère ininterrompue, la Sicile grouillait de sectes secrètes : elles regroupaient des vengeurs ou de simples bandits, voire un mélange des deux, qui tous reflétaient la haine et la rage populaires. On les désigne souvent par le nom de « Mafia », mais ils n'étaient en fait que ses précurseurs.

On a fait remonter ce mot de « Mafia » tantôt aux nationalistes du soulèvement des Vêpres siciliennes, au XIIIe siècle ; tantôt aux francs-maçons d'un village de pêcheurs de la côte sicilienne en 1799 ;

tantôt à une sorcière victime de l'Inquisition, appelée « Catarina la Licatisa nomata ancor Maffia », ce qui signifiait : femme douée d'audace, de puissance, de folie et d'arrogance.

D'autres assurent que « Mafia » vient du français archaïque *maufer,* dieu du mal. D'autres le font descendre de l'arabe *míhfal,* qui veut dire nombreuse assemblée (avec en plus *mahyas* qui signifie fanfaron). La version la plus répandue est qu'il s'agit d'une version abrégée de « Mazzini Autorizza Furti, Incendi, Avvelenamenti » : Giuseppe Mazzini, un des chefs du Risorgimento, le mouvement qui libéra et unifia l'Italie au XIXe siècle, aurait selon cette formule « autorisé les vols, les incendies et les empoisonnements » en Sicile, afin de lutter contre la monarchie des Bourbon. Il y avait, en tout état de cause, une bande secrète qui œuvrait pour lui sur le sol sicilien, ce qui pourrait avoir son importance.

Les historiens s'accordent généralement à dire que l'authentique Mafia a démarré sous l'égide d'un personnage haut en couleur, Giuseppe Garibaldi, l'allié de Mazzini au sein du Risorgimento[35]. Ce fut lui qui chassa de Sicile les derniers Bourbon et réunit l'île au nouvel Etat italien. Lorsque ses chemises rouges débarquèrent à Palerme, en 1860, les Siciliens se pressèrent en foule pour embrasser sa cause, dans une véritable explosion de joyeuse frénésie populaire. Parmi eux se trouvaient environ deux mille *picciotti* — de hardis jeunes paysans, moitié brigands, moitié rebelles, qui avaient l'habitude de se cacher dans des grottes de tuf, pierre que les Arabes appelaient *maha.* Telle est probablement l'origine du mot « Mafia », car les *picciotti* de Garibaldi étaient connus sous le nom de *squadri della mafia*[36].

Ils étaient éblouis par les promesses de dignité et de justice sociale que leur faisait miroiter leur chef. Après deux millénaires sous le joug d'étrangers, la Sicile était à bout — humiliée, dévorée par la corruption, misérable —, mais la jeune nation italienne ne sut pas la relever. Les promesses ne furent pas tenues, les Siciliens furent oubliés. En l'absence d'un véritable Etat, les *picciotti* s'unirent et prirent le pouvoir.

Il n'existe pas de document précisant que ce petit groupe était la Mafia. Néanmoins, une dépêche officielle datant de 1865 la citait nommément, pour la première fois, en précisant qu'il s'agissait d'une société secrète criminelle et virulente[37]. Une pièce de théâtre en dialecte sicilien, aujourd'hui célèbre, *I Mafiusi della Vicaria,* avait vu le jour peu avant, en 1863. Cette comédie sur la vie carcérale à Palerme décrivait une *consorteria mafiusa,* une « association » de mafiosi possédant ses rites d'initiation et sa hiérarchie, commandant un respect spécial à l'intérieur de la prison, imposant ses propres lois, commettant diverses exactions, narguant les gardiens et passant en contrebande des vêtements, de la nourriture et des armes[38].

La hiérarchie disparut hors de vue au cours des cent vingt années suivantes, mais la *consorteria* prospéra. Le taux de criminalité en Sicile augmenta de façon si démesurée que dès 1893 l'état de siège était déclaré[39]. A cette époque, la Mafia était déjà si utile aux riches et aux puissants qu'il n'était plus possible de la déloger. Les grands propriétaires terriens s'appuyaient sur elle pour maintenir l'ordre parmi les paysans indociles. L'église catholique comptait sur sa protection pour préserver les vastes terres qu'elle possédait. Les candidats à la fonction publique baisaient la main du *Capo-Mafia* en pleine rue. Un futur premier ministre prit pour slogan la formule : « Votez pour X, un ami des amis » — étiquette classique de la Mafia. De 1860 à 1924, pas un politicien sicilien ne fut élu au parlement italien sans l'assentiment de la Mafia[40]. Aujourd'hui encore, ils ne sont guère nombreux à l'être

Les pauvres, quant à eux, se tournaient vers la Mafia parce qu'ils n'avaient personne d'autre. En ce qui les concernait, il n'y avait point d'Etat en dehors des percepteurs. L'Eglise, toute-puissante dans ce pays résolument catholique, était de mèche avec les propriétaires et l'establishment à Rome. La Mafia, bien qu'elle fût elle aussi acoquinée avec eux tous, se flattait de rendre, dans une certaine mesure, une justice équitable. C'était là un ingrédient nécessaire du pouvoir et l'on pensa, un temps, que, pour un chef de la Mafia, le pouvoir était encore plus grisant que l'argent. Simple citoyen, nanti de titres purement honorifiques, il pouvait susciter un respect frisant la révérence, répandre sa sagesse et sa protection, arbitrer les querelles, choisir les fonctionnaires (y compris les chefs de la police et les juges), élire les législateurs et façonner les gouvernements. Par conséquent, certains paysans obtenaient satisfaction de leur *Capo-cosca* (chef de clan), alors que d'autres ne recevaient pour leur peine qu'un coup de *lupara,* le fusil traditionnel de l'île, à canon scié. C'était dur, mais c'était une sorte de justice.

Ce fut sur cette toile de fond troublée et tourmentée que l'on vit se détacher progressivement l'image d'un mafioso héritier de Robin des Bois. Il était viril et méprisait ouvertement la loi, il se défendait avec panache et pouvait même sembler, selon les points de vue, généreux et sage. Les étrangers en visite le trouvaient fringant et les poètes romantiques chantaient ses louanges. Il était l'essence même de « la beauté, la grandeur, la perfection, l'excellence », comme l'écrivit le plus célèbre de ces bardes, Giuseppe Pitrè.

Les hommes d'honneur adorent citer Pitrè. Il faut dire qu'aucun homme n'a sans doute fait autant pour glorifier une confrérie de crapules et d'assassins que cet auteur du tournant du siècle qui fait autorité sur le folklore sicilien. « Le mafioso n'est pas un voleur, ni une fripouille... Le mafioso est tout simplement un homme valeureux qui n'a pas froid aux yeux, a-t-il écrit. La Mafia, c'est la force de l'individu, l'intolérance envers l'arrogance des autres... La Mafia réunit l'idée de beauté à celles de supériorité et de courage au meilleur sens du terme, avec quelque chose en plus : la conscience d'être un homme, la certitude de l'âme... audacieux, oui, mais jamais arrogant, jamais hautain [41]. »

Jamais un tel mafioso n'a existé. Pitrè puisait dans « des souvenirs d'enfance lointains et parfumés, nous explique avec tact un ancien conservateur du musée Pitrè à Palerme, ajoutant : Il n'inventait pas les faits, mais vivait dans un univers fantastique. Ce n'était pas un historien, un professionnel de la chose [42] ». Personne n'ira dire le contraire.

C'est chez un contemporain de Pitrè, Vito Cascio Ferro, que l'on discerne le mieux les deux visages de la Mafia : pour tout un public plein de déférence, il fut Don Vito, le premier grand *capo di tutti capi* que connut la Sicile.

Don Vito naquit à Palerme en 1862 et grandit analphabète, ce qui ne gêna pas le moins du monde son ascension. Jamais la Mafia ne devait produire un homme aussi chaudement admiré. Traçant son portrait, dans son livre *The Italians,* feu Luigi Barzini Jr. a écrit :

> Don Vito amena l'organisation à son plus haut point de perfection sans avoir indûment recours à la violence... Un chef de la Mafia qui parsème l'île entière de cadavres pour atteindre son but est considéré comme aussi nul que l'homme d'Etat qui doit livrer des guerres d'agression. Don Vito commandait et inspirait la crainte principalement grâce à ses grandes qualités et à l'ascendant naturel qu'il exerçait sur les autres.

En réalité, Don Vito fut accusé de son vivant de vingt meurtres, cinq cambriolages, trente-sept extorsions, un enlèvement sensationnel et cinquante-trois autres délits comportant des violences physiques. L'une des accusations de meurtre concernait une affaire où la victime avait été dépecée et les morceaux fourrés dans un tonneau. Il fut officiellement inculpé soixante-neuf fois de tels crimes et acquitté à chaque fois [43].

Ce fut Don Vito qui engendra la Mafia américaine. S'étant enfui aux Etats-Unis en 1901, pour éviter d'être arrêté, il fut le premier mafioso *di rispetto* à mettre le pied sur le sol américain. Le Lower East Side de New York grouillait alors d'immigrants siciliens, des paysans travailleurs qui s'échinaient contre un salaire de misère dans des usines pour arriver à survivre. Réfugiés parmi eux et les pillant sans vergogne, se trouvaient les fugitifs de la Mafia, chassés de leur pays par la première répression du gouvernement italien en Sicile, en 1893. La presse les avait baptisés La Main noire[44].

Les Etats-Unis étaient leur terre promise, non seulement pour les raisons habituelles, mais parce qu'ils y étaient parfaitement en sécurité. « Ici, il n'y a pratiquement aucune surveillance policière, pouvait-on lire dans un rapport de la police new-yorkaise de l'époque. Ici, il est facile d'acheter des armes et de la dynamite. Ici, pas de sanction si l'on utilise un faux nom. Ici, rien de plus aisé que de se cacher [étant donné] l'immensité de notre territoire et nos cités surpeuplées[45]. » L'auteur de ce rapport était Joseph Petrosino, né en Italie, le seul policier de New york (pour ne pas dire de l'Amérique tout entière) qui connût quelque chose à la Mafia sicilienne. Chef de la branche italienne spéciale du Police Department, il était la réponse de New York aux crimes violents de la Main noire.

A l'aube du xxe siècle, celle-ci opérait à Saint Louis, Detroit, Chicago, Kansas City, La Nouvelle-Orléans, New Jersey et New York. Presse et public étaient convaincus que c'était une extension de la Mafia sicilienne, occupée à envahir subrepticement l'Amérique (en 1901 !). Petrosino ne partageait pas cette opinion. Selon lui, ce groupe n'était rien de plus que le produit naturel de l'environnement des émigrés siciliens : une vague association de criminels endurcis, cruels et avides, mais désorganisés. Ce fut alors que Don Vito Cascio Ferro débarqua et Petrosino changea d'avis.

Leurs chemins se croisèrent en 1903, lorsqu'une tête décapitée, dans la bouche de laquelle étaient enfoncées des parties génitales, fut découverte dans un tonneau sur la Onzième Avenue de New York. La victime était un émigré sicilien qui avait travaillé pour des gens haut placés de la Main noire. Les preuves suffirent à persuader Petrosino que Don Vito était responsable du crime.

Le futur seigneur de la Sicile, organisateur de génie, avait rapidement pris l'ascendant sur les hommes de la Main noire. Il avait personnellement aidé bon nombre de ses membres à quitter clandestinement la Sicile pour les Etats-Unis. A présent, il s'occupait de leur inculquer une discipline et d'établir des liens réguliers avec la mère patrie ; ce fut le premier circuit Palerme-New York de la Mafia. Dans l'affaire, Don Vito mit d'ailleurs au point la méthode la plus commode et la plus durable utilisée par la Mafia pour gagner de l'argent : *'u pizzu.* En dialecte sicilien, *Fari vagnari 'u pizzu* signifie « mouiller le bec d'un petit oiseau » ; c'est un euphémisme de la Mafia pour désigner le racket de la protection en échange d'un paiement mensuel.

Le *pizzu,* inventé à New York en 1903, était au départ des plus rudimentaires. La Main noire aurait volontiers saigné ses victimes à blanc, mais Don Vito n'était pas de cet avis (pas tout à fait du moins) : « Il faut savoir écumer la crème du lait sans briser la bouteille, disait-il. Ne ruinez pas les gens par des exigences financières exagérées. Offrez-leur plutôt votre protection. Aidez-les à faire prospérer leur affaire et ils ne seront que trop contents de payer le *pizzu;* ils iront même jusqu'à vous baiser les mains, par-dessus le marché[46]. »

Certains baisaient en effet les mains de Don Vito. Tout ignare qu'il fût, il était capable de calculer au centime près leur seuil de tolérance financière. Dès 1904, la Main noire était devenue aussi froidement méthodique que les services du fisc. Elle réclamait ponctuellement son *pizzu,* sans omettre un seul immigrant sicilien ayant des revenus à grever — commerçants, marchands ambulants, maçons, débardeurs ; la somme était fixée selon une échelle mobile.

Cette année-là, Don Vito regagna la Sicile avec son nouveau système. N'eût été le meurtre de « l'homme du tonneau », qui fit sensation dans tout le pays, il aurait pu finir ses jours en Amérique, mais une fois lancé à ses trousses, le lieutenant Joe Petrosino refusa de lâcher prise. Don Vito fut obligé de quitter la ville à la sauvette, de se terrer quelque temps à La Nouvelle-Orléans et finalement de rentrer chez lui. Lorsqu'il s'embarqua pour l'Italie, en 1904, il emporta dans sa poche une photographie de Joe Petrosino — pour le désigner à des tueurs à gages. Une fois de retour sur son île, il en devint le prince régnant : grand, distingué, le menton allongé par une « barbiche méphistophélesque », possédant « l'allure d'un mafioso » (pour citer un rapport de police le concernant), il donnait sa main à baiser aux sénateurs et dignitaires locaux en faisant la tournée de « ses » villes. Lorsque Petrosino débarqua à Palerme cinq ans plus tard, la Sicile tout entière était à sa botte.

Cette arrivée était un affront intolérable. La Main noire était sous la protection personnelle de Don Vito ; or la mission du policier était de la détruire. Une fois en Italie, il avait l'intention de retrouver les casiers judiciaires de ses membres, de s'en servir pour les faire extrader des Etats-Unis et d'anéantir toute cette association américano-sicilienne de malfaiteurs. Mais avant même d'avoir pu commencer, Petrosino fut abattu sur la Piazza Marina de Palerme.

A en croire la légende, Don Vito Cascio Ferro quitta la table d'un député, se fit conduire à la Piazza Marina dans sa voiture, exécuta le policier, puis retourna finir son repas. En réalité, les chefs de la Main noire s'étaient rencontrés à La Nouvelle-Orléans pour évoquer le problème et avaient expédié deux émissaires à Don Vito en Sicile. Les trois hommes abattirent Petrosino de deux balles dans la nuque et une au visage[47].

Longtemps après, Don Vito revendiqua ce meurtre. « Petrosino était un adversaire courageux qui ne méritait pas une mort ignoble aux mains d'un vulgaire *sicario* [tueur à gages] », déclara-t-il. On était alors à la veille de la Seconde Guerre mondiale et l'inégalable *capo di tutti capi* de Sicile agonisait en prison, où l'avait mis Mussolini, le dictateur de l'Italie fasciste.

Dès son premier voyage officiel en Sicile, en 1924, Mussolini avait décidé qu'il lui faudrait éliminer la Mafia. En effet, en lui faisant les honneurs des lieux, le maire et *Capo-Mafia* de Piana dei Greci, Don Ciccio Coccia, glissa une allusion à la nombreuse escorte de son hôte : « Excellence, vous êtes avec moi et n'avez rien à craindre. Quel besoin avez-vous de tous ces policiers[48] ? » Le Duce comprit aussitôt ce que représentait la Mafia en Sicile : l'île était son royaume et lui-même n'était qu'un invité — ce qui n'était pas du tout pour lui plaire. De toute façon, il n'était pas du genre à tolérer longtemps un pouvoir autre que le sien. En moins d'un mois, Don Ciccio était sous les verrous et Mussolini avait déclenché son offensive contre la Mafia.

Son préfet de fer, Cesare Mori, se mit en devoir d'éliminer l'organisation « comme un chirurgien pénètre les chairs par le feu et l'acier, jusqu'à ce qu'il ait cautérisé les abcès purulents de la peste bubonique ». Des milliers d'hommes, coupables et innocents confondus, furent jetés en prison et torturés, leurs biens saisis, leurs familles ruinées. Lorsque les preuves manquaient, on en fabriquait.

Entre 1927 et 1929, il y eut en Sicile quinze procès de masse. Une gigantesque cage de cinquante mètres de long fut édifiée pour contenir les cent cinquante-quatre accusés du premier. « La justice fasciste doit être rapide et décisive. Si les débats n'avancent pas plus vite, la liquidation de la Mafia durera jusqu'à l'an 2000 », télégraphia Mussolini. La justice fasciste triompha ; cent quarante-huit des accusés furent condamnés. « La Mafia est morte et une Sicile nouvelle vient de naître », affirmait le *New York Times*. « Mussolini a étranglé le monstre dans sa tanière natale », annonçait le *Times* depuis Londres[49]. Le monstre, effectivement, battit en retraite. Officiellement, le taux d'assassinats de la Mafia dans l'île tomba de *dix par jour* à trois par semaine. Et même officieusement, il baissa d'environ soixante-quinze pour cent[50].

Le monstre, cependant, ne s'avouait pas vaincu. Comme par magie, la Mafia reparut dès la chute de Mussolini, à la fin de la guerre. Les hommes d'honneur, tous antifascistes notoires, passèrent directement de la prison à la fonction publique. Leur nouveau *capo di tutti capi,* Don Calogero Vizzini, fut élu maire de Villalba, sa ville natale : « Vive la Mafia ! Vive Don Calò ! » hurlaient ses amis, disséminés à travers la foule qui assista à son intronisation[51].

Grand, lourd, robuste, le veston négligemment jeté sur l'épaule et la *coppola* (le béret traditionnel de la Mafia) incliné sur les yeux, Don Calò tenait chaque jour audience dans un café de la *piazza* de la ville, comme si le règne du Duce n'avait jamais eu lieu. Barzini a décrit cette période :

> Sortant de l'ombre des murs et des ruelles étroites, les gens faisaient la queue pour le voir — paysans, vieilles femmes en noir, jeunes mafiosi.
>
> Ses façons magnanimes et protectrices, les saluts respectueux des passants, l'humilité de ceux qui l'approchaient, les sourires de gratitude lorsqu'il s'adressait à eux, tout cela évoquait quelque tableau antique : un prince tenant sa cour à ciel ouvert[52].

Entre-temps, des centaines de sujets de Don Calò s'étaient regroupés de l'autre côté de l'océan. Echappant au préfet de fer de Mussolini durant les années 20, ils s'étaient réfugiés en Amérique juste à temps pour y découvrir la prohibition et y faire fortune dans le commerce clandestin de l'alcool. Plusieurs d'entre eux fondèrent de célèbres familles de mafiosi : Joe Profaci de Villabate, Carlo Gambino de Palerme, Gaetano Lucchese (alias Tommy « Trois-Doigts » Brown) de Palerme lui aussi, Joe Bonanno de Castellammare del Golfo. Le contingent en provenance de cette dernière ville était particulièrement nombreux ; ce furent ultérieurement des natifs de Castellammare qui inaugurèrent le trafic d'héroïne entre la Sicile et les Etats-Unis. Les émigrants des années 20 connurent une telle réussite qu'une réplique de la statue de la Liberté se dresse aujourd'hui sur la place principale de la ville, en hommage à leur pays d'adoption.

Tous ces émigrants devinrent les piliers de l'Unione Siciliana, avec laquelle fusionna la Main noire. Confrérie ethnique populaire, l'Unione Siciliana comprenait trente-huit loges et quarante mille membres dispersés à travers les Etats-Unis. S'abritant en son sein, l'organisation secrète de la Mafia masquait ses entreprises criminelles derrière des bonnes œuvres, des groupements religieux, des clubs sociaux et des voyages organisés au vieux pays.

La Mafia gagnait des millions de dollars avec son trafic d'alcool, en plus des revenus habituels dus au jeu, à l'usure, au chantage et au *pizzu;* et elle représentait en outre une redoutable puissance politique. Parmi les aspirants à la Maison-Blanche, Al Smith, qui convoitait le titre de candidat démocrate pour les présidentielles de 1928, fut le premier à solliciter son aide, mais certainement pas le dernier. « Garantissez-moi un soutien écrasant à Manhattan, Brooklyn et dans le Bronx, où vous contrôlez les délégués, [et] je suis prêt à vous faire la vie belle », aurait-il déclaré aux mafiosi [53].

Toutefois, l'Unione fut décimée par des luttes tribales jusqu'à l'avènement de Salvatore Luciana, alias « Charlie Lucky » Luciano, en 1931. Ce dernier était venu en Amérique tout enfant, de la ville de Lercara Friddi en Sicile. Il était, certes, adhérent de la Mafia, mais il incarnait aussi l'esprit d'entreprise des Américains, il avait l'envergure d'un roi de l'industrie, que ses talents auraient pu porter au pinacle du monde capitaliste.

« Nous autres, les jeunes, on détestait les vieilles barbes et tout ce qu'elles faisaient. On essayait de monter une affaire qui évoluerait avec son temps, alors que ces types-là vivaient toujours au siècle d'avant », expliqua-t-il [54].

Ce fut pour cette raison que Luciano assassina les deux grands patrons siciliens de New York — Joe « The Boss » Masseria et Salvatore Maranzano — occupés à l'époque à s'entre-déchirer en décimant réciproquement leurs troupes respectives et qu'il devint à son tour le « Boss ». « Y a qu'à éliminer les deux obstacles et à partir de là, c'est Charlie qui fait la loi. C'est bien ça qu'on veut, non ? » avait observé son génie de la finance, Meyer Lansky [55]. L'événement fut fêté au Blackstone Hotel de Chicago, à l'automne de 1932. Al Capone jouait les amphitryons et des délégations arrivèrent des quatre coins du pays. Lucky Luciano fut salué comme le chef incontesté d'une firme moderne, spécialisée dans le crime, organisée au niveau national et très nettement américaine dans sa façon d'envisager les choses.

L'une des premières mesures qu'il prit fut de clore le registre des adhésions à Cosa Nostra : c'était une façon de dire qu'on n'accepterait plus d'immigrants siciliens parmi les membres [56]. Les rites, les vendettas, le *sicilianesimo* (l'art et la manière d'être sicilien) ne l'intéressaient pas. Il ne voulait qu'une chose : « monter une affaire qui évoluerait avec son temps ».

A mesure que les frontières de Cosa Nostra américaine s'élargissaient, ses origines visiblement étrangères s'estompaient. Durant les cinquante années suivantes, la filière sicilienne parut subir une éclipse, mais on assistait, en réalité, sans le savoir au phénomène inverse. Une succession complexe d'événements rendit la Mafia sicilienne nécessaire — voire indispensable — à son homologue américaine. Avec la complicité active de Lucky Luciano et de tout le haut commandement américain, la Sicile acquit une concession exclusive du marché de l'héroïne et l'intoxication de l'Amérique commença.

2.

Don Luciano Leggio, le vainqueur

Corleone, un enchevêtrement de toits serrés autour de la saillie en pierre d'une prison abandonnée, ressemble à des centaines d'autres mornes petites villes éparpillées dans les colonies siciliennes. Elle dut jadis son renom au nombre excessif de meurtres commis dans ses rues par la Mafia. De nos jours, on la connaît surtout parce qu'elle est la ville natale de Luciano Leggio [1].

Don Luciano est emprisonné à perpétuité pour meurtre depuis 1974 et il ne rajeunit pas. Il passe ses journées à lire Dickens et les philosophes grecs, à écrire des poèmes et à peindre des vues nostalgiques de sa ville natale. D'aucuns pourraient croire que c'est un homme fini, mais il n'en reste pas moins le *capo di tutti capi* le plus redouté de tous les temps.

Ce n'est pas Leggio qui a créé le réseau mondial d'héroïne de la Mafia ; il l'a gagné dans la grande guerre de la Mafia de 1981-83, en mettant sur pied ses stratégies depuis sa cellule. L'assaut que livrèrent ses *corleonesi* et leurs alliés dura trois ans et s'étendit de la Sicile à l'Italie, puis à l'Europe occidentale, au Canada, à l'Amérique du Sud et aux Etats-Unis. Lorsqu'il prit fin, un millier environ d'anciens ou d'aspirants adversaires avaient été abattus, étranglés, empoisonnés, déchiquetés par des bombes ou poignardés, et un nombre à peu près équivalent avaient disparu [2]. Il ne restait que peu, voire pas du tout, d'hommes d'importance.

L'histoire de la montée au pouvoir de Leggio suit de près la détérioration progressive de la Mafia au cours des quarante et quelques années qui se sont écoulées depuis la Seconde Guerre mondiale. Durant cette période, le mafioso rustique de la jeunesse de Leggio s'est transformé en courtier en veston croisé. L'ancien code de l'honneur, pour ce qu'il valait, a disparu. L'élimination des gêneurs, une des constantes des affaires de la confrérie, est devenue plus méthodique, plus impersonnelle et plus complète. La Mafia a cessé d'être un simple fléau provincial, ou même national pour devenir un complot criminel multinational.

Beaucoup de gens en ont imputé le blâme à Leggio. On s'est servi de son histoire pour perpétuer la fiction apparemment increvable d'une « bonne » et d'une « mauvaise » Mafia. La bonne est censée avoir présidé aux destinées de la Sicile pendant un siècle, après quoi elle fut terrassée par celle de Leggio. Ainsi, le plus important dissident de la Mafia, où que ce soit — Tommaso Buscetta, témoin vedette du ministère public à Palerme et New York —, a-t-il expliqué que Leggio était l'antithèse du véritable mafioso. En réalité, Leggio est un pur spécimen d'une race qui évolue depuis plus de cent ans. Son avènement met fin au parrain relativement bienveillant de la légende populaire : un patriarche qui paraissait posséder une sorte de code du savoir-vivre et même, à l'occasion, un cœur.

Luciano Leggio naquit à Corleone par un matin d'hiver de 1925. Dixième enfant d'une famille de paysans sans le sou et illettrés, son arrivée passa quasi inaperçue. Il fallut attendre sa dix-neuvième année pour avoir le premier aperçu de ses remarquables talents ; ce fut l'année où il tua un garde forestier qui l'avait fait mettre en prison pour avoir volé du grain.

Ce fut aussi, Leggio ayant adhéré à la *cosca* (ou clan) de Corleone, l'année où commença à se façonner la personnalité de celui qui n'avait été jusque-là qu'un petit paysan ignare et une brute épaisse. On était en 1944 et la Seconde Guerre mondiale touchait à sa fin. Mussolini était tombé et Cosa Nostra venait de réussir un étonnant retour au premier plan.

En effet, une fois que les Alliés eurent débarqué en Sicile, en juillet 1943, on vit des hommes d'honneur partout. L'establishment fasciste s'étant complètement effondré, ce furent eux qui prirent aussitôt sa place. Dans des dizaines de bourgs siciliens, les patrons locaux de la Mafia assumèrent les fonctions de maire. Depuis la mairie de Villalba, sa ville natale, le *capo di tutti capi,* Don Calogero Vizzini, dirigeait une prospère affaire de marché noir. Vizzini dont l'ancien casier judiciaire comportait trente-neuf meurtres, six tentatives de meurtre, trente-six vols à main armée, trente-sept vols et soixante-trois extorsions, était désormais titulaire d'un permis de port d'arme « pour se protéger contre les attaques fascistes ». L'armée américaine l'avait nommé colonel honoraire.

On a longtemps attribué le tour que prirent alors les événements à un complot, censément imaginé par le gouvernement américain et exécuté par Lucky Luciano. Après avoir été condamné à trente ans de réclusion pour proxénétisme, Luciano fut, selon la légende, contacté à la prison de Dannemora, pendant la guerre. Les Américains avaient besoin de lui pour préparer la voie à un débarquement allié dans sa Sicile natale et lui proposait la liberté en échange. Luciano aurait alors survolé Villalba dans un avion léger de l'US Army et aurait laissé tomber un mouchoir de soie jaune marqué d'un « L » noir sur le seuil de la maison de Don Calogero Vizzini. Ce dernier aurait organisé la bienvenue qui s'imposait pour les troupes alliées, après quoi les Américains auraient remis le sort de l'île entre ses mains. C'est du moins ce qu'on dit.

Les historiens sont aujourd'hui enclins à refuser cette version et les enquêteurs, à commencer par le comité du sénateur Estes Kefauver, n'ont pas encore trouvé de preuve concluante à ce sujet[3]. Luciano lui-même a nié la chose. A l'en croire, les services de renseignements de l'US Navy sollicitèrent effectivement son aide durant la guerre, mais uniquement pour faire face aux sabotages nazis dans le port de New York. Il fut mis en liberté provisoire en 1946 et déporté en Italie pour « les grands et précieux services rendus à la marine durant la guerre ».

Luciano eut néanmoins des occasions en or de favoriser la croissance de la Mafia en Sicile après la guerre ; et les militaires américains, sciemment ou non, l'y aidèrent. Les Etats-Unis étaient à l'époque désireux d'enrayer la progression communiste, tâche que la Mafia remplissait à merveille. Mais les forces alliées n'y virent que du feu : elles se laissèrent rouler dans la farine par des filous professionnels qui s'infiltrèrent dans leurs rangs et les volèrent à qui mieux mieux ; leurs officiers furent corrompus ou complètement bernés[4].

Les Alliés ne restèrent que sept mois en Sicile, où ils se heurtèrent à un demi-million de soldats allemands et italiens ; leur unique souci était de gagner la guerre. Pendant ce temps, il fallait gouverner la Sicile. Le gouvernement militaire allié (AMGOT) voulait voir des antifascistes aux commandes et les mafiosi étaient bien sûr des antifascistes notoires ; ils avaient passé des années dans les prisons de Mussolini. Et ils s'arrangeaient en outre pour donner l'impression d'être les seuls antifascistes de l'endroit.

Les gros bonnets de la Mafia étaient sur toutes les listes de « personnes dignes de confiance » et ils furent recommandés à l'AMGOT par les notables, le clergé et les propres employés locaux du gouvernement allié. « Beaucoup de mes officiers tombèrent dans le piège et... suivirent les conseils de leurs interprètes », expliqua le gouverneur militaire britannique de la Sicile, Lord Rennell, ajoutant que de nombreux interprètes se révélèrent d'ailleurs être des mafiosi[5]. Le meilleur exemple fut Vito Genovese, interprète officiel au QG de l'US Army, près de Naples. Genovese, qui était depuis longtemps le second de Lucky Luciano à New York, était aussi le plus actif trafiquant de drogue de son temps. Gangster invétéré, crapule et même tueur, il se cachait en Italie pour échapper à une inculpation de meurtre aux Etats-Unis.

Luciano, qui exécrait Genovese, s'était néanmoins manifesté depuis sa cellule « pour m'assurer que Vito retomberait sur ses pieds en Italie… J'aurais pu avoir besoin [de lui] là-bas ». En fin de compte, continua Luciano, « l'armée nomma Charlie Poletti, un de nos bons amis, gouverneur militaire de Sicile ». Ce fut ainsi que Genovese put « retomber sur ses pieds » en tant qu'interprète et confident du gouverneur militaire. Bien qu'il ne fût resté auprès du colonel Poletti que moins d'un an (un sergent des services de renseignements de l'US Army le réexpédia en Amérique durant l'été de 1944), il était parvenu durant ce laps de temps à se frayer un chemin à travers les forces armées, en multipliant les pots-de-vin, et à mettre sur pied un marché noir monumental. Dès son arrivée en Italie, Luciano s'empressa de se l'approprier.

Après les ravages de la guerre, une grande partie de ce que les Italiens mangeaient, portaient, fumaient et conduisaient venait des surplus militaires américains. Les produits locaux qu'on n'y trouvait pas — farine, huile, sucre, haricots, sel — étaient fournis par les hommes d'honneur de la Mafia. C'était le genre de service public que Luciano aimait par-dessus tout.

Bien sûr, tous les membres de la Mafia sicilienne s'en mettaient plein les poches, depuis Don Calogero Vizzini jusqu'au plus humble *picciotto*. Ce fut ainsi que le jeune Luciano Leggio gagna malhonnêtement le premier dollar d'une carrière extraordinairement fructueuse. « Comment j'ai amassé ma fortune ? J'ai fait du marché noir pendant et après la guerre, devait-il expliquer à un tribunal, de nombreuses années plus tard. Pensez donc ! On pouvait acheter un quintal de grain au Conseil agricole pour deux mille, deux mille cinq cents lires et le revendre au marché noir pour quinze mille[6]. »

Autrement, les cinquante et quelques membres du clan de la Mafia à Corleone se livraient à leurs occupations habituelles. Comme ceux de la plupart des hommes d'honneur de Sicile à l'époque, leurs délits étaient principalement ruraux. Ils volaient du bétail, vendaient des droits sur l'eau nécessaire à l'irrigation, organisaient le placement des ouvriers agricoles occasionnels, percevaient l'argent de leur racket de protection contre les vols de bétail, le vandalisme, les incendies volontaires et les vols, enlevaient les riches pour obtenir une rançon et avaient recours à « l'impitoyable élimination pour meurtre des rivaux gênants », pour reprendre la formule d'un rapport au parlement italien. Ils devaient d'ailleurs atteindre le score de cent cinquante-trois meurtres à Corleone durant les quatre premières années où Leggio fut membre de la Mafia ; or la ville ne comptait qu'onze mille âmes[7]. Proportionnellement, ce chiffre se monterait donc à nettement plus de cent mille pour une ville comme Paris, Londres ou New York.

Le nouveau venu du clan n'était pas une affaire. Leggio avait abandonné l'école dans les petites classes, déjouant un complot familial visant à faire de lui un prêtre. Il ne savait ni lire ni écrire, lacune qu'il surmonta par la suite en obligeant un instituteur à lui donner des leçons sous la menace d'un revolver[8]. Il était par ailleurs physiquement diminué par le mal de Pott, sorte de tuberculose osseuse qui touchait chez lui la moelle épinière et l'obligeait à porter un douloureux corset orthopédique en bois (qui fut plus tard en argent).

Il avait un curieux physique, tassé dans son corset, le teint blafard, avec un gros visage rond et des lèvres charnues et sensuelles. Seuls le regard intelligent semblait prometteur — ainsi que l'adresse avec laquelle il maniait la *lupara,* acquise en s'entraînant à faire sauter la cervelle des moutons et chèvres qui paissaient autour de chez lui.

Il ne fallut pas longtemps à Leggio pour découvrir les faiblesses du système judiciaire démocratique. Il n'eut besoin que de tuer sa première victime, le garde forestier qui l'avait fait arrêter pour vol de grain. Bien que l'épouse du garde eût été témoin matériel du meurtre et qu'un complice fût passé aux aveux, l'affaire traîna pendant dix-huit ans. N'ayant jamais été arrêté pendant tout ce temps, qu'il passa à vaquer plus ou moins ouvertement à ses affaires, Leggio fut acquitté par deux fois en son absence. Une cour d'assises, auprès de qui il avait fait appel, décréta que les aveux du complice lui avaient été extorqués et que le témoignage de la veuve était « incohérent[9] ».

La chose n'avait rien d'inhabituel. Les hommes d'honneur arboraient ces acquittements comme autant de titres de gloire, car ils prouvaient qu'ils avaient su se montrer plus malins que les forces de la loi. La clef de leur impunité résidait dans les prérogatives d'un tribunal italien qui avait toujours la ressource de ne déclarer l'inculpé ni innocent ni coupable, et de l'acquitter tout simplement « faute de preuves suffisantes[10] ». Or, il n'est pas difficile pour un mafioso de rendre les preuves insuffisantes en liquidant un témoin.

Il ne fait aucun doute que Leggio commit son premier meurtre par simple furie vengeresse. Toutefois, la façon dont il s'y prit, audacieuse et précise, attira l'attention de ses supérieurs. Ils commencèrent à l'utiliser régulièrement en tant que tueur à gages. Il devint même leur assassin favori, et une bande de jeunes gens peu nombreux mais béats d'admiration se regroupa autour de lui. Dès lors, son ascension fut jalonnée de cadavres. Non content de tuer pour châtier, il tuait pour impressionner, pour initier les néophytes, pour faire fortune, pour narguer les autorités et ridiculiser les tribunaux et surtout pour régner sur ses semblables.

Parmi ses premières victimes figurait un chef redouté de la Mafia, un certain Barbaccia, qui contrôlait la majeure partie des vols de bétail de la région. Leggio se mit à voler pour son propre compte et reçut l'habituel ultimatum. Il répondit comme il devait généralement le faire par la suite : les hommes de Barbaccia furent abattus les uns après les autres et l'on retrouvait leurs corps criblés de balles au hasard des sentiers de montagnes. Pour finir, ce fut Barbaccia en personne qui disparut pour ne jamais reparaître [11].

A la recherche d'un lieu pour abattre le bétail volé, Leggio décida de se faire *gabellotto.* Chargés de la surveillance des vastes propriétés terriennes de Sicile — qui consistaient d'ordinaire en milliers d'hectares —, les *gabellotti* étaient depuis longtemps les mafiosi qui gagnaient le plus d'argent. Ils furent décimés sous le régime mussolinien, mais dès 1945 ils avaient recommencé à infester le territoire sicilien, ce qui permit aux carabiniers d'observer : « La Mafia a d'ores et déjà imposé ses propres *gabellotti* aux propriétaires, dont beaucoup n'osent même plus se rendre sur leurs terres de peur d'être enlevés ou pis encore. Dans certaines zones, les meurtres se comptent par dizaines, ainsi que les exécutions en série et les gens qui disparaissent sans laisser de trace [12]. »

Bien que la position fût privilégiée et généralement attribuée par ordre de rang, Leggio parvint à devenir le plus jeune *gabellotto* de toute la Sicile. Il agit avec sa simplicité coutumière, en abattant un des *gabellotti* en exercice d'une balle dans le dos. « C'est moi qui prendrai la place du cher disparu », annonça-t-il au propriétaire [13]. Ce dernier, un jeune homme de bonne composition fut contraint de renvoyer ses ouvriers agricoles, de transformer ses champs de blé en champs de fourrage, de vendre tout son bétail et pour finir de quitter ses propres terres. Il en mourut, dit-on, de chagrin.

En l'espace d'un an à peu près, Leggio était devenu assez riche pour acheter son propre domaine. Il choisit Piano della Scala, prospère propriété, commodément tapie à l'ombre sinistre d'une montagne sauvage qu'on appelait Rocca Busambra. Le domaine n'était pas à vendre jusqu'au moment où il commença à étrangler les troupeaux, à empoisonner les chiens, à abattre les citronniers, à brûler les récoltes, le tout suivi d'une visite au propriétaire. « Ta terre ne rapporte rien et tu veux la vendre », lui annonça Leggio, et l'homme s'empressa d'obtempérer [14].

Même pour la Mafia, l'ascension de ce jeune paysan ignare fut spectaculaire. A vingt et un ans — deux ans à peine après sa première apparition —, Leggio avait acquis la gloire, l'argent, le rang et un avenir. Le fait d'être censément en fuite depuis son premier meurtre ne semblait nullement le gêner. Aucun Corléonais ne se serait avisé de le donner ; il les terrorisait. (On raconte qu'il entra un jour chez un barbier de la ville, le nez chaussé de lunettes noires. Les lui ayant ôtées pour le raser, le barbier vit à qui il avait affaire et s'évanouit [15].)

Les affaires de Leggio prospéraient. Piano della Scala était une base idéale pour ses opérations. On pouvait y abattre en toute quiétude des centaines de têtes de bétail volé pour revendre les carcasses au marché de gros à Palerme, qui n'était distante que d'une grande cinquantaine de kilomètres. Bientôt, il y expédiait sa viande au marché noir sur une échelle quasi industrielle. Des caravanes de camions s'acheminaient nuitamment, gardées par ses Corléonais armés jusqu'aux dents.

Leggio avait à peine vingt-trois ans lorsque la police découvrit son cimetière privé — une crevasse profonde de cinquante mètres et large d'un mètre, au fin fond de Rocca Busambra, jonchée de squelettes dont on ne connaît toujours pas le nombre. Une seule périlleuse descente suffit à l'équipe de pompiers chargés des fouilles ; ils refusèrent d'en tenter une seconde. Ils ne purent ramener à la surface que les restes de trois hommes, dont celui que recherchait la police. Il fut identifié, grâce à la boucle de sa ceinture et à ce qui subsistait de ses bottes en caoutchouc, comme étant Placido Rizzotto, le seul et unique syndicaliste de Corleone, enchaîné, abattu et jeté dans le gouffre pour y servir de pâture aux rats [16].

Rizzotto avait agacé pas mal de monde à Corleone. Outre le fait qu'il s'activait d'une manière générale à monter la tête des paysans qui vivaient dans une misère noire, c'était un virulent adversaire du florissant commerce de bétail volé dans lequel la Mafia s'était spécialisée. En plus de quoi, il avait pris l'habitude de fustiger publiquement Leggio pour avoir détourné le cours de la Belice, une rivière locale, afin de s'en approprier les eaux. Pis encore, il réclamait l'expropriation de Leggio à Piano della Scala.

Sa mort, en 1948, n'eut rien de mystérieux. Un petit pâtre de douze ans, paralysé de terreur, avait vu Leggio et deux de ses complices traîner Rizzotto le long de la pente fatale. Le temps que le gamin rentrât chez lui pour tout raconter à sa mère, l'état de choc avait provoqué une violente fièvre et des symptômes décrits ensuite comme des « hallucinations ». On l'emmena à l'hôpital le plus proche dont le directeur lui administra personnellement une piqûre calmante ; quelques minutes plus tard, l'enfant était mort [17].

Le directeur de l'hôpital, praticien distingué et charmeur, du nom de Michele Navarra, se trouvait être le chef de la Mafia à Corleone.

Bien qu'il eût obtenu la direction de cet établissement en assassinant son prédécesseur, le Dr Navarra était beaucoup plus raffiné que ses jeunes subalternes. Président de l'Association locale des propriétaires, membre d'une douzaine de commissions animées par l'esprit civique et récipiendaire de nombreux honneurs communaux, il devait ultérieurement être décoré de l'ordre du Mérite par la république italienne [18].

Le Dr Navarra expliqua que le jeune berger était mort de « toxicose » et le petit cadavre fut inhumé sans autre forme de procès. Sa disparition aurait dû permettre de clore l'affaire, mais les autorités furent obligées de s'en mêler lorsqu'un journal palermitain rapporta que le jeune garçon avait identifié Leggio et ses deux complices avant de mourir. Les complices avouèrent ; ils conduisirent même la police jusqu'au gouffre empli de cadavres. Leggio n'en fut pas moins acquitté — « faute de preuves suffisantes » — par trois juges successifs au cours des treize années suivantes.

Lorsque la cour suprême d'Italie rendit son arrêt définitif confirmant cet acquittement, Leggio avait depuis longtemps envoyé ses deux complices *ad patres* et il était officiellement recherché pour avoir assassiné neuf autres personnes, dont le Dr Navarra soi-même, le plus important mafioso « di rispetto » de Corleone, dont on découvrit qu'il avait été l'un des dix grands patrons de la Mafia pour toute la Sicile [19]. Cette découverte fut posthume. Lorsque Leggio l'abattit en 1958, les autorités italiennes n'avaient pas la moindre idée de la place qu'occupait Navarra dans la hiérarchie de la Mafia. A vrai dire, elles ne savaient même pas qu'il y avait une hiérarchie et moins encore qu'elle avait à sa tête un corps dirigeant appelé la *Cupola.* Nous savons aussi, à présent, grâce à certains témoignages devant la justice, qu'une douzaine de mafiosi de la vieille école, appartenant à la *Cupola,* convoquèrent Leggio pour le sommer de s'expliquer sur l'assassinat du Dr Navarra. Il était impensable, à l'époque, de tuer un patron sans un assentiment venu d'en haut ; jamais Leggio n'aurait dû sortir vivant de cette entrevue. Or, il se contenta d'assurer à ses interlocuteurs qu'il s'agissait d'une « affaire personnelle » et ils acceptèrent de passer l'éponge. Autant pour leurs vertus morales à l'ancienne [20] !

De Leggio et de Navarra, il était inévitable que l'un finît par éliminer l'autre. Bien qu'ils fussent également meurtriers et rapaces, ils n'avaient rien de commun dans le domaine de la personnalité et du style. Leggio était impudent, turbulent, insolent, consumé par une inapaisable rage intérieure, et se moquait avec cynisme de la loi. Son patron, le Dr Navarra, d'une dignité empesée, d'une apparente obséquiosité envers l'autorité, disposé de nature à la discrétion, incarnait le comble du bon ton provincial. Plutôt que d'inquiéter le public en abattant un policier, il préférait de beaucoup l'acheter.

En 1958, après avoir travaillé ensemble depuis quelque quatorze ans, les deux hommes durent se séparer. Leggio se préparait manifestement à prendre la place de son supérieur, alors que le Dr Navarra en était déjà venu à la conclusion qu'il en avait plus qu'assez de son imbuvable lieutenant. Imprudemment, il envoya quinze hommes armés abattre Leggio à Piano della Scala. Ils manquèrent leur coup. Légèrement blessé, Leggio se sauva par un tunnel creusé précisément pour ce genre d'occasion, et peu après expédia soixante-seize balles dans le corps du Dr Navarra.

Au cours des mois suivants, les hommes de Navarra furent pourchassés de maison en maison par ceux de Leggio et embarqués de force dans des voitures qui attendaient. D'autres furent abattus à la mitraillette par groupes de trois ou quatre, en pleine journée, dans la grand-rue de Corleone. Deux tueurs rivaux, célèbres pour leur adresse et leur coquetterie — chacun portait un élégant costume de velours noir — s'avancèrent lentement à la rencontre l'un de l'autre sur la place principale, dégainèrent simultanément et s'entre-tuèrent.

Personne ne voyait rien. « Qui a été tué ? » demanda un journaliste à une mère en larmes, vêtue de noir, qui suivait un cercueil dans un des nombreux cortèges funèbres de la ville. « Pourquoi, répondit-elle, il y a eu un décès[21] ? »

Lorsque les règlements de comptes furent enfin terminés, le score avait atteint vingt-neuf morts du côté de Navarra et treize dans le camp de Leggio. Depuis, Corleone est le fief de ce dernier, mais même alors la ville était trop exiguë pour lui.

Cosa Nostra a toujours été ouverte aux changements et la Sicile connut, après la guerre, deux changements exceptionnels. En 1947, elle devint une Région autonome et auto-gouvernée de la République italienne. En 1950, une réforme agraire démantela les immenses propriétés seigneuriales de l'île[22]. Le premier bouleversement offrit de fabuleuses possibilités de manipuler la vie politique pour mettre la main sur les deniers publics. Le second dévia l'attention de la Mafia des campagnes vers les villes.

Les délits ruraux rapportaient toujours — et rapportent encore aujourd'hui — mais les grands propriétaires et les *gabellotti* sur lesquels la Mafia asseyait sa puissance avaient disparu. Des centaines de milliers de paysans quittaient en outre la terre pour se mettre en quête de travail et d'une vie meilleure. La plupart convergeaient vers Palerme, capitale du nouveau gouvernement régional. La ville commençait à recevoir des millions de dollars de Rome sous forme de subsides, crédits spéciaux et allocations de la *cassa per il mezzogiorno,* le fonds de secours, riche de plusieurs milliards de dollars, pour soulager la misère du Sud. Il y avait de l'argent à gagner.

Superbe ville datant de l'an 600 ou 700 avant J.-C., Palerme est sertie comme une gemme ternie dans la côte nord-ouest de la Sicile. Derrière elle, dans la plaine de la Conca d'Oro, s'étend un merveilleux tapis d'orangers, de citronniers et d'oliviers. La cité fut jadis une Mecque pour les philosophes, savants et autres poètes, et fut d'ailleurs le berceau du sonnet. Six empereurs et rois sont enterrés dans sa cathédrale du XIIe siècle. De luxuriants jardins remplis de bassins et fontaines embellissaient leurs palais. Sous un foisonnement d'extravagance baroque et derrière les élégantes façades des villas de la Belle Epoque, on discerne des traces admirables des architectures byzantine, arabe et normande.

De nos jours, une grande partie de ces beautés sont cachées aux regards par un paysage de béton et de gravats. Après des siècles d'incurie et plusieurs décennies de suprématie mafieuse, Palerme est dans un état d'abandon qui défie toute description.

Au début des années 1950, près d'un million de Siciliens s'entassaient dans la ville et dans ses environs. Il fallait les loger ; or, dans la vieille ville qui tombait en ruine, un tiers de l'espace disponible était inhabitable [23]. Il fallait aussi les vêtir, les nourrir, les employer ou les faire vivre d'une façon quelconque. Il fallait éclairer leurs rues, les approvisionner en eau, évacuer leurs eaux usées, ramasser leurs ordures, percevoir leurs impôts. Pour chacun de leurs besoins quotidiens, qu'il s'agît d'un permis de conduire, d'une patente de marchand ambulant, d'une retraite, d'une inscription scolaire, d'obsèques ou d'un lit d'hôpital, il fallait livrer bataille à une bureaucratie titanesque.

Ce dont les Siciliens avaient besoin, c'était de *sistemazione,* ce mot intraduisible qui signifie, en réalité, que quelqu'un doit s'occuper d'eux. Etant donné qu'une succession de gouvernements ineptes ne pouvaient pas, ou ne voulaient pas, ou en tout cas ne le faisaient pas, ce fut la Mafia qui s'en chargea à sa façon. Elle faisait élire des politiciens complaisants, imposait sa propre version de l'ordre public et pillait la ville.

Lorsque Leggio s'abattit sur Palerme, vers 1955, cela faisait déjà longtemps que la ville était le fief de quelques-uns des plus coriaces hommes d'honneur encore en vie. Il s'agissait des *mammasantissima* (littéralement « la plus sainte des mères »), c'est-à-dire les plus gros des gros bonnets de la Mafia, en dialecte sicilien. Leurs territoires partageaient Palerme et sa province, encastrés parmi les autres places fortes de la Mafia dans tout l'ouest de la Sicile. A présent qu'ils ont disparu — ceux qui ne sont pas morts de mort naturelle ayant été liquidés —, on en parle comme de la vieille Mafia, celle qui représentait l'ordre et la modération. Cela dit, ils furent aussi la nouvelle Mafia de leur époque, la plus dégénérée à ce jour.

A chaque génération, il y a eu des vieilles et des nouvelles Mafias ; à chaque fois, les nouveaux venus paraissaient pires que leurs prédécesseurs. En 1880, certains auteurs décrivaient une vieille garde « légitime » défiée par « les éléments radicaux et ouvertement criminels[24] » de la génération suivante. Dès 1900, les éléments en question étaient devenus la vieille Mafia de Don Vito Cascio Ferro. Celle-ci avait beau ravager l'île entière et assassiner en moyenne une personne par jour, on s'en souvient comme d'un véritable roc de tradition en comparaison de la suivante.

Cette nouvelle Mafia, apparue vers 1920, tuait *deux* personnes par jour. Ses hommes, anciens combattants de la Première Guerre mondiale, ne se souciaient, disait-on, « que de s'enrichir le plus vite possible ». Leur violence à l'état pur « frappait tout et tout le monde comme jamais encore cela n'était arrivé de mémoire d'homme. Pas de principes, pas de respect pour qui que ce fût... La vieille Mafia n'avait plus de pouvoir, les *picciotti* n'obéissaient plus », écrivit le préfet de fer de Mussolini, Cesare Mori[25].

En 1944, les *picciotti* de ces années-là étaient devenus la vieille Mafia de Don Calogero Vizzini. Dépeint dans son épitaphe comme « Un homme et un monsieur », le patriarche de Villalba est toujours cité comme l'archétype de l'homme d'honneur à l'ancienne — un être exemplaire par sa sagesse et sa retenue, le substitut modèle d'un Etat défaillant. Dix mille personnes assistèrent à ses funérailles, en 1954 ; les bureaux de la fonction publique et le siège du parti démocrate chrétien restèrent fermés huit jours en signe de deuil.

Pourtant, depuis le lendemain de la guerre, la mafia de Don Calò avait été un cauchemar pour les Siciliens ordinaires. Passant de la criminalité rurale à l'urbaine, les patrons dont il avait pris la tête abandonnèrent la *lupara* en faveur des Beretta et des mitraillettes Thompson. Leurs méthodes étaient grossières, leur avidité apparemment insondable. A partir de 1944, ces hommes commirent en moyenne trois meurtres par semaine pendant seize ans[26]. A la fin du règne de Vizzini, il ne restait pratiquement plus trace de leur chevaleresque code de l'honneur et Vizzini le savait bien. *Morto io, morta la Mafia,* (Quand je mourrai, la Mafia mourra avec moi), assura-t-il à un distingué visiteur[27].

Tels étaient les hommes qui se trouvaient au commandement, lorsque Leggio vint s'installer à Palerme, peu après la mort de Vizzini. Il n'y avait guère de différence entre leurs desseins concernant la ville et ceux du nouveau venu. Tous entendaient bien lui faire cracher jusqu'à sa dernière lire. La différence résidait dans l'habileté démoniaque avec laquelle Leggio sut terroriser tous ses rivaux.

Passé le cap de la trentaine, par la grâce de l'argent et d'excellents soins médicaux, Leggio s'était métamorphosé ; certains le trouvaient même assez bel homme. Toutefois, sa pâleur cadavérique, le sourire douceureux qu'il se plaquait sur les lèvres, ses yeux étincelant de méchanceté étaient inexprimablement dérangeants. A l'encontre de la plupart des hommes d'honneur, il ne se donnait pas toujours la peine de masquer ses sentiments. Un juge qui excita un jour son courroux, et qui le paierait de sa vie, eut la surprise de le voir littéralement écumer de rage[28]. Ultérieurement, des caméras de télévision devaient le saisir sur le vif, les yeux révulsés par un brusque accès de fureur aveugle.

C'étaient généralement ses yeux qui glaçaient son auditoire. Paresseusement amusés ou ouvertement menaçants, ils éveillaient une peur, un malaise, une prémonition instinctifs. Effet bien entendu renforcé par la réputation de tueur hors pair — le plus accompli que la Mafia eût jamais produit en un siècle d'existence — que s'était forgée Leggio. Une mise en garde confidentielle à ce sujet l'avait suivi jusqu'à Palerme, envoyée par les carabiniers de Corleone à leurs confrères de la capitale :

> Luciano Leggio est d'un caractère naturellement violent, d'une constitution et de tendance criminelles, coupable de meurtres, vols, extorsion et violences ; il est odieux à la population de Corleone en raison des deuils et du mal qu'il leur a valus ; tenu en horreur pour la froide détermination et la férocité de sa nature, il est l'auteur d'innombrables et graves effusions de sang qu'aucune de ses victimes n'ose révéler de peur d'encourir sa vengeance.

Il a désormais jugé bon de se fixer à Palerme, où il semble rester à l'écart de la Mafia de l'endroit... En réalité, il est très actif parmi les chefs de la Mafia palermitaine... à qui le lient non pas des sentiments d'amitié mais l'ascendant qu'il exerce sur eux[29].

Malgré tout ce que savait la police à son sujet, Leggio était intouchable. La corruption, les complicités, les complexités de la pensée sicilienne, la couardise qu'il éveillait immanquablement, ainsi que l'effet curieusement hypnotique qu'il avait sur les observateurs, le maintenaient hors de portée de la loi. Tout au long des dix années qu'il passa à Palerme, cet homme censément traqué, resta caché, certes, mais loin d'être en fuite.

« On le voyait partout ; il était très sûr de lui », observa le directeur adjoint de la police sicilienne, Angelo Mangano, à qui la poursuite de Leggio coûta sa carrière et presque sa vie.

Il se déplaçait dans un cortège de superbes voitures, une devant et une autre derrière, transportant chacune des Palermitains riches et respectés. On les saluait avec déférence aux barrages de police, où ils s'arrêtaient pour bavarder, pendant que Leggio s'éclipsait.

Une fois, un tuyau nous apprit qu'il se trouvait dans une clinique de grand luxe. Nous montâmes une vaste opération ultrasecrète ; une centaine d'hommes cerna l'endroit — il n'y était plus. Il avait tissé un immense réseau de mouchards, solidifié par une sorte de bave d'or et de sang. Il emprisonna des milliers de consciences par l'entremise de la corruption et de la peur. Il payait pour avoir les médecins les plus illustres, les femmes les plus belles, les tueurs les plus efficaces[30].

Leggio passait ses journées à vaquer à ses affaires et pour ce faire sillonnait la ville travesti en moine, en policier, en femme ou en touriste américain bardé d'appareils de photo. Ses soirées, il les passait à la conquête de la haute société, sans déguisement[31]. Il n'aimait plus guère tuer de sa propre main, laissant cette besogne aux quelque cinquante Corléonais de son entourage. Sa silhouette de plus en plus trapue était désormais drapée dans des costumes sur mesure. Il fumait des cigares de trente centimètres de long et faisait courir un délicieux frisson parmi les dames lorsqu'il passait, comme un monarque en visite, d'une élégante villa à la suivante. Plus la dame portait un titre ronflant, plus le frisson était, semble-t-il, délicieux. A l'en croire, comtesses et baronnes se disputaient ses faveurs. « Ma vie de hors-la-loi se passa dans les salons de Palerme », devait-il déclarer en prison[32].

Les rapports qu'il entretenait avec les patrons de la Mafia de

Palerme étaient moins cordiaux. Ces hommes n'avaient en effet aucune raison d'accueillir à bras ouverts un nouveau venu, surtout celui-là. A l'arrivée de Leggio, en 1955, ils venaient tout juste de reprendre à leur compte l'alimentation en gros de la ville : tout, de la production au transport des fruits, légumes, denrées de base, poisson et viande, passait par eux. Chaque *cosca* de la ville — il y en avait trente-neuf, réparties en quartiers soigneusement délimités — s'était battue pour avoir sa part du gâteau. Il y avait eu abondance de cadavres, mais les profits mettaient du baume au cœur des survivants. Le coût de la vie à Palerme monta en flèche pour dépasser de soixante-dix pour cent, cette année-là, la moyenne nationale, en grande partie à cause d'une brusque hausse des produits alimentaires[33].

Le racket de protection était également bien en place. Les *pizzu* s'étaient resserrés autour de Palerme comme un nœud coulant. Les entreprises de toutes sortes — bars, hôtels, bâtiment, garages, assurances, activités portuaires, cimetières, pompes funèbres, veilleurs de nuit, fleuristes — devaient cracher au bassinet tous les mois ou se résigner à voir leurs locaux devenir la cible de bombes, de vandalisme, d'incendies ou à recevoir eux-mêmes une balle dans la peau.

Leggio n'était pas complètement nouveau venu ; cela faisait déjà quelque temps qu'il dominait le commerce de viande au marché noir de Palerme. Il avait désormais décidé de s'imposer par la force dans le commerce du grain, percevant entre dix et vingt pour cent sur les ventes. Il s'attaqua ensuite aux billards et flippers. « Il en contrôlait des milliers, dans toute la province, qui rapportaient de l'argent sans interruption, jour après jour, lui fournissant un revenu d'un milliard de lires par an peut-être », déclara le commissaire Mangano[34]. (Ce qui ne faisait pas loin de deux millions de dollars.) « Ce n'était pas seulement lui qui était riche, poursuivait Mangano. Tous ceux qui travaillaient pour lui le protégeaient, le cachaient, le soignaient étaient riches. Dès le départ, la source de son pouvoir fut cette fatale faculté de tuer à volonté, instantanément. Mais à la fin, c'était aussi l'argent. Ce type *suait* l'argent[35]. »

Leggio, en effet, faisait des largesses : gros pourboires pour les serveurs, fleurs et parfum pour les infirmières, cierges pour les bonnes sœurs, le legs de ses yeux à un orphelin aveugle, de coûteuses automobiles pour les membres de sa famille et les rangs grossissants de ses hommes de main. Il s'acheta une villa de milliardaire et, avec un flair providentiel, de vastes propriétés foncières.

Palerme connaissait à l'époque une expansion colossale et l'on bâtissait à tour de bras. A partir des années 1950, un entrepreneur ayant de bonnes relations pouvait passer du jour au lendemain de la voiture à bras à un crédit d'un million de dollars.

Le parti démocrate chrétien, qui était au pouvoir, s'était discrètement associé à la Mafia juste après la guerre. Tous les notables de Cosa Nostra avaient leur carte du parti, à commencer par Don Calogero Vizzini. A l'approche des années 1960, les mafiosi avaient noué des liens particulièrement fructueux avec deux démocrates chrétiens de Palerme : le maire en exercice, Salvo Lima, et son inspecteur des travaux publics, Vito Ciancimino (originaire — le monde étant petit — de Corleone). Pour l'heure et pour toujours, semblait-il, ces hommes étaient les dirigeants suprêmes de la politique sicilienne.

Sous leur égide, la ville émit quatre mille deux cent cinq permis de construire en l'espace de quatre ans. Et quatre hommes de paille de la Mafia seulement (un maçon, un charbonnier, un ouvrier et un gardien de chantier) se partagèrent les quatre cinquièmes d'entre eux — soit au total trois mille trois cent soixante-quatre permis[36]. Ces quatre hommes, tous illettrés, chômeurs et miséreux, furent autorisés à construire quasiment n'importe quoi, n'importe où, pour le compte de tiers anonymes.

Pendant ce temps, les tiers en question achetaient des voitures de plus en plus nombreuses et opulentes, des yachts et des villas sur toute la côte, tandis que leurs épouses s'habillaient chez les grands couturiers parisiens. En contrepartie, ils démolissaient les belles demeures fin de siècle de Palerme, rasaient au bulldozer les parcs et les jardins, faisaient bâtir des boîtes en béton qu'ils louaient à prix d'or aux administrations et construisaient, à l'intention des classes inférieures, des kilomètres de ghettos de vingt étages, qui se transformaient instantanément en taudis. Ils s'appropriaient en outre les contrats de ramassage des ordures, d'éclairage des rues et de travaux publics que signait la municipalité et imposaient leurs protégés aux banques, aux conseils gouvernementaux et aux quatre coins de la fonction publique.

A la fin des années 50, selon un rapport ultérieurement adressé au parlement italien, la Mafia contrôlait « toutes les activités de la province de Palerme : des chantiers et constructions à l'engagement des ouvriers, en passant par l'attribution des permis de sous-traiter, le crédit, les marchés alimentaires en gros, l'irrigation nécessaire pour les fruits et légumes, les vols de bétail et abattoirs clandestins, la contrebande de tabac, le trafic de drogue, l'émigration clandestine, les cimetières, les monuments funéraires, l'autorisation d'ouvrir une station-service[37] ».

Le parlement italien n'avait aucun moyen de savoir que la Mafia se préparait à étendre ses opérations bien au-delà de Palerme et de l'Italie. Ce projet, décidé en 1957, était restreint à une clique extrêmement réduite qui traitait en secret avec l'homologue de Cosa Nostra aux Etats-Unis. A cette époque, Leggio n'en faisait pas partie. Bien qu'il fût un des hommes les plus puissants de Palerme, il n'était pas vraiment membre de la firme à part entière ; pas encore.

Ce furent les anciens qui passèrent l'accord permettant de contrôler le commerce mondial de l'héroïne : des hommes d'honneur farouchement attachés à la tradition, qui déploraient le trafic de drogue tout en y étant plongés jusqu'au cou. Par la suite, lorsqu'ils eurent perdu cette colossale entreprise au profit de Leggio, ils devaient l'accuser d'être responsable de tous les cauchemars qui s'ensuivirent. S'étonnera-t-on d'apprendre qu'il réserva ses moqueries les plus cruelles à celui qui devint son plus implacable accusateur — le dernier des grands perdants, Tommaso Buscetta ?

3.

Don Tommaso Buscetta, le dernier des grands perdants

Pour ses nombreux admirateurs, Tommaso Buscetta est le dernier des grands patrons de la Mafia. Il parle doucement, avec une autorité consommée, d'une caressante voix de baryton. Sa mise est irréprochable, depuis le blazer bleu marine jusqu'au pantalon de flanelle grise, en passant par la discrète cravate. Ses façons sont courtoises, son ton modéré, son code strict — l'ordre, la tradition, la retenue. Sa présence même semble dégager une force magnétique : « Ma légendaire aura », explique-t-il, en toute simplicité.

Traqué pendant des années, tout autour du globe, Buscetta est parvenu à captiver ses poursuivants. Ceux-ci connaissaient surtout leur gibier sous les traits d'une crapule à l'âme noire. L'homme qu'ils finirent par rencontrer fut le premier de son espèce à sauter le pas pour réintégrer le monde extérieur à la Mafia ; c'était pourtant la crème de la crème, l'éminence grise de Cosa Nostra en Sicile, pour reprendre ses propres termes.

Les autorités américaines et italiennes ont fait l'éloge de la dignité et de l'intelligence exceptionnelles de Buscetta. On a entendu un directeur du FBI regretter tout haut qu'il n'y ait pas « un millier de Buscetta » pour débarrasser la planète du crime organisé. Le magistrat sicilien qui le connaît le mieux, Giovanni Falcone, l'a dépeint ainsi : « Un homme compliqué possédant des qualités rares, un homme d'une grande élégance, exerçant un ascendant remarquable sur les mafiosi du monde entier[1]. »

Certains sont même allés plus loin. Un célèbre chroniqueur italien, Enzo Biagi, a comparé Buscetta à « un personnage sorti tout droit de Shakespeare », profondément marqué par l'amour et la mort « Pensez-vous qu'il existe un mafioso bon, doux et sentimental ? » demanda-t-il un jour, sans rire, à Buscetta. Et l'autre de répondre sans rougir : « J'en suis un moi-même. » Biagi le crut, à ce qu'il semble ; son best-seller, couronné d'un prix littéraire, a pour sous-titre : « L'histoire véritable d'un véritable parrain[2]. » Nul doute que beaucoup d'autres le crurent comme lui. Buscetta a fait beaucoup pour persuader un auditoire sous le charme qu'il existe vraiment une bonne Mafia, occupée à combattre avec acharnement sa malveillante homologue.

Par la mauvaise Mafia, il entend celle de Luciano Leggio, laquelle est si véritablement ignoble que Buscetta n'a eu aucun mal à faire endosser toutes les récentes horreurs de Cosa Nostra à son vainqueur : l'héroïne, la brutale avidité, les assassinats gratuits de juges, policiers et politiciens, l'annihilation systématique des adversaires de la Mafia, et l'effondrement dans la violence de la loi et de l'ordre au sein même de l'organisation. Ce fut, explique-t-il, pour lutter contre « la redoutable réalité » de cette nouvelle Mafia qu'il entama en 1984 sa collaboration avec l'Etat. Quant à la redoutable réalité de la vieille Mafia, il n'en avait cure. Il n'y voyait d'ailleurs rien de répréhensible. « Je suis un mafioso. Je n'ai jamais rien fait dont j'aie à rougir », assure-t-il à la presse.

Plutôt que de sonder cette zone délicate, les autorités ont préféré le prendre au mot. Après tout, se dit-on, on peut permettre à un homme de cette trempe d'avoir ses petites vanités. Il reste le plus grand patron de la Mafia à s'être jamais retourné contre Cosa Nostra.

Buscetta porta, à n'en pas douter, le témoignage le plus accablant contre la Mafia de son époque, même si ce ne fut pas nécessairement le plus riche en informations — lorsqu'il se décida enfin à parler aux autorités italiennes et américaines, elles connaissaient déjà une bonne partie de ce qu'il avait à dire. En revanche, elles avaient été dans une ignorance quasi totale lorsque le seul dissident dont l'importance pût se comparer à celle de Buscetta — Joe Valachi — comparut devant le sous-comité sur les enquêtes du sénateur McClellan, vingt ans auparavant.

Valachi fut le premier à reconnaître qu'il était membre d'une société criminelle organisée, hiérarchisée et secrète appelée la Mafia. Il fut même le premier à en révéler le véritable nom à un public incrédule. « Ce que je vous dis, ce que je vous révèle, à vous, à la presse, à tout le monde, c'est mon arrêt de mort. C'est le serment que je trahis. Même si je parle, je ne devrais jamais parler de ça[3] », déclara-t-il. Il désespérait, cependant, de parvenir à faire entrer la vérité dans la tête des gens. « A quoi ça sert, ce que je vous dis ? se désolait-il. Personne n'écoute. Personne n'y croit Vous savez quoi ? Cette Cosa Nostra, c'est comme un second gouvernement. C'est trop grand[4]. »

Tout au long de sa déposition, en octobre 1963, Valachi tint la nation entière suspendue à ses lèvres ; il était « la plus grosse vedette du plus grand show télévisé en couleur jamais vu aux Etats-Unis », rapporta un correspondant italien chevronné depuis Washington. Il dévoilait l'existence d'un syndicat du crime pourvu d'une structure verticale, de relations internationales et maniant les dollars par milliards, qui prospérait en Amérique au moins depuis les années 30. Il décrivit ses serments par le sang et ses règles, ses activités lucratives dans le domaine du jeu, du racket du travail, de l'usure, de l'extorsion et des stupéfiants, sa façon méthodique de recourir à l'assassinat. (Jusque-là, sur près de huit cents meurtres dans les milieux de la pègre aux Etats-Unis durant et depuis la prohibition, sept seulement avaient été élucidés. Le seul Valachi avait participé, pour autant qu'il pût se rappeler, à trente-trois meurtres sur commande[5].)

Pourquoi donc racontait-il tout cela aux forces de la loi ? La réponse qu'il donna au comité McClellan fut presque identique à celle de Tommaso Buscetta vingt ans plus tard :

« Primo, c'est pour les détruire.

— Détruire qui ?

— Les chefs de Cosa Nostra, les patrons. Tout — comment vous dire ? — tout ce qui existe.

— Vous voulez détruire le syndicat tout entier, l'organisation ?

— Oui, monsieur, c'est cela.

— Vous pensez qu'une telle organisation ne doit pas être autorisée à fonctionner, ni même à exister ?

— Tout juste[6]. »

En définitive, cependant, Valachi ne se trompait pas quant à ce qu'il adviendrait de son témoignage ; il n'en advint rien du tout. Personne ne fut arrêté après sa déposition ; on ne le croyait pas. Dans leur ensemble, les policiers et magistrats d'Amérique ne parvenaient pas à concevoir l'idée d'une société criminelle secrète aussi puissante, introduite partout et hermétiquement fermée. Les sceptiques ne virent en lui qu'un menteur ou un fou et continuèrent à nier l'existence de Cosa Nostra.

Cela dit, Joe Valachi n'était qu'un homme de main, un tueur illettré, tout en bas de la hiérarchie. Mais on ne pouvait aussi facilement tirer un trait sur les déclarations de Don Masino Buscetta. Ses prétentions au titre de chef haut placé de la Mafia étaient confirmées par d'épais dossiers de police, vieux de vingt ou trente ans, en Italie, au Brésil, au Mexique, au Canada et aux Etats-Unis. Il avait voyagé partout, lu des livres et s'exprimait élégamment dans trois langues. Alors que Valachi avait vu Cosa Nostra de bas en haut, Don Masino la connaissait de haut en bas depuis la dernière guerre mondiale.

Sa crédibilité était, certes, entamée par un autoportrait flatteur qui n'aurait guère pu résister à un examen un peu serré. (En l'occurrence, il ne fut pas questionné de près.) Il prétendait avoir passé sa vie entière dans la Mafia, sans avoir jamais péché : il était le seul et unique homme d'honneur sicilien qui n'eût jamais fait de trafic de drogue, ni servi ses intérêts personnels, ni fait de tort à quiconque, ni haï quiconque, ni voulu se venger de quoi que ce fût. Il nia même avoir jamais tué personne (sauf quelques soldats allemands, lorsqu'il avait une quinzaine d'années). Et il traça un tableau presque aussi idyllique de ses anciens proches, faiblesse qui déforma totalement l'image qu'il donna de sa Mafia.

En outre, Buscetta ne dit pas tout ce qu'il savait ; les trous béants qui émaillaient son témoignage étaient presque aussi instructifs que ses révélations. Bien qu'il fût clairement décidé à se servir de la loi pour frapper ses ennemis tout en épargnant ses amis, une bonne partie de ses réticences étaient dues à la vanité et à l'orgueil. Il ne pouvait supporter l'idée d'admettre qu'il s'était livré au trafic de drogue. Jamais un trafiquant n'aime d'ailleurs le reconnaître ; mais pour un homme ayant les prétentions de Buscetta, l'aveu aurait été intolérable. Sur ses instances, par conséquent, un voile pudique a été tiré sur cet aspect de son passé.

En 1984, Buscetta accepta de parler aussi bien aux autorités italiennes qu'américaines, en échange de sa liberté aux Etats-Unis. Résultat : des plaintes portées contre le plus grand gang international d'héroïne jamais démantelé — son propre gang siciliano-corse, démasqué en 1972 — furent retirées. Tommaso Buscetta fit pourtant quelques années de prison en Italie pour trafic de drogue, mais il ne sera jamais traîné devant un tribunal américain pour répondre de la part qu'il a prise au déferlement de la toxicomanie à travers les Etats-Unis. Et il n'a pas encore révélé le rôle joué par ses alliés et complices.

A vrai dire, les Américains ne sauraient prétendre en avoir eu pour leur argent avec cet homme. L'aide qu'il leur apporta dans l'affaire de la « Pizza connection », à New York, était on ne peut plus sélective ; les accusés qu'il identifia comme étant des adhérents de la Mafia sicilienne avaient tous rejoint le camp de Leggio durant la grande guerre de la Mafia. En revanche, il certifia au tribunal new-yorkais que le prétendu chef de tout le gang de la « Pizza connection » — Gaetano Badalamenti, son allié de longue date — n'avait jamais trempé dans le trafic de drogue. (Badalamenti en prit quand même pour quarante-cinq ans.)

Néanmoins, Buscetta a largement contribué à faire mieux comprendre le phénomène tout entier de la Mafia. On peut même dire que ses révélations ont été assez importantes pour modifier l'optique du monde entier envers Cosa Nostra. Qui plus est, il les fit en plein tribunal. Il fut le premier témoin appelé à comparaître dans l'affaire qui opposait le gouvernement américain à vingt-deux inculpés siciliens, lors du procès de la « Pizza connection » à New York, la plus grande affaire de drogue jamais portée devant un juge et des jurés américains. Il passa ensuite une semaine à la barre des témoins à Palerme, pour déposer contre quatre cent soixante-quatre autres mafiosi siciliens — dans une enceinte à l'épreuve des bombes, encerclée par des soldats armés, lui-même étant logé dans une cage de verre à l'épreuve des balles, face au juge, tandis que les accusés étaient enfermés dans des cages d'acier derrière lui.

Le seul fait de voir cet homme dans une salle d'audience en Sicile était « incroyable, fantastique », déclare un procureur de l'équipe anti-Mafia de Palerme. Il avait raison, si l'on songe à la vie qu'avait menée Buscetta jusque-là.

La venue au monde de Tommaso Buscetta ne fit guère plus de remous que celle de Luciano Leggio. Né dans les petites rues de Palerme trois ans tout juste après Leggio, il était le quatorzième enfant d'un vitrier. (Il a oublié les noms des numéros douze et treize.) Nul heureux présage ne vint saluer sa naissance et il fallut attendre plusieurs années avant de discerner chez lui la moindre trace de son élégance future. Après avoir quitté l'école assez tôt, il s'adonna, selon un de ses aînés, Vincenzo, « à une existence dissolue et oisive ».

Les voisins ont gardé le souvenir d'un *picciotto* adolescent qui faisait le bravache parmi les sinistres taudis du quartier d'Oreto : un gamin dessalé, levant insolemment sa figure camarde, le cheveu luisant de brillantine, la moustache fine comme un trait de crayon, paradant déjà comme un vrai mafioso. « J'ai été un mafioso de nature longtemps avant d'adhérer. Tout ce qu'on m'a dit de faire faisait déjà partie de ma personnalité », a-t-il assuré.

Pour un jeune garçon ambitieux, originaire des quartiers pauvres de Palerme, la Mafia offrait une rapide ascension sociale. Ses membres étaient les seigneurs de la *borgata,* c'est-à-dire de leur voisinage, arbitrant les querelles, décernant les récompenses et administrant les châtiments, fournissant leur protection et veillant à sauvegarder les institutions siciliennes les plus sacrées : l'honneur des femmes, les liens du mariage, l'intégrité de la famille Ils pouvaient faire la preuve de leur virilité et de leur panache, s'attirant le respect et l'envie des autres. Les anciens s'inclinaient devant eux. Ils se pavanaient dans la lueur rosée dont les avait auréolés leur poète favori, Pitrè, qui dépeignit un « Mafiusa » incarnant la beauté, la grâce et l'excellence, un objet d'une qualité supérieure.

L'attrait le plus grisant de la Mafia, cependant, c'était sa glorieuse indifférence envers la loi. Ses membres n'avaient qu'à rester loyaux les uns envers les autres. Ils pouvaient voler, tondre, gruger, terroriser, faire chanter et abuser tous les autres sans ternir le moins du monde leur honneur. Ils pouvaient tuer les simples mortels, les êtres inférieurs, sans être tiraillés par l'ombre d'un remords. Ils pouvaient suborner des jurés, corrompre ou intimider des juges, assassiner des témoins, acheter des politiciens ou utiliser n'importe quelle autre arme pour échapper au châtiment de l'Etat (dont ils ne reconnaissaient pas l'autorité). « Le code de Cosa Nostra entérinait pleinement toutes ces activités », déclara Buscetta[7]. (En Amérique, comme l'a rapporté un agent clandestin du FBI, Joe Pistone, le code de Cosa Nostra était identique. « En tant que mec à la coule, on peut mentir, tricher, voler, tuer les gens — de façon *légitime.* On peut faire absolument n'importe quelle saloperie et personne n'y trouvera rien à redire. Qui n'aurait pas envie d'être un mec à la coule ? » fit observer un soldat de la famille Bonanno[8].)

Le sentiment d'être au-dessus de toutes les lois hormis les leurs était une source de plaisir intense et enivrant pour les mafiosi. Un plaisir qui valait bien qu'on mourût jeune pour le goûter, sort qu'ils acceptaient comme faisant partie des risques. Questionné en 1981 sur le meurtre de Salvatore Inzerillo — un *Capo-Mafia* très admiré de Buscetta —, un mafioso sicilien répondit :

LE JUGE : Totò Inzerillo a été tué. Il n'avait que trente-sept ans. N'est-il pas dommage de mourir si jeune ? Il y a tant d'expériences importantes à faire à cet âge... Tant de choses à voir et à faire...

LE MAFIOSO : Inzerillo est mort à trente-sept ans, d'accord. Mais ses trente-sept années à lui sont comparables à quatre-vingts ans chez un homme ordinaire. Inzerillo a *bien vécu.* Il a eu beaucoup de choses dans la vie. Les autres n'en auront pas eu le centième. Ce n'est pas dommage de mourir à cet âge, si vous avez fait, eu et vu tout ce qu'a fait, eu et vu Inzerillo. Il n'est pas mort las ou mécontent de la vie. Il est mort *rassasié* par la vie. Voilà la différence[9].

Buscetta avait à peine dix-huit ans lorsqu'il adhéra au clan de Porta Nuova. Ce serment prêté à Palerme en 1945 était en tout point identique à celui prêté par Valachi à New York dans les années trente : « Passablement ridicule », estime-t-il aujourd'hui. On frotta une image pieuse du sang qui coulait d'une piqûre à son doigt avant de la faire brûler dans ses mains. Tandis qu'elle se consumait, il répéta les paroles consacrées : « Que ma chair brûle comme cette sainte image si je manque à mon serment [10]. »

Ces paroles étaient le sésame qui devait lui permettre de pénétrer dans un monde mystérieux. Ses droits et ses devoirs n'étaient plus ceux d'un citoyen ordinaire. C'était tout un mode de vie nouveau qu'on allait lui inculquer oralement. « Nul ne trouvera jamais un code écrit de la morale mafieuse... Les règles en sont pourtant rigides et fermes et universellement acceptées », expliqua-t-il au juge Falcone, son principal interrogateur en Sicile.

La morale mafieuse concernait l'amour, la concupiscence, le mariage, la fidélité, l'orgueil, l'envie, la vengeance, l'ambition, la cupidité. La bravoure n'avait pas grand-chose à y voir ; Buscetta, à qui un juge new-yorkais demandait si la Mafia avait jamais honoré ses prétentions de défendre le pauvre et l'opprimé, répondit sèchement : « Non. » L'intégrité de la famille (la famille au sens habituel du terme) était haut placée sur la liste de la Mafia. Un homme d'honneur devait sauvegarder les apparences en tant que mari et que père. Il était certes quasi obligatoire d'entretenir une maîtresse, mais on pouvait expulser un membre pour avoir abandonné sa femme ou divorcé et l'exécuter sans autre forme de procès s'il s'était avisé de coucher avec l'épouse d'un autre membre. En dehors de ces considérations, le code était un véritable manuel de guerre, hérissé de peines de mort, conçu pour préserver le secret et l'ordre intérieur d'un état clandestin fortement structuré.

Une fois entré, plus de sortie : ce fut la première règle qu'apprit Buscetta. Un membre devait obéir aveuglément à son *capo-cosca,* où qu'il fût, pour le reste de ses jours. « Il ne cesse jamais d'appartenir à la famille... Il est impossible de renoncer spontanément à cet état », expliqua Buscetta à ceux qui l'interrogeaient. (« La seule façon d'en sortir, c'est dans une boîte », dit un jour Lucky Luciano.)

Chaque *cosca,* ou clan, était définie par des limites territoriales extrêmement précises; il y en avait trente et une à Palerme, cent et quelques autres dans le reste de la Sicile. La *cosca* pouvait imposer sa volonté à l'intérieur de son périmètre, mais pas au-delà. Un adhérent de la Mafia ne pouvait s'adresser à quelqu'un d'un autre clan qu'en présence d'un troisième membre, de peur qu'en tête à tête, ils ne se missent à conspirer. Passer dans un autre clan ou envahir un autre territoire, quelle qu'en fût la raison, était passible de mort.

Lorsqu'il parlait des « affaires de la Mafia » en présence de deux autres membres (ou davantage), un adhérent n'avait pas le droit de mentir. On pouvait mentir à un seul membre ou aux gens du dehors, cela n'avait aucune importance ; mais un *tragediaturi* (qui mentait à la Mafia) s'exposait à recevoir une balle dans la peau. « Si vous ne comprenez pas cela, vous ne pourrez rien comprendre », assura Buscetta au juge Falcone.

La prostitution, la pornographie et la drogue étaient interdites : elles ternissaient l'image de la Mafia et attiraient l'attention de la police, des *sbirri* exécrés. En dehors de ces restrictions — que l'on ne citait que pour mieux y manquer — les adhérents étaient libres de se lancer dans n'importe quelle entreprise, pourvu qu'elle fût légitime, au sens que la Mafia donnait à ce terme. « Si je veux faire dans les chèques volés, je le dis à mon *capo* et lui me dit : " Vas-y. Mais mets quelque chose de côté pour nos hommes en prison et pour les avocats ". A partir de ce moment, c'est légitime », précisa Buscetta. (Ce quelque chose à mettre de côté était le pourcentage du *capo*. Sa permission étant indispensable, le pourcentage était immanquablement versé).

A en croire Buscetta, les règles concernant les assassinats étaient complexes et inflexibles. Les hommes d'honneur n'avaient pas le droit de tuer une femme, ni quelqu'un qui ne fût pas membre de Cosa Nostra, ni qui que ce fût pour des raisons d'avancement, de pouvoir ou de gain. Ils ne pouvaient tuer qu'avec l'assentiment de leur chef, sur le territoire de leur clan et uniquement pour des raisons honorables. Ainsi, ils pouvaient tuer un autre homme d'honneur coupable de mensonge ou d'adultère (au sein de leur famille mafieuse) ou bien *posato* (c'est-à-dire déposé, expulsé) pour mauvaise conduite, ou coupable d'avoir trahi les secrets de la Mafia ou d'avoir commis ce que les Siciliens appellent *uno sgarro* — une offense personnelle impardonnable, qui pouvait fort bien n'être qu'une peccadille.

Dans la pratique, la plupart de ces interdits concernant les meurtres n'avaient jamais été respectés de mémoire d'homme (même si dans les années 1950, il était encore honteux de tuer une femme). Une règle, cependant, était appliquée sans faillir : « Tout homme d'honneur doit avoir tué au moins une fois pour Cosa Nostra avant de devenir membre. Tout homme d'honneur doit devenir un assassin », déclara Buscetta à une équipe d'interrogateurs américains [11].

Lorsqu'il passa dans le camp de la loi, Don Masino sut donner une telle impression de sa droiture morale que ceux qui l'écoutaient furent tout secoués de l'entendre s'avouer meurtrier. « Qui était-ce,

Tommy ? Qui as-tu tué pour pouvoir adhérer ? » voulut savoir un US Attorney, avec une petite lueur de méchanceté. Juste quelques soldats allemands, durant la Seconde Guerre mondiale — simplement pour faire la preuve de son courage, répondit-il. En réalité, il avait tué relativement souvent, comme il l'avoua par la suite à son biographe italien, Enzo Biagi, tout acquis à sa cause. « Certaines fois, je l'ai fait moi-même ; bien souvent, j'ai donné l'ordre », déclara-t-il sans citer de noms. Toutes les victimes méritaient la mort, ajouta-t-il, ne fût-ce que parce qu'elles avaient « tort, irréfutablement tort [12] ».

A vrai dire, les meurtres commis par Buscetta durant sa rapide ascension jusqu'en haut de l'échelle ne furent ni plus ni moins vertueux que ceux de quiconque. A en juger par le résultat obtenu, il tua pour obtenir de l'avancement, du pouvoir et des gains, comme tout un chacun.

En 1963, en Italie, par un hasard inouï, un témoin oculaire vint déposer sur un double meurtre pour lequel Buscetta fut condamné par contumace à quatorze ans de prison (voir chapitre 8). Les victimes furent enlevées et nul ne les revit jamais, exercice courant de la morale mafieuse connu sous le nom de *lupara bianca* ou « mort blanche ». L'incident avait eu lieu en 1960, lorsque le clan Porta Nuova, auquel appartenait Buscetta, était en lutte contre le vieil establishment de la Mafia pour s'approprier tout le marché du bâtiment à Palerme. Le témoin avait vu Buscetta et son *capo-cosca* empoigner deux hommes du camp adverse, les faire monter dans une voiture sous la menace de leurs armes et démarrer aussitôt. *Acqua in bocca,* avaient-ils lancé au témoin en guise d'avertissement — « Tu la fermes » — ce qu'il fit, jusqu'à ce que les tueurs eussent quitté la Sicile ou fussent morts à leur tour [13].

A cette époque, cela faisait déjà longtemps que Buscetta évoluait dans les milieux les plus huppés de la Mafia, même si le chemin parcouru pour y accéder reste encore mystérieux. On ne sait toujours rien sur ses premières années d'adhérent.

Ayant prêté serment un an seulement après Leggio, il évoluait dans des sphères radicalement différentes. Leggio était un petit campagnard, Buscetta un gamin de la ville. Leggio n'avait eu qu'à tuer quelques personnes pour faire converger vers lui tous les regards de Corleone ; à Palerme, les jeunes *picciotti* dont Buscetta faisait partie n'arrêtaient pas d'assassiner. Il fallait bien davantage qu'un simple instinct de tueur pour aller de l'avant ; il fallait un certain poli, du flegme, de la pondération, un comportement judicieux et un esprit vif.

Avec de tels atouts, Buscetta pouvait grimper les échelons de la hiérarchie plus facilement que Leggio et sans se faire autant remarquer. Palerme était la capitale de la Mafia. Les protecteurs du jeune *picciotto* au sein de l'organisation, une paire de frères agressifs du nom de Salvatore et Angelo La Barbera, s'activaient dans le monde des affaires et trempaient dans la politique du parti démocrate chrétien. L'argent, les beaux vêtements, les femmes, les voyages, les appuis politiques n'en étaient que plus faciles à obtenir.

Il ne fallut pas longtemps au jeune Buscetta, toujours tiré à quatre épingles, de petite taille mais élégant et plein d'assurance, pour se frotter et acquérir l'urbanité d'un citadin cossu. Il allait au théâtre et à l'opéra, fréquentait les clubs chics, côtoyait assidûment les démocrates chrétiens influents et faisait, à ce qu'il dit, la cour aux femmes. (Incorrigible coureur de jupon, il se retrouva marié à seize ans, père de famille à dix-sept et pratiquant chevronné de l'adultère toute sa vie durant — ce tempérament fut d'ailleurs son plus gros handicap en tant qu'homme d'honneur.)

Buscetta, toutefois, n'a jamais expliqué de quoi il avait vécu. Ce ne fut qu'en 1957 que l'on recueillit la première trace de ses ramifications avec la Mafia, lorsqu'un entrepreneur de Palerme le contacta imprudemment pour lui demander de l'aider à obtenir un permis de construire. Buscetta, qui avait la réputation d'être un bon ami du maire, Salvo Lima, lui obtint cette faveur et lui communiqua son prix : « Il n'y eut pas de menaces ouvertes, mais il se servit d'un langage obscur et détourné, en apparence anodin, mais dont la signification sinistre ne pouvait échapper au parti intéressé[14]. » Buscetta hérita ainsi de deux appartements flambant neufs, d'un contrat pour son frère Vincenzo, directeur d'une fabrique de fenêtres, d'un emploi de contremaître pour un de ses comparses et de sommes en liquide « pour des amis à la mairie ». Les pots-de-vin se montèrent en tout à quelque vingt-cinq millions de lires, soit près de cinquante mille dollars.

Deux ans plus tard, Buscetta fut pris en flagrant délit avec en sa possession près de quatre tonnes de cigarettes Chesterfield de contrebande, à peine descendues du bateau et chargées sur deux vieux camions Dodge[15]. Il s'en tira avec une amende ; comme il le dit lui-même, c'était sa première arrestation et pour un délit anodin en plus. Désormais, cependant, la police sicilienne l'aurait toujours plus ou moins dans le collimateur.

Ces Chesterfield arrivaient de Tanger, port franc commodément situé sur la côte nord-africaine, en face de Gibraltar, repaire favori des espions, contrebandiers, trafiquants de devises, escrocs en cavale et autres crapules variées. C'était le siège d'un forban corse du nom de

Paolo Molinelli, dont la flotte privée abreuvait la Méditerranée de tabac de contrebande à destination de l'Europe entière.

En 1959, les cigarettes au marché noir constituaient encore une mine d'or : le prix, qui était de vingt-huit mille lires (cinquante-cinq dollars) la caisse à Tanger, montait à deux cent dix mille lires dans les rues de Rome ou de Paris. Molinelli était en cheville avec un gang corse à Marseille, avec la confrérie de la Camorra à Naples (une société secrète de criminels, encore plus ancienne que la Mafia) et avec la Mafia en Sicile. Outre les Chesterfield, Camel et Pall Mall, sa flotte transportait de la morphine-base du Liban à Marseille et de l'héroïne raffinée de Marseille en Sicile, d'où on la faisait suivre à destination de Cosa Nostra en Amérique. Ce fut ainsi que naquit le réseau international de l'héroïne et que démarrèrent des maîtres trafiquants comme Buscetta[16].

La Guardia di Finanza, la force de police d'élite du fisc italien, commençait tout juste à s'intéresser à ces cargaisons vers l'époque de l'arrestation « anodine » de Buscetta. Des policiers, experts ès contrebandes, savaient que de l'héroïne en provenance de Marseille était débarquée en masse sur la côte sicilienne, entre Palerme et Castellammare del Golfo ; ce littoral accidenté n'était qu'une succession de criques sablonneuses et de hautes falaises à pic, ce qui en faisait un véritable paradis pour les contrebandiers. Les forces de l'ordre commençaient à identifier un vaste gang sicilien qui opérait avec Molinelli et ses Corses.

Au cours des six ou sept années suivantes, une soixantaine de mafiosi siciliens firent l'objet d'une surveillance. Une douzaine d'entre eux, dont Buscetta, furent espionnés de très près « dans leurs mystérieuses allées et venues, de ville en ville et de réunion en réunion… descendant dans les hôtels de luxe, avec leurs égéries du moment[17] ». L'enquête n'avait encore donné presque aucun résultat à l'époque où Buscetta s'enfuit à l'étranger, en 1963. A cette date, il était recherché sur deux continents en qualité d'important trafiquant d'héroïne et pour bien d'autres délits. Pour la commission parlementaire antimafia du gouvernement italien, c'était l'un des dix grands patrons de la Mafia : un « tueur qualifié… vicieux, agressif, se livrant à d'importantes activités criminelles… un mafioso très haut placé qui fréquente les gros bonnets de la pègre américaine[18] ». D'aucuns pensaient même qu'il était le supérieur hiérarchique de Leggio, mais au début des années 60, personne n'avait encore eu vent de ses rapports déjà anciens avec le plus grand mafioso du monde — Salvatore Luciana, alias « Charlie Lucky » Luciano.

Lucky Luciano était arrivé à Gênes, dans le nord de l'Italie, à bord du *Laura Keene,* le 9 février 1946. Il fut atterré d'apprendre qu'on le renvoyait dans le village sicilien dont il était originaire. « Je me suis mis à brailler : Vous ne croyez quand même pas que je vais passer le reste de ma vie à Lercara Friddi ? Vous êtes complètement dingues ou quoi ? » devait-il se rappeler longtemps après.

Harry Ansliger (que Luciano appelait d'ordinaire « ce salopard d'Anslinger »), chef de l'US Narcotics Bureau, avait prié ses collègues italiens de bien vouloir le surveiller étroitement. « Des zinzins de Washington se sont mis dans le crâne que tu t'étais fait remettre en liberté provisoire en Italie de façon à superviser le trafic de drogue depuis ce côté-ci de l'Atlantique », annonça-t-on à son arrivée au gangster, scandalisé [19].

Lercara Friddi lui fit un retour triomphal. Des centaines de gens s'étaient massés sur la grand-place avec des bannières et de petits drapeaux américains. Une fanfare joua *The stars & stripes forever,* tandis que le maire, l'estomac barré par une large ceinture rouge, l'accueillait à sa descente de la voiture de police. Bandit ou non, il était parti pauvre et revenait riche à milliards.

Luciano ne tarda pas, en multipliant les beaux discours et en graissant quelques pattes, à quitter Lercara Friddi. Dès l'été de 1946, il était installé à Palerme, puis à Rome, puis à Naples où il tint sa cour jusqu'à sa mort, en 1962.

En dépit de ses constantes jérémiades, quant au harcèlement policier dont il était l'objet en Italie, il resta, de bout en bout, le plus puissant de tous les chefs de la Mafia. Des messagers apportaient de New York un flot régulier de renseignements et d'argent (un minimum de vingt-cinq mille dollars par mois) et repartaient avec ses ordres. Les patrons de la Mafia américaine vinrent par douzaines à Naples pour le voir.

« Il ne fait aucun doute que le pouvoir de Luciano était si grand qu'il pouvait l'exercer même en Europe », a témoigné le chef des services de renseignements de la police new-yorkaise devant le comité McClellan [20]. « A l'en croire, aucune décision d'importance susceptible d'affecter l'avenir du crime organisé aux Etats-Unis ne fut prise sans qu'il fût consulté et écouté », écrivirent Martin Gosch et Richard Hammer, ses biographes.

Peu de gens se rendaient compte alors — et la chose est encore vraie aujourd'hui — de la profonde influence qu'eut aussi Luciano sur l'avenir de la Mafia sicilienne. La légende de « Charlie Lucky » amplifiait tout ce qu'il disait, faisait, touchait. A son retour en Italie, tous les membres de la Mafia, et beaucoup de gens qui n'en faisaient pas partie, rêvaient de l'approcher d'une façon ou d'une autre. Outre le marché noir de Vito Genovese, qu'il reprit à son compte, il fut assailli de propositions par une confrérie criminelle dont l'emprise sur le reste du pays le stupéfia. « La moitié des gens que je rencontrais en Sicile appartenait à la Mafia et quand je dis la moitié des gens, je veux aussi dire la moitié des flics, précisa-t-il à Gosch et Hammer. Parce que, en Sicile, voilà comment ça se passe : d'abord la Mafia, puis votre propre famille, puis vos affaires, et puis de nouveau la Mafia. On pourrait dire que c'est comme un club privé qui aurait des tas de membres[21]. »

Un de ses premiers associés siciliens fut le *capo di tutti capi,* Don Calogero Vizzini. Ils montèrent ensemble une fabrique de bonbons à Palerme, en 1949, important d'Amérique des travailleurs siciliens « spécialisés » et exportant leurs produits vers l'Allemagne, la France, l'Irlande, le Canada et les Etats-Unis. L'opération était quelque peu auréolée de mystère, puisque des gardes armés interdisaient tout accès à l'atelier où l'on fabriquait les bonbons. Lorsque le quotidien socialiste *Avanti* rapporta ce fait en 1954 — laissant entendre que les friandises en question étaient fourrées à l'héroïne —, la fabrique ferma ses portes du jour au lendemain[22]. Ce fut la première et la dernière fois que les noms de Lucky Luciano et de Don Calò se trouvèrent accolés dans la presse. (Un photographe qui les surprit ensemble à l'Albergo del Sole à Palerme fut sévèrement tabassé et son appareil mis en pièces. Il renonça aux poursuites judiciaires après avoir reçu un superbe appareil neuf et une somme d'argent réconfortante).

En dehors de sa répugnance naturelle a être publiquement associé à la Mafia sicilienne, Luciano ne tenait pas l'organisation en très haute estime. Il estimait que la vieille Mafia d'avant la guerre « ne possédait pas l'élasticité mentale nécessaire aux problèmes complexes et délicats que pose le trafic de drogue », devait écrire Michele Pantaleone, doyen des mafiologues italiens. En revanche le groupe qui se porta au pouvoir après la fin des hostilités était « trop bruyant, la gâchette trop chatouilleuse, dépourvu de discipline[23] ».

Malgré son respect pour Don Calogero Vizzini, Luciano n'avait que faire de son second et futur successeur, Giuseppe Genco Russo, connu sous le sobriquet de « Zi Peppi Jencu » (Oncle Jo le petit taureau). « Peppi n'est même pas un coq, sans parler d'un taureau. Ce n'est qu'une grosse poule mouillée », déclara Lucky. Par conséquent, il ne prit sous son aile qu'une poignée de brillants jeunes *picciotti* siciliens. Parmi les rares élus ayant accès à sa demeure — et qui devaient tous devenir des trafiquants d'héroïne notoires — figurait un débutant nommé Tommaso Buscetta[24].

Ce dernier n'avait pas encore vingt ans lorsqu'il fit la connaissance de Luciano en 1946. « Pour moi, Luciano était un mythe. Nous sympathisâmes tout de suite et il se montra toujours affectueux jusqu'à sa mort. J'allais le voir tous les mois », déclara-t-il à son biographe qui lui demanda :

« Dans quelles vilaines magouilles Luciano trempait-il en Amérique ?

— Aucune. Il faisait simplement de la contrebande de whisky.

— Comment était-il ?

— Très sérieux. Laid sur les photos, mais beau à l'intérieur, parce que tout ce qui le concernait était extraordinaire...

— Qu'y avait-il à l'intérieur ?

— Beaucoup de grandeur d'âme. Même s'il était un assassin. Il avait tué pour se défendre, pas par cruauté... Il n'aimait pas l'injustice et il ne reconnaissait pas les lois de l'Etat, rien que les siennes[25]. »

Luciano aurait peut-être été surpris de cette fougueuse approbation. « Tuer — j'ai fait ça toute ma vie », devait-il déclarer à l'automne de son existence, en jetant un regard rétrospectif sur la longue succession de ceux qui étaient tombés après s'être mis en travers de son chemin. Il n'était pas, cependant, sans une certaine grandeur d'âme en effet. J'en eus un aperçu personnel lorsque le magazine *The Reporter* m'envoya interviewer Luciano à Naples en 1957. Un gangster expulsé des Etats-Unis, vivant à Rome, me fournit un mot d'introduction : « Salut, Charlie. Cette petite dame voudrait te parler. »

Le malfrat en question était un des quelque cinq cents racketteurs, trafiquants de drogue et gangsters tous terrains nés en Italie et réexpédiés dans leur pays d'origine à la suite des audiences du sénateur Kefauver, en 1951. La moitié d'entre eux se trouvaient à Naples, aux abois et sans le sou.

« Il y en a qui vous fendraient le cœur, m'assura Luciano. Ils arrivent, ils ont passé deux mois en tôle, ils y retournent, ils en ressortent. Je leur file mille lires et leur dis d'aller se faire raser et de prendre un bain et un repas, mais s'il y en a cinq cents en Italie, quatre cents vont venir me voir. Je suis pas une banque. Des fois, je leur dis, pourquoi tu fous pas le camp d'ici. Mais où est-ce qu'ils iraient ? Dans leur ville natale ? Ils crèveraient[26]. »

Notre entretien dura environ une heure ; nous étions assis sur un canapé recouvert de cretonne fleurie, devant une table basse en noyer verni, avec un vase de fleurs artificielles sur un napperon. L'épouse de Luciano, une ballerine italienne au doux visage, qui se nommait Igea, nous apporta du café. Mon attention passait de la montre-bracelet que portait Luciano — en platine, sertie de diamants — à son regard derrière les lunettes sans monture qui lui donnaient l'air d'un professeur. Ses yeux étaient deux puits de froide indifférence, totalement inexpressifs, inoubliables.

En dehors de cela, il avait tout de l'homme d'affaires à la retraite qu'il prétendait être. Il me parla d'une fabrique de bonbons qu'il avait ouverte (et fermée) à Palerme, d'une firme de produits pharmaceutiques qu'il avait ensuite montée, et d'une autre usine qu'il possédait à présent à Naples et qui fabriquait des lits d'hôpital. La police ne le lâchait pas, déplora-t-il ; ils étaient convaincus qu'on envoyait de l'héroïne dans les montants des lits. Comme d'habitude, ils ne pouvaient rien prouver. « Ça fait longtemps qu'ils me surveillent ; grand bien leur fasse », conclut-il en me raccompagnant jusqu'à la porte.

Jamais la police ne parvint à épingler Luciano pour trafic d'héroïne, bien que sa culpabilité parût assurée. Il fut poursuivi jusqu'en Italie par une némésis qui avait nom Charles Siragusa, envoyé en 1951 par le chef de l'US Narcotics Bureau, Harry Anslinger. « Avec son sens aigu de l'anticipation, Mr. Anslinger prévit un fort influx d'héroïne vers les Etats-Unis à la fin de la Seconde Guerre mondiale, expliqua Siragusa. On m'envoya en Europe corroborer notre pire crainte qui était de constater que Luciano était responsable des cargaisons d'héroïne qui passaient par le port de New York. » En ce qui concernait Siragusa, Luciano n'était « qu'un maquereau et un trafiquant de drogue ; or, de façon assez ironique, les gangsters ne veulent à aucun prix passer ni pour l'un ni pour l'autre. Mon devoir était de mettre en œuvre tous les moyens légaux pour neutraliser cet homme ».

Siragusa partit clandestinement pour Naples, mais il fut repéré par les hommes de Luciano dans les quelques heures qui suivirent son arrivée. « Il avait à peine ouvert sa gueule à Naples que j'étais déjà au courant. Je me suis dit : Bordel, quand est-ce que ce connard d'Anslinger va me foutre la paix ? » expliqua Luciano.

En définitive, Siragusa réussit à établir un lien entre Luciano et une gigantesque cargaison d'héroïne — près d'une demi-tonne — détournée d'une firme pharmaceutique milanaise et expédiée à New York. Les circonstances étaient des plus compromettantes, mais, comme toujours, il n'y avait pas de preuves assez solides pour tenir le coup devant les tribunaux[27].

Ce fut finalement en 1965 que les autorités italiennes furent prêtes à inculper Luciano, après une enquête exhaustive de la Guardia di Finanza sur le trafic de drogue en Sicile, qui avait duré six ans. A cette date, le gangster était mort[28].

Rien de ce côté sordide ne transparaît dans le récit qu'a fait Buscetta de son amitié avec Lucky Luciano, couvrant une période de seize années. Ils parlaient de tout et de rien — de courses de chevaux, du bon vieux temps, de la nostalgie de Lucky pour New York — mais jamais de drogue. Après 1951, d'ailleurs, ils n'eurent plus le droit de parler de quelque affaire de la Mafia que ce fût.

L'enquête inexorable du Comité Kefauver, en 1951, avait fortement perturbé Cosa Nostra en Amérique. Entre autres précautions, elle avait décidé de rompre tout lien avec ce que le sénateur avait décrit comme une « mystérieuse organisation internationale du crime connue sous le nom de Mafia ». Selon Buscetta, qui fut le premier à révéler ce fait, toute communion entre les deux Mafias fut interdite durant les six années suivantes[29]. Puis, en 1957, Lucky Luciano effectua leur rapprochement et les lança sur une nouvelle orbite.

L'agent du service américain des stupéfiants, qui assurait non sans mépris que Luciano n'était « qu'un maquereau et un trafiquant de drogue », avait grandement sous-estimé sa proie. Luciano était un dirigeant perspicace, exceptionnellement doué pour l'organisation rationnelle, une sorte de Lee Iacocca du crime organisé. Il comprenait parfaitement les lois de l'offre et de la demande, les avantages des barèmes, ceux qu'il y avait à mettre sur pied une organisation intercontinentale conjuguant la fourniture des matières premières à la fabrication, puis au transport et au marketing. Il fut la cheville ouvrière cachée derrière ce qui devint la plus grosse entreprise commerciale du monde : le conglomérat multinational de l'héroïne.

La condition *sine qua non* pour une telle entreprise était de rétablir d'efficaces relations de travail entre les Mafias sicilienne et américaine, ce qui était impensable tant qu'elles continueraient à ne plus se parler ; d'ailleurs, il ne suffirait pas seulement de reprendre la communication. Le côté sicilien n'était pas en mesure d'effectuer convenablement son travail. Certes, Don Vito Cascio Ferro avait introduit de nombreuses innovations cérémoniales au tournant du siècle — rites d'initiation compliqués, procès théâtraux, réunions rituelles dans d'anciennes grottes voûtées[30] — mais ce genre de choses ne pouvait remplacer un gouvernement moderne compétent. En outre, les clans de l'île étaient perpétuellement en train de s'entre-déchirer pour des histoires de territoires et de butin. Leur *capo di tutti capi* semblait régner par la seule force de son magnétisme personnel, tandis qu'un tribunal fantomatique se chargeait de punir les infractions graves au code. Les Siciliens n'avaient rien de comparable à la Commission dirigeante que Luciano avait inventée pour leurs homologues américains dès 1931 [31].

En effet, après avoir éliminé les chefs rivaux responsables de la calamiteuse guerre intestine de la Mafia à New York — Joe « The Boss » Masseria et Salvatore Maranzano —, Luciano avait dicté sa loi aux survivants. « Je leur ai expliqué que toutes ces conneries de guerre étaient finies, déclara-t-il par la suite. Je leur ai dit qu'on faisait des affaires et qu'il fallait continuer à avancer sans explosions toutes les deux minutes ; buter des mecs parce qu'ils sont d'un autre bled de Sicile, tout ce genre de conneries, ça nous donnait mauvaise réputation et on ne pourrait pas fonctionner tant que ça durerait [32]. »

La commission créée par Luciano ressemblait fort au conseil d'administration d'une société. Douze patrons de la Mafia siégeaient au conseil et Luciano présidait : « Le patron de tous les patrons sous la table », comme disait Joe Valachi, car Luciano n'aimait pas ce titre. La commission était chargée de fixer une ligne d'action, de délimiter les territoires, d'arbitrer les querelles intestines et de statuer sur les assassinats internes. Chaque famille s'engageait à ne pas accepter d'autres membres et à ne pas importer de Sicile des soldats bien entraînés sans le consentement des autres. (Le premier patron qui se hasarda à transgresser la règle fut exécuté ; pendant vingt ans personne ne se risqua à l'imiter [33].) Dorénavant, « chaque clan dans chaque ville pouvait être indépendant », pour reprendre la formule de Luciano, *pourvu qu'il respectât les décisions de la Commission.*

Par l'entremise de Buscetta, Luciano fit don à la Mafia sicilienne d'une commission analogue. Dans le courant de 1957, il suggéra à son protégé que les Siciliens devaient bien en avoir une et Buscetta entreprit de la mettre sur pied. La décision fut officialisée au mois d'octobre, lors d'une réunion au sommet historique des chefs des deux Mafias, réunion qui devait être une source constante de mystification et de supputations pendant les vingt-cinq années suivantes.

4.

Marché conclu

Le Grand Hôtel des Palmes (Albergo e delle Palme), lesquelles ont disparu depuis belle lurette, alors que la façade de l'édifice est noircie par la crasse urbaine, fait aujourd'hui partie d'une chaîne hôtelière et il est fréquenté par des touristes en vêtements de Tergal. Les taxis, scooters, autobus, voitures et les camions poussifs défilent dans un vacarme d'enfer devant ses portes vitrées. Des excroissances vouées au « fast-food » bourgeonnent sur ses flancs.

A l'exception du célèbre barman, Toti, aucun membre du personnel ne paraît avoir conscience du renom qu'eut l'établissement à la Belle Epoque. Comptant jadis parmi les plus somptueuses demeures privées de Palerme, il fut transformé et embelli à la fin du siècle dernier, avec toute l'extravagance chère à l'Art nouveau. Les aristocrates les plus élégants d'Europe y descendaient. Il n'était pas question que les grands chanteurs d'opéra, qui se succédaient sur la scène du Teatro Massimo, logeassent ailleurs. Des hommes de lettres distingués déambulaient à travers ses jardins. Renoir vint y peindre le portrait de Richard Wagner qui composa l'orchestration de *Parsifal* dans une luxueuse salle à l'entresol.

Cette pièce qui ne sert plus aujourd'hui que pour les grandes occasions s'appelle toujours Sala Wagner. De splendides miroirs anciens reflètent le bleu ciel et l'or de son plafond voûté. Plusieurs des divans et fauteuils d'origine sont alignés contre les murs : de style baroque dodu, ils ont les pieds dorés et sont recouverts de damas rouge et or un peu passé.

Ce fut dans la Sala Wagner que se réunirent les Mafias américaine et sicilienne, du 10 au 14 octobre 1957. Après la Seconde Guerre mondiale, l'Hôtel des Palmes était devenu leur lieu de prédilection et tous les grands patrons s'y sentaient chez eux. Lucky

Luciano y avait son propre petit coin du salon, protégé par des paravents, la Petite Chambre rouge, se rappelle Toti. (De nos jours, c'est devenu la Petite Chambre bleue.) La plupart des trente et quelques délégués à la réunion étaient donc des habitués. Ils comptaient tous parmi les plus puissants criminels des deux continents[1].

A la tête de la délégation américaine, on trouvait Joe Bonanno, de Castellammare del Golfo et Brooklyn réunis. C'était le plus indomptable et le plus autoritaire des parrains new-yorkais — dans sa famille pas question de parler autre chose que le dialecte sicilien — et il s'intitulait lui-même « le président du conseil d'administration » de la Mafia américaine. A l'aéroport de Fiumicino, à Rome, on déroula pour lui le tapis rouge ; le ministre italien du Commerce extérieur, Bernardo Mattarella (originaire lui aussi de Castellammare) vint l'accueillir. A Palerme, Bonanno était traité en grand seigneur. Un silence feutré se faisait dans les restaurants les plus huppés de la ville lorsqu'il y pénétrait. Les propriétaires venaient lui baiser la main et lui demander sa bénédiction : *Vossia mi benerica,* lui disaient-ils, formule traditionnellement réservée à la fine fleur de la noblesse.

A quelques exceptions près, tous les hommes que Bonanno amena d'Amérique pour la réunion au sommet étaient nés à Castellammare del Golfo ou dans ses environs, et la plupart étaient apparentés. Parmi eux figuraient Carmine Galante et John Bonventre (respectivement *consigliere* et *vice-capo* de Bonanno) ; Frank Garofalo (son numéro deux) ; Antonio, Giuseppe et Gaspare Maggadino (ses cousins, dont la famille régnait sur Buffalo, dans l'Etat de New York) ; John Priziola (patron de Detroit) ; et enfin Santo Sorge (dont le cousin était chef de la Mafia sicilienne).

Le cousin en question, Don Giuseppe Genco Russo était à la tête du contingent local. Suzerain en titre depuis la mort de Don Calogero Vizzini, en 1952, « Zi Peppi Jencu » était un bandit grossier, sournois, presque illettré, que personne n'aimait. Mais il avait de prestigieuses relations politiques et financières. A ses côtés prirent place autour de la table une douzaine des principaux *mammasantissima,* notamment Salvatore « Cichiteddu » (« Petit oiseau ») Greco, rejeton du puissant clan Greco et chef des patrons palermitains de la vieille école ; Calcedonio Di Pisa, son numéro deux ; et les frères La Barbera, patrons de Buscetta.

Tous les hommes réunis dans la Sala Wagner étaient des trafiquants de drogue. Quelques années plus tard, un juge italien les inculperait en masse pour « avoir organisé le trafic de drogue vers les Etats-Unis en passant par la Sicile ». L'élégantissime, le raffiné Joe

Bonanno figurerait en tête de liste des accusés. « Bananas faisait très fort dans la came », devait noter Lucky Luciano qui, à en croire le juge, faisait encore plus fort que lui[2]. Pourtant, la réunion n'attira nullement, sur le moment, l'attention qui devait l'entourer par la suite. Les autorités américaines n'en entendirent parler que longtemps après que la trentaine d'hommes siégeant Sala Wagner eurent mis le monstre en route[3].

En 1957, le climat qui régnait en Sicile n'incitait guère à une intense vigilance. Les clans de Palerme avaient pratiquement achevé de s'approprier la ville. Don Giuseppe Genco Russo, souvent photographié en compagnie d'évêques, de directeurs de banques, de hauts fonctionnaires et de chefs de partis politiques, était l'arbitre de la politique insulaire. Tel était le poids de la Mafia qu'aucun journal sicilien n'osait la désigner par son nom. La loi suivait son cours dans cette optique[4].

Quelques policiers gardèrent l'œil sur le grand rassemblement de l'Hôtel des Palmes. Ils n'avaient qu'à stationner dans le hall de l'établissement pour savoir qui y assistait, mais ils n'en apprirent pas davantage. Le secret extrême dont fut entourée cette rencontre au sommet souligne plus que toute autre chose son extraordinaire importance : pas un seul des participants n'en a jamais soufflé mot.

Lucky Luciano dont les confidences à Martin Gosch et Richard Hammer devaient remplir quatre cent cinquante pages de biographie, n'en parla pas. Bonanno, décrivant son voyage à Palerme dans son autobiographie, *A Man of Honor,* n'en fait pas non plus mention. Il préfère s'attarder sur le fait qu'il avait retrouvé dans la capitale sicilienne « mon ancien adjoint, Frank Garofalo » et « Oncle John Bonventre », avec qui il passa de délicieux moments. De vieux amis — « des hommes épris de traditions » — lui firent fièrement visiter l'endroit « pour me montrer tous les nouveaux boulevards et les nouveaux immeubles ». Accompagné par ces hommes d'honneur, il dîna dans « un excellent restaurant de la Piazza Politeama », où il jeta une carafe d'eau glacée à la tête d'un serveur qui l'avait traité « avec désinvolture ». « Ce garçon s'est fait tout petit devant moi. D'une certaine façon, je lui avais donné une bonne leçon », observa Bonanno. Il prétendit aussi avoir consacré le reste de sa visite au tourisme, à une soirée d'opéra au célèbre Teatro Massimo et à l'inauguration d'un orphelinat, cérémonie pour laquelle il eut droit à une escorte policière. « Jamais ils n'ont voulu le croire à New York », devait-il noter. Et pour cause[5].

Buscetta, questionné près de trente ans plus tard, déclara sans ambages : « Je ne sais absolument rien d'une réunion de mafiosi italo-américains à l'Hôtel des Palmes en octobre 1957[6]. » Selon lui, il y avait eu, tout simplement, un dîner, vers le 12 octobre de cette année-là — soirée mémorable qu'il avait passée avec Lucky Luciano et Joe Bonanno.

Le repas avait duré douze heures et demie, dans une section, isolée par des paravents, du célèbre restaurant de coquillages Spano, face à la mer, un élégant établissement aujourd'hui fermé et envahi par le sable. Ce fut là, sur le linge de table amidonné et les menus ornés de glands, au milieu du vin blanc bien frappé et des bougies, entre les *paste alle sarde* et le *pesce arrosto,* que naquit la Commission de la Mafia sicilienne — la *Cupola.*

Si l'on en croit Buscetta, Lucky Luciano avait prévu de faire venir Bonanno pour cette fête et il avait demandé à Buscetta d'amener une demi-douzaine de collègues siciliens triés sur le volet, notamment Salvatore « Cichiteddu » Greco, les frères La Barbera et un *mamma-santissima* du nom de Gaetano Badalamenti qui serait un jour à la tête du réseau sicilien de la « Pizza connection[7] ». Joe Bonanno arriva avec, entre autres convives, son *consigliere* et son sous-chef. A en croire l'intéressé, il s'adressa à Buscetta comme au chef naturel du camp sicilien : « J'étais une étoile montante, sagace, malin, sachant s'exprimer et ayant l'habitude de raisonner[8]. »

Le « président du conseil d'administration » avait un jour comparé la Commission de la Mafia américaine aux « étoiles du firmament d'après lesquelles le marin trace sa route ». A présent, il chantait ses louanges aux Siciliens. Bonanno me prit à part et m'expliqua comment la Commission prévenait des meurtres commis par ignorance, expliqua Buscetta aux enquêteurs américains. Il me confia que depuis sa création, la Commission américaine avait approuvé tous les assassinats d'hommes d'honneur aux Etats-Unis et que le système semblait fonctionner... L'idée me plaisait ; ainsi qu'à Greco et Badalamenti... « Bonanno me précisa comment il fallait s'y prendre et nous passâmes aux actes[9]. » Ce fut aussi simple que cela. La *Cupola,* qui devait devenir un consortium multimilliardaire de l'héroïne, fut mise sur pied en l'espace de deux petits mois.

Ce récit concernant l'origine de la *Cupola* fut le premier de tous ; c'est l'une des principales contributions de Buscetta. Malgré tout, ses omissions auraient pu gêner un homme possédant moins d'aplomb. De toute évidence, les gros bonnets convergeant vers Palerme étaient venus pour autre chose qu'un simple dîner chez Spano ; ils restèrent enfermés quatre jours à l'Hôtel des Palmes. D'ailleurs, il n'y avait aucune raison valable pour que la création d'une *Cupola* sicilienne donnât lieu à des négociations officielles entre les deux Mafias. C'était aux Siciliens de décider tout seuls, avec, peut-être, un mot d'encouragement de la part de leurs *compari* américains.

Bien qu'il n'existe aucune trace directe des entretiens qui eurent lieu durant les quatre jours de réunion, ce qu'il advint au cours des trente années suivantes en a clairement démontré la teneur. Désormais, les autorités de part et d'autre de l'océan Atlantique sont persuadées que la délégation américaine demanda aux Siciliens de se charger d'importer et de distribuer l'héroïne aux Etats-Unis et que les Siciliens acceptèrent.

L'unique phrase qui soit parvenue jusqu'à nous, surprise par un garçon qui servait à boire, laisse penser que le marchandage avait dû être féroce. « Bienheureux celui qui se trouve très loin lorsqu'une centaine de chiens se dispute un os », murmura le suzerain de la Mafia sicilienne, Don Giuseppe Genco Russo, au *consigliere* de Bonanno, Carmine Galante. En fait, les Américains avaient besoin des Siciliens et ils allaient devoir payer.

Le trait de génie de Lucky Luciano, lorsqu'il dressa son plan, fut de s'occuper avant toute chose de tirer d'affaire la Cosa Nostra américaine. En effet, lorsqu'il en vint à proposer cette visite en Sicile, en 1957, l'organisation qu'il avait si ingénieusement mise sur pied aux Etats-Unis se débattait dans les pires ennuis.

Un membre sur trois de la famille de Joe Bonanno à New York avait été arrêté pour trafic de drogue, de même qu'un membre sur trois de la famille Colombo ; un membre sur deux de la famille Genovese ; deux membres sur cinq de la famille Gambino ; et trois membres sur cinq de la famille Lucchese [10]. Or, à elles toutes, les cinq familles new-yorkaises et leurs satellites passaient quatre-vingt-quinze pour cent de toute l'héroïne introduite sur le territoire américain [11]

La chose était gênante pour des hommes « de tradition » comme Joe Bonanno qui « évitait le trafic de drogue », activité « immorale » et « indigne d'un homme ». « Dans ma tradition, les stupéfiants sont hors la loi. Les hommes d'honneur ne font pas dans les stupéfiants », écrivit-il [12].

Ce trafic n'était d'ailleurs pas vraiment nécessaire, comme les en avertit (selon ses dires) Lucky Luciano, avant que la situation ne devînt incontrôlable.

> Il y avait tant de fric dans tous nos autres bizness, pourquoi aller tout bousiller en bricolant avec quelque chose d'aussi dangereux que la came ?
>
> J'ai essayé de leur faire piger ça… on était des industriels qui dirigeaient

leurs affaires et donnaient aux gens ce qu'ils voulaient sans faire de mal à personne. Les gens voulaient jouer, on les aidait à jouer ; pendant la guerre, ils avaient eu besoin d'alcool, de cigarettes et de viande, on s'en était chargé.

Bon, d'accord, de temps en temps on pressurait un peu des mecs, mais pensez à tout le fric qu'on mettait en circulation rien qu'avec les autres braves hommes d'affaires qui achetaient notre protection. Je disais qu'y avait pas un politicien ou un flic capable de garder le pèze qu'on lui refilait comme pot-de-vin, ils le claquaient dès qu'ils l'avaient entre les mains et ça, c'était bon pour l'économie américaine — de faire circuler l'argent. [Et puis j'ai] croisé le regard de Meyer Lansky et on n'a pas pu se retenir de rigoler.

Mais, ils en avaient rien à foutre. Au sujet des stups, je voyais bien que le courant passait pas. Pendant tout le temps où j'ai parlé, la plupart avaient un vrai visage de bois[13].

En 1957, cependant, la Mafia américaine avait de bonnes raisons de réviser sa position. D'abord, parce que Cosa Nostra avait trouvé un vrai filon avec le mouvement syndicaliste américain. Il y avait de la marge pour toutes sortes de magouilles qui rapportaient des milliards de dollars et conféraient en outre, sans aucun risque ou presque, une certaine légitimité et une énorme influence politique. Entre-temps, le trafic de drogue était devenu au contraire très périlleux. En 1956, le Congrès américain avait passé une loi extrêmement dure sur le contrôle des stupéfiants. Les trafiquants de drogue qui se faisaient pincer aux Etats-Unis risquaient des peines allant jusqu'à quarante ans de réclusion. Avant longtemps, deux cent six mafiosi allaient se retrouver condamnés à de lourdes peines pour des histoires de drogue[14]. Carmine Galante en prendrait pour vingt ans — et ce après avoir remplacé Bonanno à la tête de leur famille. Vito Genovese, chef d'une autre famille new-yorkaise, serait condamné à quinze ans. Deux lieutenants importants de la famille Lucchese récolteraient quarante ans chacun[15].

Cette grande rigueur contre les trafiquants de drogue était due principalement au sénateur Estes Kefauver, dont l'enquête de 1951 avait assez rudement secoué le Congrès pour l'inciter à voter sa loi. Ce démocrate du Tennessee et sa croisade contre la Mafia avaient touché une corde sensible parmi la population. Les Américains ordinaires, qui se serraient la ceinture pour payer la guerre de Corée, étaient ulcérés par la forte hausse du taux de corruption politique et de violence criminelle. Le Comité spécial sur le crime organisé, présidé par Kefauver, mit à jour non seulement le lien entre les deux, mais la source du mal : « Un sinistre syndicat national du crime connu sous le nom de Mafia. »

Le comité sénatorial avait tenu une centaine d'audiences et

interrogé six cents témoins — en direct à la télévision, pour la première fois dans l'histoire du pays. Des dizaines d'importants mafiosi humiliés avaient dû se prévaloir du cinquième amendement sous l'œil de la caméra : Frank Costello qui avait succédé à Lucky Luciano en qualité de « patron de tous les patrons ; Albert Anastasia, chef de ce qui devait devenir la famille Gambino ; Gaetano Lucchese, chef de sa propre famille ; Meyer Lansky ; et Joe Adonis qui gérait les affaires de Luciano à New York (« le plus sinistre de tous », insistait le sénateur Kefauver[16])

Ils en sortirent couverts d'opprobre. On les accusa des crimes les plus atroces, le trafic de drogue étant le pire de tous. La Mafia « se spécialisait dans la vente et la distribution des stupéfiants », déclara le comité[17]. Qui plus est, elle était directement liée à la Mafia sicilienne par l'entremise de son ineffable dirigeant en exil, Lucky Luciano, « cerveau d'un gang international de la drogue opérant entre l'Italie et les Etats-Unis[18] ».

Luciano s'indigna. « Une fois terminées leurs foutues enquêtes, elles ont changé que dalle, là-bas aux Etats-Unis. Mais à chaque fois qu'on mentionnait mon nom, les flics italiens venaient me ramasser pour me questionner et m'empoisonnaient la vie[19]. » Il avait parfaitement raison en ce qui concernait l'Amérique. En définitive, les audiences Kefauver ne causèrent pas de tort important à la Mafia. La justice américaine n'était pas plus capable de lui damer le pion dans les années 1950, 1960 et 1970 que celle de Mussolini ne l'avait été en Italie dans les années 1920. Et l'Italie démocratique ne fit pas mieux.

Une des raisons, peut-être la raison décisive, de cet état de choses était que les deux Mafias pouvaient évoluer indifféremment dans chacun de leurs deux pays sans redouter d'être démasquées. Les services américains chargés de défendre la loi avaient l'habitude de considérer « la pègre » ou « l'organisation » comme des poches de criminels locaux. Leurs homologues italiens voyaient dans la Mafia une émanation naturelle, issue de mille années d'histoire, unique dans sa « sicilianité » et impossible à exporter. Par conséquent, dans l'ensemble, les polices américaine et italienne suivaient chacune son petit bonhomme de chemin. A quelques rares exceptions près, elles ne se faisaient aucune confidence, ne cherchaient pas à établir le moindre lien entre leurs enquêtes respectives, ni même à suivre la trace de leurs propres mafiosi une fois qu'ils avaient franchi les frontières du pays. Elles ne prêtaient aucune espèce d'attention aux allées et venues incessantes entre les deux continents, et ce fut là leur grosse erreur.

Depuis l'époque de la Main noire, les hommes d'honneur avaient librement traversé l'Atlantique. Inconnus, dans une large mesure, à d'autres polices que la leur, ils pouvaient donc trouver un sanctuaire et de quoi vivre de part et d'autre de l'océan. En dépit des restrictions frappant le nombre de membres, tant en Italie qu'aux Etats-Unis, ils faisaient tous partie « d'un club privé auquel appartenaient des tas de gens », comme disait Luciano.

Beaucoup étaient en outre apparentés par le sang. Bien rares étaient les mafiosi, à Castellammare del Golfo ou Brooklyn, qui n'eussent pas qui un frère, qui un oncle ou un cousin, voire plusieurs de chaque, dans la Mafia qui opérait de l'autre côté de l'eau. Or, ce système était imbattable quand il s'agissait de garder le secret ou de se faire mutuellement confiance. Les liens de famille étroitement tissés et quasi indestructibles ont toujours été l'atout le plus précieux de la Mafia.

Dans la pratique, les deux pays offraient une double occasion de subsister. Un homme d'honneur pouvait aussi bien aller passer le week-end outre-Atlantique pour y faire quelque transaction qu'y rester pendant plusieurs années pour échapper à une arrestation suivie d'un long séjour en prison. Beaucoup avaient un foyer dans chaque. Certains avaient même du mal à se rappeler les noms figurant sur leur collection de passeports. « On les achetait comme d'autres achèteraient des chemises », reconnut bien plus tard Gaetano Badalamenti, lors du procès de la « Pizza connection[20] ».

Le temps aidant, les mafiosi perdirent certains de leurs privilèges lorsqu'ils étaient en visite, mais ils n'en étaient pas moins membres du club. Dans les périodes d'adversité, les deux Mafias ont toujours réuni leurs forces pour duper la police.

Aussi, Joe Bonanno et ses collègues suivirent-ils le conseil de Luciano, à l'automne de 1957, et firent-ils le pèlerinage de Palerme. Les familles américaines étaient désireuses de faire oublier la honte dont on les avait publiquement accablées et de se soustraire un peu aux regards des forces de l'ordre. Les mafiosi siciliens, qui pouvaient entrer et sortir du pays sans attirer l'attention, n'avaient pratiquement aucun souci à se faire sur ce plan. Pour la plupart, ils n'avaient jamais eu affaire à la police américaine : pas de casier judiciaire, pas d'empreintes digitales, pas de fiche anthropométrique. Ce qui se passait en Sicile n'était pour ainsi dire jamais porté à la connaissance de la police new-yorkaise et vice versa. Les Siciliens pouvaient introduire l'héroïne aux Etats-Unis et la distribuer loin de chez eux ; les Américains pouvaient leur céder la concession de leur propre marché et toucher leur commission, sans se mouiller le moins du monde dans la combine.

Cela faisait six ans que les deux Mafias avaient rompu leurs relations — en raison des désastreuses audiences Kefauver — lorsqu'elles se réunirent à l'Hôtel des Palmes. Elles avaient donc bien des choses à discuter en plus de la drogue.

D'abord, il fallait redéfinir leurs rapports officiels. Impossible de recommencer comme avant, lorsqu'un adhérent de l'une était automatiquement accepté par l'autre. Les deux confréries seraient désormais séparées et distinctes. Un homme d'honneur d'un pays serait certes le bienvenu dans l'autre, en tant qu'invité, mais il n'aurait pas le droit d'y travailler (au sens mafieux du terme) sans l'assentiment d'un *capo-mafia.* D'ailleurs, ni l'une ni l'autre Cosa Nostra n'avaient le droit de traiter la moindre affaire sur le sol de l'autre sans autorisation, sous peine de mort.

Ces règles, cruciales pour qui veut comprendre ce qui arriva par la suite, restèrent parfaitement ignorées du monde extérieur durant les vingt années suivantes. Désormais, Buscetta les a exposées dans le détail, mais le premier aperçu que l'on eut de leur nature fut recueilli par la police montée canadienne en 1974, grâce à une conversation surprise et enregistrée dans un bar.

L'homme qui parlait ainsi était Paul Violi, patron de la Mafia à Montréal, branche canadienne de la famille Bonanno. S'entretenant avec un visiteur de la *cosca* d'Agrigente, en Sicile, Violi déclara :

> Disons que t'as besoin de quelque chose, on est à ta disposition. *Mais tu fais partie de nous...* Si t'es membre là-bas, tu peux pas rappliquer ici la bouche en cœur... Tu peux pas parler de ta famille ici. Ni de *rien d'autre* d'ailleurs... Disons que tu te mettes en tête de tenter un coup tout seul... un gros coup... et que t'en parles à personne et qu'il t'arrive quelque chose... Alors, comment tu t'en sors dans ce cas-là ? Tu piges un peu la situation, Carmelo[21] ?

Ultérieurement, la « faction sicilienne » à Montréal devait assassiner Paul Violi pour avoir appliqué ces règles de façon trop littérale. Les Américains n'étaient plus désormais assez forts pour les en empêcher. Ceux qui assistèrent à la réunion de 1957 ne surent pas, semble-t-il, prévoir la traîtrise de leurs associés siciliens.

Outre le protocole d'accord qu'il fallait élaborer, les délégués devaient aussi statuer sur le sort d'un personnage déconcertant du nom d'Albert Anastasia. Né en Calabre, dans le sud de l'Italie, Anastasia avait été aux côtés de Lucky Luciano à New York dès le début. Tueur psychopathe, il avait pris la tête de « Murder Inc. », la branche chargée des meurtres des deux Mafias dans les années 1930. En 1957 toutefois, il était devenu fou à lier. Luciano lui-même dut reconnaître que « Albert avait vraiment perdu la boule et voulait tuer tous les gens qui avaient eu le malheur de le fâcher ».

Il est aujourd'hui généralement admis qu'Anastasia fut condamné à mort par les deux Mafias réunies à Palerme. La sentence fut exécutée à New York, dès que la délégation américaine fut rentrée chez elle. Quant à la plus importante des décisions prises lors de la réunion au sommet — la filière de l'héroïne —, elle fut ratifiée aux Etats-Unis quelques semaines plus tard. Les événements se déroulèrent de la façon que voici.

Dix jours après l'ajournement de la conférence de l'Hôtel des Palmes, Anastasia fut abattu chez le barbier du Park Sheraton Hotel, à Manhattan. Les *mandanti,* c'est-à-dire ceux qui donnèrent l'ordre de cette exécution à New York, étaient Vito Genovese et Carlo Gambino ; toutefois, une paire de *sicari* (tueurs à gages) vint spécialement de Sicile pour la mener à bien [22].

A l'époque, personne ne fit le rapprochement entre le meurtre d'Anastasia et les entretiens secrets de Palerme. La police américaine n'en avait même pas entendu parler et la police italienne ne s'y intéressait guère. Plus tard, lorsqu'elles se penchèrent de plus près sur ce conclave, les autorités italiennes conclurent que « l'élimination d'Anastasia... faisait partie du programme » établi en cette occasion [23]. La partie la plus importante ne tarda pas à suivre.

Dix-huit jours après la mort d'Anastasia — le 12 novembre 1957 —, l'élite des décideurs de Cosa Nostra en Amérique se réunit secrètement à Livingston, dans le New Jersey, de midi à cinq heures le lendemain matin [24]. A l'instar d'un parti politique à la veille d'une convention nationale, ils avaient à prendre des décisions cruciales. Vingt-quatre heures plus tard, dans la petite ville d'Apalachin, un sergent de police de l'Etat de New York, du nom d'Edgar Croswell, tomba sur un véritable aréopage de dirigeants de la Mafia américaine. La suite fut si cocasse que ses implications les plus sinistres échappèrent presque au grand public. Les journalistes s'en donnèrent à cœur joie et la nation entière se tordit de rire.

Le site de l'événement était un ranch spacieux, blotti parmi d'ondulantes collines boisées, appartenant à Joe Barbara de Castellammare del Golfo, le plus riche citoyen d'Apalachin. Une bonne centaine de patrons venus de New York, du New Jersey, de Philadelphie, Boston, La Nouvelle-Orléans, Chicago, Cleveland, Tampa, Detroit, Dallas, Kansas City, du Colorado et de Californie s'étaient rassemblés dans sa demeure. Ils portaient tous des chemises de soie et des souliers pointus, des costumes sombres et des chapeaux mous ; ils arrivèrent dans des limousines sombres, conduites par un chauffeur, accompagnés d'un entourage de gardes du corps tout en muscles[25]. Tous ceux qui avaient assisté à la conférence de l'Hôtel des Palmes étaient venus. Plusieurs autres, dont Carlo Gambino, avaient fait un voyage éclair à Palerme pour consulter Lucky Luciano[26]. Les invités étaient en train de consommer plusieurs centaines de livres de steak au barbecue quand la police fit irruption ; aussitôt, chacun de s'éparpiller dans la nature, dans le plus complet désordre. Si l'on en croit le témoignage de Joe Valachi en 1963, « Barbera avait un flic à ses trousses depuis des années et c'est comme ça qu'ils ont eu des soupçons, en le voyant commander ces montagnes de steak et louer toutes ces chambres ».

« Ça ne serait jamais arrivé chez toi, fit remarquer peu après Stefano Maggardino, patron de Buffalo, à Sam Giancana, patron de Chicago, lors d'une conversation téléphonique recueillie grâce à une table d'écoute.

— Tu l'as dit, bouffi, jamais, au grand jamais. C'est des territoires comme le mien qu'il faut pour ces grandes réunions. On a trois villes juste à côté de Chicago où le chef de la police est dans notre poche. Notre territoire, on le tient et on le tient bien », répondit Giancana[27].

Dans la version de Lucky Luciano, c'était Vito Genovese qui avait choisi cet endroit, apportant ainsi une ultime preuve de sa bêtise. « Qu'est-ce qu'il croyait qu'il allait se passer, ce con de Vito, quand toute une flopée de gars venus des quatre coins du pays, sapés comme des princes, défileraient sur ces petites routes de campagne dans leurs grosses Cadillac, comme à la parade ? s'écria-t-il en apprenant la nouvelle à Naples. Je parie que pas un seul de ces gros pleins de soupe obligés de se sauver dans les bois n'avait jamais quitté les rues de la ville. Je les voyais comme si j'y étais, paumés pendant des jours entiers au milieu des arbres, peut-être même en train de crever de faim et probablement de se geler les précieuses[28]. »

Une quarantaine d'entre eux parvint à s'échapper, mais soixante-deux furent rattrapés par la police, preuves vivantes (mais quelque peu hébétées) de l'existence de cette Mafia, que l'on continuerait à nier pendant des années. Inutile de dire que les patrons de la Mafia furent d'ailleurs les premiers à la nier. Ils prétendirent avec un ensemble touchant être venus rendre visite à un ami malade.

Jamais les forces de l'ordre n'avaient vu réunie une telle collection de « malfrats cousus d'or », pour reprendre les termes du sergent Croswell[29]. Ils étaient loin de se douter que les malfrats en question représentaient chacune des familles mafieuses d'Amérique, sans parler de sa commission dirigeante. Le témoignage de Joe Valachi était encore à venir et en 1957 l'état des services de renseignements de la police était lamentable.

« Il n'existait rien de tel que des graphiques du crime organisé ou des tableaux des différentes familles, a expliqué Croswell. On n'avait pas non plus de contrôle informatique qui vous crache tous les renseignements voulus en l'espace de trois minutes. A l'époque, il fallait des jours et des jours — et vous ne les auriez probablement jamais —, vos demandes se perdraient dans les dossiers ou dans le courrier. Chacun des policiers qui s'intéressait au crime organisé était une voix criant dans le désert et réciproquement : il n'y avait personne pour l'écouter et, de toute façon, il ne savait pas de quoi il parlait[30]. »

Ainsi, la plus importante réunion de la Mafia américaine au XXe siècle n'éveilla pratiquement aucun intérêt chez les forces de l'ordre. N'ayant rien à reprocher aux délégués que ses hommes avaient capturés — ce n'était pas un délit de visiter un ami malade —, la police relâcha tout le monde.

Bien que la presse ne vît dans Apalachin qu'une « réunion de la pègre », il s'agissait en fait d'une convention nationale en grand tralala de la Cosa Nostra américaine, la première et la dernière d'une aussi dangereuse ampleur. « Les hommes de mon milieu étaient dans tous leurs états à l'approche de la convention, écrivit Bonanno. Tous les gens importants du pays entier avaient été invités. Tout le monde parlait du barbecue géant d'Apalachin. Ceux qui avaient le privilège d'être conviés... attendaient ça avec la même allégresse que les républicains ou les démocrates quand ils se réunissent tous les quatre ans. »

Pourtant, l'affaire ne suffit pas à convaincre les défenseurs de la loi qu'il existait effectivement une Mafia en Amérique. Il fallut attendre le sénateur McClellan, six ans plus tard, pour que quelqu'un vît enfin un syndicat national derrière ce « conclave furtif des sommités de la pègre[31] ».

En outre, en 1963, le comité McClellan avait entendu parler de la réunion de 1957 à Palerme et avait enfin fait le rapprochement crucial. Parcourant la liste des trafiquants de drogue connus, présents à Apalachin, le comité nota : « Juste avant la réunion d'Apalachin, en 1957, Carmine Galante s'était rendu à Palerme, en Sicile, avec les chefs de la pègre Joe Bonanno et John Bonventre. On pense que cette réunion servit de modèle à celle d'Apalachin qui la suivit de peu[32]. »

En Italie aussi, les forces de l'ordre convenaient à l'époque que les deux conférences étaient « interdépendantes ».

Pour expliquer la concomitance de ces deux réunions extraordinaires, on prétendit longtemps qu'elles avaient eu trait à la politique interne de la Mafia. Six mois avant Apalachin, Vito Genovese avait abattu le patron de sa famille, Frank Costello. Puis trois semaines tout juste auparavant, Carlo Gambino et lui avaient conjointement ordonné l'exécution du patron de Gambino, Albert Anastasia. L'un et l'autre souhaitaient vivement devenir les chefs de leurs familles respectives. Cependant, d'autres patrons avaient été tués avant ceux-là. Anastasia n'avait-il pas lui-même assassiné son prédécesseur, Vincent Mangano, avant d'être nommé par la commission[33]. D'une discrétion fanatique et férocement jalouse de ses prérogatives, la commission avait l'habitude de traiter ce genre de problèmes à huis clos.

Les criminologues s'accordaient aussi à dire que « le problème des stupéfiants » avait dû être abordé à Apalachin. La plupart d'entre eux, toutefois, ignorant que la Cosa Nostra américaine avait formé une association secrète avec les Siciliens, en conclurent que la Mafia avait interdit tout trafic de drogue lors de cette réunion.

Selon Buscetta, l'interdiction était suffisamment sévère pour mettre en danger la vie d'Angelo La Barbera, *capo* de son propre clan. Ce dernier avait tenté d'introduire cinq kilos d'héroïne à New York en 1960 et Carlo Gambino avait piqué une colère noire, expliqua Buscetta à la DEA : « Gambino a dit que si La Barbera franchissait la frontière américaine avec sa drogue, il serait obligé d'oublier leur amitié et de le faire abattre[34]. »

La version de Buscetta était en totale contradiction avec ce que l'on sait aujourd'hui de Carlo Gambino. En 1960, celui-ci était sur le point d'ouvrir la principale enclave de sa famille à Brooklyn aux trafiquants d'héroïne siciliens. Une dizaine d'années plus tard, ces derniers en seraient les maîtres.

Joe Valachi parut confirmer les thèses des criminologues lorsqu'il révéla pour la première fois la nouvelle politique de la Mafia. Elle était très dure, confia-t-il au comité McClellan en 1963 :

> Toutes les familles furent informées : pas de stupéfiants. C'était une loi que discutèrent les patrons en personne... Si vous étiez arrêté pour des histoires de stupéfiants, vous étiez mal barré. Il fallait leur prouver — vous étiez jugé une seconde fois après le procès du gouvernement...
>
> A Chicago, ils ont donné à leurs soldats deux cents dollars par semaine

pour arrêter de vendre des stupéfiants... Pendant mon séjour en prison, j'ai entendu dire qu'ils étaient montés à deux cent cinquante... On m'a dit que Chicago taxait certaines entreprises... pour aider à payer ses membres pour qu'ils laissent tomber les stups. Comme ça, si on les pinçait une fois qu'ils avaient reçu la somme, ils n'avaient plus la moindre chance. Ils paieraient de leur vie.

La famille Genovese en faisait autant. Si vous étiez pris la main dans le sac, vous étiez un homme mort.

Pourtant Genovese, patron de la famille de Valachi, l'avait sévèrement tancé, alors même qu'ils trafiquaient ensemble :

Il m'a dit : T'as déjà fait du trafic de came ? J'ai dit : Oui. Il m'a dit : Tu sais que t'as pas le droit de faire le con avec ça. Moi, j'ai dit : Oui. Et puis il m'a regardé et il a dit : Bon, alors recommence pas. Et j'ai dit : D'accord[35].

De toute évidence, la nouvelle politique était ambiguë, comme le reconnut volontiers Valachi :

« Est-ce qu'on respecte le règlement sur les stups ? Ben, on est censé le respecter, mais il y a toujours quelqu'un qui triche.

— Vous voulez dire qu'il y avait beaucoup de types qui trafiquaient ?

— Ouais, c'est ça.

— Est-ce que certains des patrons eux-mêmes violaient le règlement ? Est-ce qu'ils touchaient des bénéfices, même s'ils ne trempaient pas directement dans le trafic ?

— Ben, c'est sûr...

— En d'autres termes, ils avaient un arrangement, les soldats distribuaient les stupéfiants, faisaient les achats et traitaient toute l'affaire, et eux touchaient les bénéfices.

— C'est ça[36]. »

Toutefois, même si les ambiguïtés crevaient les yeux, vues du dehors, on pensait toujours que la politique fixée à Apalachin était exclusivement américaine. Il fallait absolument que l'on pût *constater* que la Mafia américaine ne touchait pas à la drogue et la chose fut arrangée, non sans difficulté.

Les trafiquants incorrigibles, tels Vito Genovese et Carmine Galante, d'une avidité incontrôlable et d'une arrogance qui excluait toute prudence, étaient devenus très gênants. Il fallut même se débarrasser de Genovese dans les plus brefs délais. L'arrestation et la condamnation de ce redoutable parrain furent si inhabituelles que tous les membres de Cosa Nostra furent convaincus qu'il s'agissait d'un coup monté — ce qui était, semble-t-il, effectivement le cas.

« J'ai décidé que le meilleur moyen et le plus commode pour Wolffneutraliser Genovese sans le descendre était de laisser le gouvernement américain se charger de lui, déclara Lucky Luciano à ses biographes. Nous n'avons eu qu'à manufacturer les preuves et nous pouvions leur refiler Vito sur un plateau d'argent... Mais il a fallu l'expédier dans une prison fédérale, parce que dans un pénitencier d'Etat, ce petit salopard aurait été le caïd en moins d'une semaine. »

Le projet fut mis en œuvre un an à peine après les réunions au sommet de Palerme et d'Apalachin. Carlo Gambino, convoqué auprès de Luciano dans une station balnéaire de la côte italienne, accepta d'y participer. Genovese se laissa appâter par un achat clandestin de cent soixante kilos d'héroïne, qui l'expédia en prison pour le reste de ses jours[37]. « Je ne sais pas si le Bureau des Stupéfiants se rendait vraiment compte que Genovese était un cadeau et je m'en contrefous », déclara Luciano. (Carmine Galante et vingt comparses vinrent aussi se prendre au piège tendu à Genovese, mais ce fut, selon Luciano, une aubaine inespérée. Inespérée ou non, Galante passa presque tout le reste de sa vie en prison et fut descendu lorsqu'il en sortit.)

Ensuite, il fallait faire *constater* que les mafiosi des échelons inférieurs se livrant au trafic de drogue étaient à l'extérieur du giron familial. « Ils n'ont pas dit que personne n'avait le droit de toucher à la drogue, explique Ralph Salerno, ancien chef des services de renseignements de la police new-yorkaise et expert de longue date sur le crime organisé. Voilà ce qu'ils ont déclaré à Apalachin : Si vous décidez de trafiquer, *vous devez avertir vos amis, parents et associés de se tenir à des kilomètres de vous, sous peine de mort.* Si vous impliquez les autres, vous êtes cuits. J'ai tout su grâce à un enregistrement clandestin. Le type dit : Nom d'un chien, ces mecs sont dans la panade. Ils trafiquaient et *ils ont rien dit à personne.* Et alors, le *capo* répond : Regarde donc le journal, la date. C'était avant Apalachin. C'est pas grave[38]. »

Beaucoup continuèrent à trafiquer comme si de rien n'était, bien après Apalachin, mais on pensait tout simplement qu'ils regimbaient. Dans l'ensemble, on vit s'imposer le mythe selon lequel Cosa Nostra « ne trempait pas dans les stupéfiants ».

Ce fut finalement Tommaso Buscetta qui révéla sans le vouloir le fin mot de l'histoire d'Apalachin. Soucieux avant tout d'incriminer ses ennemis siciliens, il n'était pas moins résolu à protéger la réputation de la Mafia américaine.

Buscetta avait l'intention de vivre en Amérique après sa défection, circonstance qui affecta tout ce qu'il choisit de dire et de ne pas dire. Non seulement il ne voulait pas d'ennemis dans la Cosa Nostra américaine, mais il était bel et bien *séduit* par cette organisation. « Les Américains ne connaissent pas le phénomène tel qu'il existe chez nous, expliqua-t-il. Leur Mafia est composée de gars qui suivent les traditions de leur père, mais ne s'en servent pas pour commettre des crimes inhumains... En Amérique, les activités de Cosa Nostra sont d'authentiques entreprises commerciales qui fuient la publicité et recherchent constamment le silence et la discrétion[39]. »

En conséquence de quoi, Buscetta fit à ses interrogateurs une extraordinaire révélation, dont la moitié manquait. « Quant à la drogue, je peux dire que tant que j'ai séjourné aux Etats-Unis il était strictement interdit à la Cosa Nostra américaine de prendre part à de telles activités, déclara-t-il. *Tous les gars mêlés au trafic de drogue en Amérique étaient hommes d'honneur de la Cosa Nostra sicilienne* (les italiques sont de moi).

Lorsqu'on lui demanda quels rapports avaient les Siciliens avec les familles américaines, il assura qu'ils n'en avaient aucun. Lui-même s'était entendu conseiller de « rester à l'écart des affaires de la Mafia américaine » moins d'une semaine après son arrivée à New York, témoigna-t-il. « Sous l'ancien régime, un homme d'honneur sicilien émigrant aux Etats-Unis pouvait entrer immédiatement dans la Cosa Nostra américaine. Mais quand je suis allé aux Etats-Unis... j'ai vu qu'un homme d'honneur tel que moi n'avait pas de telles possibilités. Leur seule courtoisie envers moi fut de m'indiquer où je pouvais trouver un boulot de travailleur manuel et cela est valable pour tous les hommes dans ma position... Il est absolument hors de question qu'un homme d'honneur sicilien puisse adhérer à la Cosa Nostra américaine[40]. »

Cela étant, il fallait donc croire que les Siciliens introduisaient aux Etats-Unis plusieurs tonnes d'héroïne par an de leur propre chef, transgressant ainsi les règles de la Mafia américaine et la blessant dans sa sensibilité, utilisant son territoire à son insu et sans son consentement, amassant des milliards de dollars de bénéfice et les expédiant chez eux. Voilà qui était bien difficile à avaler et qui se révéla d'ailleurs parfaitement faux. Buscetta lui-même spécifia que la Cosa Nostra sicilienne ne pouvait traiter la moindre affaire sur le sol américain sans la permission des mafiosi autochtones. Carlo Gambino en personne — le patron de tous les patrons à l'époque — l'avait averti « de ne pas commettre de crime sans leur approbation ». S'il le faisait, cela « causerait des problèmes à la famille de la Mafia, mais pour moi ça pourrait signifier mon arrêt de mort[41] ».

Pourtant, il n'y eut pas de morts. Les hommes d'honneur siciliens apportaient leur héroïne aux Etats-Unis avec la pleine connivence et le plein consentement de la hiérarchie mafieuse américaine. « Ils avaient la bénédiction de la Mafia américaine… en remontant jusqu'à Paul Castellano, le membre le plus puissant de la commission », assurèrent les US Attorneys au procès de la « Pizza connection[42] ». Et c'était une concession exclusive. « Nous avons le permis d'importer et nous sommes les seuls », déclara Gaetano Badalamenti, chef du réseau sicilien de la « Pizza connection », lors d'une conversation téléphonique enregistrée entre Rio Janeiro et le fin fond de la ville d'Oregon dans l'Illinois[43].

Lorsque la « Pizza connection » fut démantelée en 1984, les autorités avaient fini par deviner ce qui s'était passé au Grand Hôtel des Palmes en 1957. « Tous les participants étaient des vedettes des stupéfiants, déclara l'Assistant US Attorney, Louis Freeh, qui dirigeait l'équipe gouvernementale lors du procès. « Buscetta prétend qu'ils se sont réunis à Palerme pour mettre sur pied la commission ; mais en fait, ils se sont réunis pour régler l'octroi de la concession du marché de l'héroïne aux Etats-Unis à la Mafia sicilienne[44]. »

5.
L'exode hors de Palerme

Après la Seconde Guerre mondiale, les événements suivirent un cours qui paraissait dicté par quelque complot satanique. Tout semblait conspirer à pousser la Mafia sicilienne vers son destin maléfique : les distractions et l'indulgence du gouvernement militaire des forces alliées ; la déportation en Italie de Lucky Luciano ; la position complaisante adoptée par les politiciens italiens de l'après-guerre, venant se greffer sur un Congrès américain brusquement armé des foudres de l'Inquisition ; le conclave du Grand Hôtel des Palmes. Il ne manquait plus que l'ultime coup de pouce du destin — c'est-à-dire un grand bouleversement qui éparpillerait les mafiosi siciliens aux quatre coins du monde — et il ne se fit pas attendre.

Un calme surnaturel suivit le sommet de Palerme en 1957. Une fois que Buscetta et Cichiteddu Greco, sur les conseils de Lucky Luciano, eurent formé leur commission, la *Cupola,* Greco en devint président, ce qui allait de soi.

Les Greco étaient un peu la famille royale de la Mafia. Citoyens de Ciaculli, petite bande de littoral verdoyant en bordure de Palerme, ils comptaient dans leurs rangs plusieurs générations d'hommes d'honneur, chacune digne de celle qui l'avait précédée. En 1921, un Greco victime d'un *sgarro* (un affront personnel) assassina deux bergers et leur troupeau tout entier. En 1929, un autre Greco expédia une vingtaine de balles dans les énormes barriques de vin d'un de ses ennemis et s'assit parmi les débris de bois couronnés d'écume rougeâtre pour fumer sa pipe. En 1939, un troisième Greco mit le feu à la maison de deux jeunes mariés la nuit de leurs noces. En 1947, un de ses parents vengea le meurtre de son fils en exterminant une famille de dix personnes.

Il était donc normal que le choix se portât sur Cichiteddu Greco pour prendre la tête du premier gouvernement officiel de la Mafia. Ce petit bout d'homme, doué d'une volonté impérieuse et d'une avidité infinie, était « craint et révéré » de tous ceux qui l'approchaient, nota un juge qui s'efforça longtemps, mais en vain, de l'envoyer en prison[1].

La *Cupola* était composée de douze *capi-mandamento,* qui servaient chacun de porte-parole à trois familles de Palerme. Plusieurs autres commissions provinciales se constituèrent, notamment dans les grandes régions de contrebande de drogue autour de Trapani et d'Agrigente, mais c'était celle de Palerme qui dirigeait. La plupart de ses douze membres d'origine étaient de loyaux partisans de Greco, parmi lesquels son sous-chef, Calcedonio Di Pisa, et Gaetano Badalamenti. La jeune garde turbulente avait pour chef de file le patron de la famille de Buscetta, Salvatore La Barbera.

Quant à Buscetta, il préféra rester à l'écart : « J'aimais trop la vie et, de toute façon, ils faisaient tout ce que je leur disais », expliqua-t-il ultérieurement à la DEA à New York. Il se consacra, néanmoins, « exclusivement aux affaires de la Mafia » au cours des six années suivantes[2].

Durant ces six années, Palerme put jouir d'un bref interlude de paix. Le nombre d'assassinats pour des histoires de territoire, de marchés, de *pizzu,* de constructions diminua. « La *Cupola* fonctionnait si bien que je ne me rappelle pas un seul homme d'honneur abattu entre 1957 et 1963 », a déclaré Buscetta.

Pendant ce temps, à New York, le prix de gros de l'héroïne doublait presque — passant de douze à vingt-deux mille dollars le kilo. Les hommes d'honneur siciliens qui la revendaient là-bas trois ou quatre fois plus cher qu'elle ne leur coûtait à Marseille commençaient à savourer les premières bouffées enivrantes des bénéfices à venir. En 1963, la Sicile était d'ores et déjà la plus importante zone mondiale pour le transit des drogues[3]. Non pas que toute la Mafia sicilienne se fût lancée dans le trafic de l'héroïne. Beaucoup de ses membres n'avaient pas été mis au courant du pacte secret conclu à l'Hôtel des Palmes et ceux qui l'étaient ne se bousculaient pas pour partager leurs richesses. De toute façon, un certain nombre de patrons à cheval sur les principes n'auraient guère apprécié l'idée de vendre de la drogue.

Vers la fin des années 1950, Palerme était toute vibrante de possibilités. On pouvait gagner des monceaux d'argent grâce à des combines moins immondes que le trafic d'héroïne et moins susceptibles d'attirer l'attention de la police. Comme le remarqua — ou prétendit l'avoir remarqué — un jour Lucky Luciano, pourquoi aller tout foutre en l'air en fricotant avec de la drogue ?

En 1957, la Guardia di Finanza italienne commençait tout juste à prendre conscience du trafic d'héroïne. Ses agents ignoraient tout de la *Cupola* naissante, mais ils se mirent néanmoins à surveiller de très près son président et la plupart de ses membres l'année même où elle fut créée. Cichiteddu Greco et ses adjoints figuraient en tête d'une liste d'une soixantaine de mafiosi soupçonnés de diriger le premier important gang de la drogue jamais décelé en Sicile. Des policiers les filaient, mettaient leurs lignes téléphoniques sur table d'écoute et s'efforçaient, en vain la plupart du temps, de se tenir au courant de leurs déplacements à l'étranger. Ces mafiosi, en effet, voyageaient continuellement, avec une facilité déconcertante. L'un des Greco de Ciaculli possédait trois passeports différents, faisant partie d'un lot de vingt-cinq volés à la Questura (la préfecture de police) de Palerme, en 1957 ; tantôt glabre, tantôt moustachu, ou barbu, il s'en servait pour aller faire des virées en Grande-Bretagne, en France, en Espagne et à Tanger[4].

Cichiteddu Greco, comme beaucoup d'autres, avait un passeport à son propre nom. En 1957 (et même en 1967 ou 1977), il n'était pas difficile pour un homme d'honneur de se procurer une lettre de recommandation qui le proclamait « citoyen ayant une excellente conduite morale, civique et politique ». Un proche collègue de Buscetta parvint à faire renouveler son passeport italien, alors que les autorités mexicaines l'avaient renvoyé chez lui en 1959 pour trafic de drogue. Son nouveau passeport était valide non seulement pour le Mexique, mais pour les Etats-Unis, le Canada, l'Argentine, Cuba, Chypre, le Liban, la Libye et le Japon[5]. (Par la suite, il obtint un permis de port d'arme, sous prétexte que « sa profession l'oblige à voyager souvent avec de grosses sommes d'argent ».)

Buscetta lui-même parvint à récupérer le passeport qu'on lui avait retiré après son arrestation pour contrebande de tabac en 1957, en présentant le billet suivant à la Questura :

Cher Dottore Jacovacci,

Je vous prie instamment de bien vouloir renouveler le passeport du signor Tommaso Buscetta, à qui je m'intéresse tout particulièrement. Certain de votre intervention personnelle, je vous remercie et vous salue cordialement[6].

La missive portait la signature de Francesco Barbaccia, un parlementaire sicilien qui était un « ami des amis ».

Tout était encore très neuf. Le marché américain de l'héroïne était des plus réduits : en tout, il y avait peut-être à peine cinquante mille drogués. Les grands trafiquants comme Vito Genovese et Carmine Galante, tous deux emprisonnés et en dehors du coup dès 1958, s'étaient montrés enthousiastes mais brouillons, se contentant d'acheter l'héroïne là où ils en trouvaient pour répondre à la demande existante.

La Mafia sicilienne, elle, allait *créer* une demande. Une fois que son réseau fut en place, la population des drogués américains ne tarda pas à monter à cinq cent mille[7]. Cet accroissement était dû, peut-être pas tout entier, mais en grande partie, aux agissements de la Mafia.

Une fois encore, ce fut Lucky Luciano qui mit ses jeunes protégés siciliens sur orbite. L'important était d'organiser l'approvisionnement, fit-il remarquer après avoir expédié Vito Genovese en prison et repris à son compte son réseau de drogue en Europe[8]. « Tous les types dans le genre de Vito se procuraient la came si facilement qu'ils n'ont pas songé un instant à organiser autre chose que les ventes ; ils ont toujours cru que les fournisseurs ne pouvaient pas vivre sans eux, précisa-t-il. C'était la première leçon que j'allais leur donner — que sans offre, ils pouvaient avoir autant de demande qu'ils voudraient, ça les avancerait à rien du tout. » Luciano avait l'intention de « faire main basse sur l'offre de came en Europe... S'ils voulaient acheter, ils seraient obligés de passer par moi. » Il envoya des hommes à lui explorer la France, l'Allemagne, le Liban et la Turquie. Le message — transmis aux cultivateurs de pavots, propriétaires de petits bateaux, contrebandiers et autres raffineurs — était que « Charlie Lucky veut organiser ». En échange, il leur offrait « la même protection et le même poids dans les tractations qu'à ceux qui créaient la demande ».

La réaction générale fut satisfaisante. « Pendant la moitié de ma vie, on a dit que le nom de Charlie Lucky faisait grosse impression, mais je ne m'en suis jamais beaucoup préoccupé. Cette fois, les gars n'arrêtaient pas de me signaler que dès qu'ils avaient mentionné mon nom, les mecs en Turquie, en Italie, en Egypte et en Allemagne se foutaient quasiment à plat ventre[9]. »

Néanmoins, il ne fut pas si facile de monopoliser la demande, même pour Charlie Lucky. Contrairement à ce qui se passe pour la cocaïne dont la matière première ne pousse que dans une petite zone montagneuse d'Amérique du Sud, le pavot nécessaire à la fabrication de l'héroïne croît un peu partout : en Birmanie, au Laos, en Thaïlande, en Afghanistan, au Pakistan, en Turquie, en Bulgarie, au Liban, au Mexique. En outre, jusqu'au milieu des années 1970, les quatre cinquièmes du raffinage de l'héroïne étaient effectués par les Corses à Marseille. Il faudrait de nombreuses années aux Siciliens avant d'établir leur hégémonie.

Cela dit, depuis qu'ils avaient renégocié leur concession de l'héroïne en 1957, ils avaient un marché captif aux Etats-Unis et c'était un avantage énorme, car cela faisait d'eux les clients privilégiés des Corses. Lorsque Lucky Luciano disparut en 1962, les mafiosi siciliens étaient plongés jusqu'au cou, et même au-delà, dans le trafic de drogue. Ils avaient éliminé tous les intermédiaires, traitant directement avec le Corse Pascal Molinelli. Ils acquirent leur propre flotte ; un cousin et homonyme de Cichiteddu Greco — Salvatore Greco « L'Ingeniere » (l'ingénieur) — possédait un bateau particulièrement rapide qui sillonnait la Méditerranée, battant un pavillon du Honduras. Parmi des douzaines de moyens merveilleusement perfectionnés pour échapper à la police, ils inventèrent le silence radio en mer[10]. L'héroïne qui arrivait en Sicile de Marseille partait régulièrement à destination de La Havane, Tampa, Saint Louis, Kansas City et New York, dans des malles à double fond, des boîtes de sardines, des roues de *caciocavallo* (une variété de fromage) ou des barriques d'huile d'olive, bien avant que le réseau sicilien ne fût en place de l'autre côté de l'océan pour la réceptionner.

En dépit d'Apalachin, trois des cinq familles de la Mafia new-yorkaise, au moins, continuèrent leur trafic d'héroïne jusqu'en 1963, l'année de l'enquête du comité McClellan, qui les alarma suffisamment pour l'interrompre momentanément. Les cargaisons siciliennes étaient expédiées à un certain nombre de parrains américains spécialisés dans l'importation des denrées alimentaires, à commencer par Joe Bonanno. Joe Profaci, ancien comparse de Lucky Luciano, dirigeait la Mamma Mia Import Company à New York, qui importait principalement des oranges de Sicile. Lorsque la Guardia di Finanza mit la main dessus en 1959, elle constata que la moitié de celles-ci était en cire, fourrée chacune de cent dix grammes d'héroïne. Une caisse de ces oranges « gigognes » valait un million de dollars à New York[11].

A Palerme, les premiers symptômes graves de la fièvre de l'héroïne commencèrent à apparaître vers la fin des années 1950. Bien que les trafiquants de drogue fussent, selon le code mafieux, passibles de la peine de mort, le délit était désormais commun et le châtiment bien rare (ou plutôt inexistant). Les deux Mafias, l'ancienne et la nouvelle, étaient pareillement impliquées, mais la première était de loin la plus coupable. Le président de la *Cupola* était même parmi les plus compromis. Or, personne ne s'indigna dans les rangs de l'organisation à l'idée que Cichiteddu Greco transgressait ce qui était censé être l'une des lois morales les plus sacrées de la Mafia. Dès qu'il s'agissait d'héroïne, la moralité était bien le cadet de leur souci. Le gros problème, c'était l'avidité insatiable.

Les hommes d'honneur se mentaient, se grugeaient et se volaient mutuellement afin de mettre la main sur cette denrée si lucrative. « Voler un voleur plus voleur qu'un voleur n'est pas voler », assure un dicton mafieux. Ils en furent bientôt à s'entre-tuer pour s'assurer la primauté dans le trafic d'héroïne. Dans cette lutte à la mort, un des camps avait à sa tête les Greco de Ciaculli, le clan régnant. Il regroupait les vieux de la vieille, qui avaient les relations indispensables à New York, et la plupart des *mammasantissima* s'étaient alignés sur lui. Luciano Leggio, très occupé à se faire à Palerme une place de plus en plus grande, avait pris soin de devenir ami intime de Cichiteddu ; Buscetta qui faisait naguère partie de la faction des jeunes était désormais le compagnon inséparable du « Petit oiseau ».

Le camp adverse avait à sa tête Angelo et Salvatore La Barbera et leur nouvelle Mafia. Leurs méthodes étaient d'une extrême brutalité. Ils avaient chassé les Greco de l'industrie du bâtiment, à grands coups de dynamite, d'incendies criminels, de Berretas et de mitraillettes. A présent, ils projetaient une reconversion musclée dans l'industrie de l'héroïne.

Les deux factions rivales parvinrent à collaborer jusqu'à l'automne de 1962, date à laquelle la cupidité eut raison du sous-chef de Chichiteddu Greco, Calcedonio Di Pisa, lui-même redoutable bandit et membre de la *Cupola.* Di Pisa n'était pas seulement un trafiquant chevronné, mais aussi un trafiquant repéré : il s'était d'ores et déjà laissé berner et avait acheté deux kilos de drogue à un agent américain des services des stupéfiants. En conséquence de quoi, des policiers américains et italiens le surveillaient de très près, lorsqu'il entreprit d'expédier une importante cargaison d'héroïne à New York pour le compte des deux factions de la mafia sicilienne. Malgré cette surveillance, il parvint à ne pas se faire prendre, mais il eut l'imprudence de conserver par-devers lui une bonne part des bénéfices [12].

Le clan Greco décida, par vote, de lui accorder la vie sauve, mais les La Barbera l'expédièrent *ad patres* sans autre forme de procès, ou du moins le crut-on. (En réalité, il se révéla qu'il s'agissait d'un coup monté [13].) Une confrontation houleuse des deux factions se solda par l'excommunication de la *cosca* centrale des La Barbera à Palerme. « Pour qui tu te prends ? » jeta l'insolent Salvatore La Barbera au président de la *Cupola,* Cichiteddu Greco. « Qui je suis ? Je suis ton DIEU ! » hurla Greco en le giflant à tour de bras [14].

Il s'ensuivit la plus impitoyable série d'assassinats dont on eût gardé le souvenir. Les Greco abattirent Salvatore La Barbera, son frère Angelo vengea ce meurtre ; blessé ensuite par les Greco, il survécut à leur attaque, et ainsi de suite sans trêve jusqu'en juin 1963 ; on en était arrivé à un mort par jour. Survint alors un accident incroyable qui dispersa les membres de la Mafia sicilienne aux quatre vents, emportant avec eux le fléau de l'héroïne.

Une bombe fut installée en plein cœur de Ciaculli, fief de la Mafia où les rues n'ont pas de nom, les maisons pas de numéro, où les grands patrons vivent gardés par des chiens dressés à tuer, derrière des grilles blindées et des murs de plus de trois mètres de haut. Bien que l'on n'ait jamais pu établir devant un tribunal à qui était destiné l'engin, il est certain que presque tous les habitants de Ciaculli auraient pu en être la cible et notamment Leggio (qui se cachait dans le compartiment secret d'un faux plafond, dans une élégante villa de l'endroit). Toutefois l'objectif le plus probable était Cichiteddu Greco.

La bombe, comportant cent kilos de dynamite, avait été installée dans le coffre d'une Alfa Romeo volée. Une crevaison fit décamper les occupants du véhicule à toutes jambes et un correspondant anonyme pria les carabiniers de bien vouloir le faire enlever. Sept policiers se précipitèrent sur les lieux et aperçurent, offerte à tous les regards sur le siège arrière, une fausse bombe à gaz liquide qui semblait désamorcée. L'un d'entre eux ouvrit le coffre. Une épouvantable explosion fit monter au ciel des flammes de plus de quinze mètres de haut et détruisit de fond en comble une proche villa. Dans le cratère qui s'était formé là où avait été garée la voiture, on retrouva le peu qui restait de sept carabiniers : un pistolet, un doigt encore orné d'une alliance et un béret.

Habitués qu'ils étaient à un public passif et à un Etat sans réaction, les patrons de la Mafia palermitaine furent ébahis par ce qui suivit. L'Italie entière se rebiffa. « Ramassez-moi tous les types qui ont un casier judiciaire et jetez-les en prison, sur mon ordre, tonna le commandant régional de l'armée en Sicile, le général Aldo De Marco. Torturez-les et voyez un peu ce qu'ils crachent. Ou bien abattez-les à vue. J'irai en prison, s'il le faut, mais nous ne pouvons pas continuer comme ça, c'est impossible [15]. » Après des années et des années de funérailles et de deuil, de chagrin, de peur, de honte, de déshonneur, de duperies, d'exploitation et de silence étouffant, c'en était enfin trop pour le commun des Siciliens. Même à Rome, on semblait en avoir assez.

Les hommes qui depuis une bonne vingtaine d'années ordonnaient tous les assassinats de Sicile brandissaient insolemment leur criminalité comme un drapeau. Peu d'entre eux avaient seulement mis les pieds dans l'enceinte d'un tribunal. Ils pouvaient presque tous faire disparaître à volonté les preuves accablantes. La plupart possédaient des permis pour les armes qu'ils arboraient ouvertement dans la rue, les bars ou les restaurants et jusque dans les couloirs de l'Assemblée régionale de Sicile. Leur arrogance s'était accrue de façon démesurée depuis que Mussolini avait prétendu les avoir liquidés près d'un demi-siècle auparavant. A vrai dire, la progression de la Mafia depuis cette époque avait été inexorable, incontrôlable. Pour tous ceux qui avaient succombé à son insidieux pouvoir d'intimidation et de corruption — hommes d'affaires, banquiers, rédacteurs en chef, magistrats, sénateurs et même ministres — la jeune république italienne progressait elle-même trop rapidement pour tolérer un tel état de choses. Du moins le semblait-il.

En tout cas, la répression fut sévère. Dix mille policiers et carabiniers se déployèrent à travers les rues de Palerme et de sa banlieue, soutenus par des hélicoptères et des escouades de parachutistes, des voitures blindées et des chiens. Des pâtés de maisons entiers furent encerclés en plein milieu de la nuit, puis brusquement illuminés par de puissants projecteurs. Des pelotons, armés de grenades et de mitraillettes, fouillaient alors les maisons l'une après l'autre, de la cave au grenier.

Des armes de tous les types et de toutes les marques furent confisquées : revolvers, fusils à double canon scié, grenades, plastic, couteaux, baïonnettes, mitraillettes et des millions de cartouches. Il y eut en tout mille neuf cent trois arrestations. A Palerme, une seule descente de police donna lieu à sept cent trente et un mandats de surveillance spéciale. Une douzaine de chefs de la Mafia — tous *mammasantissima* — furent expédiés en résidence surveillée en Italie ou dans quelque île éloignée et inhospitalière[16]. Un juge sicilien inflexible, Cesare Terranova, ouvrit une enquête qui permettrait finalement de traduire en justice cent quatorze membres d'élite de la Mafia.

En plus de quoi, ça bougeait aussi au parlement. La première commission antimafia de l'histoire du Sénat italien avait eu une éphémère existence l'année précédente, sans jamais se réunir. A présent, une nouvelle commission se réunit *moins de cinq jours* après le désastre de Ciaculli et proposa la première loi antimafia qui fut votée à peine six semaines plus tard.

Cet été-là — 1963 — un comité de six sages de la Mafia se réunit pour statuer sur la crise, parmi eux Cichiteddu Greco et Leggio. Dans leur milieu, la sagesse consistait à plier comme un roseau jusqu'à la fin de la tempête. « D'un commun accord, ces six hommes décidèrent de suspendre toute activité criminelle susceptible de confirmer les périls du crime organisé », écrivit le juge Terranova[17]. En réalité, ils décidèrent de dissoudre la *Cupola* — c'est-à-dire de cesser momentanément d'exister. Ce fut la seule et unique fois où la Mafia en arriva à cette extrémité[18].

Presque tous les mafiosi connus de la police et encore en liberté disparurent de la circulation. Leggio et quelques-uns de ses adeptes se replièrent à Corleone. D'autres allèrent se terrer plus loin, en Italie, mais pour beaucoup ce n'était pas encore assez loin. Ils firent donc ce que les hommes d'honneur siciliens ont toujours fait dans les périodes de troubles. A partir de l'automne de 1963, ils s'éparpillèrent aux quatre coins d'un globe sans méfiance.

Jamais la conjonction des astres n'avait été aussi favorable. Les mafiosi de Sicile étaient les clients privilégiés des plus gros fournisseurs d'héroïne du monde, ils avaient le monopole du plus vaste marché potentiel et dorénavant les hommes nécessaires à l'organisation du trafic occupaient des positions stratégiques un peu partout dans le monde. Les plus capables d'entre eux s'installèrent à Montréal, Caracas, São Paulo, Mexico et New York ; cela faisait six ans qu'ils avaient commencé à droguer les Etats-Unis. A présent, ils allaient s'y mettre pour de bon.

6.

Un début : l'Amérique du Nord

Tommaso Buscetta, qui partageait avec Luciano Leggio l'honneur d'être le fugitif le plus activement recherché d'Italie, parvint à se faufiler hors du pays en 1963 pour se rendre à New York par le chemin des écoliers. Voyageant avec une nouvelle dulcinée, qui n'allait pas tarder à devenir (par bigamie) sa seconde épouse, il s'arrêta en Suisse, en Allemagne fédérale, en Grande-Bretagne, au Paraguay, au Mexique et au Canada. Lorsqu'il pénétra enfin sur le territoire américain, en 1965, il s'appelait Manuel Lopez Cardena, titulaire d'un irréprochable passeport mexicain.

Venu s'installer à Brooklyn, Buscetta eut tout de suite droit au respect dû au plus important patron sicilien présent à New York — Don Masino, l'homme d'honneur qui avait côtoyé Lucky Luciano et établi la commission de la Mafia à Palerme, « l'éminence grise » (pour reprendre sa propre expression) qui se cachait derrière cette aréopage.

Carlo Gambino, patron de tous les patrons des Etats-Unis, envoya chercher le nouveau venu dans les dix jours qui suivirent son arrivée. Il était le bienvenu, lui assura-t-on, mais il ne lui était pas loisible d'opérer en territoire américain sans autorisation, recommandation que Buscetta prétend avoir « observée à la lettre ». Gambino donna un banquet en son honneur, comme cela se fait entre souverains régnants, et les deux hommes devinrent intimes. « J'allais chez lui, il venait chez moi, nous allions dîner au restaurant… On s'offrait du homard, des *spaghetti alle vongole,* du vin, du champagne, s'est remémoré Buscetta. Le FBI surveillait sa porte de devant, mais j'entrais par une autre maison dans une autre rue et j'arrivais par un passage secret… On avait les rapports d'un père avec son fils[1]. »

On se demande ce qu'ils pouvaient bien trouver à se dire au cours de toutes ces soirées passées ensemble, Buscetta, viril et vigoureux, en pleine force de l'âge, et Gambino, desséché, ratatiné, déjà vieux à soixante-cinq ans — un hypocrite « servile, rampant, flagorneur », selon Joe Bonanno. Quel qu'ait pu être le sujet de leurs conversations, ce n'étaient toujours pas les affaires, si l'on en croit Buscetta. Quand on lui demanda, bien des années plus tard, comment le patron de la Cosa Nostra américaine gagnait sa vie, il répondit : « Je ne saurais pas vous dire ce que faisait Carlo : il avait des activités légales, mais je ne sais pas lesquelles[2]. » Carlo Gambino trempait dans « le jeu, l'usure, le racket syndical, les distributeurs automatiques, l'extorsion et le recel », spécifiait le rapport du comité McClellan en 1963. Il avait été arrêté seize fois et condamné six[3].

Paolo Gambino, son frère cadet, était un autre intime de Buscetta. Ce dernier, qui avait joué aux cartes avec Paolo tous les week-ends lorsqu'ils étaient voisins à Palerme, reprit cette habitude. « Paolo était de toutes les combines — trafic de viande, jeu, paris clandestins, tout », reconnut-il, omettant toutefois de préciser que Gambino cadet dirigeait aussi un vaste gang chargé du trafic de drogue étrangère à New York[4].

A peu près à l'époque où Buscetta vint s'établir à New York, l'Amérique fut « noyée sous un flot de Siciliens quittant l'Italie[5] ». Se mêlant aux immigrants honnêtes, plusieurs milliers d'hommes d'honneur confirmés et de *picciotti* franchissaient les frontières et se répandaient à travers tout le pays comme les taupes du KGB. Parmi ceux qui descendirent en rangs serrés sur Brooklyn, il y avait quelques-uns des meilleurs amis de Buscetta, dont la plupart se regroupèrent dans deux enclaves de la Mafia américaine où aucun policier new-yorkais ne risquait d'aller les débusquer.

Knickerbocker Avenue, dans le quartier de Bushwick à Brooklyn, était le territoire de la famille Bonanno. Cette longue artère, crasseuse d'un bout à l'autre, est aujourd'hui peuplé, par une majorité de citoyens d'origine hispanique. Un self-service et traiteur chinois est installé dans les locaux, jadis occupés par Joe and Mary's, où Carmine Galante fut abattu en 1979, au moment où il allumait un cigare après son déjeuner. Ici et là, une enseigne presque illisible ou une vitrine sale rappellent encore le passé : Pizzeria chez Vito, la Bella Palermo, Café Sport, Café Viale. Mais dans les années 60, l'avenue était encore une oasis sicilienne dans un désert inhospitalier. Le dialecte qu'on y parlait, l'entêtant parfum de *cannoli* filtrant des pâtisseries, les liens et rituels familiaux, les règles de conduite fort complexes avaient tous été importés tels quels dans ce sanctuaire, à six mille kilomètres de leur Sicile natale.

Knickerbocker Avenue, c'était aussi l'endroit où un autre fugitif, ami de Buscetta, un certain Salvatore Catalano, anonyme et peu voyant, ouvrit un petit magasin de journaux et souvenirs en 1966. Il se trouvait juste en face du Café Viale, repaire de la « faction sicilienne » naissante de la famille Bonnano, dont Catalano avait pris la tête.

Buscetta, pour sa part, avait élu domicile dans le fief de la famille Gambino, à Bensonhurst vers la Dix-Huitième Avenue. Là aussi, il avait pu retrouver un authentique morceau de la mère patrie. Intercalées entre les traiteurs spécialisés dans les repas de noce et de fête, les magasins de pompes funèbres tout en marbre, les *pizzicherie* avec leurs chapelets de saucisses et leur grandes roues de parmesan, et les *macellerie* (boucheries) à l'étalage desquelles on pouvait voir du veau incroyablement bon marché (volé, évidemment), se trouvaient les autres succursales de la Mafia à Brooklyn. Il s'agissait de cafés sans prétention, avec des murs épais et de vilaines tables en Formica : le Valentino, le Mille Luci.

Le Café Valentino appartenait à John, Rosario et Giuseppe Gambino, trio dont les origines étaient intéressantes. On les connaît aujourd'hui sous le nom collectif de « Gambino de Cherry Hill », d'après leur maison de campagne dans la ville du New Jersey qui porte ce nom. Quoique neveux de Carlo Gambino, ils ne lui devaient pas allégeance. Ils étaient des mafiosi siciliens, membre de Cosa Nostra à Palerme, dont le père avait amené toute sa famille à New York en 1964[6]. Ils n'auraient pu devenir membre de la Mafia américaine qui n'acceptait pratiquement aucun nouveau membre depuis 1931[7]. De toute façon, ils n'auraient pas été libres d'accepter un tel honneur, puisqu'ils s'étaient engagés pour la vie à ne rendre des comptes qu'à leur propre *cosca,* en Sicile.

Les Gambino de Cherry Hill furent le pivot des opérations de la Mafia sicilienne aux Etats-Unis. Presque tous les exilés qui allaient dominer le consortium de l'héroïne au cours des quinze années suivantes étaient regroupés autour d'eux. Le futur roi de l'héroïne à Palerme — Salvatore Inzerillo, qui allait les rendre milliardaires — était leur inséparable compagnon.

Buscetta gravita tout naturellement vers leur cercle d'intime[8]. Ce fut Rosario Gambino qui recueillit la première épouse dont Buscetta était séparé et leur fille, après qu'il les eut fait entrer illicitement aux Etats-Unis[9]. Les fils aînés de Buscetta, Benedetto et Antonio, furent embauchés dans une pizzeria du New Jersey appartenant aux trois frères Gambino. Le meilleur passeur d'héroïne des Gambino, Emmanuele Adamita, installa une « poste restante » pour Buscetta à

Manhattan. (C'était au 205 Allan Street, où vivait un oncle d'Adamita[10].)

Ce fut toutefois un autre membre de ce cercle intime qui eut le plus souvent affaire à Buscetta aux Etats-Unis. Il s'agissait d'un ancien comparse de Lucky Luciano, qui s'appelait Antonino Napoli[11]. Ce même Napoli qui, avec ses frères Vincenzo et Gaetano, allait devenir l'obsession et le fléau du policier Douglas Le Vien, dix ans plus tard à New York.

Enfouis parmi les rapports de Le Vien sur l'affaire Napoli, oubliés, s'ils avaient jamais été lus, se trouvaient des documents prédisant vingt années d'horreur pour des millions de gens — le commencement de l'invasion silencieuse de l'Amérique par la Mafia sicilienne.

En 1966, le Bureau of Narcotics and Dangerous Drugs (BNDD), aux Etats-Unis, inaugura une correspondance confidentielle avec les autorités italiennes au sujet d'un « complot criminel caractérisé visant à faire passer en fraude des stupéfiants sur le territoire italien ». Les Américains étaient convaincus qu'un « nouveau groupe de trafiquants de la Mafia se profilaient à l'horizon », ayant à sa tête Tommaso Buscetta, et réclamait des renseignements sur une douzaine d'hommes soupçonnés de complicité, parmi eux Antonino Napoli. La Guardia di Finanza répondit :

> Nous vous signalons que... Antonino Napoli [est] mêlé au trafic des stupéfiants entre l'Italie et les Etats-Unis. Cette activité illicite est perpétrée sous couvert d'exportations légales de perruques pour dames vers le territoire américain. La fabrique de perruques, qui appartient à Antonino Napoli, est située à Barcellona (Messine, Sicile) et s'appelle Industria Siciliana Parruche Ltd... Vinenzo Napoli, résidant à Brooklyn, N.Y., est associé à cette entreprise[12].

La fabrique de perruques de Sicile ouvrit ses portes le 13 septembre 1963, trois mois à peine après l'attentat à la bombe de Ciaculli. Un mois plus tard, la Lisa Wigs et Wiglets Company se lança dans les affaires au numéro 11 de la 42e Rue Ouest à New York. La marchandise qu'elle importait et dont on pensait qu'elle contenait de l'héroïne cachée dans des cheveux naturels arrivait principalement de la fabrique sicilienne. Antonino Napoli en était le président, ses frères Vincenzo et Gaetano respectivement vice-président et trésorier.

La BNDD disposait d'un nombre d'hommes trop réduit, suivant un nombre d'affaires trop important, pour surveiller efficacement les agissements d'Antonino Napoli ou de n'importe quel autre Napoli, d'ailleurs, si bien que cette piste n'aboutit à rien. Mais Lisa Wigs and

Wiglets fit des affaires d'or tant qu'Antonino Napoli et Buscetta se trouvèrent aux Etats-Unis. Son chiffre d'affaires tournait autour du million de dollars par an ; il y avait, semblait-il, abondance de cheveux naturels en provenance de Sicile. Parmi les huit employés de la firme, on trouvait la première épouse de Buscetta et sa fille, engagées dès leur arrivée à New York[13].

Buscetta lui aussi était devenu un salarié d'Antonino Napoli en débarquant sur le territoire américain. Tout immigrant sicilien devait avoir un emploi qui l'attendait, qu'il en eût ou non besoin. Pour la forme, Buscetta devint donc apprenti pizzaiolo à La Dolce Vita, à Brooklyn[14], établissement qui faisait partie d'une chaîne de pizzerias appartenant à Napoli. En moins d'un an, Buscetta était devenu l'associé de celui-ci dans au moins trois pizzerias : The Pizza Den à Brooklyn, Pizza Masters à la Jamaïque et Pizza City au coin de la 42e Rue et de la Huitième Avenue à Manhattan[15].

Pizza City était une sorte de caisse centrale pour l'argent que rapportaient le jeu et l'usure, principalement en provenance des propres cercles de jeu des frères Napoli. Enzo dirigeait un établissement fort chic dans l'East Side, le Murray Hill Town House, où il percevait un intérêt exorbitant de cinq pour cent par semaine sur les prêts. Antonino en avait un autre à Brooklyn où le roi du fromage sicilien, Joseph Falcone, avait, à ce qu'on disait, perdu un demi-million de dollars en une seule soirée. (Selon un informateur du FBI, le bruit courait que Falcone aurait été obligé d'incendier sa fabrique de fromage à Alburg, dans le Vermont, pour éponger sa dette grâce à l'argent de l'assurance[16].)

Les trois pizzerias que possédaient en commun Buscetta et les frères Napoli étaient infestées de trafiquants d'héroïne siciliens. Les rares d'entre eux connus des services de police étaient fichés en tant que petits malfrats de bas étage, ramassés (et régulièrement relâchés) pour coups et blessures, jeu, extorsion ou parce qu'ils dirigeaient des cinémas pornographiques ou des salons de massage. Néanmoins, leurs noms reparaissaient constamment dans les dossiers du Bureau of Narcotics, et notamment dans ceux qui concernaient les frères Napoli et Buscetta[17].

Un autre nom qui revenait fréquemment était celui de Filippo Casamento, natif de Palerme, qui s'était embarqué clandestinement sur un paquebot à Gênes pour quitter le bord au vu et au su de tous à Philadelphie. Avec ses yeux bleus pétillants de malice, « Tizio », comme l'appelaient ses amis, était l'incarnation même du brave type. A en croire son avocat, il n'était qu'un commerçant « affable, liant, farceur, que tout le monde aimait ». En février 1968, Casamento ouvrit dans l'Avenue U à Brooklyn une modeste boutique qui s'appelait l'Eagle Cheese Company, dans les vitrines de laquelle on pouvait admirer des piles de mozzarella et de provolone qui faisaient venir l'eau à la bouche. L'héroïne et la cocaïne, quant à elles, entraient et sortaient par la porte de derrière. En l'espace d'un an, il manipulait la drogue par tonnes.

La liste des gens qui fréquentaient Casamento faisait penser à l'album de famille d'un mafioso sicilien. Tous les gangsters minables qui traînaient dans le sillage des Gambino de Cherry Hill, des Napoli et de Buscetta figuraient aussi dans les dossiers réunis par les agents fédéraux sur Casamento. Les trois frères Napoli étaient répertoriés comme « de proches collaborateurs » de Casamento. Antonino en personne était son associé à Eagle Cheese. On apercevait souvent Buscetta au magasin et il y travailla même un certain temps[18] ».

Tout ce beau monde évolua en toute liberté à New York pendant des années, avec une superbe indifférence pour les subtilités de la loi. Les renseignements en provenance d'Italie, où on les recherchait pour des crimes autrement graves, n'arrivèrent jamais en Amérique ou bien on ne leur y prêta aucune attention. Buscetta lui-même, en dépit de sa notoriété, semblait être invisible aux autorités. Depuis son arrivée, les Italiens signalaient sa présence quelque part à Brooklyn ; en pure perte. Le consulat américain à Mexico reçut en 1967 un message le concernant, en provenance de la Côte d'Azur : « Un Italien du nom de Tommaso Buscetta fait la navette entre Mexico et Brooklyn, à New York, avec de la drogue. Il a un passeport sud-américain, bien qu'il soit en fait citoyen italien, originaire de Palerme[19]. »

Buscetta était d'ailleurs lié avec les plus gros trafiquants de drogue de Mexico. Un compatriote palermitain qui s'était installé dans cette ville, Giuseppe « Pino » Catania, lui avait servi de contact. Les deux hommes étaient des *compari* depuis que Buscetta était passé par la capitale mexicaine en se rendant de Sicile à New York. Catania était même le parrain d'une fille que Buscetta avait eue à Mexico ; c'était un ami de toute confiance, son complice, son confident.

Ils s'étaient rendus ensemble de Mexico au Canada où ils s'étaient liés avec la section sicilienne naissante de la Mafia locale[20]. Accompagnant Buscetta à New York, Catania avait noué d'autres liens indispensables avec la faction sicilienne de Brooklyn, après quoi il devint un des pions majeurs de la Mafia, alors occupée à diversifier les routes qu'empruntait l'héroïne vers les Etats-Unis via le Mexique et le Canada. « Appelle Pino Catania à Mexico. Dis-lui de monter une nouvelle affaire de sardines, tomates et pâtes... Nous lui enverrons cent kilos de macaroni par mois », ordonna le discret Salvatore Catalano, de Knickerbocker Avenue, téléphonant de Milan en 1970[21].

Ce fut Pino Catania qui, durant leur séjour dans la capitale, présenta Buscetta au seigneur du trafic de l'héroïne et de la cocaïne à Mexico, Jorge Asaf y Bala. Leur premier marché portait sur vingt-cinq kilos d'héroïne, expédiés à Brooklyn en mars 1969. La drogue, cependant, était de mauvaise qualité et Buscetta refusa de régler la note. (Il fit suivre la marchandise à la Mafia de Montréal qu'il chargea d'en tirer ce qu'elle pourrait.)

Suivit ensuite une très grosse commande de quatre-vingt-neuf kilos, en février 1970, et là l'histoire se compliqua quelque peu. Buscetta arriva à Mexico par avion en provenance de Madrid, titulaire d'un passeport canadien au nom d' « Adalberto Barbieri » (grâce auquel il avait rajeuni de six ans). Il s'était procuré de l'héroïne auprès de ses fournisseurs corses à Marseille et l'avait expédiée par avion à Mexico. Il voulait que les passeurs d'Asaf y Bala aillent la livrer à Brooklyn, ce qu'ils firent — mais pas à Buscetta. La cargaison entière atterrit chez un certain Carlo Zippo qui la revendit à l'Eagle Cheese Company[22].

Carlo Zippo, devait assurer ultérieurement Buscetta, n'était qu'un « élégant et sympathique » Napolitain qui s'était entiché de la famille de Buscetta. En réalité, les deux hommes formaient une équipe redoutable. En un peu plus d'un an, ils en étaient arrivés à introduire le tiers environ de la quantité globale d'héroïne qui déferlait dans les rues de New York.

Peu après l'affaire des quatre-vingt-neuf kilos — en juin 1970 — Buscetta suspendit momentanément les opérations en Amérique. Il y avait d'importantes décisions à prendre à Palerme et on avait besoin de lui là-bas. « Il est nécessaire de savoir qui je suis », expliqua-t-il à Enzo Biagi.

Je suis un homme normal, mais la nature m'a doté d'un grand charisme. J'ai quelque chose de plus.

Quand j'allais à une *festa* ou un mariage ou un baptême, toutes les femmes recevaient les hommes avec affection et respect, mais dès que j'arrivais, tout le monde se refermait comme des huîtres. Personne ne voulait être le premier à dire bonjour… Si j'entre dans un restaurant où il y a peut-être cent personnes, quatre-vingt-dix me regarderont…

Pour Cosa Nostra, je suis un personnage doué d'une grande autorité. On vient me chercher quand il y a des problèmes difficiles à résoudre, parce que si je donne une opinion, c'est la bonne et ils seront bien obligés de reconnaître : Tommaso l'avait dit[23].

Buscetta avait déjà pris une de ces décisions depuis New York, en 1969, faisant du même coup voler en éclats la période de paix la plus longue que Palerme eût jamais connue.

Après l'attentat de Ciaculli, en 1963, le taux d'assassinats était tombé aux alentours de zéro. Et puis, en 1969, la Mafia infligea à la justice italienne la défaite la plus cuisante qu'elle eût jamais essuyée. La série de procès entamés après la répression de Ciaculli se solda par une incroyable succession d'acquittements. Par centaines, les hommes d'honneur les plus hargneux de l'île furent remis en liberté et se mirent aussitôt en devoir de régler d'anciens comptes.

Les tueries restèrent relativement discrètes jusqu'au jour où un bon vieux massacre à l'ancienne fit les gros titres de la presse. Par une soirée de décembre 1969, six mafiosi en uniforme de la police firent irruption dans les bureaux d'une entreprise de construction dans la Via Lazio, une rue commerçante de Palerme, grouillante d'activité. Avant même d'avoir fini de hurler : « Ouvrez, au nom de la loi ! », ils avaient commencé à faire cracher leurs mitraillettes. Au bout de trois minutes à peine, ils repartaient, laissant derrière eux trois morts et deux blessés graves,et remportant un des leurs moribond. Un autre agresseur eut la tête fracassée par une balle avant d'avoir atteint leur voiture.

Leur cible était un membre particulièrement retors de l'ancienne *Cupola,* Michele Cavatoio. Lui aussi sortait tout juste de prison et il avait bien des péchés sur la conscience — et tout spécialement la guerre meurtrière entre les deux factions ennemies de la Mafia, en 1963. En effet, les Greco de Ciaculli avaient imputé le déclenchement des hostilités aux insolents frères La Barbera, coupables d'avoir assassiné le lieutenant de Cichiteddu, Calcedonio Di Pisa. Or, c'était Michele Cavatoio qui avait trucidé celui-ci, fait porter le chapeau aux La Barbera et annexé leur territoire[24].

« Nous avons décidé qu'il devait mourir, en déambulant dans la rue, en Amérique, précisa Buscetta à son biographe,... moi-même et un dénommé Antonino qui était venu me trouver dans une pizzeria. Je m'en suis occupé, par l'intermédiaire de quelqu'un qui partait pour Palerme... " Dis-leur que ce serait une bonne chose si Cavatoio était tué dans le plus grand secret ", ai-je dit. Et, dans le plus grand secret, la chose a été faite[25]. »

C'était peut-être l'idée que se faisait Buscetta du plus grand secret, mais il était bien le seul. Le massacre de la Via Lazio fit scandale en Italie, remit la police sur le pied de guerre et sonna le glas de la *pax mafiosa.* Dès l'été de 1970, les hommes d'honneur profitaient pleinement de leur nouvelle liberté de tuer et Buscetta dut regagner son pays pour rétablir l'ordre.

Il quitta New York pour l'Italie au début de juin, en compagnie de Cichiteddu Greco qui vivait alors à Caracas. A Rome, ils rencontrèrent clandestinement deux autres barons de la Mafia pour ressusciter la vieille *Cupola,* mise en veilleuse depuis sept ans. L'un de leurs interlocuteurs était Gaetano Badalamenti, rustre et ignare, mais « révéré à l'égal d'un dieu » dans leur milieu, selon Buscetta. L'autre, Stefano Bontate, fils d'un ancien patron fort réputé de la Mafia. Jeune, riche, séduisant, intelligent et avisé, selon les critères mafieux, Bontate était en passe de devenir le chef reconnu de l'organisation. Peut-être était-il le seul homme d'honneur que Buscetta admirât sincèrement[26].

Les quatre hommes s'accordèrent à dire que la nouvelle commission devrait s'adjoindre la présence de Luciano Leggio. Le patron de Corleone avait acquis une puissance irrésistible à Palerme, pendant que tant d'autres attendaient en exil la fin de la crise. De toute façon, ils n'étaient pas *contre* lui — il était le parrain du dernier enfant de Badalamenti et Greco était un de ses vieux amis — et il leur était indispensable pour ramener l'ordre[27].

Ce fut ainsi qu'en juin 1970, Buscetta et ses alliés firent entrer dans leur conseil le plus fermé celui qui allait les détruire. Pour la première fois, Luciano Leggio put s'immiscer au sein de la *Cupola.* On forma une commission de dix membres, dirigée par un triumvirat : Stefano Bontate, Gaetano Badalamenti et l'*alter ego* de Leggio, Salvatore Riina, dit « la Bête ». Elle durerait juste assez longtemps pour permettre à Leggio de s'assurer un contrôle accru sur la commission suivante.

Avant de regagner New York, Buscetta faillit bien être capturé à l'occasion d'un curieux épisode. Par pure routine, une patrouille policière arrêta son Alfa Romeo non loin de la frontière, dans le nord de l'Italie. A bord de sa voiture se trouvaient Greco, Badalamenti, un autre membre de la nouvelle *Cupola* et un trafiquant de drogue intermittent — un « infatigable représentant en textiles » pour reprendre la description de Buscetta — qui devait être responsable de toutes les raffineries d'héroïne de Sicile quelques années plus tard[28]. Buscetta sortit son passeport canadien au nom d'Adalberto Barbieri et Greco un passeport vénézuélien qui faisait de lui Renato Martino Caruso. La police nota leurs noms et leur fit signe de passer[29]. Par la suite, les carabiniers trouvèrent trace de la présence de Buscetta à Zurich, à une journée en voiture de la frontière italienne, vers la même date. On le vit à l'hôtel où « les chefs les plus importants de la Mafia dans le monde se réunirent pour délimiter les zones du trafic d'héroïne au cours des dix années à venir », précisait le rapport des carabiniers[30].

A peine Buscetta était-il de retour à New York que la chance l'abandonna. En traversant un jour d'août le pont de Brooklyn dans une Thunderbird blanche, il fut arrêté par un policier de l'Etat de New York, Mike Minto. « Il m'a montré de faux papiers et je lui ai dit : Monsieur Buscetta, n'essayez pas de me bourrer le mou. Et lui a reconnu : Bon, d'accord, je suis Buscetta. Enfantin ! » devait se rappeler Minto[31].

Minto, un grand costaud ventru, qui connaissait son métier, était affecté à une unité spéciale chargée de surveiller ceux qu'il appelait les « huiles de la pègre ». Son huile du moment était Carlo Zippo, dont on savait qu'il projetait d'expédier prochainement deux cents kilos d'héroïne à New York. (La drogue devait arriver du Brésil dans des statuettes de bois représentant « le Christ des Andes[32] ».) Ce fut en surveillant attentivement la demeure de Zippo à Rosedale, dans le Queens, que Minto repéra Buscetta. Lorsque ce dernier sortit de la maison avec son fils de vingt-deux ans, Benedetto, un des policiers qui surveillait l'endroit reconnut sa photo sur une vieille feuille volante d'Interpol. Il se trouvait que Minto avait quelques renseignements à son sujet, car le Narcotics Bureau commençait à être sur la piste de Buscetta. Il suivit donc la Thunderbird blanche — qui appartenait à Zippo — jusqu'à l'hôtel Woodstock, en plein Manhattan, où Zippo attendait. Après s'être attardé auprès de celui-ci, en buvant un café, Buscetta regagnait Brooklyn quand Minto l'interpella.

La feuille d'Interpol, trop ancienne, ne permit pas à Minto de comprendre quel fameux gibier il venait de prendre. D'un bout à l'autre de la planète, la machine judiciaire était complètement dépassée en ce qui concernait l'univers souterrain dans lequel évoluait son prisonnier.

Cela faisait une année entière que la police surveillait Carlo Zippo. Les policiers avaient observé presque tous les hommes de l'entourage de Buscetta occupés à prendre contact : d'obscurs immigrants siciliens qui n'arrêtaient pas d'aller et de venir entre Montréal, New York et Mexico, hantant clandestinement les chambres d'hôtel et les parkings, échangeant souvent leurs voitures. (Buscetta utilisait la Thunderbird de Zippo, lequel se servait de la Cadillac en or que louait Antonino Napoli.) En octobre 1970, un agent américain du service des stupéfiants, qui dirigeait l'enquête, décrivit dans un rapport « un conglomérat de contrebandiers, aux multiples facettes, extrêmement organisé et diversifié... qui utilise des firmes comme façade et de faux papiers, fournit de nouvelles identités et englobe l'Italie, la France, le Canada, le Brésil, l'Argentine, le Mexique et les Etats-Unis ». Il l'appelait « l'organisation de Carlo Zippo[33] ».

Ce conglomérat existait, en effet, mais il appartenait aux Siciliens et non pas à Zippo.

L'arrestation de Buscetta, en août 1970, causa pas mal de remous parmi ses proches. Carlo Zippo disparut de la circulation pendant quelque temps; de même que le copropriétaire d'Eagle Cheese, Franco Casamento, frère de Filippo. Tout bien considéré, cependant, Buscetta se tira fort bien d'affaire.

Les tribunaux new-yorkais ignoraient qu'en 1968 un tribunal italien avait condamné Buscetta par contumace pour activités criminelles et meurtres multiples[34]. Inexplicablement, les Italiens ne réclamèrent pas son extradition. Le BNDD savait qu'il faisait du trafic de drogue, mais ne disposait pas de preuves susceptibles d'être versées au dossier devant un tribunal. Les Etats-Unis ne pouvaient lui reprocher que d'avoir pénétré illégalement sur leur territoire, grâce à son impeccable faux passeport.

Buscetta reçut l'ordre de quitter le pays et au printemps de 1971, il partit s'installer au Brésil, emmenant avec lui son fils aîné Benedetto et Carlo Zippo, mais laissant derrière lui ses deux épouses. Encore une fois, ils purent se déplacer avec une facilité déconcertante. On avait là deux des trafiquants de drogue les plus renommés et les plus dangereux de la scène internationale. Leurs photographies et leurs empreintes digitales figuraient au fichier d'Interpol et avaient été communiquées à quelque cent cinquante pays. Ce qui ne les empêcha nullement de traverser les Etats-Unis en voiture du nord au sud et de descendre ensuite presque aux confins de l'hémisphère occidental : de New York, ils gagnèrent le Mexique, puis le Guatemala, le Honduras, le Nicaragua et Panama, passèrent de là en Colombie, au Pérou, puis à Asunciòn au Paraguay, où Buscetta s'acheta un nouveau passeport qui faisait de lui un citoyen paraguayen, du nom de Thomas Roberto Felice.

Ils s'arrêtèrent en route à Mexico, pour rendre visite à Pino Catania. Ce dut être une entrevue émoustillante, si l'on en juge par le témoignage ultérieur de Catania : « Buscetta m'a donné dix mille dollars, en gage d'amitié, et m'a dit qu'ils pouvaient m'envoyer de la marchandise si nous trouvions des acheteurs à Mexico, déclara-t-il. J'en ai parlé à Asaf y Bala qui m'a dit qu'il avait un bon client prêt à prendre n'importe quelle quantité d'héroïne. J'ai donné notre accord à Buscetta et Zippo, et je leur ai dit que j'avais un excellent contact à l'aéroport pour faire entrer la came en fraude[35]. »

Mais, le bon client à Mexico, ce n'était pas tout. Buscetta et Zippo étaient sur le point de jouer un rôle capital dans le déclenchement de la grande épidémie d'héroïne du début des années 1970, première grande explosion d'héroïnomanie aux Etats-Unis[36].

Les deux hommes étaient d'humeur folâtre lorsqu'ils arrivèrent à Rio. Peu de villes sont aussi séduisantes. L'immense plage de Copacabana, toute en sable blanc, avec ses palmiers et son ciel bleu saphir, invite automatiquement à l'indolence et au romantisme. Buscetta n'était en ville que depuis quinze jours, à peine, lorsqu'il rencontra sur la plage une ravissante blonde et tomba vraiment amoureux fou.

Maria Cristina Almeida de Guimaraes, de vingt ans plus jeune que lui, était mince et élégante, intelligente, cultivée, riche et pourvue d'excellentes relations. Son père, Homero Guimaraes, était un avocat en vue, évoluant dans un milieu influent ; l'ancien président de la république brésilienne, João Goulart, un homme de droite, était de ses intimes. Buscetta fut adopté par toute la famille. Maria Cristina devint sa compagne adorée et, finalement et durablement, sa troisième femme. Le Sicilien quitta l'appartement qu'il partageait avec Zippo pour s'installer avec Cristina dans un appartement sur la mer à Copacabana qu'ils quittaient pour aller passer le week-end dans leur maison d'Ilhabela sur la côte ou pour aller séjourner dans leur gigantesque *fazenda* à quatre cents kilomètres au sud de São Paulo. Selon Buscetta, le père de Cristina s'associa avec lui pour fonder une compagnie d'assurances à São Paulo. Selon la police brésilienne, il s'associa aussi avec lui pour le trafic de drogue.

On soupçonnait toute la famille Guimaraes de tremper dans les stupéfiants, signalèrent des agents du FBI depuis le Brésil en 1972 : Homero sénior, ses fils Nadar et Homero junior ; sans oublier Maria Cristina[37]. Cette année-là, ils furent tous arrêtés en même temps que Buscetta, et Cristina et son père devaient l'être une seconde fois dix ans plus tard. (Entre-temps, Homero junior disparut, victime de ce que la Mafia appelle « la mort blanche ».)

Pour les Buscetta de ce monde, le Brésil n'était pas simplement un autre endroit où se terrer. Les émigrants italiens s'y étaient installés par millions — quatre millions dans la seule ville de São Paulo. Chaque grande vague de mafiosi quittant la Sicile avait enfoncé un nouveau noyau mafieux au sein de cette population d'émigrés laborieux et prospères. De ce fait, le Brésil était, avec le Venezuela juste à côté, l'un des deux pays d'Amérique du Sud où il existait une branche « officielle » et privilégiée de la Cosa Nostra sicilienne. L'une et l'autre branches étaient reconnues par la Mafia américaine, mais n'avaient de comptes à rendre qu'à Palerme — c'est Buscetta qui l'a précisé [38]. (Il devait sans aucun doute y avoir d'autres branches du même genre ailleurs, mais personne n'a rien précisé à leur sujet.)

Le Brésil était en outre le pays choisi par l'union corse — et aussi d'une certaine façon par Buscetta — pour y installer une nouvelle base sud-américaine pour le transfert de la drogue à destination des Etats-Unis. Alors que les routes transatlantiques habituelles jusqu'à New York étaient étroitement surveillées au début des années 1970, le BNDD n'avait qu'un seul agent chargé de toute l'Amérique du Sud. Le vaste territoire brésilien — si facile d'accès, avec son littoral interminable, ses innombrables petites îles, sa forêt vierge d'Amazonie quasi inaccessible — paraissait idéal. Par conséquent, le pays devint la base opérationnelle du plus grand gang de contrebande d'héroïne jamais découvert avant ou depuis. Lorsque sept de ses membres passèrent aux aveux, après que le réseau eut été démantelé à l'automne de 1972, ils révélèrent un trafic de stupéfiants beaucoup plus important que celui de la Pizza connection dix ans plus tard, lequel permettait d'introduire quelque cent vingt kilos d'héroïne par an à New York en 1984. Le gang du Brésil s'apprêtait à expédier trois cents kilos par *mois* aux Etats-Unis en 1972 [39], à une époque où la population de drogués américains dans son entier n'en consommait que quatre-vingt-dix kilos par mois. On peut donc dire que ces trafiquants ne se contentaient pas de répondre à la demande, ils voulaient la créer. Quand vint l'été de 1972, qui vit leur capture, le nombre de toxicomanes américains avait fait un bond impressionnant pour atteindre le chiffre affolant de sept cent vingt mille, alors qu'il était inférieur à cinquante mille moins de dix années auparavant [40].

Il n'est pas de bon goût de citer de tels chiffres. La controverse qui fait rage aujourd'hui autour de l'épidémie de la drogue a tendance à excuser les fournisseurs. Ils se contentent de procurer aux gens ce qu'ils veulent, assure-t-on : s'il n'y avait pas de demande, il n'y aurait pas d'offre. Pourtant, les preuves montrent bien, sans contestation possible, que l'offre crée sa propre demande.

Les soldats américains qui devinrent héroïnomanes au Vietnam ne consommaient pas de drogue avant leur arrivée sur place ; on la leur proposa, on la leur imposa presque, délibérément, en quantités massives. Leurs fournisseurs avaient des objectifs contraires. La Chine communiste voulait miner le moral des troupes américaines ; la CIA voulait abattre le Pathet Lao communiste en aidant les autres tribus du Laos, ennemies de ce mouvement, qui cultivaient l'opium dans la montagne. Partant de positions diamétralement opposées, elles en arrivèrent donc toutes deux à créer une énorme demande qui n'avait pas existé auparavant. Les pays qui se trouvaient sur la route des trafiquants ont eux aussi été victimes du phénomène, tout aussi délibérément et en quantités encore plus massives. L'Inde, important lieu de transit pour la drogue en provenance du Sud-Est asiatique dans les années 1980, ne comptait avant cette date qu'une poignée de drogués ; on pense aujourd'hui qu'il y en a environ sept cent cinquante mille. La Thaïlande, principal passage pour cette même drogue et elle-même productrice, en compte à peu près un demi-million[41].

Le Pakistan est un cas particulièrement instructif. Bien qu'il soit depuis longtemps gros producteur d'opium, le pays comptait de nombreux opiomanes, mais pratiquement pas d'héroïnomanes connus jusqu'au jour où l'Afghanistan, son voisin, fut occupé par les troupes soviétiques. Les tribus de montagnards afghans, qui cultivent l'opium dans douze des vingt-cinq provinces du pays, comptent parmi les plus grands producteurs d'héroïne. N'étant plus en mesure d'exporter par les frontières occidentales après l'arrivée des Russes, ils passèrent désormais par le Pakistan où s'effectua en outre une proportion croissante du raffinage. La population des héroïnomanes pakistanais monta aussitôt en flèche, passant des alentours de zéro en 1981 à environ un million en 1989[42]. La moitié ou presque de l'héroïne qui traversait le pays fut utilisée pour contaminer ses habitants. Les *saqui khanas* (maisons d'héroïne) d'Islamabad offraient deux ou trois doses gratuites et le tour était joué. Les trafiquants pouvaient « lâcher leur cargaison » : c'est-à-dire qu'ils faisaient assez de bénéfices pour couvrir les éventuelles pertes dues aux cargaisons repérées à l'aéroport[43].

Tous les pays où la drogue pose un grave problème connaissent aujourd'hui le coup de la dose gratuite. Il est pratiquement infaillible, pourvu qu'il y ait derrière de quoi assurer l'offre.

Le gang démantelé au Brésil était dirigé par des Corses, mais ceux-ci n'auraient pu opérer sans le concours de la Mafia sicilienne. L'union corse avait certes l'exclusivité dans le domaine des matières premières et du raffinage, mais les Siciliens étaient bien introduits sur le marché américain. Buscetta et Zippo s'étaient mis en cheville avec les Corses en 1971, moins de quarante-huit heures après être descendus au Copacabana Palace Hotel, à Rio. Ils y eurent, en effet, une entrevue avec le représentant de l'union corse, Michel Nicoli, sous-chef de l'homme qui dirigeait toute l'opération « French connection » en Amérique du Sud, Lucien Sarti[44]. Les Corses étaient une redoutable bande de gangsters et tueurs à gages, recherchés en France pour meurtre, vol à main armée et trafic de drogue chronique. (Sarti serait ultérieurement accusé d'avoir accepté d'assassiner le président Kennedy pour le compte de la Mafia américaine, mais aucune preuve n'est venue étayer cette théorie[45].) Les entretiens de Buscetta et des Corses durèrent plusieurs jours et servirent, paraît-il, à fixer la future zone de transit : la minuscule île de São Sebastião, à quelque deux heures de vedette de la côte, non loin de São Paulo[46]. Les Corses s'engageaient à fournir la marchandise et les proches Buscetta à New York prendraient alors le relais.

L'Eagle Cheese Company était le pivot de cette opération aux Etats-Unis. Ce fut d'ailleurs le point de vente en gros de la majeure partie de l'héroïne qui arriva à New York au cours des vingt années suivantes. Durant l'automne de 1971, Eagle Cheese acheta en l'espace de six petites semaines quatre cent quarante kilos d'héroïne au gang de Buscetta au Brésil[47]. Dans le courant de cette seule année, la firme acheta neuf cent quatre-vingts kilos d'héroïne — soit quarante-cinq millions de doses — par l'intermédiaire de Carlo Zippo[48].

Des quantités astronomiques de drogue et d'argent changèrent de mains de part et d'autre des océans et des continents entre juin 1971 et juillet 1972. L'héroïne quittait Marseille pour l'ouest — avec en général un crochet par la Sicile — en avion, cargo, yacht et colis postaux; l'argent partait vers l'est, en direction de Rome, dans les bagages de touristes. A lui seul, Pino Catania décrivit six affaires concernant au total trois cent trente kilos d'héroïne, soit un prix de vente d'un demi-milliard de dollars dans les rues[49].

Catania, le *compare* en qui Buscetta avait toute confiance, ne fut pas le seul complice à avouer qu'il avait participé au trafic ; il y en eut plusieurs autres, dont Benedetto, le propre fils de Buscetta (qui reconnut que son père était « un gros ponte du trafic de stupéfiants[50] »). Leurs aveux étaient « précis et circonstanciés, spécifiant tout, jusqu'au plus petit détail, en ce qui concernait les dates, les méthodes et les participants », déclara un tribunal italien. Toutefois, la déposition de Catania fut la plus accablante.

Par la suite, devant les autorités de son pays, Catania « refusa de confirmer ou de nier » ce qu'il avait confié à un jury de Brooklyn. Ayant accepté de collaborer avec la justice américaine — en échange de sa liberté — il ne se sentait nullement tenu de faire la moindre déclaration aux Italiens. Néanmoins, une cour d'appel italienne décréta son témoignage aux Etats-Unis « parfaitement véridique et digne de confiance... riches de détails et de renseignements qui ne peuvent en aucun cas être le fruit de son imagination ». Toutes les accusations portées par Catania étaient « corroborées par les divers protagonistes », déclara la Cour[51]. Voici quelle était en gros la teneur de ces dépositions :

Quelques jours après la rencontre entre Buscetta et Zippo d'une part et les Corses de l'autre, au Copacabana Palace Hotel, en juin 1971, Zippo commanda cinquante kilos d'héroïne à Michel Nicoli, lesquels furent alors acheminés clandestinement par voiture à partir de Rio et livrés à Eagle Cheese. Un mois plus tard, environ, Buscetta et Zippo commandèrent cinquante autres kilos, proposant d'organiser l'expédition à Mexico via Milan, par malle. En août, ils envoyèrent Pino Catania en Italie, pour y voir Nicoli et régler l'affaire. Deux malles arrivèrent à Mexico en septembre. Buscetta reçut sa part du butin à Rio par porteur spécial.

Au cours des mois suivants, le rythme du scénario s'accéléra encore :

Octobre 1971 : Lucien Sarti propose cent vingt kilos supplémentaires à « l'organisation Buscetta-Zippo », si Buscetta consent à monter son prix (qui passe de six mille cinq cents à sept mille dollars le kilo). Buscetta accepte.

Novembre 1971 : un petit avion privé dépose la cargaison sur un aéroport militaire désaffecté à Mexico. Jorge Asaf y Bala partage les bénéfices avec Catania, Buscetta et Zippo.

Décembre 1971 : Lucien Sarti envoie encore quarante-six kilos de Rio à Mexico sous forme de cargaison commerciale. Buscetta, Zippo, Asaf y Bala et Catania se partagent une nouvelle fois les profits.

Janvier 1972 : Sarti annonce à Pino Catania qu'il attend trois cents kilos pour Zippo ; un Italien doit les amener de Marseille à bord de son yacht.

Avril 1972 : Michel Nicoli fait savoir à Buscetta qu'il peut disposer de soixante kilos supplémentaires. Buscetta répond qu'il est prêt à financer « n'importe quelle quantité de marchandise », si Nicoli connaît un moyen de l'acheminer de France aux Etats-Unis[52].

Juillet 1972 : Nicoli commande encore cent quatre-vingts kilos pour Buscetta à un raffineur corse à Marseille, mais ils n'ont plus guère de temps devant eux.

En l'espace d'une seule année, le gang corse a donc expédié deux cent soixante-six kilos d'héroïne à New York, par l'entremise de Buscetta et Zippo et mis sur pied des transactions portant sur cinq cents kilos supplémentaires[53]. Les Corses avaient fait parvenir à Eagle Cheese quatre cent quarante autres kilos grâce à un pilote de la TAP (lignes aériennes portugaises). Comme le confia Lucien Sarti à Catania et Zippo, il se préparait en outre à en expédier *trois tonnes et demie* par *an* lorsque l'entreprise siciliano-corse au Brésil connut une fin brutale.

Sarti, le patron des Corses, fut arrêté en Bolivie, mais put racheter sa liberté pour aller s'installer à Mexico, où il devait trouver la mort en avril 1972, au cours d'une fusillade avec des policiers. Son amie, Hélène, prostituée brésilienne, fut arrêtée et fit des révélations[54]. Plusieurs autres amies des membres du gang l'imitèrent.

La police brésilienne et le seul et unique agent de l'US Narcotics Bureau en Amérique du Sud étaient d'ores et déjà occupés à surveiller le gang des Corses. En octobre 1972, Michel Nicoli fut arrêté. Quelques jours plus tard, soixante et un kilos d'héroïne furent saisis à bord du *Mormac-Altair,* dans la baie de Guanabara, au nord-est de Rio de Janeiro[55]. Des arrestations en série s'ensuivirent ; au total, vingt-cinq personnes furent incarcérées, parmi elles toute la famille Guimaraes.

Buscetta fut capturé avec son fils Benedetto dans une *fazenda* isolée près de la frontière urugayenne. Pino Catania fut arrêté au Texas[56]. Carlo Zippo à Salerne, en Italie. Filippo Casamento à New York. Son frère Franco et Antonino Napoli parvinrent à échapper *in extremis* aux policiers ; Napoli se réfugia au Venezuela. (Tous deux figuraient anonymement dans l'acte d'accusation new-yorkais).

Toutes les personnes arrêtées au Brésil furent torturées. Michel Nicoli fut suspendu la tête en bas sur un tuyau brûlant, les chevilles enchaînées, tandis qu'on lui enfonçait un aiguillon à bœufs dans les parties génitales. Lorsque les policiers américains le firent descendre d'avion pour passer en jugement à New York, il pouvait à peine marcher. Un autre membre du gang s'ouvrit les poignets pour être envoyé à l'infirmerie de la prison. Par la suite, redoutant de nouvelles séances de torture aux Etats-Unis, il avala des lames de rasoir. (Il avait paniqué en apercevant deux câbles électriques sous une table à New York[57].)

Buscetta reçut des décharges électriques dans les parties génitales, l'anus, les dents et les oreilles ; on lui arracha les ongles ; il fut suspendu à une poutre pendant des heures sous un soleil de plomb, la tête recouverte d'une cagoule. Il soutient que la police ne réussit pas à lui arracher un mot, mais c'est faux.

A l'époque l'agent du FBI à Rio de Janeiro rapporta que deux agents des douanes américaines assistèrent au « délicat et pressant interrogatoire » de Buscetta. Et il ajouta :

> Les autorités brésiliennes sont convaincus que Tommaso Buscetta est le patron du trafic de drogue entre l'Europe et les Etats-Unis.
>
> Buscetta et son fils Benedetto sont recherchés pour meurtre en Italie et risquent la mort s'ils regagnent leur pays... A ce sujet, Buscetta a conclu un hypothétique marché avec la police brésilienne. Il a exprimé le désir *de dire tout ce qu'il sait concernant le trafic et les trafiquants de stupéfiants et la situation des laboratoires*... Moyennant quoi [il veut] la promesse que les autorités brésiliennes n'expulseront pas son fils qui a obtenu la nationalité brésilienne sous un faux nom. (Les italiques sont de moi[59].)

Ce marché se solda, à ce qu'il semble, par un compromis. Benedetto fut expédié aux Etats-Unis, Buscetta renvoyé en Italie. Les renseignements qu'il communiqua en échange du traitement de faveur réservé à son fils n'avaient rien de « remarquables ». Néanmoins, un tel marché lui aurait valu une condamnation à mort de la Mafia lors de son extradition vers l'Italie, si l'on était venu à l'apprendre. Personne n'en parla jamais.

En dehors de Carlo Zippo, emprisonné lui aussi en Italie, Buscetta fut le seul à écoper d'un long séjour en prison. Ceux qui avaient fait des aveux à New York plaidèrent coupable et s'en tirèrent avec des peines légères, lorsqu'ils passèrent effectivement en jugement. Filippo Casamento, qui nia tout farouchement connut un sort miraculeux. Après l'avoir condamné à quinze ans de réclusion, en 1973, son juge new-yorkais commença à recevoir des lettres émouvantes. Casamento lui expliqua qu'il avait été livreur de lait à Palerme dès l'âge de sept ans pour « ganier une mègre [*sic*] pitance pour ma nombreuse famille... Tout ce que la vie m'a permis d'avoir, je l'ai acquis honnêtement à la sueur de mon front ». Son frère Franco écrivit que le châtiment infligé à cet innocent « me rend fou ». Le curé de l'église Notre-Dame des Grâces, à Brooklyn, déclara que Casamento possédait « un excellent sens de l'honnêteté et de la dignité » et jouissait « de la haute estime, du respect et de la confiance de notre communauté ». Le prêtre de la paroisse familiale à Palerme affirma que Filippo Casamento « n'aurait jamais pu être mêlé à ces actes criminels ». Adoucissant la sentence, le juge nota : « J'ai été impressionné par la sincérité de ces lettres. [Elles] me donnent à penser que les perspectives de réhabilitation sont bonnes et que la justice n'exige pas la peine maximale imposée à l'origine[59]. » Casamento fut relâché au bout de sept années.

Il n'eut pas plus tôt recouvré sa liberté qu'il se replongeait sans tarder dans les mêmes vieilles combines. Eagle Cheese resterait le point de vente en gros de la Mafia à New York jusqu'au retour de Casamento derrière les barreaux en 1984, en même temps que toute la bande de la « Pizza connection ». Le sympathique petit magasin de comestibles resta ouvert jusqu'à la fin. Casamento, drapé dans un tablier rayé, m'y servit de la mozzarella de première qualité à l'époque où je couvrais le procès « Pizza connection » et où lui-même était en liberté sous caution.

Le sort fut moins clément pour Buscetta. Après avoir été renvoyé en Italie, il semblait promis à un emprisonnement à perpétuité. Durant son absence à l'étranger, il avait été condamné à quatorze années de réclusion pour « activités criminelles » et pour la « détention illégale » de deux hommes. (Il s'agissait des deux « morts blanches » dont on l'avait accusé dix ans auparavant.) Un an après sa mise à l'ombre en Italie, les Etats-Unis l'inculpèrent de trafic de drogue sur une grande échelle. Plutôt que de le renvoyer à New York, le tribunal de Salerne le reconnut coupable et rallongea de dix années la peine qu'il purgeait déjà[60].

Ces deux sentences en disent long sur sa brillante réputation de criminel. Dans les années 1970, il était rarissime de voir des hommes d'honneur siciliens écoper de lourdes peines de prison, voire des peines quelconques. Mais à l'époque, Buscetta était encore le modèle même du mafioso — ennemi public numéro un pour l'Etat, véritable héros pour ses confrères de la pègre. Aucun des deux camps n'aurait pu imaginer qu'il en viendrait un jour à se retourner contre ses frères pour porter le témoignage le plus dévastateur de tous ceux qu'on doit aux dissidents de la Mafia.

Buscetta reçut d'ailleurs un accueil royal à la prison de l'Ucciardone de Palerme. Une « aura légendaire » l'avait précédé, expliqua-t-il bien longtemps après au juge Falcone :

Je n'ai rien fait pour acquérir l'ascendant et le prestige incontestables dont j'étais auréolé...

Malheureusement, ma forte et fière personnalité créa autour de moi un véritable mythe de trafiquant de drogue international et patron violent et impitoyable de la Mafia, ce qui n'était absolument pas vrai... Le plus incroyable, c'est que ce mythe influença non seulement la presse et la police, mais aussi la pègre elle-même... En prison, on me considérait avec une crainte et un respect que rehaussait ma réserve naturelle, que l'on prenait pour la puissance d'un mafioso, due à des gains illicites et à des crimes que je n'avais pas commis… Et il était totalement inutile de ma part de tenter de les convaincre que je n'étais pas le monstre qu'ils imaginaient, parce qu'ils se mettaient toujours à rire quand je protestais de mon innocence.

7.

La mise en train : l'Amérique du Sud

A l'encontre du Brésil, qui avait ses hauts et ses bas, le Venezuela offrait une existence de rêve aux hommes d'honneur siciliens. Nulle grande rafle antidrogue dans les rues de sa capitale ensoleillée, Caracas, au cours des années 60, 70 et 80. A vrai dire, la Mafia sicilienne n'a jamais connu le moindre déboire au Venezuela. Les politiciens locaux ont généralement l'air tout étonnés quand d'aventure le sujet de la Mafia vient sur le tapis. « La Mafia en tant que telle n'existe pas chez nous ; il arrive simplement que des mafiosi viennent ici se reposer et se distraire », conclut un commissaire du DISIP, le service national des renseignements, après une enquête approfondie à ce sujet[1].

En réalité, une branche exceptionnellement sinistre de la Mafia sicilienne opère à Caracas depuis la grande fuite hors de Sicile en 1963. Cette branche « officielle » de l'organisation, reconnue par la Cosa Nostra américaine, mais qui ne doit des comptes qu'à Palerme, joue un rôle de premier plan dans la circulation de copieuses quantités de stupéfiants vers les Etats-Unis et l'Europe[2]. Ses membres sont imprenables, intouchables. Quel que soit le nombre des tentacules de la pieuvre que l'on parvient à trancher ailleurs, personne ne peut s'approcher suffisamment près pour s'attaquer à celle-là.

La branche vénézuélienne a organisé la livraison d'héroïne aux Etats-Unis par tonnes — trois par an en 1982, soit la moitié de la quantité totale introduite sur le territoire, selon le FBI[3]. Elle traite près des deux tiers de la cocaïne qui traverse le Venezuela, ou blanchit l'argent qui provient du trafic ; à présent, quatre-vingts pour cent de la cocaïne qui sort de Colombie transite par le Venezuela[4]. Elle blanchit les narcodollars tant pour les Colombiens que pour les Siciliens. Des milliards de dollars ont ainsi été recyclés grâce à son colossal empire financier — un montant estimé à deux milliards de dollars ou plus pour la seule année 1983[5].

Si l'on cherche à retracer ses origines, on a l'impression de voir des lignes sombres se répandre lentement sur une gigantesque toile. Ce fut dans ce pays que fut mis au point le système de livraison de l'héroïne à l'Amérique, que furent conçues les premières méthodes imparables pour blanchir l'argent de la drogue, que la cocaïne fut introduite dans l'équation aux côtés de l'héroïne pour fournir les deux rives de l'Atlantique, que les deux géants du trafic de stupéfiants mondial — la Mafia sicilienne et ce qui devait devenir le cartel de Medellin — décidèrent de s'allier dans le travail.

Il est fort probable que les hommes d'honneur qui les premiers vinrent s'établir au Venezuela n'avaient rien d'aussi ambitieux en tête. Lorsque l'avant-garde arriva dans le pays, la *Cupola* à Palerme avait été mise en veilleuse. On n'a retrouvé aucune trace du grand projet jusqu'au moment où elle renaquit de ses cendres, en 1970, et il lui fallut encore cinq bonnes années pour arriver à maturité.

Néanmoins, Caracas fut dès le départ un véritable aimant. Le premier président de la *Cupola,* Cichiteddu Greco, décida de s'y installer lorsqu'il parvint à s'enfuir d'Italie avec Buscetta après le désastre de Ciaculli. Déclaré mort par la police italienne, Greco vécut sous le nom de Renato Martino Caruso, l'un des rois du trafic de drogue international tout au long des seize années suivantes. (Il mourut dans son lit, d'une cirrhose du foie, en 1979).

Antonino Napoli, qui avait filé entre les doigts de la police à New York, lorsque le gang basé au Brésil avait été éliminé en 1972, vint aussi se réfugier à Caracas. C'était du très gros gibier et les Etats-Unis le savait pertinemment. L'inspecteur Le Vien, de l'Estern District Strike Force, qui tomba par hasard sur les frères Napoli quelques années plus tard, l'apprit de la bouche même de son chef hiérarchique, l'US Attorney Tom Puccio. Antonino Napoli était « le plus grand importateur de came aux Etats-Unis » et « l'un des principaux trafiquants de drogue du monde », lui assura Puccio ; le Napoli qu'il fallait tenter de coincer, c'était lui[6]. Toutefois, à l'époque, les agents américains s'imaginaient que Napoli s'était tout simplement absenté de New York pour affaires. Une fois qu'ils eurent appris qu'il était parti s'installer à Caracas, ils s'empressèrent de l'oublier.

Or, au Venezuela, Antonino Napoli était fort occupé à participer à la mise sur pied du principal point de chute des stupéfiants de la Mafia dans l'hémisphère occidental. L'organisation de celui-ci tournait autour de trois frères qui sont désormais à la tête de la plus puissante constellation de mafiosi siciliens à l'étranger. Il s'agit des

Cuntrera : Pasquale, Paolo et Gaspare. Un quatrième frère, Liborio, mourut à Londres voici quelque temps (de cirrhose lui aussi). Pour ce que l'on sait d'eux hors du Venezuela, les Cuntrera pourraient aussi bien être des nullités. A l'intérieur du pays, ils sont trop bien connus dans certains milieux pour que l'on parle d'eux. Le mariage de la fille de Paolo Cuntrera — à l'un des plus célèbres trafiquants de drogue du monde entier — ne passa pas inaperçu cependant, puisqu'il fut retransmis par la chaîne nationale de télévision[7]. Autrement, les frères Cuntrera vivent paisiblement dans de princières résidences jumelles qui ont pour nom « Mary » et « Dalila », dans la Calle Terepaima. Avec leurs fenêtres ornées d'épais rideaux, leurs nombreux gardes du corps, leur quantité d'équipement électronique et les grands pins qui les cachent aux regards, elles ont l'air hermétiquement encloses dans un cocon de soie finement tissée.

Les questions que je posai à leur sujet suscitèrent à Caracas des regards perplexes. Le chef de la brigade anti-stupéfiants au ministère de la Justice me donna à comprendre qu'il avait à peine entendu parler de Paolo Cuntrera et ce uniquement en rapport avec des cercles de jeu clandestins en ville. Il n'avait jamais entendu dire qu'un Cuntrera quel qu'il fût trempât dans des histoires de drogue et encore moins entendu parler de requêtes réitérées des autorités italiennes réclamant leur extradition en tant que grands manitous d'un colossal trafic de stupéfiants[8]. (La dernière en date de ces requêtes était un mandat d'arrestation lancé en octobre 1984 pour le maxi-procès de Palerme.) Il parut tout étonné de lire les longs imprimés émis par la police, que j'avais apportés d'Italie. Imité en cela, de façon inexplicable, par l'agent de la DEA à l'ambassade américaine.

Le ministre vénézuélien de la Justice, José Manzo Gonzalez, fut quant à lui non seulement stupéfié, mais troublé. Il n'avait pas hésité à risquer sa vie pour lutter contre le trafic de drogue durant ses trois années au ministère, m'assura-t-il. Comment croire que les plus grands trafiquants du monde avaient agi sous son nez tout au long de cette période — en fait, depuis 1970 — sans qu'il en eût rien su ? Une réponse possible se dessina quelques mois après ma dernière interview du ministre. Il démissionna le 29 mars 1988, « parmi des allégations l'accusant d'avoir dirigé une force de police secrète mouillée jusqu'au cou dans le trafic de drogue », selon l'*International Herald Tribune*[9].

Comme Luciano Leggio et Tommaso Buscetta, les Cuntrera font partie de cette génération de mafiosi qui atteignit sa majorité en Sicile juste après la Seconde Guerre mondiale. A l'encontre des deux autres, en revanche, ils n'ont jamais mis les pieds dans l'enceinte d'un tribunal, ni eu leur photo dans les journaux ; la police ne possède même pas leur cliché anthropométrique.

Leur pouvoir repose sur une fortune personnelle estimée aux alentours d'un demi-milliard de dollars et sur une dynastie quasi impériale : une bonne vingtaine de parents par le sang ou par alliance, dont deux fils, un gendre et toute une nichée de cousins, du nom de Caruana, font partie de l'affaire de famille. Seuls ou par paires, ils ont été stratégiquement envoyés, au fil des ans, à Londres, Genève, Malte, Montréal et Miami. Tout en vaquant à leur trafic de drogue, ils sont devenus des as de la finance internationale.

Les Cuntrera naquirent tous à Siculiana, ou tout près de là ; c'est un village de maisons blanchies à la chaux, comptant cinq mille habitants, sur la côte sud de la Sicile, près d'Agrigente. Ce fut pour eux un sacré coup de chance. Agrigente, gloire de l'Antiquité grecque, est aujourd'hui un véritable trou de cinquante mille âmes, possédant le revenu moyen le plus bas d'Italie, un poste de carabiniers fatigués qui s'ennuient à cent sous de l'heure, deux juges d'instruction inhumainement surmenés et une seule machine à photocopier dans tout le palais de justice [10].

Aucune crainte pour la Mafia d'être surveillée dans un endroit pareil. Depuis un demi-siècle, jamais les tribunaux d'Agrigente n'avaient pu épingler un homme d'honneur pour le moindre délit. Les frères Cuntrera grandirent donc libres comme l'air. Ayant débuté, comme Leggio, en qualite de *gabellotti,* ils se montrèrent tout aussi cruels et avides, même s'ils étaient un tout petit peu moins prompts à tuer. Des vieux dossiers de police moisis signalent qu'ils se sont rendus systématiquement coupables de vols, extorsions, incendies volontaires, attentats à la bombe et de nombreux meurtres, crimes pour lesquels ils ont été périodiquement arrêtés et relâchés.

Les Cuntrera eux-mêmes, cependant, ressentirent le contrecoup du désastre de Ciaculli et quittèrent Siculiana tout de suite après, en 1963, échappant ainsi à une longue période de *soggiorno obbligato,* c'est-à-dire de relégation surveillée à l'intérieur du pays, système qui illustrait parfaitement l'impuissance des autorités italiennes à faire condamner la Mafia devant un tribunal [11].

Pour leurs pérégrinations à l'étranger, ils bénéficièrent de l'aide d'un excellent protecteur. Le patron de la province d'Agrigente, Don Giuseppe Settecase, était un homme très respecté. Il s'était rendu aux Etats-Unis pour la fameuse réunion d'Apalachin, à New York, afin de s'entretenir avec la famille Gambino, et au Canada pour une conférence avec les chefs locaux de la Mafia [12]. Ses *picciotti* avaient travaillé avec Lucky Luciano depuis les années 1950. Mieux encore, il régnait sur un coin du célèbre triangle de contrebande de drogue — Agrigente-Trapani-Palerme — où l'on passait de l'héroïne en fraude depuis le lendemain de la guerre. La police, toutefois, n'en sut rien avant des dizaines d'années. Les secrets de la Mafia étaient en sécurité à Agrigente, même après avoir été révélés — par un hasard incroyable — en 1974.

Cette année-là, au printemps, la police montée canadienne surprit et enregistra dans un bar de Montréal la fameuse conversation qui dévoila l'étroite structure hiérarchique de la Mafia (voir chapitre 4). L'échange, entre le patron de la Mafia à Montréal, Paul Violi, et un certain « Carmelo » qui arrivait d'Agrigente, porta en partie sur un neveu des Cuntrera, Giovanni Caruana. Carmelo réclamait pour ce dernier le droit de travailler à Montréal tout en vivant au Venezuela ; Violi dit non : « Vous autres en Italie avez de mauvaises habitudes... Il a adhéré à Siculiana, à présent il est au Venezuela ; imagine qu'il veuille retourner à Siculiana et puis qu'il veuille venir ici... Vous voulez agir à votre guise ici, mais chez nous c'est différent [13]. »

Le reste de la conversation exposait les règles selon lesquelles fonctionnait la Mafia sicilienne et sa structure, sa hiérarchie à travers l'île et sa chaîne de commandement tout entière pour la province d'Agrigente. Les Canadiens en firent parvenir une transcription à Agrigente, où elle végéta au fond d'un tiroir pendant les huit années suivantes. On la retrouva lorsque Don Giuseppe Settecase fut assassiné à l'âge de quatre-vingts ans, au cours de la grande guerre de la Mafia de 1981-83 [14].

Ce fut grâce à ce document que la police d'Agrigente put découvrir qui avait été à la tête de la Mafia dans sa province. Ses membres ne savaient pas que Don Giuseppe tenait ses réunions quotidiennes au vu et au su de la ville entière, en jouant aux cartes dans son café préféré ; ils l'avaient pris pour un vieux gâteux [15].

Les Cuntrera, formés sous l'œil paternel de Settecase, ne revinrent à Siculiana qu'une seule fois du vivant de celui-ci, à l'occasion d'un mariage de famille où on put les voir en jaquette et pantalon rayé, le cou ceint d'énormes cravates voyantes. A cette époque, le tribunal d'Agrigente avait renoncé à toutes poursuites contre le plus âgé des Caruana, Leonardo, le déclarant « désormais incapable de détourner le bien d'autrui par la force et la violence [16] ». En repartant, les Cuntrera firent don d'une forte somme à l'équipe de football locale et commandèrent la construction d'une villa d'un million de dollars, « à l'américaine ». Cet édifice laid et vide, qui rouille et se craquelle à l'air marin, se dresse aujourd'hui au sommet d'une hauteur, dominant le village et perpétuant le souvenir de leur présence.

En 1963, après avoir quitté Siculiana, les Cuntrera se rendirent d'abord au Brésil pour environ un an, puis ils partirent pour Montréal, où une branche de la Mafia avait été établie par Joe Bonanno (juste après la Seconde Guerre mondiale), puis dirigée par Carmine Galante. Désormais, les responsables étaient des vétérans triés sur le volet qui traitaient depuis des années avec Lucky Luciano et les trafiquants siciliens en Europe [17]. Cela dit, ils n'avaient aucune intention de laisser d'autres Siciliens s'immiscer dans leur organisation. On fit savoir aux Cuntrera et aux Caruana qu'ils devraient attendre la permission d'opérer au Canada, comme l'exigeait le protocole, mais ils ne l'entendaient pas de cette oreille.

Les heurts entre la Mafia de Montréal et sa nouvelle « faction sicilienne » ne se firent pas attendre. Il y eut d'abord une période d'assassinats sporadiques ; les Siciliens ne purent s'imposer qu'en assassinant le patron de Montréal, Paul Violi, en 1978. En dépit des nombreux éléments extérieurs qui travaillaient avec eux — mafiosi locaux, malfrats indépendants, Corses, Napolitains membres de la Camorra — c'étaient, de toute évidence, les Cuntrera et les Caruana qui dirigeaient les opérations. Dès 1970, ils étaient devenus « les plus gros exportateurs d'héroïne du Canada vers les Etats-Unis », a reconnu Buscetta qui passa un mois auprès des frères Cuntrera à Montréal, cet hiver-là [18].

La même année, à une date difficile à situer, les Cuntrera partirent s'établir au Venezuela, laissant derrière eux quelques Caruana pour tenir boutique. Montréal était désormais le débouché septentrional de la Mafia vers les Etats-Unis. Une fois qu'ils auraient Caracas bien en main, toute la côte est leur appartiendrait d'un bout à l'autre.

Le Venezuela est un superbe pays avec de profondes gorges s'enfonçant au milieu de hautes montagnes, de majestueuses chutes d'eau, d'épaisses forêts et des plages vierges de toute présence humaine. D'immenses zones du pays sont encore à l'état sauvage et le séduisant littoral est baigné par la mer des Caraïbes. Certaines îles qui constituent les refuges les plus sûrs de l'hémisphère occidental, par exemple Aruba et Curaçao, n'en sont qu'à deux pas. Medellin est à un peu plus de trois cents kilomètres vers l'est, de l'autre côté de la frontière colombienne. En outre, le pays est riche, jouissant de nombreuses ressources naturelles, notamment le pétrole et le fer. Les Vénézuéliens sont le peuple le plus prospère d'Amérique du Sud et parmi les plus libres.

Dans la capitale moderne, confortable, décontractée qu'était Caracas, les conditions étaient idéales pour les Cuntrera et leurs amis. Ils pouvaient se faire naturaliser presque à leur guise ou acheter une nouvelle identité à quelque fonctionnaire subalterne : pour la modique somme de cinq cents dollars, ils avaient droit à un certificat de baptême, un passeport et un permis de conduire en bonne et due forme. En tant que citoyens « naturalisés », ils n'étaient pas passibles d'extradition, selon la loi vénézuélienne.

En outre, il n'y avait aucun contrôle des changes. La vente et l'achat des dollars étaient parfaitement libres. Une fois changés en bolivars vénézuéliens, on pouvait les déposer dans les banques locales, s'en servir pour financer des compagnies fantômes, puis retirer ses capitaux, les changer à nouveau en devises étrangères et les exporter. D'ailleurs, pourquoi ne pas utiliser parfois ses dollars pour des investissements légitimes, car il y avait toutes sortes d'excellentes affaires à réaliser. Le Venezuela possède de superbes pâturages, surtout le long de la frontière colombienne, et il s'y construit par ailleurs des autoroutes, des barrages, des métros et des grands immeubles d'habitation. Caracas est une vaste métropole où foisonnent les gratte-ciel en verre et en acier, les échangeurs et les touristes qui hantent les boutiques la main au portefeuille.

Les Cuntrera se lancèrent dans les affaires sur une grande échelle, fondant des dizaines de firmes avec une équipe d'associés tout à fait fascinante. Officiellement couchés sur la liste des actionnaires, on trouvait Cichiteddu Greco, alias Renato Martino Caruso ; Antonino Napoli ; John Gambino, l'aîné des Gambino de Cherry Hill à Brooklyn et dans le New Jersey ; Giuseppe Bono, qui devait ensuite être le principal émissaire de la Mafia sicilienne à New York pour la « Pizza connection » ; Nick Rizzuto d'Agrigente, trafiquant de drogue renommé et futur chef de la « faction sicilienne » au Canada ; et enfin Nino Mongiovi, gendre de Paolo Cuntrera, que la DEA considère aujourd'hui comme un super-directeur du trafic pour les drogues de toutes sortes transitant par Miami[19].

Tout ce beau monde investissait dans l'immobilier, la construction, l'élevage de bétail, le conditionnement de la viande, l'agro-industrie, les meubles, la décoration intérieure, les agences de voyages, le pétrole, les casinos, l'eau, le gaz, les ventes de voitures, une fabrique de chemises, une autre de couvre-lit et enfin dans une flotte de bonne taille. Ils s'offraient mutuellement des sièges dans leurs divers conseils d'administration et l'on pouvait voir tous ces personnages débordant d'énergie, toujours armés de luxueuses serviettes, occuper d'élégants bureaux pour le compte de firmes aux noms passe-partout : Agropecuaria Gas Michelin ; Commercial Hoteleria ; Fabrica de Cubre-Camas Americanos ; Corporación del Mueble Ris Mari CA[20].

Les frères Cuntrera fondèrent, dans la région de Valencia au nord du pays, une gigantesque entreprise de construction, MAPLISA, et se mirent à bâtir tout le long de la côte ; trois de leurs hôtels — le Royal, le Terminus et l'Odéon — furent édifiés dans la Sabana Grande, en plein cœur de la zone marchande de Caracas.

Plusieurs associés optèrent pour le commerce du bétail, décision à la fois stratégique et rentable. Très souvent la cocaïne quitte la région en contrebande cachée dans le ventre des vaches, dans leur peau ou dans les camions de bétail qui franchissent la frontière ; le bétail, en effet, sent plus fort que la drogue. (En 1987, selon le directeur du comité anti-stupéfiants du parlement vénézuélien, quinze tonnes de cocaïne quittèrent le Venezuela à bord de tels camions[21].)

En 1971, John Gambino prit, avec sa femme et son cousin Erasmus, la direction d'un élevage de bétail dans l'Etat de Barinas près de la frontière colombienne[22]. La même année, Cichiteddu Greco et Nick Rizzuto s'associèrent avec Gaspare Cuntrera pour monter une énorme entreprise de bétail, Ganaderia Rio Zapa, toujours dans l'Etat de Barinas.

Antonio Napoli acquit lui aussi un grand ranch, spécialisé dans l'élevage, ainsi que plusieurs fabriques de lait en poudre. En 1976, à l'époque où Le Vien se démenait pour percer à jour le mystère des frères Napoli à New York, Antonino était occupé, selon un rapport, à expédier de l'héroïne vers le nord dans le ventre des vaches de son élevage et avait déjà amassé, disait-on, quelque cent millions de dollars[23].

En l'espace d'une décennie, les investissements du groupe Cuntrera-Caruana au Venezuela atteignirent la somme de quatre milliards de bolivars : soit, à l'époque, un milliard de dollars. Ce n'étaient pas d'habiles supputations qui avaient permis d'arriver à ce chiffre ; il était au contraire le fruit des calculs du service de renseignements vénézuélien, le DISIP, documents à l'appui. Bien que l'enquête eût été réclamée par le parlement alarmé, le rapport du DISIP ne fut jamais publié. Qui plus est, les passages les plus accablants disparurent purement et simplement. Pour finir, ce furent les deux intrépides députés qui les premiers avaient découvert ces faits accablants qui les révélèrent[24].

Sur le plan de la taille ou des capitaux, aucune entreprise légale du pays ne pouvait se comparer à l'empire des Cuntrera, et ce pour une bonne raison : ils obtenaient leurs capitaux de façon illégale, en se livrant aux occupations qui sont naturelles à tous les hommes d'honneur où qu'ils soient — le jeu, l'usure, l'extorsion, la prostitution. Toutefois, leur spécialité devint très vite le blanchiment des narcodollars. Ils disposaient de toutes les facilités nécessaires et il y avait énormément d'argent à blanchir.

Encore une décennie et un fleuve intarissable de dollars couleraient des Etats-Unis jusqu'à une quelconque petite banque de Montréal et de là partirait par télex tout autour du globe avant d'atteindre les Cuntrera à Caracas. Six ou sept caissiers passeraient une journée entière à compter les billets, véhiculés par porteurs spéciaux pour être déposés au Canada[25]. Des camionnettes bourrées d'argent liquide viendraient parfois s'arrêter devant la banque.

Les polices canadienne et italienne, lancées sur la piste d'une petite partie de ces narcodollars au cours d'une année — treize millions de dollars en 1981 — les suivirent d'une succursale de banlieue de la Montreal City and District Savings Bank, au Canada, à l'Union Bank de Horgen, en Suisse ; puis à la Banco di Credito Commerciale et Mobiliare, dans la même ville (où l'un des Caruana, Alfonso, avait un compte) ; ensuite à l'Union Bank of Switzerland, à Zurich ; puis à la Banco de Maracaibo dans le nord du Venezuela ; à la Banco Exterior à Caracas ; et enfin à la Banco República à Caracas. Une fois que l'argent avait franchi la frontière vénézuélienne, il n'était plus possible d'en suivre la trace[26].

Il semble évident aujourd'hui, si longtemps après les événements, que ce qui s'est passé au Venezuela au début des années 1970 donnait la clef du trafic d'héroïne mis sur pied par la Mafia sicilienne dans le monde entier. La cocaïne fut aussi toujours de la partie — en 1970, les mafiosi pouvait la revendre en gros à New York pour onze mille dollars le kilo, soit près de deux fois le prix qu'ils touchaient alors pour l'héroïne. Avant longtemps, cependant, cette dernière substance allait se vendre plus de deux cent mille dollars le kilo. Le marché de l'héroïne s'élargissait rapidement aux Etats-Unis — les mafiosi y veillaient — et c'était manifestement sur lui qu'ils concentraient leur attention.

Les activités des actionnaires du groupe Cuntrera le montraient clairement. John Gambino, regagnant les Etats-Unis, y devint le principal comparse des clans qui dominaient le consortium de l'héroïne à Palerme. Giuseppe Bono fut envoyé à New York pour représenter la Mafia sicilienne dans son entier (après avoir laissé à Gaspare Cuntrera une procuration dûment notariée pour faire fructifier son portefeuille d'actions). Nick Rizzuto regagna Montréal pour y parachever la prise du pouvoir par les Siciliens, et ce juste après que la *Cupola* sicilienne eut inauguré un véritable pipeline d'héroïne jusqu'à New York via Montréal[27].

Les Cuntrera étaient aussi en cheville avec l'autre branche officielle de la Mafia sicilienne, la branche brésilienne. Son patriarche en exercice, Antonio Salamone, multipliait les visites à Caracas. Les Cuntrera l'appelaient « Il Vecchio » et c'était, semble-t-il, un personnage redoutablement autoritaire. (« Comment avertir le Vieux ? Je ne peux pas aller le voir, il n'est pas là... il est en voyage », expliqua Paolo Cuntrera, très ennuyé, lorsque son frère Pasquale l'appela pour lui dire que leurs coups de téléphone en Italie étaient surveillés[28]. »)

Salamone, membre en congé de la *Cupola,* avait quitté clandestinement la Sicile, en 1974, après y avoir été accusé d'une avalanche de crimes et acquitté ; la police italienne le croyait mort. En réalité, il vivait paisiblement parmi les quatre millions d'habitants d'origine italienne que compte la bonne ville de São Paulo. Ce petit bout d'homme, timide et chenu, qui n'avait jamais récolté fût-ce une contravention était parfaitement inconnu de la police brésilienne.

D'autres liens fort complexes unissaient les Cuntrera aux forces nombreuses de la Camorra napolitaine à l'étranger. Les membres de cette organisation avaient tous la vocation et le génie de la contrebande. A l'instar de leurs homologues siciliens, on les retrouvait là où il y avait de l'argent — ce qui les mettait en contact non seulement avec les Cuntrera, mais avec pratiquement toutes les personnes mentionnées dans le présent ouvrage. Bien que les Camorristi eussent les mêmes activités que les hommes d'honneur, aux mêmes endroits qu'eux, les deux formations ne se bagarraient pas pour des histoires de drogue ; elles conjuguaient leurs efforts. Il n'y avait toutefois aucun doute quant à ceux qui commandaient. C'étaient les Siciliens.

Les Cuntrera avaient encore une autre ramification qui devait faire sensation à Scotland Yard lorsqu'elle apparut enfin au grand jour. En 1975, Liborio Cuntrera s'installa à Londres. Pour un peu moins d'un million de dollars, payé en liquide, il s'acheta une somptueuse demeure dans le Surrey, région de prédilection des agents de change, et fit discrètement son entrée à la City, centre bancaire de la capitale anglaise.

Jusqu'au milieu des années 80, date à laquelle il était mort depuis belle lurette et avait été rapatrié à Siculiana pour des funérailles dignes de lui, les autorités ne parurent pas s'apercevoir de sa présence à Londres et encore moins de ce qu'il était venu y faire. Durant les dix années qui s'écoulèrent, le public britannique fut affolé par le spectaculaire accroissement de la consommation locale d'héroïne. Les quantités de drogue saisies en Grande-Bretagne passèrent de vingt à deux cent vingt kilos : selon le système empirique de la multiplication par dix, appliqué par les agents des stupéfiants partout dans le monde, cela représentait un afflux de plus de deux tonnes. Le nombre d'héroïnomanes monta à une centaine de mille peut-être — on manque de statistiques fiables – et continuait une croissance exponentielle de vingt-cinq pour cent par an. Les quantités de cocaïne saisies passèrent, quant à elles, de sept à plus de cent dix kilos et augmentaient elles aussi de vingt-cinq pour cent par an. (Le chiffre était de quatre cent quatre-vingt-trois kilos pour la seule seconde moitié de 1987[29].) Les stupéfiants étaient devenus pour les Britanniques un problème terrifiant.

Il était tentant de blâmer les petits trafiquants et dans les milieux dirigeants beaucoup ne s'en privèrent pas ; dans les années 1980, les passeurs apportant chacun un ou deux kilos — Pakistanais, Indiens, Vietnamiens, Ghanéens, Nigériens — avaient envahi le pays comme une colonie de fourmis, mais ces gens-là ne sont que les mulets du trafic de drogue. Il est inconcevable qu'ils aient pu introduire et *distribuer* les énormes quantités d'héroïne et de cocaïne qui servirent d'abord à accrocher, puis à alimenter la population de drogués britanniques.

La Mafia ne vint pas s'installer à Londres vers le milieu des années 1970 pour le simple plaisir de vendre à la sauvette quelques kilos de drogue. Les Cuntrera et les Caruana coordonnaient le trafic : ils approvisionnaient le marché national ; finançaient de colossales transactions internationales ; utilisaient le Royaume-Uni comme un refuge sûr pour blanchir des millions de dollars et comme un port où ils pouvaient librement procéder au transbordement d'héroïne arrivant du Triangle d'or asiatique pour être acheminée jusqu'en Amérique du Nord.

Même après en avoir eu les preuves incontestables, les instances officielles britanniques semblaient ne pas vouloir ou ne pas pouvoir comprendre le fait que la Mafia sicilienne était victorieusement — pour ne pas dire triomphalement — parvenue à envahir leur pays. Certains des meilleurs policiers d'Italie s'efforcèrent à de multiples reprises d'expliquer la situation à leurs homologues londoniens[30]. Ils rentrèrent chez eux perplexes, exactement comme moi après une agréable journée passée auprès du coordinateur du National Drugs Intelligence de Scotland Yard, Colin Hewett. « La Mafia a bien essayé de s'imposer en force avec des casinos, George Raft et toute cette bande, mais nous y avons mis le holà. Il n'y a pas d'histoires de

Mafia ici », m'assura Hewett, juste après la capture du principal lieutenant de Liborio Cuntrera, à l'occasion de la plus grosse saisie d'héroïne jamais enregistrée en Grande-Bretagne[31]. Peut-être Hewett avait-il entendu parler du complexe réseau criminel monté par Cuntrera à Londres, mais il ne sembla guère s'y intéresser durant l'interview qu'il m'accorda.

Pourtant, Scotland Yard avait été averti du danger d'une invasion mafieuse dès 1974, par le chef de sa propre brigade contre le crime organisé international. Le Detective Chief Superintendent Harry Clement, aujourd'hui retraité, avait soumis une thèse à cet effet lors d'un stage de recyclage, mais cela ne l'avait mené à rien. « Le professeur m'a dit qu'il n'y comprenait rien et mes supérieurs n'ont rien dit ni rien fait », déclara-t-il par la suite au *Daily Express*[32].

Lorsque Cuntrera vint s'installer à Londres, l'équipe de Clement ne comptait que six hommes. Ils firent de leur mieux pour surveiller les mouvements de l'organisation à travers l'Europe. Cherchant les raccourcis, les hommes de Clement court-circuitèrent Interpol et les habituelles voies diplomatiques pour se tenir en contact direct avec leurs homologues de la Sûreté à Paris, de la BKA (Bundeskriminalamt) en Allemagne et du FBI. Malheureusement, l'équipe de Clement fut dissoute avant d'avoir pu faire grand-chose et Liborio Cuntrera put poursuivre ses activités en toute liberté.

Il établit une importante nouvelle branche du système de blanchiment d'argent pour l'Europe entière, par l'entremise de fausses sociétés à Londres, ayant à leur tête chaque fois que c'était possible de complaisants hommes de paille britanniques. Le système était ingénieux et permit au bout d'un certain temps de sortir des centaines de millions de dollars blanchis. L'une des méthodes utilisées était la suivante :

En 1976, un trafiquant sicilien, Michelangelo Aiello — ancien maire de Bagheria, banlieue de Palerme — fonda une société d'import-export, IDA (Industria Derivati Agrumi). Ses clients britanniques étaient représentés par un homme d'affaires de la City, un certain Raymond Michael Kingsland, qui dirigeait au Royaume-Uni une firme appelée Bandolera Compania Naviera. Les autres fausses entreprises faisant affaire avec IDA en Grande-Bretagne avaient nom Kaymaritime, Laymaritime, Versola et Amar. Par le truchement de l'une ou de l'autre, Kingsland commandait à IDA des oranges et des citrons, pour lesquels des factures arrivaient ponctuellement, ce qui n'était pas le cas des cargaisons fictives. Kingsland réglait ces factures par une série de curieuses manœuvres. Il virait de l'argent de son propre compte à la Banco Nazionale del Lavoro à Palerme à un autre compte qu'il possédait à la Lloyd's à Londres. Puis il donnait à la Lloyd's l'ordre de faire parvenir cette somme à un compte au nom d'Aiello en Suisse — à la Kredit Privat Bank à Lugano ou à l'Unione di Banche Svizzere à Bellinzona. Après quoi Aiello priait l'établissement suisse de bien vouloir envoyer l'argent par télex à sa banque de Palerme.

Le plus curieux de l'affaire, c'est que c'était Aiello lui-même qui déposait la somme originale sur le compte que possédait Kingsland à Palerme. Le Sicilien payait donc de sa poche, semblait-il, ses propres oranges et citrons inexistants. En réalité, il déposait des dollars « sales », apportés par valise de New York, et les récupérait blanchis[33].

Aiello, qui blanchissait jusqu'à des douze millions de dollars par an de cette façon, n'était qu'un comparse parmi tant d'autres. On découvrit qu'environ cent vingt sociétés fictives de cet acabit avait extorqué, pour le compte de la Mafia, quelque trois cent cinquante millions de dollars de subventions pour les agrumes à Italtrade, la branche financière du fonds pour le Mezzogiorno (le midi)[34]. Une somme au moins égale, sinon largement supérieure, fut soutirée au Marché commun, pour « détruire » un imaginaire « surplus » de fruits. Lorsqu'un juge italien finit par inculper Aiello, parmi ses cinquante-trois coaccusés figuraient plusieurs grands noms du gang de la « Pizza connection » — notamment Salvatore Catalano de Knickerbocker Avenue et Filippo Casamento de la société Eagle Cheese.

L'opération londonienne connut une expansion rapide après l'arrivée de Liborio Cuntrera. Deux fils Caruana, Pasquale et Alfonso, prirent l'habitude de faire la navette entre Montréal, Londres et la Suisse, tandis que leur père faisait des séjours prolongés à Palerme. Avant longtemps, les Caruana s'installaient à leur tour en Grande-Bretagne. Alfonso paya près d'un million de dollars en liquide pour acquérir Broomfield Manor, une somptueuse propriété à Godalming dans le Surrey, cernée de murs hauts de près de trois mètres. Pasquale, quant à lui, versa huit cent mille dollars pour une autre propriété avec piscine couverte, dans le village voisin de Hook Heath, près de Woking. Les frères commandèrent des BMW et des Mercedes 500 SL en Suisse, où Alfonso acquit en outre une villa au bord du lac de Lugano, commodément située à Melide, à deux pas de Lugano, grand centre bancaire aux confins de l'Italie[35].

En 1976, un compatriote d'Altofonte, petite ville à mi-chemin entre Palerme et Corleone, vint les rejoindre. Il s'appelait Francesco Di Carlo et c'était un expert du trafic de drogue.

Plusieurs autres hommes d'honneurs dérivèrent en direction de

Londres dans le sillage de Di Carlo. Les poches bourrées d'argent liquide — il s'agissait des revenus locaux de leurs activités —, ils investissaient dans les hôtels, les restaurants, un bar à vin à Streatham, trois agences de voyages, un magasin d'antiquités, un sex-shop et deux sociétés maritimes enregistrées dans les îles anglo-normandes. (Di Carlo se paya d'ailleurs une Ferrari de cinquante mille dollars.) Pour le reste, ils établirent une chaîne de sociétés d'import-export bidon.

A Londres, ils jouissaient des privilèges accordés aux membres du Commonwealth britannique. Il faut savoir, en effet, que les cargaisons en transit entre deux pays membres du Commonwealth ne sont pas contrôlées par les douanes britanniques et que les cargaisons expédiées au Canada depuis la Grande-Bretagne ne risquent guère d'éveiller de soupçons. Par conséquent, en quittant la Thaïlande, l'héroïne, dissimulée dans des meubles en tek, partait en Inde et de là en Grande-Bretagne ; sur les caisses, des étiquettes précisaient que la marchandise devait faire l'objet d'un transbordement sur un navire à destination du Canada. Une société fictive à Londres se chargeait de la réexpédition. Il suffisait de changer les étiquettes pendant que la cargaison attendait sur les docks d'entreprendre la dernière étape de son périple. Lorsqu'elle atteignait Montréal, la provenance indiquée n'était plus la Thaïlande, mais la Grande-Bretagne.

Personne ne sait quelles quantités d'héroïne furent ainsi écoulées grâce au pipeline Montréal-New York, et encore bien moins combien de drogue le gang Cuntrera-Caruana introduisit au Royaume-Uni pour la consommation locale. Ses membres œuvrèrent dans une obscurité dorée pendant dix bonnes années avant de se faire seulement remarquer.

Ce qui mit finalement la puce à l'oreille de la police britannique fut l'arrestation de Francesco Di Carlo et de trois de ses complices pour un transbordement de soixante kilos d'héroïne à destination de Montréal en 1984. Selon Scotland Yard, Di Carlo était « un patron envoyé de Palerme en 1976 pour contrôler les intérêts financiers de la Mafia en Grande-Bretagne [36] ».

Lorsque Di Carlo et ses trois complices furent enfin jugés et condamnés, en 1987, les quatre cinquièmes de l'héroïne qui s'écoulait par le pipeline britannique restaient en Grande-Bretagne pour satisfaire les besoins des drogués locaux [37]. Les trafiquants siciliens dominaient toujours le marché, avec peut-être une cinquantaine d'hommes, appartenant aux échelons supérieurs de la hiérarchie, en place dans tout le Royaume-Uni. Comme le fit remarquer le juge Falcone, à Palerme : « L'opération de Di Carlo n'était qu'une partie d'un tentacule de la pieuvre[38]. » Le gang Cuntrera-Caruana à Londres était aussi, selon certains rapports, occupé à « financer et distribuer » un trafic de cocaïne se chiffrant par millions de livres sterling, la marchandise étant fournie par ses associés colombiens de longue date ; quant à son réseau de blanchiment d'argent il allait de Londres aux Iles Vierges, en passant par New York, Lisbonne, Vienne, Hong Kong et Tokyo[39].

La société avait bien des méfaits à reprocher aux Cuntrera, mais il était peu vraisemblable que le gouvernement vénézuélien leur demandât un jour de rendre des comptes. C'était à la Mafia à Palerme qu'ils risquaient d'avoir affaire. Curieusement, si l'on songe à certaines de leurs fréquentations, ils n'avaient pas non plus de soucis à se faire de ce côté-là.

Peu d'hommes d'honneur étaient aussi habiles quand il s'agissait de se maintenir au-dessus de la mêlée. Alors que tant d'autres mafiosi adhéraient à l'une ou l'autre des factions de Cosa Nostra — les vieux ou les jeunes, les nantis ou les non-nantis, les Palermitains ou les provinciaux de Fouillis-les-Oies — les Cuntrera traitaient avec tout le monde. Plus particulièrement, ils furent suffisamment avisés pour se concilier les bonnes grâces de Luciano Leggio.

Le patron des Corléonais était resté tapi en coulisse pendant que les préparatifs de la grande entreprise de l'héroïne allaient leur train. Les routes mises au point, les marchés conclus avec les Corses, les réseaux de blanchiment de l'argent, les hommes en place de Montréal et Brooklyn jusqu'à Mexico, São Paulo et Caracas, rien de tout cela ne lui appartenait, pas encore. Il ne commença à se manifester qu'au milieu des années 1970.

L'une de ses premières manœuvres stratégiques fut d'envoyer Francesco Di Carlo rejoindre Liborio Cuntrera à Londres. Car Di Carlo, en revanche, lui appartenait corps et âme. Il n'y avait pas eu de famille mafieuse à Altofonte, la patrie de Di Carlo, jusqu'au jour où les Corléonais en créèrent une. En expédiant ce trafiquant émérite au numéro deux de la dynastie Cuntrera, à Londres, Leggio faisait connaître ses prétentions. Et, de façon caractéristique, il le fit au moment où presque tout le monde, tant dans l'univers mafieux qu'à l'extérieur, le croyait fini : il avait déjà été arrêté, jugé et condamné à la réclusion à perpétuité.

8.

Le mouron rouge de Corleone

Don Luciano Leggio, fugitif depuis un quart de siècle, si l'on peut dire, fut finalement emprisonné pour de bon en mai 1974. Lorsqu'on l'escorta hors d'un luxueux appartement au dernier étage d'un immeuble milanais pour le conduire jusqu'au panier à salade qui attendait en bas, il sourit, salua la foule de la main, fit des courbettes et posa jovialement pour un essaim de photographes et cameramen. Il était devenu l'antihéros du pays — la presse l'appelait le mouron rouge de Corleone — et il s'apprêtait à jouer un dernier tour sublime à l'Etat italien.

En 1974, Don Luciano était devenu le symbole de tout ce qui clochait dans la justice italienne en ce qui concernait la Mafia. Il avait bafoué la loi plus souvent et de façon plus scandaleuse que tout autre homme d'honneur en Italie. Les tribunaux l'avaient jugé et acquitté pour de multiples meurtres avec une déprimante régularité : onze fois, la plupart par contumace, ce qui ne représentait qu'une faible fraction des meurtres dont il était effectivement coupable. Il paraissait impossible de l'attraper, alors qu'il vivait dans les quartiers opulents et se déplaçait en Rolls Royce ; et si d'aventure on le pinçait, on ne parvenait pas à le garder sous les verrous.

A présent qu'on l'avait enfin mis définitivement à l'ombre, il allait montrer à quel point les barreaux de prison avaient peu de chances d'arrêter un homme de sa trempe. Il avait l'argent, les hommes, les alliances et l'immense autorité qui pouvaient lui permettre de prendre le contrôle de la Mafia sicilienne depuis sa cellule.

N'importe quel détenu ayant quelques ressources intérieures peut se projeter hors de sa cage. Les criminels les plus ordinaires le font dans le monde entier. Plusieurs patrons de la Mafia américaine sont parvenus à mater leur famille pendant des années depuis le pénitencier fédéral. La Camorra napolitaine avait d'ailleurs été créée au XVIIIe siècle par des prisonniers, des illettrés abandonnés de tous, dont la confrérie secrète pouvait récompenser et punir, voler, faire chanter et tuer à distance, terroriser Naples tout entière et dicter sa loi aux princes qui la gouvernaient. Et Leggio lui-même n'aurait pu rivaliser sous ce rapport avec un de ses contemporains napolitains qui a passé en prison la quasi-totalité de sa vie d'adulte. Reconnu coupable de meurtre à la fin des années 1950, Don Raffaele Cutolo ressuscita la défunte Camorra, avec l'aide de ses codétenus, et la transforma en Nuova Camorra Organizzata, encore plus meurtrière que l'ancienne, qu'il dirigea de sa prison au cours des trente années suivantes.

Cependant, alors que la puissance de Cutolo s'étendait à une seule ville, Leggio tentait d'acquérir de haute lutte un empire dispersé à travers deux continents. Bien que le vieil establishment mafieux fût toujours aux commandes, Leggio avait sur beaucoup de chefs de la vieille garde un avantage stratégique : après l'attentat de Ciaculli en 1963, il était resté au pays lorsque eux-mêmes s'étaient réfugiés à l'étranger. Quoique emprisonné quelque temps à cette date, il avait néanmoins réussi à s'introduire plus profondément à Palerme avec son clan de Corléonais, à gagner à sa cause des alliés dans les autres provinces et à s'infiltrer enfin au sein de la *Cupola.* En outre, ses démêlés avec la justice avaient fait de lui une légende — un « cerveau » criminel, capable de berner tout le monde et de tout se permettre, emprisonné ou non.

La première arrestation de Don Luciano remontait à 1964. Lorsque la police vint le cueillir, il lisait dans son lit. *Guerre et paix,* de Tolstoï, était posé sur sa table de chevet, à côté d'un livre de prières et de *La critique de la raison pure* de Kant. Il ne se donna même pas la peine de sortir son revolver de son tiroir.

La maison où s'était réfugié Leggio, à deux cents mètres à peine du commissariat de Corleone, était encerclée par une véritable armée de policiers et de carabiniers. Deux hommes qui se disputaient sa capture firent irruption dans sa chambre à coucher. A l'un, colonel des carabiniers, Leggio accorda une courtoise accolade : « Vous m'avez combattu honorablement et méritez de vaincre honorablement. » A l'autre — l'inspecteur Angelo Mangano de Palerme, son ennemi juré qu'il exécrait — il décocha un regard flamboyant de haine. « Ta mission est terminée », murmura-t-il. Peu après, Mangano fut abattu et n'en réchappa que de justesse[1].

Don Luciano n'était pas bien portant. La pièce était constellée de fioles, pilules et seringues. On apercevait sous son pyjama un lourd corset de cuir, destiné à soutenir sa colonne vertébrale rongée par le mal de Pott ; un corset de rechange, en argent, était posé un peu plus loin. « Que pouvez-vous bien me vouloir ? Je commence à me faire vieux, lança-t-il d'une voix presque gaie en se levant péniblement. (Il n'avait même pas quarante ans.) Si vous avez l'intention de me garder en vie, il faudra me loger quelque part au soleil. J'ai besoin d'énormément de soleil[2]. »

Cela faisait des mois qu'il se cachait dans cette demeure, soigné et dorloté par une femme dont il avait tué le fiancé seize ans auparavant : l'homme en question était l'unique syndicaliste de Corleone, Placido Rizzotto. Jadis, cette femme avait juré de manger le cœur du meurtrier. A présent, elle peignait ses cheveux en pleurant.

Deux robustes carabiniers durent presque porter le prisonnier malade au rez-de-chaussée. Une foule de journalistes était venue assister à son départ pour Palerme et un photographe grimpa dans l'ambulance à sa suite. D'un coup de pied, Leggio, allongé sur une civière, envoya voltiger son appareil photographique, puis il ordonna au chauffeur de démarrer[3].

Nous voilà débarrassés du dernier *mammasantissima,* pensèrent bien des gens en voyant se refermer sur Leggio les lourdes portes de la prison de l'Ucciardone à Palerme. Les médecins ne lui donnaient que quelques années à vivre. Recherché pour quinze meurtres différents, il les passerait sûrement toutes en prison.

Pour autant qu'en sussent les enquêteurs, Leggio, à l'instar de ses collègues mafiosi, n'avait guère eu d'activités juste avant sa capture. Tous ceux qui n'étaient pas morts ou en prison étaient à l'étranger ou en fuite. Mis à part quelques coups de couteau ou de feu pour des raisons personnelles — jalousie, adultère, séduction —, on ne se faisait presque plus tuer à Palerme. La ville connaissait sa période la plus paisible depuis la fin de la guerre. Depuis que la voiture piégée de Ciaculli avait déchiqueté sept carabiniers en juin 1963, on n'avait discerné aucun mouvement criminel. Les informateurs de la police assuraient que l'organisation avait été dissoute. Par la suite, Tommaso Buscetta devait affirmer qu'à cette époque la Mafia aurait bel et bien pu être liquidée, si les tribunaux avaient été à la hauteur. L'Italie, ajouta-t-il, avait eu là sa dernière chance.

A l'époque de la capture de Leggio, les prisons étaient déjà bondées de complices à lui. Près de deux mille suspects avaient été arrêtés entre juin et décembre 1963. Le *capo di tutti cappi,* Don Giuseppe Genco Russo en personne avait été épinglé.

Ce fut peut-être l'unique moment du siècle où les adversaires de la Mafia parurent en mesure de s'imposer. Les hommes d'honneur siciliens étaient honnis de la population. La moitié d'entre eux avaient quitté le pays, attendant de voir comment la justice italienne traiterait l'autre moitié. Pour une fois, les Siciliens ordinaires semblaient prêts à abandonner leur méfiance séculaire, à condition que Rome fût en mesure de prouver qu'elle pouvait tenir la Mafia en échec. Rome, de son côté, semblait disposée à faire abstraction des données politiques et à résister. Le procureur général de Palerme déclara que la Mafia était un « phénomène pathologique » et promit d'enfoncer en son sein « le scalpel cautérisant du chirurgien[4] ».

Le préfet de fer de Mussolini, Cesare Mori, s'était exprimé dans des termes presque analogues, mais ses tribunaux fascistes avaient sombré dans la magouille. A présent, le défi était réel. C'était la première fois qu'une société libre, où que ce fût, se préparait à poursuivre sérieusement la Mafia en justice par les voies légales, ce qui signifiait qu'un mafiosi avait devant ses juges les mêmes droits que n'importe qui. Sauf preuve convaincante du contraire, on partait du principe qu'il disait la vérité. Impossible de le condamner sur des ouï-dire, des tuyaux anonymes, des concours de circonstances plus ou moins douteuses ou d'habiles supputations. Si l'on transgressait ces règles pour un accusé de la Mafia, on les transgressait pour tout le monde.

Malheureusement, la stricte application de la loi se révéla calamiteuse. A peine les grands procès des années 60 eurent-ils commencé que les témoins revinrent sur leurs déclarations ou disparurent. Des preuves matérielles enfermées à double tour se volatilisèrent. Il fut impossible de faire tenir debout des accusations fondées sur des années d'enquêtes laborieuses. Juges et jurés furent menacés physiquement et terrassés politiquement. On pouvait sans dommage s'en prendre aux fantassins de la Mafia, dont il était toujours loisible de se passer, mais une phalange solidement soudée de politiciens formait un bouclier autour des chefs de la trempe de Leggio : c'est-à-dire les hommes d'honneur capables de faire et de défaire les présidents de banque, les hauts fonctionnaires, les députés et sénateurs, et jusqu'aux gouvernements.

Ainsi, lorsqu'il comparut dans les procès des années 1960, Don Giuseppe Genco Russo, par exemple, fit passer un frisson d'inquiétude parmi tout le gratin de l'île. Le suzerain de la Mafia sicilienne était peut-être adipeux, sale, violent et vulgaire — il n'hésitait pas à cracher par terre en présence de n'importe qui —, mais il n'en était pas moins universellement recherché et flagorné. En arrivant devant ses juges, il présenta une pétition signée par sept mille éminents citoyens de Mussomeli, sa ville natale, politiciens, prêtres, banquiers, médecins, avocats et négociants, réclamant l'honneur de témoigner en sa faveur. « Il Signor Cavaliere Genco Russo jouit de la plus haute estime de notre population… Il a consacré sa vie entière à notre bien. Il nous a donné un modèle de probité et de droiture », pouvait-on lire. Pour enfoncer le clou, son avocat menaça de publier des télégrammes émanant de trente-sept députés démocrates-chrétiens — dont un ministre — remerciant le *capo di tutti capi* de les avoir aidés à se faire élire[5].

Comme toujours, dans des affaires aussi délicates, les Italiens guettaient les signaux en provenance du Palazzo, le haut commandement sans voix et sans visage de la classe dirigeante de leur pays. Les signaux en question sont énigmatiques, mais rarement mal interprétés : une remarque en passant à la presse, quelques mots attendus qu'on ne prononce pas, une présence ministérielle accordée ou refusée. Les juristes savent quand le Palazzo veut vraiment aller de l'avant ou enfiler ses semelles de plomb. (L'Italie n'a d'ailleurs rien d'exceptionnel sous ce rapport.) En l'occurrence, le Palazzo permit aux procès contre la Mafia de se dérouler et voilà tout. Il n'y eut de sa part aucune marge urgente d'engagement d'un côté ou de l'autre. Chacun comprit que les tribunaux devraient se débrouiller tout seuls.

Dans les années 60, l'Italie n'avait pas encore de *pentiti,* de repentis, pour aider le ministère public et rien n'était fait pour y inciter quiconque : pas de circonstances atténuantes en échange d'aveux, pas de remise de peine contre des informations, aucune mesure pour la protection des témoins. Il y avait même peu de chances d'être écouté d'une oreille bienveillante, car on nageait encore en pleine incrédulité quant à la véritable nature de la Mafia. Un témoin à charge passait bien souvent pour un menteur et un détraqué, en plus d'un vendu, avant d'écoper d'une balle dans la tête.

(En 1973, un modeste homme d'honneur du nom de Leonardo Vitale essaya vainement d'expliquer à un tribunal italien plus que sceptique ce qu'était Cosa Nostra ; il fut le premier adhérent sicilien à le faire. Il témoigna sur son code et sa structure, ses réunions, ses méthodes et ses crimes abominables. Et il cita les noms de ceux qui étaient en passe de devenir les dirigeants les plus sinistres de l'organisation, à savoir ses coaccusés, les hommes de Luciano Leggio. Parmi eux, on distinguait tout spécialement Giuseppe « Pippo » Calò, qui devint ensuite le trésorier de la Mafia et l'un des complices les plus proches de Leggio. Le tribunal acquitta tous les accusés et expédia Leonardo Vitale dans un asile réservé aux déments criminels. Il en sortit en 1984 et fut abattu dans les rues de Palerme quelques semaines plus tard[6].)

On put constater que le fait de traîner la Mafia en justice dans de telles conditions était non seulement inutile, mais nocif. Au cours d'une succession de procès à grand spectacle, dans lesquels s'affrontaient Leggio et les autres grands patrons d'une part et l'Etat de l'autre, la loi finit par devenir la complice de la Mafia.

Le premier de ces procès, en 1967, fut la première grande affaire de drogue portée devant les tribunaux où que ce fût dans le monde. Leggio, bien qu'il fût toujours détenu avec ses complices, n'était pas assis au banc des accusés ; à cette date, il n'avait pas encore joué un grand rôle dans le trafic de drogue. Cependant, le résultat des débats devait être crucial pour le consortium de l'héroïne dont il allait prendre la tête dans les années à venir.

Le juge d'instruction avait suffisamment d'atouts en main (croyait-il) pour anéantir le réseau. Ses informations remontaient à la fin des années 50, à l'époque où les principaux suspects — parmi lesquels Cichiteddu Greco et Buscetta — avaient été soumis à une étroite surveillance. Le magistrat s'était rendu aux Etats-Unis pour y recevoir la déposition de Joe Valachi, et de volumineux rapports de police, dont un fort long sur la réunion au sommet du Grand Hôtel des Palmes, distendaient ses dossiers.

Le juge inculpa tous les hommes encore en vie qui avaient discuté la concession de l'héroïne à cette occasion. (Lucky Luciano, pour la plus vive contrariété du magistrat, était mort.) Tous les délégués américains étaient cités, même si aucun ne fut frappé d'extradition : Joe Bonanno, Carmine Galante, John Bonventre, les Maggadino, Santo Sorge. Quant au contingent sicilien, il était lui aussi désigné au grand complet, à commencer par Don Giuseppe Genco Russo[7]. Ils étaient tous accusés de « menées criminelles visant à les enrichir, n'hésitant pas à tuer et kidnapper, ainsi qu'à organiser la distribution de stupéfiants expédiés aux Etats-Unis via la Sicile ». A l'automne de 1968, tous sans exception furent acquittés « faute de preuves[8] ». Il n'y eut plus de grand procès pour trafic de drogue en Italie avant 1983.

Toutefois, la confrontation ne tourna véritablement au désastre qu'en décembre 1967, à l'occasion d'un procès différent durant lequel Leggio fit sa première et bruyante apparition dans l'enceinte d'un tribunal. Cela faisait trois ans qu'il était en prison — détention préventive qui a depuis été abolie — et il passait enfin en jugement après vingt-cinq années de vols et de meurtres impunis. L'affaire, surnommée le « Procès des cent quatorze », fut une authentique bagarre entre la Mafia et les autorités judiciaires, que la presse baptisa « l'impossible guerre ».

Le juge d'instruction, Cesare Terranova, figurait parmi les

hommes de loi les plus remarquables qui eussent osé défier la Mafia en Sicile. Il s'attaqua au tout-venant des mafiosi — aux *mammasantissima* les plus réputés comme aux tueurs les plus abjects ou aux patrons ayant les relations les plus huppées à Rome. Et sa cible de prédilection ne fut autre que Luciano Leggio.

Les deux hommes incarnaient à merveille la lutte dramatique entre une société civilisée et les criminels terroristes qui la mettaient au pillage. Parmi les bandits siciliens, Leggio n'avait pas son pareil dans le double rôle d'épouvantail et de prédateur. Terranova qui avait consacré sa vie à combattre la Mafia en justice et au parlement était l'homme qu'il haïssait et redoutait par-dessus tous.

Le magistrat était aussi pur Sicilien que Leggio, né avec la même mémoire raciale, produit par la même histoire tourmentée, animé par le même patrimoine ethnique, pour devenir la parfaite antithèse de Leggio — il était de ces Siciliens qui sauvent la réputation de leur peuple. Cet homme à l'embonpoint plein de dignité, aux traits volontaires et au regard limpide et direct, ressemblait au daguerréotype de quelque ancien et bien-aimé héros du Risorgimento. C'était, en tout cas, un juriste distingué, largement en avance sur son temps, possédant un esprit inhabituellement lucide et des principes inflexibles. Il n'était nullement dupe du folklore ; il n'était pas, comme tant d'autres, mi-fasciné, mi-dégoûté, par cet ordre clandestin ancien et mystérieux. Il ne croyait à aucun des mythes de la Mafia et surtout pas à son immunité face à la loi.

Après plusieurs années en poste dans la ville fort mafieuse de Marsala, Terranova avait, en 1964, expédié en prison, individuellement ou par petits groupes, une cinquantaine de mafiosi appartenant pour la plupart aux échelons inférieurs. Cela se faisait un peu partout, et c'était à peu près aussi efficace qu'une tapette contre les mouches. L'éternel problème était de trouver le moyen d'atteindre ceux qui dirigeaient les opérations, les intouchables. Or, à présent, à Palerme, ils se trouvaient enfin aux mains de la police, depuis Leggio jusqu'au plus humble malfrat.

Le 31 mai 1965, le juge Terranova avait signé un mandat d'inculpation qui expédiait en bloc cent quatorze mafiosi devant un jury. En réalité, il s'agissait ni plus ni moins du procès de la Mafia, le premier qui ait authentiquement eut lieu dans les annales de la justice mondiale. L'Italie n'avait pas encore mis Cosa Nostra hors la loi, mais il y avait une loi contre « la délinquance organisée ». Terranova estima qu'il était temps de donner des noms. La nation devait « voir le phénomène tel qu'il est... La Mafia, c'est la délinquance organisée et le mafioso est un délinquant », écrivit-il dans son acte d'accusation.

La Mafia, c'est l'oppression, l'arrogance, la coercition, l'avidité, l'enrichissement illicite, le pouvoir et l'hégémonie sur tous et contre tous. Ce n'est pas un concept abstrait, ni un état d'esprit, ni un euphémisme littéraire... C'est une organisation criminelle régie par des lois orales, mais néanmoins rigides et inexorables... qui contamine l'Italie entière... avec la tolérance et même l'acquiescement passif des organes de l'Etat.

Le mythe d'un homme d'honneur courageux et généreux doit être détruit, car un mafioso, c'est exactement le contraire. Le mafioso poignarde dans le dos, quand il est sûr que sa victime est à sa merci. Il est prêt à s'abaisser à n'importe quelle compromission pour échapper au danger.

Fort de sa certitude que personne n'osera l'accuser, que des influences occultes et haut placées interviendront en sa faveur, le mafioso devient hautain et content de lui, plein de défiance et de suffisance — tant qu'il n'est pas touché par une application sévère et juste de la loi[9].

Plus d'une centaine des mafiosi les plus hautains et les plus suffisants allaient désormais avoir affaire à des juges et à des jurés. Si ces hommes avaient été traités de façon sévère mais juste, leur organisation tout entière aurait peut-être vu sa progression retardée de vingt ans. En l'occurrence, elle devait gagner dans l'affaire vingt bonnes années de tranquillité, et même plus.

Ces hommes étaient ceux qui mirent sur pied le gigantesque réseau d'héroïne, à partir de la fin des années 1960. Luciano Leggio, Tommaso Buscetta et Cichiteddu Greco figuraient dans l'acte d'accusation en qualité de « promoteurs et dirigeants » de l'organisation criminelle. Parmi les autres accusés, on retrouvait Angelo La Barbera, l'ancien protecteur de Buscetta ; Pippo Calò, futur trésorier de la Mafia et ambassadeur clandestin à Rome ; Gaetano Badalamenti, futur chef de la Pizza connection ; Salvatore Catalano de Knickerbocker Avenue ; Antonio Salamone, futur patriarche de la Mafia à São Paulo ; Gerlando Alberti, « l'infatigable représentant en textiles » de Buscetta, qui devait ultérieurement superviser une douzaine de raffineries d'héroïne en Sicile ; et de nombreux autres en passe de devenir des vedettes de la pègre.

Etant donné qu'on ne savait encore rien de leurs activités à l'étranger, ils n'étaient accusés que des crimes commis en Italie même. Les inculpations, qui couvraient deux cent vingt et une pages, remontaient pour les plus anciennes à 1957 : extorsion, rapt, vol, trafic de drogue, contrebande de tabac, massacre public (la bombe de Ciaculli), meurtres multiples pour « des motifs cruels et abjects » et « délinquance organisée ».

Les débats eurent lieu dans la ville calabraise de Catanzaro, sur le

« continent ». (La Sicile n'était pas jugée assez sûre.) Quatre salles de classe et un gymnase avaient été transformés en salle d'audience, surveillée par cinq cents carabiniers. Les accusés étaient assis dans une gigantesque cage placée au centre. Vingt-cinq hommes qui avaient réussi entre-temps à quitter le pays — dont Buscetta, Greco, Badalamenti et Catalano — furent jugés par contumace [10]. Les débats durèrent plus d'un an. Le seul et unique procureur avait en face de lui cinquante avocats assurant la défense des accusés. Une seule famille de victimes de la Mafia se porta partie civile : les parents du capitaine Mario Malausa, l'un des sept carabiniers pulvérisés par la bombe de Ciaculli. Aucun ministère n'avait envoyé le moindre observateur, ce qui exprimait la position du Palazzo. Aucun des politiciens cités dans les débats ne fut appelé à la barre des témoins.

Sur cent quatorze inculpés, il y eut cent quatre acquittements. La poignée de condamnations ne fit que souligner ce que ce triomphe de la Mafia avait d'écrasant. Buscetta et La Barbera furent reconnus coupables de deux « morts blanches » seulement. (La Barbera récolta vingt-deux années de réclusion, Buscetta quatorze [11].) Personne ne fut condamné pour l'attentat de Ciaculli et nul ne passa beaucoup de temps en prison pour délinquance organisée [12]. La Mafia était tirée d'affaire et pouvait s'estimer en sécurité pour les décennies à venir.

Le grand vainqueur de l'histoire fut toutefois Luciano Leggio, jugé innocent de tous les crimes qu'on lui reprochait. Bien qu'il restât en prison en attendant la décision de la cour d'appel, il demeurait un citoyen honnête aux yeux de la loi.

Cependant, l'image de Leggio l'honnête citoyen en était trop pour le juge Terranova qui se mit aussitôt à creuser plus profondément dans le passé, se concentrant sur la guerre à demi oubliée qu'il avait livrée pour acquérir la suprématie à Corleone. Un tribunal avait déjà acquitté Leggio accusé d'avoir expédié soixante-seize balles dans le corps de son ancien patron Michele Navarra. (Des fragments de verre brisé provenant des phares de la voiture de Leggio, seule preuve matérielle avaient inexplicablement disparu d'une boîte fermée à clef sur laquelle avaient été apposés les scellés gouvernementaux.) Mais il n'en devait pas moins rendre des comptes au sujet des nombreux séides de Navarra, qui avaient péri dans l'affaire.

Deux mois après le Procès des cent quatorze, le juge Terranova réinculpa Leggio pour neuf autres meurtres, signant ainsi son propre arrêt de mort.

Depuis leur première entrevue à la prison de l'Ucciardone à Palerme, Leggio nourrissait envers le juge une haine qui tenait presque de la monomanie. A l'époque, il avait refusé d'être interrogé, faisant savoir qu'il était trop malade. Terranova ayant insisté, Leggio se présenta en fauteuil roulant, le visage convulsé par la rage. Il refusa de répondre aux questions. Lorsqu'il déclara à un moment donné qu'il ne se rappelait même plus son nom, ni celui de ses père et mère, le juge lança au secrétaire chargé de noter l'interrogatoire : « Ecrivez que Leggio ne sait pas de qui il est le fils. »

« Leggio écumait littéralement ; il m'aurait tué séance tenante, s'il l'avait pu », déclara le juge à sa femme ce soir-là. Par la suite, Leggio lui-même le reconnut. « Si j'avais pu le mordre ce jour-là, je l'aurais très certainement empoisonné », déposa-t-il lors du procès où il fut jugé pour le meurtre de Terranova — et acquitté faute de preuves. Le juge avait, d'une certaine façon, témoigné sur son propre assassinat imminent : « Oui, je sais que Leggio me déteste ; au pire, il pourrait me tuer, confia-t-il à un reporter à Palerme. Il me tient pour responsable de sa ruine et, à vrai dire, il ne se trompe pas. Je l'ai d'abord fait passer en jugement pour une série de meurtres. Et puis je suis retourné déterrer d'anciens crimes pour lesquels il n'avait jamais été jugé. Et je l'ai aussi inculpé de ceux-là [13]. »

Le procès concernant les anciens crimes de Leggio s'ouvrit devant une cour différente, à Bari, toujours en Italie, en février 1969. Cette fois, tout le clan des Corléonais était au banc des accusés aux côtés de Leggio, soit en tout soixante-quatre hommes, parmi lesquels les proconsuls en qui il avait toute confiance, Salvatore Riina et Bernardo Provenzano, connus sous un sobriquet commun, « les Bêtes ». Leggio parut devant ses juges tantôt sur une civière, tantôt sur des béquilles. Cela faisait désormais cinq ans qu'il était en détention préventive. Ce séjour à l'infirmerie de la prison ne l'avait pas guéri, mais il n'avait pas non plus eu raison de lui.

Grâce à un régime à base d'œufs et de lait frais, et aux coûteuses friandises qu'on lui apportait du dehors, il avait pris un embonpoint distingué. Il portait des costumes impeccables et la couronne de cheveux que lui laissait sa calvitie naissante était soigneusement coiffée. De loin, il ressemblait à un universitaire. Mais derrière son gros visage blafard, avec son sourire insolent et ses yeux brillant de méchanceté, on voyait transparaître le même vieux Leggio.

Deux témoins étaient censés déposer à charge. L'un d'eux, trop effrayé pour se présenter à la barre, avait été envoyé dans un asile de fous juste avant les débats. (Le tribunal nota qu'il souffrait d'une « forme de réaction psychogénique », ce qui voulait dire qu'il était terrorisé.) L'autre, un barbier, se liquéfia littéralement sous le regard glaçant de Leggio (« Nienti sacciu ! » — « Je ne sais rien ! » — cria-t-il à un reporter venu l'interviewer plusieurs années après [14].)

Leggio avait toujours prétendu être victime de persécutions communistes. A présent, il accusait aussi la police. « Mes vicissitudes ont commencé quand un officier de police m'a supplié à plusieurs reprises de satisfaire sa femme et que moi, j'ai refusé pour des raisons morales, témoigna-t-il. Je n'ai pas eu de relations avec cette dame. Elle n'a pas essayé de me séduire. Ne me demandez pas de noms, s'il vous plaît. Je suis un galant homme[15]. »

Il mentionna d'autres sordides mésaventures avec des représentants de la loi. « Durant la guerre et tout de suite après, je me suis consacré à ce qu'on appelle le marché noir... Pour ne rien vous cacher, j'ai gagné une fortune. C'est ce qui a commencé par attirer l'attention et la convoitise d'un officier des carabiniers qui m'a réclamé de l'argent. J'ai toujours refusé de répondre à de telles requêtes et c'est ainsi que j'en suis venu à être persécuté par la police[16]. »

Alors que les débats touchaient à leur fin, le juge qui les présidait et les jurés reçurent tous une copie de la même lettre anonyme signée d'une croix :

Au président de la cour d'assises de Bari et aux membres du jury :

Vous autres à Bari n'avez pas compris, ou plutôt ne voulez pas comprendre ce que signifie Corleone. Vous jugez des honnêtes citoyens de Corleone, dénoncés par pur caprice par les carabiniers et la police.

Nous voulons simplement vous avertir du fait que si un seul citoyen de Corleone est condamné, vous serez mis en pièces, anénantis, massacrés, ainsi que tous les membres de vos familles.

Nous pensons avoir été clairs. Personne ne doit être reconnu coupable. Sinon vous serez tous condamnés à mort — vous et vos familles.

Un proverbe sicilien dit : « Un homme averti est un homme sauvé. » A bon entendeur salut. Faites preuve de sagesse[17].

Le jury déclara Leggio coupable d'avoir volé du grain en 1948, délit pour lequel il fut condamné avec sursis. Autrement, les soixante-quatre accusés, Leggio compris, furent déclarés innocents de tout autre crime.

Le juge qui présidait les débats reconnut qu'un « impénétrable mur de silence » fait de « peur et de connivences » s'était dressé devant le procureur de la République à tous les détours de l'affaire. Néanmoins, le procureur s'était appuyé « exclusivement sur des informations fournies par des informateurs de la police, qui ne voulaient pas que leur nom soit prononcé, alors que les preuves directes étaient rares ou inexistantes ». Il n'y avait aucune preuve que

« le prospère patrimoine [de Leggio]... provient de sources illicites », fit remarquer le juge. Il paraissait s'être enrichi grâce à des « activités purement commerciales ». Le reste du « grand nombre de preuves » versées au dossier ne servait à rien. « La Cour ne saurait combler les trous laissés par l'*omertà*... outrepassant les limites de la procédure juridique », conclut-il [18].

Ainsi statua la loi, à ne pas confondre avec la justice. Le grand public fut abasourdi ; Leggio fit une sortie royale de la salle d'audience, manifestement amusé. Il avait toujours soutenu que la Mafia n'existait pas, rappela-t-il aux reporters, et le verdict confirmait ses dires. « Si la Mafia est coupable de tous les crimes dont ils m'ont accusé — ma foi, la Mafia n'existe pas », fit-il remarquer en grimpant dans une luxueuse Lancia qui l'emporta à vive allure [19].

Les cinq années passées en prison ne l'avaient nullement gêné — bien au contraire. Les événements ne tardèrent pas à montrer qu'il était devenu le criminel le plus estimé et le plus privilégié du pays.

Officiellement, à sa sortie du tribunal de Bari, il était toujours en fuite, car le chef de la police de Palerme avait ordonné une nouvelle fois son arrestation immédiate, en attendant que de nouvelles mesures eussent été prises pour sa détention préventive. Inexplicablement, le procureur général de Palerme décréta alors qu'il ne pouvait être arrêté qu'à Corleone.

Leggio précisa à la presse qu'il ne comptait pas se rendre à Corleone ; au lieu de cela, il entra aussitôt dans une clinique du sud de l'Italie. Le chirurgien en chef avertit la police de sa présence, à la suite de quoi le ministère de l'Intérieur déclencha une « chasse à l'homme » le concernant dans tout le pays. Ce fut le début d'une farce qui s'éternisa. A tous les échelons, jusqu'aux plus élevés, on couvrait Leggio.

Le criminel « traqué » passa trois mois entiers à la clinique, où il bénéficiait d'excellents soins et poursuivait une tendre liaison avec une infirmière veuve. Il fut ensuite transféré dans une clinique encore plus luxueuse à Rome. Cette fois, ce fut son propre avocat qui précisa à la police où il se trouvait. Durant les deux mois suivants, du « personnel spécialisé, intelligent, bien entraîné et expert en la matière » fut détaché du siège de la police à Rome pour le garder.

Lorsque Leggio fut parfaitement remis, il sortit pour monter dans une Mercedes noire et disparaître. (La voiture avait été fournie par Frank « Trois doigts » Coppola, vieux collègue de Lucky Luciano déporté des Etats-Unis, qui trouvait que Leggio était « une personne tout à fait exquise [20] ».)

Deux policiers qui passèrent à la clinique deux jours plus tard furent tout étonnés d'apprendre que Leggio était parti[21]. Ils ne paraissaient pas avoir entendu parler d'un nouveau mandat d'arrestation le concernant, qui venait tout juste d'être lancé contre lui à Palerme pour s'être soustrait à la première arrestation[22]. Alors qu'Interpol participait désormais aux recherches pour retrouver sa trace aux Etats-Unis et au Venezuela, Leggio retourna deux fois à la clinique romaine pour des bilans de santé. Il devait y retourner une troisième fois en janvier 1970 — sept mois après le mandat d'arrestation initial — lorsque la presse s'empara enfin de l'histoire ; aussitôt, il disparut pour de bon.

Ce scandale secoua toute l'Italie. Des explications fumeuses furent émises en haut lieu du côté des ministères. Le préfet de Palerme s'empressa de condamner Leggio par contumace à un an de prison pour avoir refusé de se constituer prisonnier. (Cette peine fut ensuite abolie par une amnistie générale). Des déclarations fracassantes furent prononcées au parlement, dont la commission antimafia enquêta sur « une série d'actes incorrects et objectivement illicites » de la part de fonctionnaires publics. Le rapport de cette commission blâmait « la capitulation inconditionnelle » de ces fonctionnaires devant le plus objectivement redoutable de tous les chefs de la Mafia. « L'indolence, la naïveté, les espoirs mal placés de tranquillité et d'avantages, sinon d'argent, ont fini par favoriser l'ascension de cet épouvantable délinquant, pouvait-on lire dans ce rapport. Comment se peut-il que personne n'ait été capable d'arracher de notre sol cette plante toxique ? »

Pourtant, pas une tête ne tomba. Personne ne démissionna. Finalement, les hauts fonctionnaires les plus compromis dans l'affaire reçurent les promotions qu'ils attendaient. Le procureur général de Palerme, le plus suspect de tous, fut catapulté à l'échelon supérieur avec un poste sur le « continent » italien. (La Mafia l'abattit avant qu'il n'eût quitté l'île avec ses secrets. Selon des mafiosi bien placés pour le savoir, ce fut Leggio qui mania personnellement l'arme du crime[23].)

A la fin de 1970, la cour d'appel de Bari cassa le jugement du tribunal, mettant ainsi fin à la série ininterrompue d'acquittements de Luciano Leggio. Il fut finalement condamné — par contumace — pour avoir assassiné son ancien *Capo-Mafia* Michele Navarra plus de dix années auparavant. Non pas, d'ailleurs, parce que de nouvelles preuves avaient été versées au dossier. On le déclara coupable parce que « aucun crime typiquement mafieux n'a été commis à Corleone depuis l'arrestation de Leggio [en 1964] ». La peine maximale, la détention à perpétuité fut imposée parce que « la sinistre personnalité de Luciano Leggio est clairement ressortie des débats et le fait qu'il est un *Capo-Mafia* est absolument indiscutable[24] ». La Cour suprême ratifia ce verdict, mais tout le monde savait qu'il était fondé sur les preuves les plus minces, de même que personne n'ignorait que Leggio était coupable. Seulement, il n'y avait pas d'autre moyen de le coincer. Les choses en étaient arrivées là.

Toujours en fuite quand ce verdict fut rendu, Leggio entama alors ses meilleures années. Il s'était mis à parler de lui-même à la troisième personne, adulé qu'il était dans les milieux mafieux (mais pas uniquement dans ceux-là). Un taux de criminalité en hausse laissait périodiquement deviner où il se terrait ou s'était terré, non seulement en Sicile, mais aux quatre coins de l'Italie. Tout un nouveau centre d'activités mafieuses s'édifia autour de lui à Milan, au cœur de l'Italie industrielle : vol, extorsion, rackets du bâtiment, casinos, un « marché du muscle » pour les immigrants arrivant du Sud, enlèvements à l'échelle nationale.

Leggio devint le baron Osvaldo Fattori, riche joaillier de Milan et parcourut l'Europe grâce à onze autres passeports, sous les noms de Pablo Villa, Antonio Tazio, Calogero Polla ou Sebastiano Tavola. En 1972, il fut bel et bien photographié attablé dans un restaurant d'une petite ville de montagne suisse. « Certains notables romains étaient furieux de la manie que nous avons, nous autres journalistes, de trouver des charbons brûlants dans les cendres », écrivit le reporter italien qui réalisa ce cliché[25].

La police finit par rattraper Leggio en 1974, après avoir mis sur écoutes les lignes téléphoniques de mafiosi de moindre envergure transplantés à Milan, qui faisaient des allusions révérencieuses à un certain « Signor Antonio » : « Baciamu li manu a vossia » (Nous vous baisons les mains), le traditionnel salut du paysan sicilien aux membres de la noblesse. « Antonio » était un grand bourgeois fortuné, d'une suffocante respectabilité, qui vivait avec une réfugiée yougoslave au physique plutôt ingrat. Quand les carabiniers vinrent le cueillir, il les reçut aimablement avec un sourire radieux que démentaient quelque peu la mitraillette et le pistolet automatique trouvés dans le coffre de sa voiture.

Ce ne fut que lorsqu'il eut enfin été relégué derrière des barreaux en Sardaigne, que son ascension jusqu'au sommet commença pour de bon. Jamais la vieille garde de la Mafia n'avait paru jouir d'une telle prospérité et d'une telle sécurité, mais le nouvel afflux d'argent avait déjà commencé à faire son insidieuse besogne. L'entreprise d'héroïne était sur le point de rapporter beaucoup plus que les responsables n'auraient pu l'imaginer dans leurs rêves les plus fous. L'Union corse à Marseille était en train de s'effondrer sous la pression des polices française et américaine. Le côté production du commerce de l'héroïne, qu'elle dominait naguère, allait donc pouvoir être jumelé avec le côté distribution, désormais presque entièrement aux mains des Siciliens. La Mafia sicilienne était à deux doigts de s'approprier tout le marché mondial.

Cela étant, les hommes d'honneur jusque-là exclus du trafic réclamaient une participation à cor et à cri, tandis que ceux qui possédaient déjà un morceau du fromage en voulaient un plus gros qui rapportât plus vite. Leggio, détenu vieillissant et malade, condamné à la détention à perpétuité, allait se charger de clarifier la situation, à sa manière.

9.

Istanbul, Sofia, Naples et le Croissant d'or

A peine Leggio avait-il été définitivement mis à l'ombre que la chance et leurs instincts de rapine mirent les chefs de la Mafia, à Palerme, à pied d'œuvre. Ils s'acoquinèrent avec les *babas* d'Istanbul et la Camorra napolitaine, si bien que le cycle tout entier de l'héroïne, de la matière première au marketing, en passant par la fabrication, se retrouva sous leur contrôle.

Les *babas,* patrons de ce que l'on a baptisé la Mafia turque des armes et de la drogue, servaient de courtiers pour toute la morphine-base produite dans le Sud-Ouest asiatique — c'est-à-dire le Croissant d'or englobant l'Iran, le Pakistan et l'Afghanistan, la plus vaste région productrice d'opium du monde. La Camorra napolitaine, qui trempait automatiquement dans toutes les affaires de contrebande internationale, exploitait le plus important réseau de routes clandestines de la planète. En 1975, la Mafia sicilienne était parvenue à s'assurer une emprise sur les uns et l'autre, grâce à un extraordinaire concours de circonstances, qu'elle ne maîtrisait absolument pas, aux Etats-Unis, au Brésil, en France, au Mexique, en Bulgarie, en Iran et en Turquie.

La providence, sous la forme d'un président américain tenace et d'un gouvernement français harcelé, éjecta définitivement les Corses du trafic d'héroïne (grâce au démantèlement de la « French connection »). Partisan musclé de la loi et de l'ordre (jusqu'à sa précoce disparition de la scène politique), Richard Nixon avait déclaré la guerre aux trafiquants de drogue peu après son installation à la Maison-Blanche, en 1969. Sa *Task Force* N° 1, sous l'égide d'Henry Kissinger, fit des stupéfiants un des ressorts de la politique étrangère américaine. Les Corses de Marseille, les plus gros raffineurs d'héroïne du monde, venaient en tête de liste des organisations à abattre.

Sur les instances de la Maison-Blanche, les autorités brésiliennes démolirent le gigantesque gang corse de la drogue en Amérique du Sud, en 1972. Soumise à des pressions analogues, la France parvint à localiser et à fermer huit de leurs raffineries la même année. Momentanément mis hors de nuire en France, les Corses tentèrent de rejoindre la Camorra à Naples pour recommencer de zéro. Les patrons de la Mafia sicilienne s'empressèrent aussitôt de faire ce qui figurait de toute façon parmi leurs projets immédiats. Ils envahirent Naples en force, éjectèrent les Corses et s'allièrent *eux* à la Camorra [1].

Entre-temps, la croisade du président Nixon l'avait entraîné jusqu'en Turquie. En 1971, à sa requête, la culture florissante du pavot y fut interdite. Cette mesure fut, certes, révoquée trois ans plus tard, mais en attendant les *babas,* qui fournissaient la majeure partie de la morphine-base aux raffineries corses, furent obligés d'aller momentanément chercher leur opium à l'étranger. De simples négociants, ils devinrent courtiers [2].

Le Croissant d'or, qui commençait à la frontière orientale de la Turquie, en Iran, croulait désormais sous l'opium. L'Iran, passage naturel vers l'Occident pour l'Afghanistan et le Pakistan, avait interdit sa propre culture du pavot en 1956, à la demande d'un prédécesseur de Richard Nixon. Le shah, toutefois, avait supprimé cette interdiction en 1968 et très vite la culture avait repris de plus belle. Bien qu'une grande partie de l'opium fût réservée au million d'opiomanes locaux, de nombreux cultivateurs préféraient vendre leur récolte contre des devises fortes.

Les *babas* devinrent pour eux et pour de nombreux autres cultivateurs de l'est de la Méditerranée, aux frontières de l'Inde, des intermédiaires indispensables. Ils rachetèrent des stocks d'opium de moindre importance en Syrie et au Liban, et firent main basse sur la totalité du Croissant d'or. Des laboratoires rudimentaires installés dans les plaines d'Anatolie, en Turquie, transformaient l'opium en morphine-base pour les raffineries françaises du gang corse ; le stock atteignait plusieurs tonnes lorsque le marché français disparut de la circulation.

En 1975, la Mafia turque aux abois avait absolument besoin de vendre d'urgence sa morphine. Les drogués occidentaux refusaient d'acheter l'héroïne numéro trois, de très mauvaise qualité, produite dans les grossiers locaux turcs, que l'on ne pouvait guère consommer qu'en la fumant. Ils voulaient la numéro quatre, qu'on pouvait s'injecter dans les veines et pour laquelle il fallait des chimistes d'une habileté consommée et des laboratoires perfectionnés — lesquels semblaient avoir disparu depuis la chute des Corses.

A l'autre bout de la chaîne, la Mafia sicilienne était elle aussi sous pression. Elle n'avait plus assez d'héroïne pour fournir sa clientèle. Des héroïnomanes américains que le manque rendait fous payaient une dose trois cents dollars, ce qui représentait une augmentation de deux cents pour cent en une seule année, et même à ce prix-là il n'y avait pas moyen de stimuler la production. L'Europe ne raffinait pratiquement plus d'héroïne. Le Mexique, naguère fournisseur de toute la côte ouest des Etats-Unis, s'était incliné devant la volonté du président Nixon dès 1969 et avait supprimé la culture du pavot. Le Triangle d'or, dans le Sud-Est asiatique — la Birmanie, le Laos, la Thaïlande — disposait d'importantes quantités d'héroïne, mais n'avait aucun débouché sur le marché occidental.

Contrairement à ce que l'on croit communément, le Triangle d'or n'a jamais été la principale source de drogue de l'Occident. En 1986 encore, il fournissait moins du cinquième de l'héroïne vendue en Europe et en Amérique du Nord. La Birmanie, dont les exportations mondiales se montaient à soixante-cinq tonnes, en 1988, n'en expédiait qu'une seule aux Etats-Unis[3]. Le reste allait presque exclusivement à la population croissante de drogués asiatiques.

Lorsque la pénurie fut à son comble, en 1975, le Triangle d'or ne fournissait quasiment rien aux héroïnomanes occidentaux. De petites quantités de « blanche chinoise », hautement prisée, étaient parvenues aux usagers américains dans les housses censées contenir les dépouilles de soldats américains tués au Vietnam, mais cette méthode ne pouvait se substituer à un véritable réseau de distribution. « La plus lourde contrainte semblait être l'absence de filières de toute confiance », expliqua John Bartels Jr., de la DEA, un an plus tard[4]. Et pour ne rien arranger (du point de vue des drogués), le Triangle d'or souffrit en 1975 d'une terrible sécheresse. En revanche, le Croissant d'or, dans le Sud-Ouest asiatique, connut cette année-là une récolte record dont la Mafia turque avait le monopole.

A l'automne de 1975, les *babas* d'Istanbul contactèrent la Mafia en Sicile. Un émissaire, du nom de Sami Duruoz, partit en avant-coureur sonder les Siciliens, tandis que les plus grands criminels de Turquie attendaient dans une ville yougoslave près de la frontière italienne. Mécontents des nouvelles que leur rapporta Duruoz, ils le tabassèrent à mort dans une chambre d'hôtel yougoslave — la bonne vieille habitude de tuer le messager — et envoyèrent à sa place un ambassadeur plus haut placé. Après quoi, les deux factions passèrent aux affaires sérieuses[5].

Longtemps après, alors qu'ils cherchaient à retracer la mission de l'émissaire assassiné, les enquêteurs italiens comprirent qu'ils venaient de faire une découverte cruciale. La Mafia turque offrait à ses interlocuteurs siciliens une fortune incalculable. Ensemble, ils allaient édifier une grand-route de l'héroïne, aussi large que sûre, allant du Sud-Ouest asiatique jusqu'au cœur de l'Europe.

Au début des années 1980, le juge Carlo Palermo mit à jour un meurtrier trafic d'armes et de drogue, d'une ampleur confondante, fonctionnant à l'échelle internationale. Son enquête démarra avec la découverte de sept kilos et demi d'héroïne dans un poulailler du nord de l'Italie, laquelle le mit sur la piste de deux cents autres kilos enterrés dans un vignoble couvert de neige, pour l'entraîner finalement dans des fourrés impénétrables d'intrigues internationales qui faillirent bien lui coûter la vie (voir chapitre 16).

En se frayant en force un chemin à travers le premier fourré qu'il rencontra, le juge se heurta à un trop grand nombre de services secrets, puissants politiciens et grands argentiers de partis politiques, hauts fonctionnaires, banquiers et diplomates véreux occupés à piloter les navires de leurs Etats respectifs à travers les eaux dangereuses des rapports Est-Ouest. Cela lui valut d'être relégué à un obscur petit poste gouvernemental et son enquête resta à jamais incomplète. Le témoignage le plus compromettant qu'il recueillit fut réquisitionné par une commission parlementaire qui le mit sous scellés pour les quarante années à venir.

Le gang de trafiquants d'armes et de drogues sur lequel le juge Palermo était tombé un peu par hasard remontait à 1968, à l'époque où la République de Bulgarie, d'obédience communiste, avait fondé une société d'Etat du nom de Kintex. Au Liban, l'OLP commençait tout juste à se mettre en quête d'armes ; et la Turquie, cible de prédilection du bloc soviétique, était largement ouverte à un siège terroriste. Kintex était conçue pour fournir des armes aussi bien aux Palestiniens qu'aux immigrants turcs en Europe. Et elle devint la seule firme du monde à payer ses fournisseurs en drogue[6].

« Les Bulgares, agissant principalement par l'entremise d'une firme commerciale d'Etat, Kintex, possèdent un programme officiellement sanctionné pour la vente de drogues illicites à l'Europe occidentale et ils utilisent les bénéfices réalisés pour financer des transactions d'armes non moins illicites et subventionner des groupes terroristes », déclara un porte-parole du Département d'Etat américain, exprimant l'inquiétude tardive de ses chefs, seize ans après la mise en route dudit programme[7].

Le schéma suivant fut décrit à un comité du Congrès par le directeur en exercice de la DEA, John Lawn :

Nos renseignements indiquent que Kintex a été fondée en 1968 par la fusion de trois affaires d'import-export... Des sources dignes de foi nous répètent constamment que des membres très haut placés des services de sécurité bulgare... constituent [son] comité directeur...

Par l'entremise de Kintex, les Bulgares ont activement contribué à la circulation d'armes illicites à travers l'Europe et le Moyen-Orient.

En 1970, ils ont commencé à vendre à des trafiquants européens de l'héroïne et de la morphine-base saisies par les autorités bulgares.

Certaines sources ont en outre mentionné le projet nourri à cette époque par des directeurs de Kintex, qui était d'importer, par les soins de trafiquants turcs triés sur le volet à Sofia, d'importantes quantités d'opium en Bulgarie pour le transformer en morphine-base et en héroïne.

Deux cents kilos de morphine-base de fabrication bulgare avaient été saisis à Francfort en décembre 1969, déclara Lawn. Des chimistes allemands avaient découvert dans cette substance des produits chimiques que l'on n'utilisait qu'aux environs de Sofia. Le fournisseur de drogue, poursuivit Lawn, était « un ressortissant turc basé à Sofia » :

Dans presque tous les rapports soumis à la DEA sur le trafic de stupéfiants en Bulgarie, depuis 1970, il est précisé que Kintex a facilité les transactions... Certains contrebandiers sont autorisés à poursuivre leurs activités dans le pays ou à l'utiliser comme lieu de transit. En réalité, des fonctionnaires bulgares désignent, par l'entremise de Kintex, des « représentants » chargés de jouer le rôle de courtiers, lesquels concluent des arrangements exclusifs avec les contrebandiers moyennant finance. Ces représentants sont principalement de nationalité turque... et connus sous le nom de « Mafia turque [8] ».

Le gangster qui dirigeait les opérations était Abuzer Ugurlu, le criminel le plus célèbre et le plus terrifiant de Turquie. « Ugurlu ! C'est le plus grand ! C'est le parrain ! » s'exclama un ancien ministre turc de l'Intérieur en entendant prononcer son nom. Véritable colosse à la tête rasée, au regard mauvais, Ugurlu entretenait une équipe de tueurs professionnels et pouvait acheter ou faire taire policiers, douaniers, agents secrets et membres du Parlement. Par la puissance, sinon par le rang — la Mafia turque n'ayant pas de hiérarchie structurée — il était le patron de tous les patrons. Ses filières furent cruciales pour le succès phénoménal de l'entreprise dans laquelle il s'associa aux Siciliens.

Par la suite, Ugurlu en vint à être connu à l'étranger dans un autre contexte. Ce fut l'un de ses jeunes accolytes, Mehmet Ali Agca, qui faillit bien tuer le pape Jean-Paul II en 1981. Non seulement Ugurlu avait organisé l'évasion d'Agca hors d'une prison d'Istanbul, l'année précédente, mais il l'avait en outre envoyé se réfugier en Bulgarie, sous l'aile protectrice d'un certain Bekir Celenk. Aussi bien Ugurlu que Celenk possédaient des demeures et des bureaux en Bulgarie.

Peut-être Mehmet Ali Agca joua-t-il de façon convaincante les déments lors de son procès pour l'attentat contre le pape — il avait de bonnes raisons pour le faire — mais il était parfaitement lucide en ce qui concernait les rapports entre la Mafia turque et la Bulgarie. Son historique de la « filière bulgare », dont une grande partie ne fut jamais publiée, revint néanmoins aux oreilles du juge Palermo et des dizaines de témoins confirmèrent ses dires.

Ugurlu possédait un passeport bulgare, un appartement à Sofia et une villa à Varna sur la mer Noire. Il travaillait pour Kintex depuis 1969 et directement pour les services secrets bulgares depuis 1974. (Il reconnut le premier de ces deux faits devant un tribunal militaire turc ; le second figure dans les dossiers de la CIA [9].) Son travail consistait à recueillir des renseignements et à faire parvenir les armes aux endroits voulus. En échange, il avait le monopole du trafic d'armes en Turquie — une concession qui valait bien, bon an, mal an, son milliard de dollars.

Il y avait néanmoins une limite au nombre d'armes que l'on pouvait vendre, même en Turquie. Lorsque le pays fut saturé, en 1975, Ugurlu se lança aussi dans le trafic de drogue [10]. A dater de ce moment, comme le nota plus tard la DEA, il eut le contrôle « d'activités de contrebande se chiffrant par milliards de dollars, financées en partie par la vente de stupéfiants [11] ».

Ugurlu s'aventurait rarement au-delà des confins turco-bulgares. Partout ailleurs, il y avait toujours un risque, mais dans son propre pays sa sécurité était presque aussi totale qu'en Bulgarie ; aucun des gouvernements civils de Turquie n'est jamais parvenu à l'incarcérer, sinon une fois, pour une semaine. (Après la prise de pouvoir par la junte militaire, en 1980, la seule façon d'avoir raison de lui fut de le faire enlever sur le sol bulgare et ramener en territoire turc [12].)

Son compatriote, Bekir Celenk, louait une suite à l'année dans un hôtel de Sofia, mais traitait principalement avec des clients à l'étranger. Beau parleur et mondain, appréciant les bons cigares, les femmes séduisantes, les discothèques et le baccara, Celenk était constamment par monts et par vaux, entre Sofia, Londres, Zurich, Vienne, Milan, Damas et Beyrouth. Il se disait exportateur d'eau minérale bulgare, alors qu'en réalité il échangeait de la drogue contre des armes en Europe occidentale et des armes contre de la drogue au Moyen-Orient. Dans ce domaine, à ce qu'il confia au juge Palermo, il avait travaillé pour quatre services bulgares différents.

Agca, l'homme qui voulait tuer le pape, avait entendu parler de ce double trafic tandis qu'il travaillait pour Ugurlu en Turquie et il en avait été le témoin direct durant l'été passé à Sofia [13]. « Les armes arrivaient en Bulgarie de Belgique, d'Italie, de Tchécoslovaquie, de Hongrie, de Pologne pour être expédiées aux terroristes syriens et libanais, expliqua-t-il au juge Palermo. Les camions arrivaient à Sofia, chargés de fusils et de mitraillettes pour les rebelles arabes, iraniens, irakiens... et les clients arrivaient du Moyen-Orient, avec de l'argent liquide ou bien de l'or ou de la drogue passés en fraude. »

Bekir Celenk employait de nombreux Turcs pour introduire les armes en Bulgarie et il faisait la navette à travers tout le Moyen-Orient pour les échanger contre de la drogue, poursuivit Agca. « Celenk se rendait très souvent en Syrie, au Liban et à Chypre pour y acheter de l'héroïne et de la morphine aux terroristes et aux extrémistes palestiniens ; il l'expédiait alors à Sofia et leur apportait des armes. » Celenk était « une personnalité célèbre en Bulgarie » pour les trocs de ce genre, reconnut une source à l'intérieur de la Mafia turque, observation amplement confirmée par d'autres [14].

Cela dit, quelle que fût sa réputation à Sofia, Celenk n'était qu'un subalterne. C'était Abuzer Ugurlu qui dirigeait la Mafia turque en Bulgarie, laquelle était probablement le gang le plus privilégié et dorloté de trafiquants de drogue jamais lâché sur le monde.

Sofia était leur sanctuaire, l'endroit où ils pouvaient toujours courir se terrer quand la police les talonnait, l'unique refuge où ils n'étaient jamais inquiétés. Beaucoup de ceux dont la tête était mise à prix en Turquie s'y installèrent en tant que résidents permanents. Les gros bonnets avaient droit à de confortables villas ; les autres étaient logés dans les auberges gouvernementales. « Ces trafiquants de drogue résidaient ouvertement à Sofia, vivant sur un grand pied et dépensant sans compter, affirma le porte-parole du Département d'Etat au comité du Congrès déjà nommé. Leur présence était si évidente et leurs activités si flagrantes qu'il était impossible de ne pas en déduire qu'ils jouissaient de la protection officielle [15]. »

Sans être, évidemment, leur métropole de prédilection — on ne saurait prétendre que c'est la capitale la plus gaie et la plus libre du monde — Sofia était une véritable Mecque pour les clients des trafiquants turcs : « L'un des principaux points de rencontre pour les fournisseurs de drogue et d'armes », selon le juge Palermo [16]. Avec ou sans passeports valides, les clients passaient la douane sans être inquiétés et s'en allaient loger dans les meilleurs hôtels de la ville. Par la suite, l'hôtel Vitosha, construit par les Japonais, devint leur repaire. Cette tour moderne, blanche, de trente étages, pouvait s'enorgueillir de posséder un bowling, un sauna, une piscine de belle taille, une pièce d'eau ornée de nénuphars dans ses ravissants jardins, plusieurs bars et un restaurant panoramique, des magasins chics appliquant les prix de Paris, un night-club présentant un spectacle coquin, des prostituées « réservées aux étrangers » et un casino où l'on pouvait jouer au vingt-et-un et à la roulette. Kintex, à deux pas de là, se chargeait souvent de régler la note[17].

(En 1982, une délégation sicilienne arriva à Sofia pour tracer les mouvements d'énormes cargaisons de morphine. Kintex réserva un étage entier du Park-Hotel Moskva, établissement de grand luxe, pour la conférence et ordonna aux employés des services d'immigration de ne pas tamponner les passeports des arrivants, afin qu'il n'y eût aucune trace de leur visite[18].)

Tandis que les trafiquants faisaient la vie dans la capitale bulgare, Kintex prenait en charge leurs cargaisons, pourvu qu'elles eussent fait l'objet d'un contrôle favorable. « Kintex est incroyablement puissante en Bulgarie, assura un passeur de drogue turc en 1974. Ce n'est pas seulement une agence gouvernementale. Si Kintex décide que vous n'avez pas le droit d'acheminer de la drogue via la Bulgarie, vous risquez d'y passer un mauvais quart d'heure. » D'un autre côté, ajouta un de ses compagnons, « si vous avez les relations qu'il faut auprès d'elle, vous pouvez faire circuler votre morphine-base sans le moindre pépin[19] ». Les contrebandiers n'avaient qu'à préciser quand et où la marchandise attendrait son « entrée contrôlée ». Kintex toucherait sa ristourne — de quinze à trente pour cent — et la cargaison suivait son petit bonhomme de chemin.

La Bulgarie occupait une position géographique unique pour ce genre d'activités. Ce pays qui partageait une longue frontière, notoirement poreuse, avec la Turquie servait aux contrebandiers de pont à double sens entre l'Asie et l'Europe. Cinquante mille camions par an la franchissaient, dans un sens ou dans l'autre. Une bonne moitié était des véhicules transcontinentaux TIR (transport international routier), que les douanes pouvaient mettre sous scellés, selon un accord international, afin de leur permettre de franchir librement les frontières en qualité de véhicules en transit[20]. Ainsi, les camions TIR bulgares et turcs partaient tout bêtement de Sofia avec de faux papiers stipulant qu'ils transportaient des fruits, des poulets ou des boissons non alcoolisées. « Beaucoup de bonbons », déclara en français, avec un clin d'œil appuyé, un des chauffeurs en tendant sa feuille de chargement concernant des fèves de cacao à une frontière européenne.

Bientôt, près des trois quarts de la morphine-base qui arrivait en Occident empruntaient ce chemin ; et la drogue finançait le plus colossal trafic d'armes jamais démasqué.

On aurait pu, en effet, équiper des armées entières avec les armes qui repartaient vers l'Est par les mêmes voies : des Kalashnikov et des Tokarev à la tonne (on en compta cinquante-six tonnes pour une seule cargaison venant de Pologne à destination du Sud-Yémen), des millions de cartouches, des mines, des grenades, des viseurs à infrarouge, des canons de 105, des missiles sol-air, des hélicoptères mitrailleurs Cobra, des tanks Leopard. Les armes provenaient d'usines et de dépôts militaires disséminés dans toute l'Europe de l'Est et de l'Ouest : Italie, Espagne, Belgique, Allemagne fédérale, Hongrie, Roumanie, Tchécoslovaquie et Pologne[21].

D'énormes cargaisons étaient destinées aux terroristes turcs de droite et de gauche, qui à eux tous, à ce qu'on découvrit lorsque l'armée prit le pouvoir en 1980, possédaient près d'un million d'armes. Les quatre cinquièmes de l'arsenal de l'OLP voyageaient aussi via la Bulgarie, la moitié étant payée en drogue. L'OLP détacha d'ailleurs Usama Abdul Madir Adim, son ancien agent de liaison auprès de l'armée libyenne, au siège de la Mafia turque à Rome pour accélérer les échanges[22]. Le reste des armes partait pour tous les points chauds du Moyen et de l'Extrême-Orient. Des cargaisons massives finirent entre les mains des insurgés kurdes, dans le triangle Turquie-Iran-Irak, dans celles des dissidents de Kosovo en Yougoslavie, dans celles du frère du président Assad, Rifat, en Syrie, et dans celles de divers autres clients en Arabie Saoudite, au Koweit, au Sud-Yémen, au Pakistan, en Inde, en Thaïlande, aux Philippines et en Chine[23].

Une des singularités frappantes de ce commerce à double sens était l'extrême répugnance des pays concernés à tenter la moindre intervention. L'Europe de l'Est se moquait bien, certes, de savoir que de la drogue passait à l'Ouest ; c'était toujours ça de gagné. De façon moins compréhensible, les services de renseignements occidentaux eurent vent des activités de Kintex et du troc armes-contre drogue dès 1970, mais ils ne levèrent pas le petit doigt pour y mettre fin[24]. Les deux camps avaient, en effet, un puissant intérêt pour ce trafic d'armes, qu'il s'agît de les vendre dans un but purement commercial, de les faire parvenir secrètement à une destination donnée ou de réunir des renseignements par le biais du circuit. Faire la chasse aux trafiquants de drogue qui utilisaient le même circuit, c'était faire voler en éclats toute l'opération clandestine. Dans l'ensemble, par conséquent, on les laissa tranquilles.

Toutes ces données étaient déjà intégrées à la proposition que fit la Mafia turque aux mafiosi siciliens vers la fin de 1975 : production de morphine assurée, routes protégées pour la livraison et une complète immunité, ou peu s'en fallait. Les Siciliens avaient déjà pris le contrôle de la Camorra l'année précédente. A présent, ils étaient seuls aux commandes.

La Camorra avait établi ses propres routes, dans toutes les directions, pour toutes les contrebandes possibles et imaginables. La cocaïne et l'héroïne figuraient parmi les marchandises habituelles, surtout la cocaïne. Mais c'était le tabac, vieil article de fond de la Camorra, qui pouvait fournir à la Mafia sicilienne ce dont elle avait le plus besoin en 1974 — l'argent. La mise sur pied d'un conglomérat vertical multinational de l'héroïne coûtait les yeux de la tête. Il y avait des milliers de sous-fifres à engager ; un notoire trafiquant sicilien, Tommaso Spadaro, en employait à lui seul cinq mille. Chaque arrivage de matière première ou de produit fini devait en outre être réglé séance tenante, en argent liquide.

Au début des années 1970, pour des raisons qui n'ont pas encore été complètement élucidées, le tabac de contrebande permettait brusquement de se procurer ce genre de sommes. Alors que la livraison de cinq cents caisses de cigarettes étrangères en une seule fois avait été toute une affaire quelques années auparavant, les Camorristi traitaient en 1974 par cargaisons maritimes de trente-cinq ou quarante mille caisses. Leur extravagant chef, Don Michele Zaza, surnommé *'U pazzu* — Michel le fou — se flattait de faire encore mieux.

Sournois et faussement humble, illettré, chafouin, bavard au point d'être aussi dément à entendre qu'il espérait l'être à voir, Zaza était devenu richissime grâce à la contrebande du tabac. (Il faisait aussi dans la drogue, mais il détestait en parler.) Il avait une Rolls Royce en Italie, une somptueuse demeure qui avait coûté un million et demi de dollars à Beverly Hills, un compte de treize millions de dollars à la Mitsui Manufacturers Bank à Los Angeles, pour ses frais courants, et un quintal d'or dans le coffre-fort d'une banque suisse pour les jours de pluie. Il aimait à raconter qu'il était parti de rien pour s'élever à la force du poignet. « J'ai travaillé et j'ai épargné », assura-t-il à un juge italien quelque peu sceptique.

> Pour commencer, je vendais cinq caisses de Philip Morris, puis dix, puis un millier, puis trois mille, puis je me suis acheté six ou sept bateaux que vous m'avez confisqués...

Je chargeais cinquante mille caisses par mois… j'aurais pu en charger cent mille, dix millions de dollars sur parole, je n'avais qu'à passer un coup de téléphone…

J'achetais pour vingt-quatre millions de dollars de Philip Morris en trois mois, mon avocat vous fera voir les reçus. J'en suis fier — vingt-quatre millions[25] !

Zaza ne précisa pas, et on le regrette vivement, où il avait pu acheter pour cent millions de dollars de cigarettes Philip Morris en l'espace d'une année.

Zaza, un des grands patrons de la Camorra napolitaine, devint membre de la Mafia sicilienne en 1974[26]. Plusieurs autres grands noms de la Camorra adhérèrent en même temps que lui, liant leur sort à celui de Palerme pour la vie, sous peine de mort. Les deux confréries étaient sur le point de faire main basse sur les profits de tout le trafic d'héroïne ; les Siciliens tenaient à ce que chacun sût qui commandait.

Leur pacte fut scellé lors d'une réunion au sommet près de Naples, dans l'immense propriété des fameux frères de la Camorra, les Nuvoletta. Le résultat de ces entretiens fut « un consortium mafieux excessivement dangereux qui ne tolère pas l'insubordination, notèrent dans leur rapport les carabiniers de Naples. Il se consacre principalement à la contrebande du tabac, mais aussi au trafic de drogue… et ses membres n'ont de comptes à rendre qu'aux plus grands patrons siciliens[27] ».

Les Greco de Ciaculli, Gaetano Badalamenti et la jeune étoile montante de la Mafia, Stefano Bontate, étaient tous dans le coup. Leggio était représenté par ses deux proconsuls corléonais, « les Bêtes ». L'associé des Cuntrera au Venezuela, Giuseppe Bono, se rendait fréquemment en Italie — c'était un grand ami de Don Michele Zaza —, de même que leur lieutenant à Londres, Francesco Di Carlo. Le patriarche de la Mafia au Brésil, Antonio Salamone, gardait le contact par l'entremise d'un de ses frères.

Les mafiosi siciliens commencèrent à hanter Naples. La ville leur plaisait ; après Palerme, il n'y avait pas mieux. On pouvait y traiter les affaires de façon quasi analogue, dans de sympathiques trattorie, comme 'U Cafone, en dévorant des montagnes de moules et des ventrées de spaghetti *marinara,* servies par des garçons pleins de déférence qui avaient depuis longtemps maîtrisé l'art d'être sourds et muets.

Plusieurs mafiosi partirent même s'installer à Naples avec armes et bagages, et la *Cupola* y dépêcha un ambassadeur accrédité, Gaetano « Tanino » Fidanzati, avide trafiquant de drogue[28]. Fidanzati, qui était l'un des cent quatorze accusés acquittés lors du fameux procès, avait été relégué dans le nord de la Toscane, en résidence surveillée, mais ce n'était pas un problème. Il n'eut qu'à demander la permission, aussitôt accordée, de suivre une « cure thermale temporaire » d'une durée illimitée à Naples, où il logea chez Don Michele Zaza[29].

La conclusion du pacte Mafia-Camorra, en 1974, déboucha sur deux années de folie complète. Le port de Naples devint à tel point encombré de bateaux de contrebande que la *Cupola* dut mettre sur pied un roulement pour décharger les cigarettes. Le navire de Zaza passait en premier, celui de la *Cupola* en second, un autre bateau sicilien en troisième, celui des frères Nuvoletta en dernier. Mais *'U pazzu* était incapable de se montrer régulier. Il se livra à des manigances tellement sournoises aux dépens de ses complices que les Siciliens durent annuler toute l'opération.

De toute façon, cela n'avait plus guère d'importance. Le boom du tabac de contrebande touchait à sa fin et la Mafia et la Camorra mettaient toutes deux le cap sur les gros bénéfices ; l'héroïne commençait à prendre les proportions d'un véritable raz de marée.

Au début de 1976, Abuzer Ugurlu et son principal associé dans le domaine de la drogue à Istanbul, Huseyn Cil, dépêchèrent un parent de ce dernier en Italie pour conclure le marché avec les Siciliens. Cela fait, la Mafia turque posta un intermédiaire à Milan pour traiter avec ses nouveaux associés. Il s'appelait Salah Al Din Wakkas et, selon la DEA, « était aux ordres d'Ugurlu[30] ».

Les raffineries d'héroïne se mirent à pousser comme des champignons en Italie. Elles étaient bien équipées, abondamment approvisionnées en matière première, peuplées de remarquables chimistes, dont beaucoup avaient travaillé à Marseille, et capables de produire beaucoup plus que les raffineries marseillaises ne l'avaient jamais fait. Une seule d'entre elles, à San Remo, ville de tourisme et de jeu près de la frontière française, pouvait fournir cinquante kilos d'héroïne de première qualité par semaine — soit deux tonnes et demie par an ou cent douze millions de doses — à ses clients du nord de l'Italie, de France, de Suisse, de Hollande et d'Allemagne fédérale.

D'accord avec les Siciliens, lorsque les trafiquants turcs et siciliens découpèrent l'Europe de l'héroïne, Ugurlu reçut lui aussi son territoire. Après quoi, la Mafia turque engagea à son tour d'anciens chimistes de Marseille et ouvrit des raffineries d'héroïne en Allemagne fédérale et en Hollande, travaillant en tandem avec les Siciliens pour la distribution.

A eux tous, les trafiquants turcs et siciliens eurent un effet dévastateur. La Hollande devint non seulement le deuxième fournisseur d'héroïne d'Europe, mais aussi sa principale victime, avec le pire problème de drogue du vieux continent. L'Allemagne fédérale, où l'on n'avait répertorié que vingt-cinq héroïnomanes en 1975, comptait trois ans plus tard six cent vingt-trois décès par overdose [31]. A partir de 1977, il y eut en Espagne une explosion de l'héroïnomanie. En Grande-Bretagne on constata une « brusque montée en flèche » vers la même époque. A Berlin-Ouest, les morts dues à des overdoses d'héroïne passèrent de presque zéro en 1973 à quatre-vingt-quatre en 1977. La France, où l'on n'avait pas décelé de traces d'accoutumance aux drogues dures avant 1973, enregistra une « augmentation dramatique aux proportions épidémiques » à partir de 1977. Le même phénomène se répéta en Grèce et au Portugal [32]. L'Italie où il n'y avait eu en 1973 qu'un seul décès par overdose devint la nation la plus incurable d'Europe.

En Italie, en effet, les laboratoires du nord du pays qui fournissaient l'Europe entière n'étaient que de la petite bière à côté de ceux du sud qui approvisionnaient l'Amérique. Les deux premières raffineries découvertes à Palerme étaient capables de produire *chacune* cinquante kilos d'héroïne par semaine — soit cinq tonnes par an à elles deux, c'est-à-dire beaucoup plus que les drogués américains ne pouvaient absorber à l'époque — et une douzaine de raffineries au moins commencèrent avant longtemps à fonctionner dans l'île. Elles n'étaient jamais à court d'ingrédients de première nécessité. L'homme d'Ugurlu à Milan, Salah Al Din Wakkas, y veillait. Au début, la morphine-base arrivait en grande partie par voie de mer, comme il l'apprit ultérieurement au juge Palermo :

> Des bateaux de pêche turcs chargeaient à Varna [en Bulgarie, sur la mer Noire]... Ils embarquaient des armes, par exemple des Kalashnikov, et beaucoup de cigarettes fabriquées en Bulgarie. Quand ils avaient franchi le détroit des Dardanelles, ils déchargeaient les cigarettes et une partie des armes dans d'autres bateaux de pêche et embarquaient la morphine.
>
> Ensuite, ils mettaient le cap sur Chypre... Un Sicilien de Catane les y attendait... Un groupe de Siciliens transférait la drogue et les armes sur leurs propres bateaux de pêche [33].

Des camions TIR quittaient Istanbul à destination du nord de l'Italie, via la Bulgarie et la Yougoslavie, emportant à leur bord cinquante, cent ou deux cents kilos de morphine-base. Certains bifurquaient vers le nord pour gagner Munich et Berlin. Le reste rayonnait à partir de Trieste (près de la frontière yougoslave) vers différents centres de transit dans tout le nord de l'Italie : Trente, Bolzano, Vérone, Milan. Un tiers de la morphine environ était destiné aux raffineries du nord. Le reste était pour la Sicile.

Wakkas, chargé de coordonner ce flot, traitait avec les plus hauts échelons de la Mafia à Palerme. La plupart des membres de la *Cupola* figuraient sur sa liste, à commencer par le *mammasantissima* qui venait d'être désigné pour en prendre la tête, Gaetano Badalamenti. Un de ses principaux clients était Gerlando Alberti, « l'infatigable représentant en textiles », qui dirigeait les raffineries de plus en plus nombreuses de Sicile. Francesco Mafara, chargé par la *Cupola* de régir le trafic d'héroïne à destination de New York, en était un autre. Les nombreux frères de Fidanzati, l'ambassadeur de la Mafia, figuraient parmi les trafiquants qui expédiaient la morphine à Palerme depuis Milan[34].

A la fin de 1976, les hommes d'honneur siciliens nageaient en pleine euphorie. Vingt ans après s'être adjugé la concession de l'héroïne aux Etats-Unis, ils étaient sur le point de lancer la plus grosse entreprise commerciale du monde. Tous les morceaux du puzzle étaient à leur place, à la fois par hasard et grâce à leur talent inné pour lever le nez et humer où se trouvait l'argent.

Ils pouvaient opérer en toute quiétude. Pas une seule force de police au monde ne semblait se douter de ce qu'ils avaient mijoté au cours des vingt années qui venaient de s'écouler. Les rares mafiosi qui s'étaient fait remarquer étaient toujours vus à travers le filtre de quelque crime local ou national. Nul ne savait qu'ils faisaient désormais partie d'une confrérie criminelle qui ceignait la planète, que la Mafia sicilienne s'était internationalisée.

10.

Le pipeline d'héroïne

L'extraordinaire organisation internationale des Siciliens faillit être découverte en 1979 quand un insignifiant petit truand sicilien de Brooklyn se rendit spontanément au FBI. Totalement absorbés par leur travail dans le milieu du crime propre à Brooklyn, les représentants de la loi n'avaient jamais remarqué cette fourmi humaine qui, pour la seule année 1977, avait transporté plus d'une tonne d'héroïne — plus de cinquante millions de doses. Il continua d'être invisible même après s'être livré. Ce fut le premier et le dernier mafioso sicilien d'Amérique qui ait jamais accompli ce geste.

Dans le rapport du FBI, on peut lire cette description :

Nom	Luigi Ronsisvalle
Date de naissance	1er octobre 1940
Lieu de naissance	Catane, Sicile
Numéro d'immatriculation service des étrangers	A14 784 513
	Entré aux USA à New York le 16 mars 1966
Corpulence	Gras
Emploi	Il y a cinq ans, Luigi était serveur. Il dit qu'il tue des gens pour gagner sa vie [1].

En réalité, Ronsisvalle faisait bien d'autres choses encore pour gagner sa vie mais, comme le FBI ne lui posa pas la question, il se garda bien d'en faire état. Outre l'assassinat de treize personnes (onze par contrat et deux par plaisir), il s'était occupé de vendre des camions de viande volée, s'était chargé du recouvrement de dettes de jeu illicites, avait incendié des pizzerias, écoulé de la fausse monnaie, volé des diamants pour une valeur d'un million de dollars et transporté des quantités d'héroïne à peine concevables.

Si le fait de transporter de l'héroïne le conduisit à boire, ce n'est pas cela qui l'amena au FBI. Il se rendit parce que son dernier crime était, d'après lui, « la pire chose qu'un homme puisse faire ». Il avait volé une femme[2]. Au moment précis où il l'attaqua (pour les 2000 dollars contenus dans son attaché-case), il sentit qu'il avait perdu tout ce qui pouvait lui rester d'honneur. « En Sicile, essaya-t-il d'expliquer dans son anglais laborieux, si un homme est à la Mafia, même pour un million de dollars dans le portefeuille d'une dame, il touche pas la dame. »

Cet homme d'âge moyen, trop gros, à l'œil triste et à l'air miteux de petit voyou, ne pouvait gommer de sa mémoire l'idéal viril auquel il avait tant désiré parvenir. Elevé en Sicile, Ronsisvalle avait été fasciné par l'image de galanterie chevaleresque et d'insolent banditisme de la Mafia, par le mystère entourant cette société secrète, par la peur qu'elle inspirait, et par le respect qu'elle exigeait. Il n'avait qu'une seule ambition : devenir un mafioso. « A dix, onze, douze ans, dit-il, comme un gosse américain tombe amoureux du base-ball, j'étais amoureux de la Mafia. »

Treize années passées à Brooklyn l'avaient dégoûté de l'équivalent américain de son rêve. « En Amérique, il y a pas la Mafia. Ils ont même pas une idée, ce que c'est la Mafia », déclara-t-il.

> La vraie Mafia s'occupe jamais d'héroïne. Un homme d'honneur va pas tuer des gosses dans le monde. La Mafia fait jamais ça. Jamais j'ai entendu ça quand j'étais en Sicile, jamais.
>
> Il y a une seule Mafia, la sicilienne, une seule. Parce que ces gens qui viennent de Sicile… ils viennent ici et ils volent leurs propres compatriotes, ils vont ramasser l'argent toutes les semaines, tuer des Italiens… Ils disent qu'ils sont une Mafia. Mais en Sicile aujourd'hui, ils ont personne.

Hélas, en Sicile, ils avaient tout le monde (dans la Mafia, du moins). Ronsisvalle a toujours cru qu'il travaillait pour des Américains de Brooklyn. En réalité, ses patrons de Brooklyn travaillaient pour les Siciliens de Palerme.

Quand il arriva à New York en 1966, plusieurs milliers d'hommes aux ordres de la Mafia sicilienne étaient en train de s'infiltrer aux Etats-Unis et de se déployer dans tout le pays sans que personne les remarque. « Pendant toute la période des années 60 et 70, ils ont pu installer un réseau d'héroïne juste sous notre nez », dit l'expert de la Mafia au FBI de New York, James Kallstrom[3].

« La première fois que nous avons entendu parler de la Mafia sicilienne ici, c'était dans l'affaire de la Pizza Connection en 1984 », ajoute Louis Schiliro, du bureau du FBI de Brooklyn-Queens. « Le New York Police Department ne reconnaît même pas l'existence de la Mafia sicilienne *maintenant* [1986]... La découverte de la Pizza Connection nous a ouvert de nombreuses perspectives, mais nous n'avons jamais vraiment compris quelle est la place exacte des cinq familles de la Mafia américaine. Nous l'appelons " la branche sicilienne de la famille Bonanno ", mais nous nous rendons compte maintenant que c'est une erreur. Ceux de nos informateurs à qui nous avons exposé nos théories se sont moqués de nous. " Si vous avez adhéré en Sicile, vous devez allégeance à Palerme ", nous ont-ils dit[4]. »

Luigi Ronsisvalle aurait pu le leur dire, cela et beaucoup plus encore, ne serait-ce que les alerter sur l'ampleur effarante du trafic de drogue. Au moment de sa reddition, en 1979, la plus grosse prise d'héroïne jamais enregistrée dans le monde était de quatre-vingt-six kilos, en 1971 dans le New Jersey[5]. Ronsisvalle, à lui seul, en transporta quinze fois plus en 1977. Il avait pu identifier les Siciliens dont il dépendait à Brooklyn, ainsi que le chef de ce que l'on pensait être la branche sicilienne de la famille Bonanno. En fait, il avait vu Salvatore Catalano prendre le contrôle de l'enclave des Bonanno dans Knickerbocker Avenue à la fin de 1976.

Ronsisvalle avait aussi travaillé pour une branche sicilienne de la famille Gambino — une organisation encore plus souterraine et bien plus importante. Il faisait ses livraisons dans l'enclave de la Dix-Huitième Avenue, où l'on pouvait normalement toujours trouver l'un ou l'autre des Gambino de Cherry Hill. Il les avait tous vus fraterniser avec de mystérieux hommes d'honneur fraîchement débarqués de Palerme ; il avait même assisté à une réunion avec certains de leurs collègues de Caracas.

C'était les petits faits de sa vie quotidienne. Recrue inconsciente de la silencieuse armée d'invasion de la Mafia sicilienne, il n'avait pas la moindre idée de son ampleur. Comme un homme qui devient sourd, il pouvait entendre ces gens parler, mais il ne pouvait pas comprendre ce qu'ils disaient. Il se contentait d'exécuter leurs ordres, rien de plus.

Ainsi, Luigi Ronsisvalle ne sut jamais qu'il en savait tant. Quant à ceux qui l'interrogèrent, ils ne pouvaient imaginer qu'il sache quoi que ce soit.

Ronsisvalle n'était qu'un numéro dans un pénitencier fédéral jusqu'à ce que l'agent Douglas Le Vien l'y découvrît en 1985, six ans après son incarcération. Alors attaché à la Commission sur le Crime Organisé du président Reagan, Le Vien avait depuis longtemps abandonné sa poursuite malchanceuse d'Enzo Napoli. Pourtant, quand on avait connu Napoli, on comprenait Ronsisvalle.

Ronsisvalle avait été un des *picciotti* de Napoli. Pour lui, il avait volé des diamants, il avait écoulé ses chèques trafiqués à Miami, racheté pour son compte en sous-main dans une ou deux affaires d'héroïne. Il avait, presque certainement, tué pour Napoli. Son partenaire habituel pour les contrats de meurtre, un modeste tailleur sicilien qui traversait l'Atlantique sur demande, était un des hommes à qui Napoli téléphonait le plus souvent à Palerme[6]. Mais Ronsisvalle avait aussi bien exécuté d'étranges travaux pour plusieurs autres employeurs de Brooklyn. Expédié de l'un à l'autre, il avait eu une vue panoramique de l'entreprise du crime, même si c'était une vue à ras de terre.

On pouvait le trouver au Café Viale, sur Knickerbocker Avenue, qui lui servait de quartier général. Au fond du café, il y avait une table ronde qu'affectionnait une génération oubliée de Mustache Petes, tassés dans leurs pardessus et abrités sous de grands feutres noirs. A l'étage, il y avait un jeu de baccara clandestin où la police faisait des descentes régulières. Là, ou au Café Sport plus bas dans la même rue, les nouveaux arrivés qui fuyaient la justice italienne venaient s'asseoir, dans l'espoir d'entrer en contact avec la Mafia de New York.

Il y avait des mafiosi de bas niveau, obligés de s'en tenir aux règles en vigueur ; ils ne pouvaient pas travailler dans Brooklyn sans la permission d'une des familles. Les mafiosi siciliens de haut rang n'avaient pas ce genre de soucis — Buscetta, par exemple, ou les frères Napoli. Règles ou pas, il y avait des hommes de cette espèce implantés sur tout le territoire américain : dans les cinq circonscriptions de New York, dans le New Jersey, le Delaware, en Pennsylvanie, au Texas, en Floride, en Virginie, dans le Massachusetts et le Vermont, dans l'Etat du Michigan, dans l'Illinois, en Californie, en Arizona, dans le Maryland, et à Washington[7]. Il n'était pas facile de les identifier car, dans la Mafia américaine comme dans la Mafia sicilienne, beaucoup d'entre eux portaient le même nom, avaient les mêmes parents et parlaient le même jargon incompréhensible. Ronsisvalle ne pouvait pas plus les identifier que la police ; les Siciliens des Américains et les Siciliens des Siciliens lui ressemblaient tous.

Il était arrivé en 1966 avec une vague introduction de son *capomafia* de Catane. « Si tu vas à Brooklyn, dans Knickerbocker Avenue, tu n'as qu'à dire mon nom », lui avait conseillé son patron. Ce nom, prononcé au-dessus d'une tasse de café au Café Viale, lui servit de passeport pour l'un des hommes de main arrivés de Sicile quelques années plus tôt. Soldats de la famille Buccellato de Castellammare del Golfo, ils avaient été envoyés pour donner un coup de main à Joe Bonanno. Dans le passé, Bonanno avait fait venir des quantités d'habitants de Castellammare. Mais en 1964, il avait des ennuis car il avait lancé un contrat sur trois membres de la commission de Cosa Nostra, à commencer par Carlo Gambino [8]. Comme il s'attendait à ce que l'enfer se déchaîne le jour où cela se saurait, il avait demandé des renforts.

Il ne fallut pas longtemps à Ronsisvalle pour se rendre compte que la famille Bonanno possédait Knickerbocker Avenue. Le *capo* responsable de la rue, toujours un homme de Bonanno, régnait en maître absolu. « Tout ce qui bougeait, même un arbre, ils allaient pour lui dire : je veux bouger l'arbre », dit plus tard Ronsisvalle.

Sa nouvelle carrière débuta avec une modeste proposition que lui fit un de ses compatriotes siciliens, Paolo La Porta. Ce dernier sera sans le savoir à l'origine de la première découverte importante dans le dossier de la Pizza Connection. Par la suite, La Porta se vantera auprès d'un agent secret du DEA que « ses amis » blanchissaient 5 millions de dollars par jour dans le circuit de la drogue [9]. Mais, quand Ronsisvalle le rencontra, ce n'était qu'un voyou à la petite semaine. « Dis, tu viens de Sicile. Tu peux nous montrer ce que tu as dans le ventre ? » lui demanda La Porta. Ronsisvalle ne manquait pas de cran. « Je viens juste aux Etats-Unis. C'est américaine Mafia, allons, on le fait. »

On lui donna un calibre 45 et on l'envoya dévaliser un drugstore. La caisse contenait moins de 50 dollars et, en plus, la victime tira sur Ronsisvalle (sur quoi La Porta le laissa tomber et démarra à toute vitesse). Blessé à la jambe mais toujours aussi courageux, Ronsisvalle rentra chez lui par ses propres moyens.

Une fois guéri, La Porta l'emmena aux chutes du Niagara. Ils traversèrent tous les deux le pont pour entrer au Canada, fournirent de faux passeports à six Siciliens qui les attendaient, encaissèrent 500 dollars par tête, et les firent tous entrer aux Etats-Unis dans l'heure qui suivit.

On avait seulement dit à Ronsisvalle que La Porta « avait une filière pour les passeports ». En fait, il participait à la gestion de la filière d'entrée aux Etats-Unis de la Mafia sicilienne. Plusieurs milliers d'hommes passèrent ainsi, au nez et à la barbe des fonctionnaires américains [10].

(Les autorités américaines faisaient à ce moment-là des « efforts apparemment stériles » pour comprendre la raison d'un afflux d'Italiens « en nombre sans précédent », d'après un rapport des forces de police de l'Etat de New York. Un rapport du FBI établit ultérieurement que « la plupart des entrées illégales aux Etats-Unis entre le milieu des années 60 et le début des années 70 concernaient des hommes qui avaient fui l'Italie sous le coup d'accusations allant du meurtre au trafic de stupéfiants ».)

L'excursion aux chutes du Niagara fixa l'avenir de Ronsisvalle. Quoi qu'il ait espéré de l'Amérique, il était pris au piège sans aucune ressource. Presque illettré, il n'avait ni argent ni métier normal. Il n'arrivait pas à s'habituer au pays ni à maîtriser la langue ; il ne pouvait même pas communiquer sans utiliser un inintelligible code sicilien. Il n'avait qu'une possibilité : prendre ce que la Mafia avait à lui offrir à Brooklyn, que cela lui plaise ou pas. (Ce dernier point n'a d'ailleurs jamais été éclairci...) De ce jour, il ne fut plus jamais à court d'argent, mais ses employeurs le volèrent visiblement d'une façon si méthodique qu'il ne s'enrichit vraiment pas. Selon les occasions, on l'employait comme larbin, cambrioleur à main armée, agent disciplinaire, tueur contractuel, et surtout comme un transporteur d'héroïne vraiment prodigieux.

Il s'aperçut que le meurtre était une affaire plus facile aux Etats-Unis qu'en Italie, car « à New York nous avons cinq familles, et si je tue quelqu'un, c'est plus facile à régler ». Parfois, il choisissait lui-même sa victime. L'une d'entre elles fut un usurier de la Mafia qui lui avait prêté 5 000 dollars à mettre en circuit. Quand un type du Bronx ne put le rembourser, l'usurier dit à Ronsisvalle d'aller lui casser les jambes. Dans un rassurant éclair d'humanité, Ronsisvalle se mit en colère et préféra abattre l'usurier [11].

Il arrivait que les contrats soient sous-traités un si grand nombre de fois qu'il avait du mal à savoir qui avait passé le contrat. D'autres fois, il aurait volontiers tué sans être payé, par exemple ce joueur qui avait mis sa femme en enjeu dans une partie de poker. (L'homme avait joué une nuit avec elle pour pouvoir relancer quand il s'était trouvé à court d'argent. Il perdit et sa femme accepta le marché pour la nuit, mais raconta tout à son frère le lendemain matin. Or ce frère était policier dans une patrouille de Brooklyn.)

Vers la fin de sa carrière, Ronsisvalle était surtout recherché comme tueur à gages. Un intermédiaire lui proposa deux contrats pour le compte du célèbre financier et escroc italien Michele Sindona, Banquier de Dieu et de la Mafia sicilienne, dont nous reparlerons [12]. L'intermédiaire, un joyeux compagnon d'Enzo Napoli nommé Mario

Maimone, voulait que Ronsisvalle élimine un attorney fédéral de New York et un avocat qui s'occupait du règlement de faillite de Sindona à Milan. D'après Ronsisvalle, voici la conversation qu'il eut avec son client :

Il dit : « Luigi, tu veux te faire 100 000 dollars ? » Je dis : « Demande pas ! » Il dit : « Le district attorney est trop sur le dos de M. Sindona. Ils veulent le tuer. Ils te payent en Suisse. » Je dis : « Ben, c'est pas rien que tu demandes... »

Avant ça, il me dit : « M. Sindona veut que tu ailles en Italie, et le nom est M. Ambrosoli. Ils te payent 100 000 dollars en Suisse. » Je dis : « Pas tuer de gens en Italie. La loi est trop méchante pour moi là-bas. »

Ronsisvalle refusa ce contrat — Sindona trouva quelqu'un d'autre pour s'occuper de M. Ambrosoli à Milan — et ne réussit pas à se rattraper avec l'attorney fédéral[13]. Mais il accepta de réduire au silence un autre témoin gênant :

M. Maimone me dit : « Nous avons un monsieur de Milan qui fait ami avec le FBI pour témoigner contre M Sindona. » Je vais au bureau du monsieur, 101 Wall Street, et je dis : « Vous faites mieux de plus témoigner, ou je vous tuerai, vous, votre femme, et votre gosse. » On n'a plus entendu parler de ces gens.

Bien des années auparavant, à Catane, il aurait reculé à l'idée de tuer une femme et un enfant mais, à partir du moment où il avait mis le pied dans le commerce de la drogue, son maigre honneur de mafioso s'était rapidement effrité.

Ronsisvalle avait commencé à s'occuper de drogue quand Salvatore Catalano s'était emparé de Knickerbocker Avenue, à la fin de l'automne 1976. Catalano était arrivé dix ans plus tôt de Ciminna en Sicile. Il avait ouvert une modeste boutique où il vendait des journaux et des souvenirs, en face du Cafe Viale. Taciturne et sur ses gardes, il s'était cantonné à sa propre compagnie. « Personne le connaît. Quelques gens, ils le connaissent, mais c'est un homme très, très tranquille », dit Ronsisvalle.

A cette époque, le *capo* des Bonanno dans la rue était un vieil homme têtu, que l'on appelait Pete Licata. Il ne voulait pas entendre parler de drogue sur son territoire. Comme l'expliqua Ronsisvalle : « Il dit : “ Je veux pas de drogue dans Knickerbocker Avenue, pas d'héroïne... Tu commences à vendre en gros et puis tu commences à vendre au détail, et puis tu ruines les Italiens d'ici. ” Ils disent : “ D'accord, Don Pietro ”, et après, ils le tuent. »

Licata fut assassiné le 4 novembre 1976. Trois jours plus tard, sans le moindre murmure de la famille Bonanno, Catalano devint le nouveau *capo* de Knickerbocker Avenue. De nouveaux visages apparurent alors, tous en provenance de Sicile. Il y avait en particulier deux étrangers de Castellammare del Golfo qui prirent le contrôle du baccara du Cafe Viale. Cela devait représenter à peu près un million de dollars par semaine. C'étaient Cesare Bonventre et Baldassare « Baldo » Amato, qui devinrent les inséparables compagnons de Catalano, formant un trio qui régna sur Knickerbocker Avenue pendant presque une décennie. Ensemble, ils l'emportèrent pendant un moment sur toute la famille Bonanno de la Mafia américaine[14]. Toujours ensemble, ils établirent un contrôle de fer sur les entrées et les sorties d'héroïne dans le territoire de Brooklyn des Bonanno.

Baldo Amato devait se retrouver plus tard dans le box des accusés, avec Salvatore Catalano, lors du procès de la Pizza Connection. Cesara Bonventre aurait connu le même sort s'il n'avait pas fini dans trois bidons de 200 litres d'une usine de colle de Garfield dans le New Jersey. (La tête était dans l'un des bidons, et les membres soigneusement répartis dans les autres.)

Ronsisvalle ne pensa jamais au nouveau régime comme à la « branche sicilienne », mais n'en avait pas moins de bonnes raisons de se souvenir de ses origines. Il commença à transporter de l'héroïne quelques jours seulement après le début du règne de Salvatore Catalano dans Knickerbocker Avenue. « Je me sens si mal, je dois me lester le ventre avec du scotch », dit-il. (Témoignant au procès de la Pizza Connection en 1985, on lui demanda si c'était parce qu'il était « moralement tellement dégoûté » par les livraisons de drogue pour la Mafia qu'il avait commencé à boire sérieusement. Il répondit : « Ouais, je veux vous voir avec 20 kilos d'héroïne dans un sac, et comment vous vous sentez ».)

La première livraison de Ronsisvalle était de l'héroïne pure, juste arrivée de l'étranger, et il devait seulement la transporter sur quelques kilomètres dans Brooklyn : de Knickerbocker Avenue dans Bushwick à la Dix-Huitième Avenue dans Bensonhurst. Pourquoi deux familles de la Mafia américaine s'envoyaient des valises d'héroïne pure — comme il le croyait — n'était pas son affaire ; il était chargé des livraisons, rien de plus. Au cours des douze mois suivants, il fit ainsi quinze voyages d'une avenue à une autre, à chaque fois avec un colis de 40 kilos. Cela représentait en tout 600 kilos d'héroïne, peut-être la moitié de la fourniture annuelle des drogués de l'agglomération new-yorkaise.

Le Sicilien qui contrôlait Ronsisvalle était un certain Felice Puma, qui possédait le Cafe Scopello sur le territoire Bonanno. Ronsisvalle prenait la marchandise emballée au Cafe Puma de Knickerbocker Avenue, fonçait dans la camionnette, une *lupara* à double canon sur les genoux, et déposait le colis au café d'Enzo Napoli sur la Dix-Huitième Avenue — le Mille Luci.

Le travail n'était pas difficile. Il n'était même pas très dangereux. Le Bureau des Stupéfiants de Brooklyn poursuivait les dealers, qui proposaient des doses de 30 grammes dans des sachets de Cellophane. En 1976, pas un flic n'aurait pensé à chercher une demi-tonne d'héroïne en balade entre le territoire des Bonanno et celui des Gambino. Personne, du côté de la loi, ne soupçonna même qu'une aussi énorme quantité d'héroïne ait pu entrer dans le pays.

Ronsisvalle était payé 5 000 dollars par livraison, à peine un pour mille de sa valeur finale, lors de la revente dans la rue. Il ne se plaignit pas, tant qu'il eut du travail, mais cela s'arrêta brusquement au début 1977. Il y avait « une période creuse », lui dit Felice Puma. « Tu devrais te détendre un peu. J'attends... Je ne sais pas quand. »

Enfin, au mois d'août (quand une douzaine de laboratoires installés en Sicile devinrent opérationnels), Puma lui donna de bonnes nouvelles. « Il dit : “ Les affaires ont repris... Tu connais le pipeline du Canada aux Etats-Unis, celui qui livre le pétrole ? Nous avons la même chose pour l'héroïne entre la Sicile et les Etats-Unis ”. »

Les Siciliens avaient ainsi atteint le but auquel ils travaillaient depuis vingt ans. Leur pipeline d'héroïne à destination des Etats-Unis scellait leur accession au sommet de la pègre internationale. Ils étaient enfin les plus grands fabricants de l'Occident, alliés aux plus gros producteurs de matière première (la Mafia turque), assurés d'un accès privilégié au marché principal, servis par leur propre système international de distribution, le plus important jamais créé pour la drogue.

Pour être précis, le monopole de la Mafia sicilienne n'était pas absolu ; il y aurait toujours des indépendants qui fabriqueraient et vendraient de l'héroïne. Simplement, à partir de ce moment, la plupart des indépendants durent passer par les réseaux de distribution des Siciliens, ou bien par Palerme pour s'approvisionner, ou fermer boutique.

L'inauguration du pipeline en 1977 entraîna un déferlement d'héroïne comme l'Amérique n'en avait jamais connu. Les trafiquants siciliens mettaient de force la drogue dans les mains des revendeurs, leur en donnant des quantités prodigieuses sur la base d'un accord du type « achetez-maintenant-payez plus-tard », une pratique dont il n'avait jamais été question jusque-là. « Mais je n'ai pas l'argent ! »

protesta un agent secret de la DEA quand Paolo La Porta le pressa de prendre plusieurs kilos de marchandise, pour une valeur moyenne d'un million de dollars au prix de gros. « Qui parle d'argent ? » répliqua la cible de l'agent, souriante et amicale [15].

A la fin de 1977, les consommateurs d'héroïne aux Etats-Unis avaient brusquement atteint le chiffre de 750 000 personnes, presque vingt fois celui de 1963, quand les hommes d'honneur de la Sicile avaient commencé leur invasion [16].

Quarante-huit heures après que Ronsisvalle eut reçu les bonnes nouvelles du « pipeline du Canada », il remarqua un étranger en étroite conversation avec Salvatore Catalano au Cafe Scopello. C'était Giuseppe Ganci, le nouveau représentant de la *Cupola* sicilienne à New York. Dix jours plus tard, Ronsisvalle avait de nouveau du travail.

Maintenant, il lui arrivait de quitter Brooklyn. Puma l'envoya douze fois à Los Angeles, chaque fois par avion, et à Chicago quinze fois par le train. Il apporta environ douze kilos d'héroïne dans la première de ces villes, et quelque trois cents kilos dans la seconde. Deux fois, il rapporta sans broncher, de Floride à New York, une centaine de kilos de la même marchandise, camouflée en paquets de céréales ou de lessive.

Dans l'une de ces deux occasions, Puma téléphona à Ronsisvalle et lui dit de sauter dans un avion pour Miami. Puma en personne l'attendait, le lendemain matin, dans une rue du centre de Miami, au volant d'une Porsche rouge. Il y avait une *lupara* et un calibre 38 sur le siège à côté de lui, ainsi que cent kilos d'héroïne dans le coffre. Ils prirent la route et roulèrent sans s'arrêter de Miami à Knickerbocker Avenue. Quand ils arrivèrent au Cafe Scopello, Ronsisvalle reconnut l'homme qui les attendait devant le café : Salvatore Catalano en personne. L'Etat aurait un jour une lourde dette envers Ronsisvalle pour ce témoignage : au cours des dix-sept mois que durera le procès de la Pizza Connection, il restera le seul témoin à avoir vu Catalano attendre un arrivage de cent kilos d'héroïne.

A cette époque, en 1977, la police de Brooklyn n'avait pas encore entendu parler de Catalano. Quant à la police italienne, elle avait perdu sa trace depuis qu'il était sorti libre du procès des 114. Pourtant, dans son domaine, le *capo* de Knickerbocker Avenue était devenu, à la force du poignet, un personnage avec qui il fallait compter.

Simple petit boss de bas étage, Catalano fréquentait pourtant les plus importants hommes d'honneur des familles Bonanno et Gambino. Ronsisvalle rencontrait sans arrêt Catalano sur le territoire des Gambino, se mêlant à la bonne société de la Mafia. Il y avait des boss américains ; Aniello Della Croce, le puissant sous-boss des Gambino, était un vieil ami. Mais la plupart étaient les Siciliens des Siciliens : John, Rosario et Giuseppe Gambino de Cherry Hill, Enzo Napoli, etc.

Il ne vint pas à l'esprit de Ronsisvalle qu'il était en possession d'un secret horriblement dangereux. En assistant aux déplacements quotidiens des Siciliens entre les deux enclaves américaines de la Mafia — ou même en transportant leurs incroyables cargaisons d'héroïne d'un endroit à l'autre — il pouvait difficilement éviter de remarquer que l'on traitait les Siciliens avec beaucoup de déférence. Un individu plus brillant aurait compris qu'ils formaient un groupe à part, chargé d'une mission très spéciale. Par chance pour lui, l'idée ne l'en effleura même pas.

En avril 1977, Ronsisvalle eut un aperçu peu banal des relations complexes entre les mafiosi siciliens de Brooklyn et leurs hôtes américains. Cela se passa durant la « période creuse » du trafic d'héroïne, quand il réussit un casse d'un million de dollars en diamants pour son patron personnel, Enzo Napoli.

Napoli avait organisé le coup dans ses moindres détails. Ronsisvalle et un complice entrèrent et sortirent d'un magasin au cœur du quartier des diamantaires de New York en moins de dix minutes. Après leur avoir donné 25 000 dollars d'acompte, Napoli prit les diamants pour les vendre — il les étala sur la table pour les montrer à Doug Le Vien la nuit suivante — tandis que Ronsisvalle faisait une retraite à Chicago, le temps de laisser l'ambiance se refroidir.

Il s'était à peine installé dans un hôtel de Chicago que deux tueurs tombèrent sur lui. « Ils ouvrent la porte et commencent à tirer sur mon lit ; après, ils vont dans les toilettes, et ils tirent aussi dedans. M. Enzo Napoli a essayé de me tuer pour pas me donner ma part », dira plus tard Ronsisvalle. Il s'en tira sain et sauf car il s'était installé dans les étages supérieurs avec une dame qui avait une suite avec vue panoramique, et la télévision en couleur. Mais il revint à New York « avec quelque chose dans la tête. Je veux tuer M. Enzo Napoli ».

Malheureusement, on eut vent de ses intentions dans Knickerbocker Avenue, sur quoi Salvatore Catalano s'en mêla. « Il me dit : " Luigi, j'apprends que M. Vincent Napoli fait jamais attention à toi. Je veux être sûr que tu reçois tout ce qui te revient. " Je dis : " C'est pas ce que je veux. Je vais m'occuper de lui en personne ". Il dit : " Non, c'est pas le bon moyen... Je m'occupe de tout ". »

Il s'ensuivit une réunion typique de la Mafia au Da Cesare, un restaurant très fermé d'East Side dans Manhattan. Autour de la table, avec Luigi Ronsisvalle et son complice, étaient assis une assemblée de gros bonnets, des gens qui ne se seraient normalement pas dérangés pour un rien du tout comme Ronsisvalle. Enzo Napoli était également venu, flanqué d'un émissaire envoyé de Caracas par son frère Antonino « pour calmer le jeu ». Un cousin de Salvatore Catano, qui avait d'importants intérêts dans la filière de l'héroïne au Venezuela, s'était également déplacé. Quant à Catalano, représentant selon toute vraisemblance la famille Bonanno, il présidait la réunion. A côté de lui, était assis le *consigliere* de la famille Gambino, Joe N. Gallo, représentant le plus puissant chef de la Mafia en Amérique, Paul Castellano.

Il apparut rapidement qu'ils n'étaient pas réunis seulement pour calmer le jeu. Ils avaient aussi à parler d'un million de dollars en diamants : Enzo Napoli avait droit, sans conteste, à toute leur protection contre un misérable tueur à gages de bas niveau, mais il avait aussi des obligations. Le cambriolage qu'il avait monté avait eu lieu sur le territoire de la Mafia américaine. Il devait, bien sûr, verser leur part à ses propres supérieurs siciliens, mais il devait aussi verser aux Américains ce qui leur revenait.

Il résulta de tout cela que Ronsisvalle et son complice touchèrent une prime de 30 000 dollars chacun. Chacun des assistants reçut un diamant pour sa part. Puis Napoli prit un étincelant diamant de quatre carats et le tendit à Ronsisvalle « en marque d'estime » de Paul Castellano, le chef régnant de la famille Gambino et « Boss de tous les Boss » en Amérique. Enfin, sur l'ordre de Catalano, Ronsisvalle dut serrer la main d'Enzo Napoli au lieu de lui loger une balle dans la tête. Comme il le dit : « Je suis reparti la queue entre les jambes. »

(Au cours du procès de la Pizza Connection, l'avocat de la défense lui demanda s'il était exact que Catalano « s'est opposé à votre désir de tuer un homme nommé Napoli ? » « Oui », répondit Ronsisvalle, expliquant que Napoli l'avait roulé sur sa part d'un vol et avait ensuite essayé de le tuer. « Je crois que si vous étiez à ma place, vous auriez fait la même chose », ajouta-t-il, déclenchant les éclats de rire des jurés aussi bien que du public[17].)

Le carrière de Ronsisvalle aux Etats-Unis prit fin au printemps 1979, quand il vola cette femme. On lui avait dit que le porteur de l'attaché-case devait transporter les 30 000 dollars nécessaires pour faire une paie — en réalité, seulement 2 000 dollars — mais on ne lui avait pas dit que le porteur était une femme. Ronsisvalle fut arrêté et réussit à payer les 500 dollars de la caution, mais ne voyait pas comment payer un avocat. « Parce que j'avais volé une femme, je ne peux pas aller Knickerbocker Avenue et dire : j'ai besoin d'argent », expliqua-t-il.

Il craignait aussi la colère de la famille Bonanno. Les mafiosi siciliens en visite du côté de Knickerbocker Avenue n'étaient pas censés voler pour leur compte, sans consulter la famille. « Ils vont me cracher à la figure. Ces gens vont me tirer une balle dans la tête », déclara Ronsisvalle, sans se rendre compte que « ces gens » étaient de la même race que lui.

Ronsisvalle avait d'autres raisons pour renoncer à la liberté, trahir la fraternité qu'il avait révérée depuis son enfance, et se mettre entre les mains des détestés *sbirri* (la police). Il était fatigué, en avait assez des gens qu'il fréquentait, et n'éprouvait que du dégoût pour lui-même : « Comment est-ce que je fais face à ça, ce que j'ai fait de ma vie — tout gâché ? »

Quelles qu'aient été ses fautes, il avait le mérite de la simplicité. Avant de craquer, il essaya de faire chanter le mafioso le plus important qu'il connût. Il envoya une lettre à Don Michele Sindona, lui demandant 20 000 dollars en souvenir du passé. « Je dis : s'il me les donne pas avant demain soir, six heures, je me rendrai au FBI et j'irai en prison. Je ne sais pas pour combien j'en prendrai, mais il ira avec moi. »

Sindona n'alla pas en prison avec lui. (Il y alla de son côté.) Mais Ronsisvalle se rendit quand même. Il entra tranquillement au commissariat principal de la 5e Rue à Brooklyn et dit : « S'il vous plaît, appelez le FBI. Mon nom est Luigi Ronsisvalle. Je veux me rendre. »

Il doit avoir étonné les agents du FBI qui l'interrogèrent, comme il stupéfia plus tard les jurés et le juge, muets de surprise. Son témoignage fut miraculeux pour les représentants de l'Etat dans le procès de la Pizza Connection, après que Doug Le Vien l'eut déniché et fait parler. Mais le voyou hébété par l'alcool qui se présenta aux agents du FBI en 1979 n'avait rien qui puisse stimuler leur imagination. Ignorant lui-même à quel point la réalité de la situation leur échappait, il leur servit une histoire confuse et décousue. Ils le condamnèrent pour le meurtre d'un cuisinier ainsi qu'une tentative de meurtre contre un attorney fédéral, et il disparut derrière les murs de la prison[18].

Les célèbres parrains de la Mafia new-yorkaise, tels Joe Bonnano *(ci-dessus)*, son fils Salvatore *(en haut à dr.)* et Carlo Gambino « boss de tous les boss » jusqu'à sa mort en 1976 *(ci-contre)* ont vu les projecteurs se braquer sur eux. Mais dans l'ombre, depuis Palerme, la Mafia sicilienne prenait peu à peu le contrôle mondial du trafic de l'héroïne.
(Ph. N.Y.T.S./SIPA PRESS.)

Ci-dessus : Un des parrains de la Mafia new-yorkaise, Carmine Galante, avait eu le tort de s'approprier une partie de l'argent du trafic de drogue : il fut abattu un soir de 1979 dans un restaurant italien de Brooklyn. *(Ph. B. NEWS-SYGMA.)*

Ci-dessous : Paul Castellano, le successeur de Carlo Gambino à la tête de la Mafia nord-américaine, renforça les liens de celle-ci avec la Mafia sicilienne. *(Ph. RICKI ROSEN/SIPA PRESS.)*

Aux États-Unis quelques magistrats et policiers dénoncèrent l'emprise de la « pieuvre ». Ce fut le cas de Louis Freeh *(en haut à g.)*, du Southern district de New York, ou de Douglas Le Vien *(en haut à dr.)*, policier infiltré au sein de la Mafia. Sur ce cliché il montre les armes que lui a offert, à titre de cadeau de Noël, son « ami » le mafioso Enzo Napoli *(ci-dessous)*. *(Ph. collection de l'auteur.)*

En Sicile, incarner la loi n'est pas une activité de tout repos. Le juge Giovanni Falcone *(au centre)* **— ici lors d'une visite à ses homologues marseillais — ne se déplace qu'en voiture blindée et bénéficie d'une protection rapprochée.** *(Ph. Le Provençal/GAMMA.)*

Le général Carlo Alberto Dalla Chiesa, l'homme qui vainquit le terrorisme en Italie, eut moins de chance avec la Mafia. Arrivé à Palerme le 30 avril 1982, il y fut assassiné le 3 septembre suivant. *(Ph. Farnaciar/GAMMA.)*

À Trapani, le juge Palermo échappa par miracle à un attentat à la bombe, mais celui-ci coûta la vie à une mère de famille et à ses deux enfants. *(Ph. Titolo Informazione Fotografica/GAMMA.)*

A Ciaculli, près de Palerme, en février 1985, une véritable opération militaire permit de débusquer la « cité secrète » de Don Michele Greco, faite de kilomètres de galeries souterraines, où l'on accédait par des passages secrets. *(Ph. Zecchini Informazione Fotografia/GAMMA.)*

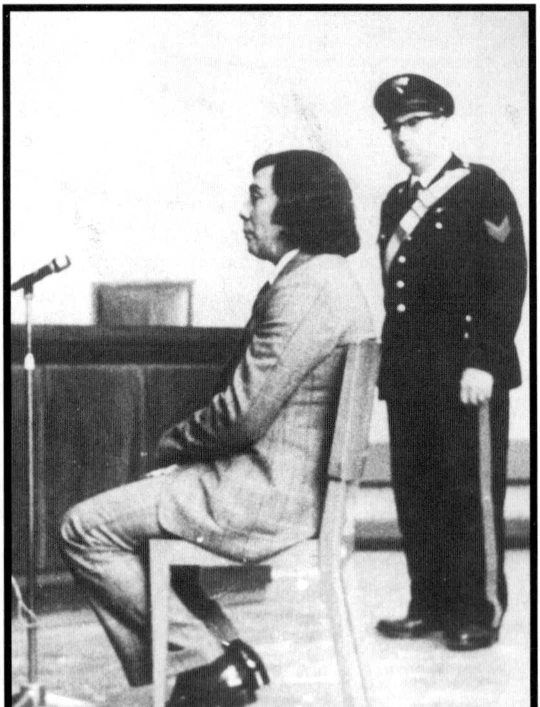

Tommaso Buscetta fut le plus célèbre des « repentis ». Son témoignage permit l'inculpation de dizaines de mafiosi. *(Ph. Zecchini Informazione Fotografia/SIPA).*

Le procès de Palerme dura de février 1986 à décembre 1987. Le juge Giordano *(ci-dessus)* accepta de le présider après que sept de ses collègues aient décliné ce périlleux honneur. Une salle spéciale fut construite, équipée d'une trentaine de cages *(en bas)* pour les 464 accusés. *(Ph. Piero Guerrini/GAMMA.)*

Un des accusés avait droit à une cage spéciale : Luciano Liggio, le chef de la Mafia de Corleone parvenu au faîte du pouvoir. En prison depuis 1974, cet homme à l'allure placide et décontractée n'a jamais cessé, depuis sa cellule, de diriger son empire après avoir en 1981 ordonné la sanglante élimination de tous ses concurrents. *(Ph. GAMMA.)*

11.

Du pipeline à la pizzeria

L'année où Luigi Ronsisvalle transporta plus d'une tonne d'héroïne pure dans Brooklyn — 1977 —, l'agent Doublas Le Vien découvrit qu'Enzo Napoli venait d'ouvrir une pizzeria à Virginia Beach en Virginie. Elle s'appelait Little Sicily (la Petite Sicile), et les associés de Napoli étaient les fils de Tommaso Buscetta, Antonio et Benedetto. Même Le Vien ne pouvait imaginer où sa découverte l'aurait mené si, par le plus grand des hasards, il avait eu la possibilité de poursuivre ses investigations. C'était un indice essentiel du système clandestin de distribution de l'héroïne mis au point par la Mafia sicilienne — la Pizza Connection dans toute son ampleur, que personne jusqu'à ce jour n'a encore pu totalement dévoiler.

Ce qui fut révélé de la Pizza Connection devant un tribunal de New York en 1986 n'est qu'une fraction du réseau qui est toujours en place. Après six ans d'investigations horriblement difficiles et souvent remarquables, le FBI et la DEA ne sont pas parvenus à faire fermer une seule pizzeria suspecte. Ils n'ont réussi à mettre à jour qu'une seule faction d'une seule des familles de la Mafia américaine, employant une trentaine d'hommes dans un seul des réseaux siciliens de l'héroïne, avec des livraisons dans une seule région des Etats-Unis, portant sur guère plus de 150 kilos par an.

Mais, au milieu des années 80, la Mafia sicilienne importait trois, quatre ou même cinq tonnes d'héroïne par an[1]. Il y avait d'innombrables réseaux — personne n'en connaît le chiffre réel — dirigés par des centaines d'hommes d'honneur, employant des milliers de subalternes et d'associés qui livraient l'héroïne dans tout le pays, en collusion avec plusieurs familles de la Mafia américaine, en particulier l'apparemment intouchable famille Gambino.

Gros dossiers, gros problèmes. Aucun des services américains n'était équipé, ou préparé, ou même seulement assez imaginatif pour enquêter sur quelque chose d'aussi énorme. Et cela n'a pas changé... C'est ainsi que la pizzeria Little Sicily ne fut pas inquiétée.

Pour la police de Virginie, la seule à s'en soucier, l'endroit paraissait bien louche. La pizzeria « ouvrait et fermait plus ou moins à la demande », écrivit un sergent des services de renseignements de la police, et on pensait que la direction avait fait incendier vingt-deux bâtiments du voisinage en l'espace de deux mois.

L'agent Le Vien avait découvert l'existence de cette pizzeria en épluchant les relevés des appels à longue distance d'Enzo Napoli. Le numéro de la Little Sicily faisait partie des six numéros que Napoli appelait le plus souvent. Il y téléphonait une ou deux fois par semaine et là-bas, quelqu'un dépensait environ 5 000 dollars par mois en appels téléphoniques à des centaines de pizzerias disséminées sur tout le territoire des Etats-Unis, aussi bien qu'à Milan, Palerme et Caracas.

En juillet 1977 — cela lui prit six mois de harcèlement — Le Vien persuada les douanes de lancer une vérification internationale par ordinateur des appels téléphoniques faits à partir des six numéros favoris de Napoli, y compris celui de la Little Sicily. L'ordinateur fournit les deux cents numéros de téléphone des principaux trafiquants connus d'armes et de stupéfiants, de Miami à La Nouvelle-Orléans et à San Diego, Dallas, Detroit, Chicago, Seattle, Washington, et en des points stratégiques d'Europe et d'Amérique du Sud[2]. Ce que Le Vien avait en main était presque certainement, point par point, un calque du circuit international de commercialisation de l'héroïne de la Mafia sicilienne. La Little Sicily devait être un centre majeur de blanchiment de l'argent de la drogue, ou même un centre de réception des livraisons dans la région, en liaison téléphonique avec plusieurs centaines de pizzerias et de boutiques à pizza dans tout le pays, et avec leurs gérants. Le Vien avait le schéma de l'organisation mais, apparemment, personne n'en voulait. « Washington ne savait pas ce que cela représentait », dit-il.

La Mafia sicilienne n'a pas inventé la pizza, mais elle en a fait des usages hautement inventifs. Tôt ou tard, à partir de 1963, presque toutes les troupes de Cosa Nostra en Amérique s'intéressèrent au commerce de la pizza, s'en firent un paravent, l'utilisèrent pour laver l'argent de la drogue, récupérer une partie des paiements en liquide, extorquer des paiements en recourant à l'incendie criminel, au vitriolage, au plastiquage et au meurtre, pour monter des milliers de coups contre leurs clients, et passer de la came en la faisant entrer par l'une des portes de la cuisine et sortir par l'autre. Vingt ans s'écoulèrent avant que le FBI découvre que les mafiosi siciliens géraient « une part importante de l'importation d'héroïne aux Etats-Unis » en utilisant ces pizzerias[3]. Les actes de violence et d'extorsion de fonds avaient bien quelque peu attiré l'attention mais pas les noms, ni les visages.

En général, les mafiosi se faisaient une place dans le commerce qui les intéressait en employant la méthode forte. Les Gambino de Cherry Hill acquirent le fonds de commerce de la pizzeria de Cherry Hill Mall dans le sud du New Jersey en incendiant l'endroit et en faisant sauter la voiture du gérant ; après quoi, ils lui passèrent un coup de téléphone. « Ce que j'ai fait à ta voiture, je te le ferai si tu ne fais pas ce qu'on te dit », annonça la voix au téléphone. « Je prends un flingue et je te fais sauter le caisson. Fais pas l'idiot. Essaye d'être plus malin que ça. Tu fermes. Tu mets la clef sous la porte[4]. »

Ce n'est pas qu'ils étaient forcément opposés à une reddition pacifique. Le dirigeant de la branche de la Mafia sicilienne à Washington, un bon vivant nommé Luciano Fiumefreddo, se vantait d'avoir acquis sa plus belle pizzeria du comté de Prince George dans le Maryland, simplement en la demandant. « Une nuit où je ne pouvais pas dormir, je suis sorti faire une balade en voiture et j'ai vu le Landover Mall. J'ai été tellement emballé, je l'ai trouvé tellement fantastique que j'ai attendu sur le parking toute la nuit, et puis je suis entré pour savoir si je pouvais le louer », expliquait-il[5].

Fiumefreddo, qui possédait six autres pizzerias dans la capitale, en avait encore acheté une douzaine le long de la côte Est depuis son arrivée de Sicile en octobre 1963 — trois mois après la bombe de Ciaculli. Ses camarades de fuite faisaient la même chose à l'intérieur du pays, d'une côte à l'autre. Ils travaillaient dur à tamiser la farine, pétrir la pâte, soulever des cartons et passer la serpillière, ouvrant tôt et fermant tard. Vus de l'extérieur, ils étaient impossibles à distinguer des milliers d'immigrants siciliens honnêtes qui faisaient le même métier.

Rien n'était plus habile que de se cacher au vu de tout le monde. Toute l'Amérique pouvait voir travailler ces gens sans que cela soulève le moindre début de suspicion. Le public aimait ce nouveau type de restaurants à l'italienne qui poussaient partout comme des champignons après la pluie. On y était servi rapidement — ce qui fut sans doute la clef de l'incroyable réussite des trafiquants : le fait d'avoir choisi précisément ce système pour ce pays d'amateurs du fast-food ; en outre, c'était moins cher et moins mauvais que dans beaucoup d'autres endroits. Lors de l'arrestation d'un membre de la

Pizza Connection à Oregon dans l'Illinois, les clients de la pizzeria regrettèrent beaucoup cette arrestation. Comme le dit un des habitués : « Il mettait du vrai bacon dans ses pizzas, pas de simples morceaux[6]. »

La police embêtait rarement ces établissements, et quand cela arrivait c'était seulement à cause de leurs nombreux employés siciliens en situation illégale. Neuf sur dix des expulsions effectuées par le Service d'Immigration et de Naturalisation concernaient le personnel des pizzerias[7]. Le phénomène intriguait les services de police. Avec le temps, ils commencèrent à se demander s'il ne pouvait pas y avoir une histoire de drogue derrière tout cela, mais ils n'allèrent pas plus loin.

Tous les grands acteurs de la Mafia sicilienne sur la scène new-yorkaise aidaient à l'entrée illégale des étrangers : les Gambino de Cherry Hill, Emmanuele Adamita (leur principal courrier de l'héroïne), Salvatore Inzerillo (le futur roi de l'héroïne de Palerme), Enzio et Antonino Napoli, Buscetta et tous leurs proches associés[8]. Pour les agents habitués à s'occuper tout au plus de leur cour d'immeuble, ce n'étaient que des « geeps » ou « zips », des « siggies » qui ne comptaient pas. On considérait comme certain qu'une famille de la Mafia américaine régnait sur l'immigration clandestine, probablement la famille Gambino, puisque Paolo, le frère de Carlo Gambino, en était visiblement chargé.

« Je suis arrivé à New York en 1970, et on m'intégra à une équipe spéciale de surveillance de la famille Carlo Gambino », dit James Kallstrom, le superespion anti-Mafia du FBI à New York.

Nous avions un dossier sur son frère Paolo. Paolo était très riche, mais pas à cause de leurs activités normales. Il s'occupait d'immigration clandestine.

Nous avions tout le réseau sous les yeux ; pendant les années 60 et 70, ils ont installé leur réseau de l'héroïne juste sous notre nez. Ils étaient tous dans le fromage — ils fabriquaient de la mozzarella et la vendaient aux pizzerias qu'ils ouvraient partout… J'ai suivi ces camions de fromage jusqu'à des pizzerias de New York, du New Jersey, du Connecticut. Ils avaient des centaines de pizzerias, toutes tenues par des immigrés en situation illégale, tout juste débarqués de Palerme… Nous pensions que la famille Gambino devait faire entrer des centaines d'immigrés siciliens en fraude, fort peu payés et formant une armée — mais pour quoi faire ?

Nous avons pensé que cela pouvait être une affaire de drogue ; on saisissait suffisamment de came lors d'arrestations fortuites pour que cela puisse suggérer l'existence d'un réseau. Mais le lien entre les deux n'était pas très clair[9].

En 1973, la police du New Jersey avait rassemblé beaucoup plus d'éléments concrets sur ce réseau, mais n'avait encore qu'effleuré la réalité. L'exceptionnelle affluence d'immigrés siciliens en situation illégale était « chaque jour un peu plus difficile à comprendre », selon les analystes des services de renseignements de la police [10]. On savait maintenant que plusieurs milliers d'étrangers s'étaient infiltrés. Quoique beaucoup d'entre eux aient été recherchés pour meurtre et voies de fait dans leur pays d'origine, ils étaient « non identifiables aux Etats-Unis » : des non-personnes, sans fiche d'empreintes digitales ni numéro de Sécurité sociale. De toute évidence, ils pouvaient être utilisés dans quelque entreprise criminelle. Mais laquelle ?

Il était clair que les Siciliens n'avaient aucun problème pour entrer aux Etats-Unis. Un grand nombre d'entre eux utilisaient de faux passeports et se débrouillaient tout seuls pour passer la frontière. Des milliers d'autres entraient en douceur, grâce à un réseau international. Selon la description du circuit par la police du New Jersey, un agent de voyages encaissait en Sicile 500 dollars par tête, vendait aux clients un billet d'avion pour Montréal, et leur donnait une carte professionnelle pour le Laurentian Hotel de Montréal ou le Royal Motel de Lachine, au Québec. Quand ils s'inscrivaient à l'hôtel, on leur disait d'attendre « Salvatore » (ou « Paolo, ou « Giuseppe »), qui encaisserait un nouveau versement de 500 dollars et leur ferait passer la frontière.

La frontière américano-canadienne au sud de Montréal s'étend sur près de 2500 kilomètres, de l'océan Atlantique aux Grands Lacs, avec des dizaines de petites voies d'eau et de routes de forêts. A cette époque, du côté américain de la frontière, il n'y avait qu'une centaine de gardes-frontière, répartis du Maine à Erié en Pennsylvanie ; et, à quelque moment que ce fût, il n'y avait jamais plus de vingt hommes en service [11]. Les éviter était un jeu d'enfant.

Une fois de l'autre côté, les clandestins se répartissaient selon leurs moyens. Ceux qui avaient les relations adéquates installaient des pizzerias, en général avec de l'argent avancé par des amis mafiosi déjà implantés. Les autres travaillaient dans les pizzerias comme des esclaves. Ils recevaient quelques dollars et dormaient dans des « dortoirs » ou sur le sol du restaurant. Sans papiers d'identité, incapables de parler un mot d'anglais, ils étaient prisonniers.

Les clandestins méritants pouvaient parfois bénéficier d'une *sistemazione,* comme disent les Italiens, ce qui veut dire que la Mafia s'arrangeait pour légaliser leur situation. Les méthodes variaient, allant de la simple falsification de documents ou de la fraude jusqu'à la corruption méthodique du Capitole. Une autre méthode consistait à contracter un bref mariage avec une Américaine ; le jeune marié recevait la citoyenneté américaine dans les six mois suivant le mariage, après quoi il divorçait et la mariée encaissait 1 500 dollars. On pouvait aussi falsifier les demandes de permis de séjour. Par exemple, on donnait aux ouvriers fromagers des listes d'attente une priorité bien plus grande que pour les simples travailleurs manuels. C'est ainsi que, en falsifiant ses certificats de travail — entre autres, un des principaux trafiquants siciliens et installateur de pizzerias, Michael Piancone, devint résident de plein droit aux Etats-Unis. D'après le rapport de la police du New Jersey :

Dans son dossier de demande de permis de séjour permanent, un quatrième document indiquait la profession d'ouvrier fromager, alors que les trois premiers documents le présentaient comme vendeur.

La demande était accompagnée de plusieurs documents en italien, avec la traduction en anglais, lui attribuant une longue expérience de fabricant de fromage. Un examen attentif de ces documents démontra que... des informations non contenues dans les documents d'origine avaient été ajoutées dans la traduction. Piancone avait travaillé dans une fabrique de fromage, mais comme ouvrier non qualifié...

L'inspecteur du Service d'Immigration et de Naturalisation qui examina la demande de Piancone, d'après des rapports des services de renseignements, reçut l'ordre — contraire à sa décision — d'approuver la demande en dépit de son caractère frauduleux bien établi. Malgré une entrée illégale dans le pays et des documents falsifiés, Michael Piancone reçut son permis de résident permanent le 8 novembre 1966[12].

Une organisation, qui s'était baptisée du nom ronflant d'International Institute of Jersey City, s'occupait de ce genre de cas, toujours d'après le même rapport :

L'International Institute of Jersey City... fut créé en 1936 dans un YWCA avec vocation de centre d'échanges culturels. Il commença rapidement à donner des cours d'anglais et d'éducation civique pour l'obtention de la citoyenneté américaine, puis fournit aux étrangers une assistance légale et pratique. La directrice est Mary Cassaro et il y a, en principe, un conseil d'administration de 36 membres, tous inconnus car il n'y a aucun dossier d'enregistrement au bureau du ministre des Affaires étrangères.

L'Institut, d'après les informations des services de renseignements, est l'instrument de l'immigration clandestine et sert d'intermédiaire entre la phase illégale de l'opération (entrée en fraude, « planque » des clandestins, etc.) et la phase de recherche de légalisation (demandes de priorité, projets de loi, etc.). On a parfois avancé que l'Institut sert à recueillir les pots-de-vin versés par les étrangers à la pègre, aux membres du Congrès et aux attorneys.

Beaucoup de ces étrangers étaient de grands criminels siciliens qui dirigeaient maintenant des pizzerias, ajoutait le rapport.

Un grand nombre d'interventions issus de particuliers et demandant la citoyenneté pour des étrangers arrivent au Congrès ; le plus éminent membre de la délégation du New Jersey est un membre du Congrès qui a déposé 39 propositions d'obtention de la citoyenneté en un seul jour et un total de 111 demandes au cours de la quatre-vingt-onzième session du Congrès 1969-1971.

Un autre membre du Congrès, au cours de la même session, parraina 266 demandes de citoyenneté introduites par des particuliers...

Un membre du Congrès, le New-Yorkais Mario Biaggi, et son prédécesseur ont aussi déposé de nombreuses demandes de citoyenneté pour des immigrés italiens... Biaggi s'est même révélé avoir ainsi parrainé des criminels notoires [13].

Le Congrès n'avait même pas à statuer sur une demande de ce genre, pourvu qu'elle ait été réintroduite selon la procédure légale Aux termes de la loi américaine, un étranger ne pouvait être expulsé tant que l'on n'avait pas statué sur sa demande de citoyenneté — et ne pouvait plus du tout être expulsé s'il pouvait tenir bon pendant sept ans. C'était quelque chose qu'un membre du Congrès accommodant pouvait facilement arranger pour ses clients, comme l'explique le rapport du New Jersey :

« Une vérification des propositions déposées par les membres new-yorkais du Congrès a révélé un système de circulation des demandes de citoyenneté. Un membre du Congrès parraine un étranger pendant une séance et la demande est déposée par un autre membre du Congrès au cours de la séance suivante. Les projets de loi circulent et s'échangent ainsi [14]. »

Rien de tout cela n'apparut dans la presse, encore moins dans les tribunaux. C'étaient alors les beaux jours de l'Italian-American Civil Rights League (Ligue Italo-Américaine pour les Droits civiques), une époque où aucun homme public sain d'esprit n'aurait abordé le sujet.

Le resplendissant Joe Colombo, chef de la famille de la Mafia new-yorkaise du même nom, avait fondé la Ligue à la fin des années 60 pour égarer le FBI. « Ils étaient sans arrêt à vous épier, à vous photographier, à vous suivre partout », expliqua un assistant. « A cause de cela, Colombo avait du mal à poursuivre son commerce illégal ; en effet, ses amis de la pègre ne voulaient pas être photographiés. Puis Joe Colombo Junior se fit prendre pour avoir fondu des pièces d'argent ; c'est alors que Joe Senior dit : “ Il faut que l'on cesse de nous harceler. Je vais fonder l'Italian-American Civil Rights League "[15]. »

La ligue devint une formidable arme électorale. Des millions d'Italo-Américains parfaitement honnêtes furent amenés à s'identifier avec la Mafia en croyant qu'une attaque contre elle était une attaque contre eux. Joe Colombo les harangua jour après jour, comme invité vedette d'une émission de télévision qui passait aux meilleures heures d'écoute : « Le Président veut nous écraser ; le ministre de la Justice nous hait de toutes ses forces », répétait-il d'une voix de tonnerre.

La communauté italo-américaine finit par réaliser sa regrettable erreur, en particulier quand des Italo-Américains comme l'attorney fédéral Rudolph Giuliani devinrent les adversaires de la Mafia les plus efficaces de tout le pays. Pourtant, tout au long de la décennie 1970, les politiciens restèrent terrorisés Le mot « Mafia » disparut du vocabulaire public. En 1972, on interdit même au FBI, épinglé par des citoyens outragés, d'utiliser ce mot ; l'interdiction fut maintenue pendant plus d'une dizaine d'années.

Au cours de cette décennie, l'empire mafioso de la pizza se développa jusqu'à former un énorme ensemble, avec des ramifications jusque dans les coins les plus perdus, de Niles dans l'Ohio et Aurora dans le Colorado jusqu'à Temperance dans le Michigan, Pinellas Park en Floride et Wyomissing en Pennsylvanie ; la Commission d'enquête criminelle de Pennsylvanie découvrit ainsi, en 1980, un empire implanté dans cinquante-quatre villes de ce seul Etat[16]. En 1985, les autorités de l'Etat et les autorités fédérales de la capitale auraient reconnu que :

> le crime organisé contrôle plus d'une centaine de restaurants rien qu'en Virginie, dans le Maryland et autour de la capitale... Les enquêtes menées pendant les deux dernières années se sont concentrées sur les restaurants dont les directeurs et les employés sont le plus souvent des immigrants récents, en majorité de jeunes Siciliens ou Italiens, de sexe masculin... Certains sont venus directement pour travailler dans les pizzerias déjà installées, ou se sont installés comme cuisiniers et directeurs... Leur nombre a remarquablement augmenté au cours des cinq dernières années... Les autorités s'inquiètent du trafic de stupéfiants qui existe dans ces endroits, mais sont encore plus inquiètes du blanchiment de l'argent ainsi opéré... Cela représente des sommes astronomiques[17].

Le réseau de la pizza utilisait ses propres fournisseurs, avec un monopole sur toutes les fournitures nécessaires à l'industrie de la pizza — fours, huile, sauce tomate, viande, champignons, mozzarella. (Un jour, James Kallstrom du FBI demanda à un membre du bureau directeur de la Kraft Cheese Company : « Comment se fait-il que vous ne fabriquiez pas de mozzarella ? » Pour toute réponse, il n'obtint qu'un clin d'œil.) Les approvisionnements étaient « totalement contrôlés, du moment où le contrat est signé à l'étranger jusqu'au moment où la marchandise est livrée au consommateur en bout de chaîne aux Etats-Unis », déclare un rapport des douanes américaines sur la côte Ouest.

De nombreux mafiosi américains avaient été associés à l'affaire, joignant ainsi leurs forces à celles de leurs homologues siciliens, exactement comme feraient deux sociétés géantes. Joe Bonanno, un pionnier en ce domaine, avait une position de force dans le circuit avec sa Grande Cheese Company du Wisconsin (une fabrique de dimension nationale) et un réseau serré de filiales. Il s'associait parfois avec les frères Falcone, installés en Sicile et à Brooklyn, qui géraient un réseau de laiteries parfaitement organisé et une chaîne de pizzerias « King of Pizzas » couvrant plusieurs Etats des Etats-Unis.

Le frère de Carlo Gambino, Paolo, et son neveu par alliance Frank Ferro possédaient un autre réseau de fromageries, Ferro Cheese, qui s'étendait sur un territoire allant de la Virginie au Maine. Le beau-frère et futur successeur de Carlo Gambino, Paul Castellano, était un des premiers fournisseurs de viande.

Toutes ces entreprises étaient liées à une curieuse organisation, la Roma Foods, qui faisait des affaires payées en liquide avec 650 pizzerias, de South Plainfield dans le New Jersey à Jacksonville en Floride et à Dallas au Texas[18]. Son propriétaire né en Sicile était Louis Piancone, un des deux frères si intéressants qui apparaissent dans cette histoire.

Les Piancone venaient de Carato Bari en Sicile. Louis avait épousé outre-mer une touriste américaine dont il divorça par la suite ; son frère Michael, l'immigrant clandestin aux fausses références d'ouvrier fromager, s'était glissé aux Etats-Unis en 1963. Partenaires dans l'affaire des pizzerias dès le début, ils avaient investi dans des activités différentes à la fin de la décennie.

Michael Piancone possédait une chaîne de pizzerias, les Piancone Pizza Palaces, qui régnait sur quatre Etats et employait dans le New Jersey plus de clandestins siciliens qu'aucune autre entreprise. Plusieurs de ses pizzerias étaient des centres notoires du trafic de l'héroïne. La plus grosse saisie d'héroïne enregistrée avant 1971 fut effectuée cette année-là dans l'un de ses Pizza Palaces du New Jersey : quatre-vingt-six kilos, expédiés depuis Palerme par Gaetano Badalamenti. Le plus gros vendeur d'héroïne de New York fut arrêté dans un autre Piancone Pizza Palace, deux ans plus tard : il s'agissait de

Filippo Casamento d'Eagle Cheese, ramassé dans le coup de filet international contre les trafiquants de drogue qui permit de prendre Buscetta au piège, au Brésil.

Des dizaines d'autres trafiquants siciliens notoires étaient franchisés en titre par l'un ou l'autre des Piancone Pizza Palaces : deux des neveux de Badalamenti, du nom de Sollena ; le boss de Trapani en fuite, Antonio Minore ; Emmanuele Adamita, qui géra l'héroïne en vrac pour le compte des Gambino de Cherry Hill du début des années 1960 jusqu'à sa dernière arrestation en 1988[19]. Quant à Michael Piancone, il finit lui-même en prison pour trafic d'héroïne.

Louis Piancone fonda Roma Foods, l'unique distributeur sur la côte Est des produits de la Grande Cheese Company de Joe Bonanno, mais ce n'était qu'une de ses affaires. Il contrôlait des boulangeries, des épiceries de luxe, des boutiques de spécialités, une société de surgelés, une société de pâtes alimentaires, et une société fourre-tout, la Piancone Distributing Company qui fournissait tout ce dont on peut avoir besoin dans une pizzeria. Sa société de distribution lui donnait un monopole sur toutes les fournitures nécessaires à cette industrie. Il était bien connu comme le papa gâteau du monde de la pizza, prêtant des millions de dollars aux nouveaux arrivants siciliens, sous forme des prêts nécessaires au démarrage d'une pizzeria. Il était en affaires avec toutes les sociétés de fromage, de produits laitiers et de viande des familles Bonanno et Gambino, et avait en plus un lien particulier avec la famille Colombo.

Salvatore Profaci, fils du père fondateur de la famille Colombo, était entré dans Roma Foods en 1971 venant de la Grande Cheese Company de Bonanno. A partir de cette date, il eut son bureau dans un entrepôt de la Roma Foods, comme « consultant » à plein temps de Louis Piancone, conseiller en relations du travail, et surveillant chargé de faire respecter le territoire[20].

Pour boucler la boucle, les Piancone Pizza Palaces créèrent en 1972 la Caribbean Management Corporation. Le siège social était à Georgetown, sur l'île de Grande Caïman, dans les Antilles britanniques. Bien sûr, cela pourrait n'être qu'une coïncidence, mais les îles Caïmans sont connues dans le monde entier comme un des centres les plus pratiques de blanchiment de l'argent.

Les choses en étaient là quand la décennie de l'âge d'or de la Mafia sicilienne se termina. Ce n'est pas avant 1980 que le FBI commença à enquêter sur ce qui deviendrait célèbre sous le nom de Pizza Connection. Les agents qui réussirent finalement à révéler le pot aux roses, des hommes sérieux, attachés à leur travail et compétents, pensèrent que la filière de la pizza venait juste d'être mise en place la première fois qu'ils s'aperçurent de son existence[21].

Les autorités américaines pouvaient-elles réellement avoir aussi peu retenu, ou tant oublié, des événements du premier quart du siècle ? Apparemment, c'était le cas. Le 12 avril 1988, le ministre du Commerce, William Verity, se rendit bel et bien à Moscou avec Louis Piancone de Roma Foods pour la signature d'un contrat d'installation d'une chaîne de pizzerias Piancone… en Russie soviétique[22].

La commission judiciaire du Sénat avait depuis longtemps identifié Louis Piancone comme « un soldat de l'organisation criminelle de la famille Colombo », en raison de ses liens avec Salvatore Profaci. Le FBI, la police du New Jersey et la Commission d'enquête criminelle de Pennsylvanie l'avaient identifié plus gravement comme « l'une des principales figures du réseau de la pizza mis en place par le crime organisé ». Tout cela avait été rapporté dans le *Washington Post*[23].

Pourtant, personne ne s'offusqua de l'inconcevable manque de mémoire du ministre du Commerce ; personne, non plus, n'émit l'idée que le gouvernement américain pourrait, par inadvertance, aider la Mafia sicilienne à s'implanter sur le sol soviétique. Personne même ne sembla s'en apercevoir, que ce soit au FBI, à la DEA, à la CIA, au ministère du Commerce, au ministère de la Justice, ou au ministère des Affaires étrangères.

12.

Michele Sindona et les milliards du chantage

Vers la fin des années 70, les trafiquants siciliens faisaient affluer environ un milliard de dollars des Etats-Unis à Palerme, en passant par la Suisse, le Lichtenstein, Londres, Caracas et les îles Caïmans. Il fallait gérer cet argent, et la Mafia faisait pour cela confiance au plus célèbre banquier escroc de cette époque, Don Michele Sindona. Malheureusement, il perdit une bonne partie de cet argent quand il prit le chemin de la prison, en 1979.

Cela donna naissance à une « embrouille » internationale aux épisodes épiques dans le bref interlude entre son inculpation et son emprisonnement. Si la Mafia sicilienne avait à ce moment déjà pris ses distances avec Sindona — et elle l'a certainement fait depuis —, il y avait là une possibilité de lui soutirer quelque argent.

Le « kidnapping » de Michele Sindona, en août 1979, eut un aspect plutôt comique. Alors qu'il était en liberté sous caution, ses complices le firent discrètement sortir des Etats-Unis sous un déguisement, lui, peu discret : lunettes noires, perruque, fausse barbe, fausse peau jaunâtre tartinée sur les joues. (A l'aéroport, il transpirait tellement que la peau commença à peler.) Les messages insensés de ses « ravisseurs » étaient signés « Comité Prolétaire du Renversement pour une Vie Meilleure » (Proletarian Committee of Eversion for a Better Life). Le complot échoua à cause de la poste italienne, victime précoce du déclin postindustriel, qui ne distribua pas une certaine lettre en temps voulu.

Néanmoins, derrière ce mauvais scénario de série B, il y avait une réalité meurtrière ; en la découvrant, la police fit sa première avancée significative en vingt-cinq ans. En suivant la piste du faux enlèvement de Sindona, ils finirent par tomber sur le réseau de l'héroïne de la Mafia sicilienne et sur ses dirigeants.

Sindona, un gentleman d'une allure impeccable à la volonté d'acier et aux passions contenues, était un génie de la finance. Né à Messine, à la pointe Est de la Sicile — où l'on pensait, à tort, que la Mafia n'existait pas —, il fut très tôt remarqué par l'évêque du lieu. L'évêque le recommanda au cardinal Giovanni Battista Montini, alors secrétaire d'Etat au Vatican et, plus tard, plus connu sous le nom de Paul VI. Dans sa jeunesse, Sindona fut également en contact avec l'incomparable spécialiste du marché noir de la Mafia Vito Genovese, pour de modestes affaires de citrons et de farine après la guerre[1]. Ces deux introductions donnèrent à Sindona les bases de relations qui durèrent toute sa vie avec le parti démocrate-chrétien au pouvoir, avec l'Eglise catholique et la Mafia.

En 1948, Sindona s'installa à Milan comme conseiller fiscal et s'éleva aux plus hauts sommets au cours des trois décennies suivantes. A la fin, le « Gruppo Sindona » comprenait six banques dans quatre pays, la chaîne internationale CIGA Hotel, Libby Foods, et environ cinq cents autres sociétés. Il devint le banquier attitré du Saint-Siège sous Paul VI, avec le contrôle total de ses investissements à l'étranger pour le compte de la banque du Vatican, l'IOR (Instituto per l'Opere di Religione, Institut pour les Œuvres religieuses[2]).

Sindona contrôlait la Bourse de Milan où, tous les jours, quarante pour cent des mouvements se faisaient suivant ses directives, directes ou occultes. Il avait une telle capacité d'intervention dans les finances du pays que l'ancien premier ministre Giulio Andreotti l'appela un jour le « sauveur de la lire italienne ». Ses moyens de faire chanter l'establishment financier italien et la classe gouvernante se mesuraient à la même aune.

Ce formidable potentiel de chantage fut structuré sous le nom de Moneyrex, sa firme de courtage international. Créée en 1964, Moneyrex se prévalait de 859 banques clientes dans le monde entier avec un chiffre d'affaires annuel tournant autour des 200 milliards de dollars[3]. Moneyrex permettait aux riches et aux puissants de l'Italie d'amasser d'énormes fortunes, en toute illégalité et sécurité, sur des comptes à l'étranger. Sindona leur rendait ce service mais tenait un registre secret incriminant les cinq cents personnes les plus riches et les plus puissantes. La « Liste des Cinq Cents » devait lui servir de bouée de sauvetage le jour où le bateau coulerait.

En outre, Sindona investissait les fonds de deux sinistres organisations souterraines qui se révélèrent travailler la main dans la main. L'une était la non officielle loge maçonnique qui s'appelait Propaganda Due, connue sous le nom de loge P2 et ultérieurement désavouée par le mouvement maçonnique. Sindona, qui en était membre depuis 1964, était un intime du Maestro Venerabile de la P2, l'infiniment mystérieux Licio Gelli. A eux deux, ils jonglaient avec des sommes astronomiques.

L'autre client occulte de Sindona était la Mafia sicilienne. On a parfois affirmé qu'il assistait au sommet historique de l'Hôtel Des Palmes en 1957[4]. En tout cas, Interpol l'identifia une dizaine d'années plus tard comme le numéro un des banquiers qui travaillaient avec la Mafia dans le trafic de drogue international[5]. On découvrit par la suite qu'il payait de généreux pourcentages ou « intérêts au noir » aux principaux boss de la Mafia en Sicile. Son intermédiaire, pris la main dans le sac, était un sénateur démocrate chrétien qui dirigeait la Société nationale des mines de l'île[6]. Différentes sources officielles signalèrent de plus en plus fréquemment, alors que la fin de l'aventure approchait (1979), que Sindona utilisait des comptes fiduciaires en Suisse pour blanchir l'argent du trafic d'héroïne de la Mafia sicilienne[7].

Les ennuis de Sindona commencèrent quand il acheta la Franklin Bank de New York avec de l'argent qui ne lui appartenait pas, siphonné dans les comptes de ses banques italiennes. La Franklin était la huitième banque des Etats-Unis par ordre d'importance, et parmi les plus prospères. En octobre 1974, quand il eut vidé ses coffres pour son usage personnel, Sindona réussit à emprunter 1,7 milliard de dollars à la Réserve Fédérale pour sauver sa banque. Mais la Franklin Bank fit quand même faillite six jours plus tard, ce qui reste à ce jour la plus énorme faillite bancaire aux Etats-Unis. En moins d'une semaine, quatre autres banques appartenant à Sindona firent faillite en Europe : la Banca Privata Italiana, Finabank, Amincor et Bankhaus Wolff de Hambourg[8]. Des milliards de dollars — dont on n'a jamais pu établir le compte — disparurent dans la tourmente, y compris ceux de la Mafia et de Licio Gelli.

Alors qu'il s'était installé à New York pour échapper à la justice italienne, Sindona y trouva le bout du chemin. En mars 1979, la justice américaine l'inculpa sous quatre-vingt-dix-neuf chefs d'accusation de fraude, faux témoignage, et détournement de fonds bancaires[9]. Il fut condamné à vingt-cinq ans d'emprisonnement aux Etats-Unis, et risquait une peine aussi longue en Italie, si la justice italienne arrivait à lui mettre la main dessus.

Les représentants des deux pays se rencontrèrent pour comparer leurs dossiers, à savoir l'attorney de district adjoint, John Kenney, pour la justice de New York, et un courageux avocat milanais,

Giorgio Ambrosoli, syndic de faillite des banques italiennes de Sindona. C'est à ce moment que l'on avait offert 100 000 dollars par tête à Luigi Ronsisvalle pour se débarrasser d'eux.

Un mois après son inculpation aux Etats-Unis, en avril 1979, les Gambino de Cherry Hill commencèrent à préparer le faux enlèvement de Sindona. John Gambino, l'aîné des frères Gambino, se procura un faux passeport pour Sindona au nom de Joseph Bonamico et les consultations avec Palerme commencèrent [10].

Beaucoup de gens qui travaillaient sur le dossier ont longtemps cru que John Gambino faisait cela pour la Mafia américaine ; on le prenait pour une simple annexe de la famille de Carlo Gambino de New York. En fait, son rôle véritable apparut à la lumière de cette affaire. Les magistrats italiens découvrirent qu'il était le « point de convergence » de la Mafia sicilienne pour toutes ses opérations aux Etats-Unis [11].

L'amitié de « Johnny » Gambino et de Sindona remontait à de longues années. Ils dînaient souvent ensemble, sans se cacher, tantôt à l'hôtel Pierre dans la Cinquième Avenue, un hôtel au luxe discret où résidait Sindona quand il se trouvait à New York, tantôt au Café Valentino des frères Gambino dans la Dix-Huitième Avenue à Brooklyn. Il était fréquemment invité dans les dîners new-yorkais par considération pour Sindona, qui le présentait en disant fièrement : « C'est le neveu de Carlo Gambino. »

Sindona était le « consultant financier » de la société de Johnny, la G and G (Gambino and Genovese) Concrete Company, et lui avait « prêté » de l'argent pour plusieurs autres sociétés, la plupart inexistantes. Quand des Italo-Américains pleins de sollicitude levèrent des fonds pour régler les frais de justice de Sindona, il partagea la prise fifty-fifty avec le cercle mafioso des intimes de Johnny Gambino [12].

Les gens de Gambino rampaient devant Sindona, si l'on en croit ce qu'a dit son fils Nino à son biographe, Luigi Di Fonzo. « Don Michele, vous êtes le plus grand des Siciliens, disaient-ils. Laissez-nous vous aider pour vos ennuis. Dites-nous qui il faut tuer. Dites-nous qui sont ces salauds [13]. » Leur admiration se tarit néanmoins quand il devint clair que Sindona avait irrémédiablement perdu des milliards de dollars : les siens et les leurs. Quand on apprit la nouvelle de son inculpation aux Etats-Unis, ils informèrent l'avocat de sa famille que « Sindona pouvait être considéré comme un homme mort [14] ». En effet, il n'avait plus la moindre utilité.

Ce n'était plus qu'un banquier incurablement irrespectueux de l'argent des autres, qui déprimait la Bourse et déstabilisait les monnaies, qui prenait des risques stupides et se déplaçait dans une abominable atmosphère de scandale — en un mot, un escroc un peu trop retors. Ce n'était plus la sorte de banquier qu'il fallait pour gérer une des fortunes à la croissance la plus rapide du monde. Le banquier modèle de la Mafia devrait à l'avenir se montrer prudent, conservateur, parfaitement professionnel, partisan d'une croissance capitaliste méthodique, irradiant la probité et l'intégrité dans le monde extérieur. Aujourd'hui, il est vraisemblable que beaucoup de gens travaillant pour la Mafia répondent à ce portrait.

Pourtant, Sindona avait encore un dernier et précieux atout, et ses amis du cercle intime de Johnny Gambino avaient bien l'intention de l'exploiter à fond.

Le 2 août 1979, Sindona, sous son déguisement et son masque de fausse peau, quitta à pied l'hôtel Pierre et disparut dans la nature. Son secrétaire fut informé par un coup de téléphone anonyme qu'il avait été enlevé. En réalité, après s'être caché quelque temps à l'hôtel Tudor dans la 42e Rue Est, il prit le chemin de la Sicile, étroitement escorté par la Mafia et les francs-maçons qui avaient répondu à l'appel de Gelli. Un vieux *capo-cosca* de Catane, Joseph Macaluso, fit avec lui le voyage depuis New York. Lors d'une escale à Athènes, ils furent rejoints par un énigmatique médecin sicilien, le Dr Giuseppe Miceli Crimi, un franc-maçon du trente-troisième degré d'une loge couverte de Palerme, la CAMEA.(Une loge couverte ne révèle rien sur ses membres et ses activités à aucune des autres loges.) Un autre franc-maçon l'accompagnait, chargé de veiller à ce que Sindona arrive à Palerme sans encombre ; celui-ci était aussi un beau-frère de Stefano Bontate, alors prince régnant de la Mafia sicilienne[15].

Plusieurs autres membres de la CAMEA s'occupèrent de la logistique, aidés par une demi-douzaine d'hommes d'honneur locaux. Par la suite, John Gambino lui-même se rendit en Sicile, en avion, pour participer à l'opération. Que Sindona ait été leur précieux fardeau ou leur prisonnier, de toute façon, ils ne le perdirent pas de vue un seul instant.

Le moment semblait curieusement choisi pour l'amener en Sicile. En ce mois d'août 1979, l'ambiance était incandescente. Le chef de la police judiciaire civile (la Squadra Mobile), Boris Giuliano, avait été abattu quelques semaines plus tôt. Alerté par le FBI, il avait suivi la filière de l'argent de l'héroïne de la Mafia dans les banques de Sindona[16]. Il fut la première victime d'une guerre sans repos lancée par la Mafia contre les forces de l'ordre et de la loi. C'est pourquoi l'île grouillait de policiers très nerveux.

Sindona était peut-être à ce moment-là le fugitif le plus recherché de la planète. Au début de 1979, il avait ruiné des milliers de déposants et d'investisseurs, causé des convulsions sur les marchés financiers internationaux, et fait trembler le Saint-Siège. (Peu de temps après, on découvrit que l'IOR du Vatican avait couvert un prêt de 1,4 milliard de dollars qui disparurent après un passage dans les banques panaméennes appartenant à Sindona, à Lucio Gelli, et au Vatican lui-même.) A présent, Sindona n'avait pas seulement enfreint sa liberté sous caution — une caution de 3 millions de dollars... —, il avait aussi éliminé son implacable adversaire de Milan. Le courageux Giorgio Ambrosoli avait été abattu le 11 juillet, le lendemain du jour où il avait signé une déposition sur les escroqueries multimilliardaires de Sindona. Toute l'Italie pensait que le tueur avait été engagé par Sindona — ce qui, comme on l'apprit par la suite, était exact[17].

Cela n'empêcha pas Sindona de passer soixante-dix jours en Sicile sans être repéré une seule fois. Débarrassé de sa fausse barbe, de sa perruque et de sa fausse peau, il se déplaça librement dans les environs de Palerme, parla à des quantités de gens, et entretint des « relations étroites » avec les grands patrons de la Mafia[18]. John Gambino, qui ne le quittait pas d'une semelle, l'emmenait à toute vitesse dans une Mercedes noire pour rencontrer les boss, avec qui il avait des entretiens très discrets, durant parfois sept ou huit heures ; ensuite, il l'emmenait dîner dans les restaurants préférés des gens riches et célèbres, comme le Charleston dans le centre de Palerme.

Dire que la police n'a rien su de sa présence serait un peu trop simplifier une affaire indiciblement complexe. *La plupart* des policiers l'ignorèrent. Un qui la connaissait très certainement était le nouveau commissaire de Palerme qui succédait à Boris Giuliano qu'on venait d'assassiner, et qui appartenait à la loge P2 de Licio Gelli. Son supérieur hiérarchique, le commissaire de police principal ou *questore,* en faisait également partie[19]. Leur *Maestro Venerabile* Licio Gelli connaissait tous les détails de l'enlèvement de Sindona grâce au Dr Miceli Crimi qui était venu le voir deux fois dans sa maison d'Arezzo pour lui faire son rapport et prendre ses ordres. Miceli était le médecin chef de la police de Palerme. En outre, Gelli avait une ligne directe avec Stefano Bontate, le prince régnant de la Mafia sicilienne, comme nous l'avons déjà signalé, mais aussi *Grande Sacerdòte* (grand-prêtre) d'une autre loge couverte[20]. (La Mafia sicilienne et une branche de la franc-maçonnerie italienne étaient beaucoup plus intimement liées qu'on ne l'aurait cru à l'époque. Un important repenti de la Mafia révéla ultérieurement que, en 1977, Stefano Bontate était déjà « très avancé dans ses négociations » pour la création d'une loge couverte secrète réservée aux gros bonnets de la Mafia[21].)

Au fur et à mesure que s'accumulaient ces révélations, le public finit par ne plus savoir où il en était. Le scénario était si ahurissant, les acteurs si inquiétants, les enjeux si énormes, l'enquête si difficile et si longue, que très peu de gens réussirent à suivre toute l'histoire. La seule lecture des dossiers judiciaires, qui remplissaient les étagères les unes après les autres, réclamait un effort surhumain. Aujourd'hui encore, la vérité telle qu'on a pu l'établir en toute certitude reste largement inconnue du public.

Les raisons de l'enlèvement de Sindona furent noyées sous des flots d'informations sans fondement. D'après la première version, étayée par des lettres déchirantes de Sindona et de ses « ravisseurs », celui-ci était détenu par des terroristes communistes sans pitié. Pour renforcer l'histoire, Sindona recourut à l'aide de son maçon-gardien, le Dr Miceli Crimi. La petite amie de Crimi baissa le pantalon de Sindona, qui se tenait appuyé sur une table, et lui injecta un léger anesthésique. Ensuite, tandis que John Gambino tenait le patient par les épaules, Miceli Crimi lui tira presque à bout portant une balle de Colt 32 dans la cuisse. Quand la blessure eut l'air suffisamment vilaine, et Sindona bien endolori, ils prirent quelques Polaroïds destinés à l'édification du public ; ils avaient gribouillé au travers des clichés : « NOUS ferons le vrai procès. »

Presque personne ne crut à cette première version, mais la suivante, fournie par Sindona au FBI après sa reddition, fit une meilleure carrière. Sindona assura au FBI qu'il était allé en Italie pour prendre la tête d'un soulèvement populaire réclamant l'indépendance de la Sicile. Il prétendit qu'il voulait sauver l'île du communisme. Les francs-maçons s'étaient joints à lui parce qu'ils haïssaient le communisme autant que lui. John Gambino l'avait aidé parce que c'était aussi « un patriote italien qui haïssait le communisme ». Le gouvernement américain était « parfaitement au courant de ses plans et l'avait encouragé[22] ».

Le FBI rejeta cette histoire manifestement stupide, la considérant comme « aussi peu plausible que peu probable » ; de même les magistrats italiens l'estimèrent « absolument incroyable ». Pourtant, on la ressuscite à l'occasion comme exemple de collusion malfaisante entre Sindona, la loge P2, la Mafia et la CIA. Tommaso Buscetta, par exemple, redonna de nouvelles forces au scénario sept ans après les faits. Interrogé devant un tribunal sur les longs entretiens de Sindona avec Stefano Bontate à Palerme, Buscetta répondit : « J'ai entendu dire que Michele Sindona avait rencontré Stefano Bontate et Salvatore Inzerillo quand il était à Palerme. Bontate me l'a dit, personnellement. Il m'a dit que Sindona était cinglé, et qu'il demandait qu'on l'aide à organiser un soulèvement armé en Sicile ou, encore mieux, une révolution. Comme Bontate n'avait aucun intérêt à ce que cela se fasse, il a préféré couper toutes relations avec Sindona[23]. »

C'était une fiction aussi flagrante que le complot révolutionnaire, comme on s'en était aperçu depuis longtemps. La justice savait bien que Sindona n'avait aucun plan de soulèvement armé. Il avait mijoté toute l'histoire à New York, mais la discrédita lui-même avant d'arriver en Sicile. Son garde du corps maçonnique, le Dr Miceli Crimi, le reconnut devant le juge Guido Viola qui écrivit :

> Miceli Crimi a déclaré que, dès juin 1979, aux Etats-Unis, Michele Sindona lui avait parlé de son intention d'organiser un faux enlèvement pour aller en Italie récupérer certains documents qu'il estimait essentiels pour sa défense à New York. Il lui avait également dit qu'il pensait à organiser la sécession de la région de Sicile, qui représenterait une première étape dans la lutte contre le communisme. En Grèce, d'après Miceli Crimi, Sindona l'informa... que le « coup d'Etat » séparatiste n'était plus réalisable. A ce moment, il reconnut que l'histoire du coup d'Etat était un prétexte et que, en réalité, Sindona voulait seulement récupérer des documents qu'il considérait comme très importants[24].

Quand ce témoignage révélateur fut disponible, la police italienne avait déjà fait des découvertes infiniment plus étonnantes. Elle n'avait plus aucun doute sur les véritables intentions de Sindona, ni sur celles de ses coconspirateurs. La Mafia et les francs-maçons n'essayaient pas de renverser l'ordre démocratique en Italie (du moins, pas cette fois). Ils essayaient seulement de retrouver leur argent.

Du mois d'août au début d'octobre 1979, la Mafia entreprit de secouer la classe politique et financière italienne à une échelle impressionnante : ce fut « Il Grande Ricatto », le Grand Chantage, selon l'expression du juge Viola. Des personnalités choisies reçurent par téléphone, courrier, ou messager personnel, des messages qu'on leur demandait — *ordonnait* — de transmettre à la presse. Aucune des victimes ne pouvait s'y tromper : comme le juge le souligna, le sens du message était « voilé, mais pas trop ».

Sindona détenait des documents accablants pour un nombre incroyable de puissants de l'Italie — voilà ce qu'on pouvait lire entre les lignes de ces messages. Il pouvait soit livrer le matériel aux « terroristes communistes » si on l'y contraignait, soit l'utiliser lui-même. De toute façon, les gens bien placés devaient payer pour s'assurer de son silence. Ils pouvaient s'en tirer sans trop de dégâts s'ils s'arrangeaient pour arrêter les poursuites entreprises contre Sindona à New York et à Milan, auquel cas, bien improbable, il aurait une chance de récupérer ses biens. Si cela échouait, ils avaient la possibilité de contribuer à son « fonds de défense », ou de faire des versements aux « Renverseurs prolétariens » (Proletarian Eversives) qui le détenaient, ou de laisser l'argent quelque part dans une boîte à chaussures. On leur dirait comment payer au moment voulu.

Les incroyables implications de ce chantage à grande échelle apparurent dans une lettre émanant du « Comité Prolétaire du Renversement pour une Vie Meilleure ». On y déclarait que Sindona serait retenu jusqu'à ce qu'il fournisse les informations suivantes :

1. La « Liste des Cinq Cents » et leurs comptes bancaires secrets à l'étranger « Même dix suffiront, s'ils ont une situation importante dans la politique ou la finance. »
2. Les noms des sociétés étrangères du « Gruppo Sindona » dont les fonds étaient à la disposition du parti démocrate-chrétien
3. La même chose pour le parti socialiste (PSI) et le parti social-démocrate (PSDI).
4. Les relevés des sommes versées par les banques de Sindona aux partis politiques et aux personnalités.
5. Les relevés des « opérations irrégulières » faites par Sindona pour le compte de « clients importants » comme le Vatican, les Agnelli (Fiat), la Montedison (industries chimiques), Snia Viscosa (Textiles), et une demi-douzaine d'autres puissantes sociétés industrielles[25].

Sindona rédigea des lettres aux termes soigneusement pesés — alternativement pitoyables, enjouées, péremptoires et froidement menaçantes — où il faisait savoir que ses geôliers le tueraient si leurs demandes n'étaient pas satisfaites. De crainte que cette solution ne soit trop tentante pour ses victimes, il ajoutait qu'il avait déjà tout dit aux « Renverseurs ». Il écrivait sournoisement : « Ils croient que je sais tout sur tout le monde. » Il laissait aussi deviner qu'il y avait des choses qu'il pourrait peut-être garder pour lui. L'une de ces choses était un « livre spécial » qu'il avait caché et qui donnait, à côté de chaque nom, les numéros des comptes à l'étranger de 530 clients très spéciaux[26]. Comme l'écrivit le juge Viola : « Le potentiel de chantage était énorme. »

Peu d'Italiens doutaient que Sindona ait les faveurs du Palazzo. Le groupe mystérieux qui dirigeait réellement l'Italie avait fait

Sindona et le couvrit jusqu'à la fin. Son « opération de sauvetage », un plan scandaleux destiné à retrouver l'argent perdu dans ses escroqueries en faisant payer le public, fut appuyé par le gouverneur de la banque centrale et pratiquement tout le gouvernement, à commencer par le premier ministre Andreotti[27]. Le directeur du conseil de surveillance de la Banque d'Italie avait été arrêté puis licencié pour s'être opposé à ce plan. Ambrosoli, l'adversaire le plus acharné de l'opération, avait travaillé seul et était mort seul ; il n'y eut pas un seul représentant du gouvernement à ses funérailles.

Quand une classe dirigeante en vient à ces extrémités, elle doit avoir quelque chose à cacher. Selon toute apparence, Sindona avait les moyens de les faire tous payer, payer, et encore payer. Personne, sauf les joueurs, ne savait que la Mafia et les francs-maçons de Gelli s'apprêtaient à faire la récolte.

Quand le mois d'octobre arriva, les maîtres chanteurs étaient prêts à ramasser l'argent. Sindona et ses « Eversives » devaient se rendre à Vienne pour y rencontrer son avocat, censé apporter « les documents ». Mais le seul but de l'opération, sous couvert de « négocier la libération » de Sindona, était de lancer le signal décisif par le biais des informations télévisées du soir. Les juges qui signèrent l'inculpation de Sindona en Italie écrivirent : « Que son avocat apporte les documents à Vienne ou pas n'avait pas réellement d'importance. Sindona voulait seulement que les victimes potentielles du Grand Chantage reçoivent bien le message. »

La date de la rencontre était fixée au 10 octobre. La lettre avertissant l'avocat de Sindona à Rome fut postée de Milan le 2 octobre. Ce simple geste fut une erreur aux conséquences incalculables : un Italien n'aurait jamais imaginé que la lettre puisse arriver en temps voulu. Le 9 octobre, l'avocat reçut un coup de téléphone l'informant qu'un messager venait le voir avec une copie de la lettre. Or, son téléphone était sur table d'écoute et le messager fut intercepté. Sindona, qui attendait déjà à Vienne, sauta dans le premier avion pour New York ; Rosario Gambino l'attendait à Kennedy Airport pour l'escamoter à toute vitesse. Peu après, Sindona se rendit au FBI. John Gambino, qui était parti le rejoindre à Vienne, revint à New York dans les quarante-huit heures qui suivirent.

L'identification du messager arrêté marqua un tournant historique dans l'évolution des rapports de la mafia et de l'anti-Mafia. Comme l'expliqua le célèbre juge sicilien anti-Mafia Giovanni Falcone : « A la lumière de la procédure judiciaire qui s'ensuivit, la Mafia m'apparut comme un monde immense, illimité et inexploré. »

Ce messager s'appelait Vincenzo Spatola, un citoyen sicilien a priori tout à fait honnête. Son frère Rosario était un personnage apparemment irréprochable qui évoluait dans les hautes sphères. Rosario Spatola, qui avait commencé dans la vie en vendant au porte-à-porte du lait coupé d'eau, s'était élevé dans la société jusqu'à devenir le plus gros contribuable de la Sicile, et le cinquième de toute l'Italie. C'était un entrepreneur en bâtiment multimillionnaire, un bienfaiteur public et une puissance publique. Il venait tout juste d'assurer l'écrasante victoire électorale d'un puissant ministre démocrate-chrétien à Rome, qui était aussi un neveu du cardinal primat de Sicile. Lors d'un dîner électoral qu'il avait donné pour soutenir le ministre, il avait porté ce toast[28] : « Maintenant, en rentrant chez vous, dites à vos amis, *et aux amis de vos amis,* qu'ils doivent soutenir cet homme intègre et respectable. »

Aucun relent de « mafiosita », cette atmosphère qui entoure typiquement le mafioso, n'avait touché la famille Spatola. Et voilà que la police voyait dans la catastrophique lettre de Rome une demande de rançon de la Mafia, et qu'on arrêtait Rosario Spatola en l'accusant d'avoir enlevé Sindona.

Il apparut bientôt que, au contraire, il avait été l'hôte très amical de Sindona. Celui-ci avait en effet passé plusieurs semaines dans la villa du beau-père de Spatola à Torretta, non loin de Palerme, où les amis de son hôte attentionné lui avaient obligeamment tiré dans la cuisse.

Mais le rôle de Spatola ne s'arrêtait pas là : il était dans le bain jusqu'au cou. C'était le cousin de John Gambino, son associé en affaires, et son complice attitré. Il n'avait cessé d'appeler Gambino à New York la veille de « l'enlèvement ». En fait, c'était lui qui était allé chercher Sindona à l'Hôtel Tudor de la 42e Rue Est. Surtout, il avait blanchi et réinvesti des sommes astronomiques issues du trafic de l'héroïne, et que lui expédiait John Gambino.

Au cours des deux ou trois semaines suivantes, le dossier Spatola s'étoffa : ses activités couvraient toute l'Europe de l'Ouest et l'autre côté de l'Atlantique, avec des ramifications dans une douzaine de directions. Les enquêteurs identifièrent plus d'une centaine de trafiquants siciliens qui opéraient entre Palerme et New York, regroupés en une seule organisation criminelle — une chose à laquelle les représentants de l'ordre avaient partout et toujours refusé de croire. En fin de compte, l'affaire Spatola apporta les preuves incontestables de ce que la Mafia sicilienne était devenue : un énorme cartel international de l'héroïne.

On découvrit que les hommes qui avaient participé à la farce de l'enlèvement de Sindona dirigeaient ce cartel de part et d'autre de l'océan. La révélation de leurs étroites relations fut spectaculaire — ahurissante.

Les Spatola furent reconnus comme l'une des quatre familles de la Mafia qui formaient un colosse transatlantique. Les Gambino de Cherry Hill en était une autre. Les Inzerillo, de tous les clans de Palerme le plus proche de Stefano Bontate, formaient la troisième. Quant à la quatrième, alliée aux trois autres par le sang et par des mariages, c'était celle des Di Maggio de Palerme et du sud du New Jersey. Leurs liens de famille intercontinentaux évoquaient irrésistiblement ceux des Habsbourg ou des Hohenzollern, avec les mariages arrangés pour renforcer les dynasties et préserver le sang royal. Parmi les hommes impliqués, on dénombrait six Spatola, cinq Gambino (trois frères et deux cousins), quatre Di Maggio et quinze Inzerillo. La mère des frères Gambino était une Spatola. Le père des Inzerillo avait épousé une Di Maggio, dont le frère avait épousé une Spatola.

Salvatore Inzerillo, le plus important de ces trafiquants d'héroïne, avait été choisi pour diriger le clan de la famille par son oncle Rosario Di Maggio, au moment où celui-ci avait pris sa retraite. (Authentique *mammasantissima,* Di Maggio mourut d'une crise cardiaque quand la police vint l'arrêter en 1980 ; il avait pris les policiers pour des tueurs de la Mafia déguisés.) Inzerillo était marié avec une Spatola. Sa sœur était mariée à un Spatola. Son oncle Antonio du New Jersey avait épousé une Gambino, de même que son cousin et homonyme du New Jersey. Son cousin Tommaso était le beau-frère de John Gambino, lui-même marié avec une Gambino d'une autre branche. Sa cousine Maria Concetta était la femme du frère cadet de John Gambino, Giuseppe[29]. Tous les membres de ces familles du côté américain étaient des hommes d'honneur de Sicile, et tous avaient leur domicile à Cherry Hill ou aux alentours.

Décrivant l'ampleur de ces alliances, Giusto Sciacchitano, le procureur chargé de l'affaire Spatola, écrivit :

Ces quatre familles, qui vivent en partie en Sicile et en partie à New York, forment un unique clan qui ne ressemble à rien d'autre en Italie ou aux Etats-Unis — la famille la plus puissante de Cosa Nostra.

John Gambino est le point de convergence aux Etats-Unis de toutes les activités du groupe en Italie, et le destinataire ultime de leurs envois de drogue. Salvatore s'est révélé comme le principal interlocuteur des frères Gambino, le personnage central de l'organisation en Sicile, avec des milliers d'intérêts et d'énormes investissements de capitaux... Rosario Spatola se trouve juste en dessous d'eux dans la hiérarchie[30].

Comme beaucoup de leurs confrères mafiosi d'Amérique, les frères Gambino réexpédiaient l'argent de l'héroïne en Sicile. Il arrivait entre les mains d'Inzerillo et de Spatola pour être investi dans des affaires parfaitement légales : équipements sanitaires, matériaux de construction, immobilier. En 1982, les biens des Gambino-Inzerillo-Spatola dans la seule ville de Palerme furent évalués à environ un milliard de dollars[31].

Enfin, également en 1982, le procès de soixante-dix-neuf mafiosi siciliens s'ouvrit à Palerme, avec des mandats d'arrêt lancés contre une cinquantaine d'hommes supplémentaires. Dans la liste des inculpés, on lisait les noms de six Spatola, cinq Gambino (dont John, Rosario et Giuseppe), quatre Di Maggio, quinze Inzerillo, et Sindona (bien qu'il fût alors occupé avec les tribunaux américains). Plusieurs futurs accusés de la Pizza Connection se trouvaient aussi sur la liste. Pour couronner le tout, les biens représentant le milliard de dollars des Gambino-Inzerillo-Spatola furent saisis par l'Etat. (Quelques années plus tard, la ville de Palerme mit une partie des biens confisqués aux enchères à des prix très bas. Il n'y eut aucune offre d'achat. Les Inzerillo pouvaient bien être morts, les Spatola cachés à l'étranger et les Gambino retranchés dans Cherry Hill, la peur n'avait pas disparu.)

Ainsi se termina l'affaire du Grand Chantage. A en juger d'après le naufrage de ses artisans, ce fut un lamentable fiasco. Sindona fut condamné à vingt-cinq ans de réclusion aux Etats-Unis et à perpétuité en Italie, où il mourut empoisonné à la strychnine le lendemain de son procès. Qu'il ait pris lui-même le poison ou qu'on le lui ait administré à son insu, toujours est-il qu'il a été utilisé à fond puis éliminé.

Licio Gelli ne tira que des ennuis de sa participation à l'affaire. Sa loge P2, si bien dissimulée, ne résista pas au témoignage du Dr Miceli Crimi qui envoya la police perquisitionner dans la villa de Gelli à Arezzo. Ils y trouvèrent une liste stupéfiante de membres de la P2 : dix-sept généraux de l'armée de terre, quatre généraux de l'armée de l'air, neuf généraux des carabiniers, huit amiraux, les trois chefs des services secrets, trente-huit députés et sénateurs, quatorze magistrats, trois ministres et cinq préfets, entre autres[32].

La Mafia a dû être horrifiée par la mise au grand jour de son allié contre nature de la franc-maçonnerie, un allié dont le talent pour la corruption et l'intrigue politique lui avait apporté une inestimable protection. La révélation de ses propres secrets était encore pis — et tout cela pour quoi ? Pour rien du tout, du moins en apparence.

Sindona avait fini par craquer, devenant brusquement hystérique, voire mentalement dérangé. Le coup avait été tellement mal monté que Sindona n'avait aucune chance de récupérer son argent ni même de récolter un centime. Les hommes d'honneur de la Sicile n'avaient pas seulement perdu la face, apparemment ils avaient aussi laissé passer la possibilité de lui faire rendre la moindre somme.

Pourtant, la Mafia se tira de ce guêpier bien mieux qu'on ne l'aurait cru. Des fleuves d'héroïne continuèrent de couler de Palerme à New York. Les mêmes hommes continuèrent de diriger le trafic. Des deux côtés de l'Atlantique, les tribunaux semblaient incapables de se servir des extraordinaires informations qu'ils possédaient.

A New York, Rosario et Giuseppe Gambino furent acquittés, John Gambino ne fut même pas arrêté et encore moins extradé vers l'Italie comme le juge Falcone le demandait. Spatola fit un peu de prison à Palerme, mais fut provisoirement libéré pour un détail de procédure ; il en profita pour disparaître dans la nature. Inzerillo et Bontate continuèrent de s'occuper de leurs affaires comme par le passé. Il arrivait dans les caisses de la Mafia plus qu'assez d'argent pour compenser ce que Sindona avait pu perdre.

Les magistrats italiens chargés de l'enquête ignorent encore aujourd'hui si une quelconque somme d'argent a changé de main pendant ou après le faux enlèvement de Sindona. Cependant, comme ils le font remarquer : « La présence de John Gambino aux côtés de Sindona [à Palerme] permet de penser que le faux enlèvement de Sindona faisait partie d'un projet bien plus vaste. Il avait été conçu dans l'intérêt de Sindona, c'est certain, mais aussi dans l'intérêt plus impersonnel mais convergeant de la Mafia. »

Les implications semblent claires. Des mafiosi de la trempe de John Gambino ne se seraient pas mis en frais comme ils l'avaient fait pour n'obtenir qu'une vulgaire reconnaissance de dette sans aucune valeur de la part d'un banquier escroc en faillite. Ils auront certainement demandé des informations exploitables, sous forme d'une avance immédiate en liquide et d'acomptes versés au fur et à mesure du déroulement du scénario. Si cela s'est bien passé ainsi, la Mafia a été, depuis lors, en position de faire chanter un nombre inconnu de gros bonnets italiens.

Ces choses arrivent, mais le public en est rarement informé. Sindona mourut sans rien révéler et les hommes d'honneur siciliens ne parlent pas de ce genre d'affaire. Buscetta, qui a parlé de beaucoup d'autres choses, l'a succinctement exprimé quand le tribunal l'interrogea sur l'affaire Sindona ; il s'exclama : « Les secrets de Sindona ! Ce n'était rien par rapport aux secrets de Bontate ! »

Bontate, cet homme riche, présentant bien, et qui était alors le chef comparativement sensé de la Mafia de la vieille école, emporta ses propres secrets avec lui quand il mourut, en 1981. Et ses secrets n'étaient rien par rapport à ceux de Luciano Leggio, qui l'avait fait tuer et le remplaça.

13.
Palerme : la grande guerre de la Mafia

La grande guerre de la Mafia sicilienne éclata en mars 1981. Les caisses de la Mafia débordaient d'argent et les hommes d'honneur étaient d'une avidité sans limites. La férocité du combat pour la conquête du fabuleux empire fut à la hauteur de l'enjeu. Ce fut une guerre atrocement sanglante qui dura deux ans et fit un millier de cadavres.

Les hommes de Luciano Leggio avaient pour eux toutes les apparences du bon droit (du moins, au sens où la Mafia l'entend). Les chefs de l'autre parti — le très admiré Stefano Bontate et son allié le plus proche Salvatore Inzerillo — avaient inconsidérément volé plusieurs millions de dollars dans le tiroir-caisse de la Mafia. A leur niveau, ce n'était guère plus qu'un peu d'argent de poche, mais l'histoire est remplie de guerres qui ne demandent qu'à éclater pour des motifs aussi banals.

La caisse de la Mafia, un fonds destiné à faire face rapidement aux dépenses de fonctionnement liées au commerce de l'héroïne, et auquel tous les clans contribuaient, se montait à une vingtaine de milliards de lires, soit environ quinze millions de dollars en 1981. L'entreprise était organisée comme une société qui payait des dividendes de 1,6 pour cent[1]. La Mafia émettait des actions « héroïne » à la façon d'une société cotée en bourse.

Le travail était partagé entre les différents clans. Certains fournissaient la morphine-base et, de temps en temps, l'héroïne, en s'approvisionnant auprès de la Mafia turque. D'autres étaient en relation directe avec les fournisseurs d'héroïne raffinée de l'Asie du Sud-Est : la « China White » pure du Triangle d'or, qui arrivait en Sicile par livraisons massives de deux cents, trois cents ou même cinq cents kilos. Différents clans géraient les laboratoires en Italie, d'autres s'occupant du transport, de la distribution, de la commercialisation et du blanchiment de l'argent. Le produit était disponible pour tous les membres du consortium. On pouvait passer des commandes de l'autre bout du monde, comme avec un catalogue de vente par téléphone ; la marchandise était expédiée en envois groupés, avec des marques spéciales pour chaque client.

Les hommes d'honneur avaient une considérable liberté de manœuvre. Ils pouvaient travailler hors des familles pour leur commerce d'héroïne et utiliser des intervenants extérieurs — chimistes, passeurs, blanchisseurs — à de nombreux niveaux. Ils pouvaient s'occuper de la production ou se contenter d'acheter quelques parts. Ils pouvaient investir individuellement ou en groupe. Ils pouvaient prendre leur part de la production et la mettre sur le marché, ou attendre qu'elle soit vendue à l'étranger et payée. Ceux qui choisissaient cette dernière solution recevaient une plus grosse part car ils partageaient le risque des saisies policières[2].

Une florissante industrie domestique de transports par courriers spéciaux enrichissait des villages entiers. A Torretta, une localité de trois mille habitants à l'écart de la route principale Palerme-Trapani, d'humbles fermes de pierre avaient des revêtements de sol en nacre et des robinets en or dans la salle de bains. Des femmes et des grand-mères de paysans qui n'avaient peut-être jamais vu de ville auparavant faisaient plusieurs fois par an un voyage à New York. Elles transportaient à chaque fois quatre kilos d'héroïne dans des gaines spécialement aménagées et s'arrosaient de parfum pour tromper les chiens antidrogue. En retour, elles recevaient dix millions de lires par voyage et une semaine de séjour gratuit à l'hôtel Sheraton[3].

A cette époque, le cartel sicilien travaillait en multiples du milliard de dollars. Depuis 1975, il fournissait la majeure partie de l'héroïne vendue aux Etats-Unis, selon le témoignage ultérieur du directeur du FBI, William Sessions[4]. (L'héroïne mexicaine fournissait le complément.) Selon les chiffres officiels, c'étaient six tonnes d'héroïne qui entraient chaque année aux Etats-Unis pour approvisionner un demi-million de drogués. Mais ces chiffres étaient essentiellement une évaluation faite à partir du nombre d'usagers *connus,* ceux qui demandaient une aide ou mouraient d'une overdose. Il n'y avait aucun chiffre pour le nombre des drogués qui avaient choisi de rester en marge du système, et pratiquement pas de chiffre non plus pour le marché en rapide évolution de l'Europe occidentale.

A en juger d'après ce que les Siciliens pouvaient maintenant *produire,* ils créaient tout autant qu'ils satisfaisaient la demande de drogue en Occident à une échelle terrifiante. Au début des années

1980, en Sicile et dans la péninsule italienne, une quinzaine de laboratoires furent découverts[5]. Un des premiers à être repérés, situé sur le front de mer à Palerme, pouvait produire cinquante kilos d'héroïne pure raffinée tous les dix jours, soit 1,8 tonne par an[6]. Un laboratoire de Varèse, près de Milan, produisit 3 tonnes d'héroïne en 1981[7]. Le laboratoire d'Alcamo, près de Castellammare del Golfo dans la province de Trapani, fabriquait 1,6 tonne par an et se préparait à tripler sa production quand il fut découvert.

Une pompe électronique très sophistiquée avait été récemment installée dans ce laboratoire et devait permettre de monter la production à 80 kilos par semaine — soit le total stupéfiant de 4,5 tonnes par an pour une seule unité de fabrication. La pompe, fabriquée en Bulgarie, donnait à penser que les investissements bulgares continuaient depuis l'accord de 1975 entre la Mafia turque et la Mafia sicilienne.

(D'après le juge d'instruction italien, le laboratoire d'Alcamo n'était pas seulement équipé mais aussi « livré en morphine-base par les pays d'Europe de l'Est, et plus précisément par la Bulgarie ». Entre autres choses, il révéla la découverte de vingt-deux sacs de jute cachés sous une meule de foin toute proche, qui montraient des traces de morphine et « portaient des inscriptions en caractères cyrilliques comme en utilisent certaines langues slaves, dont le bulgare ». Un journal du nord de l'Italie qui traînait parmi des tasses à café sales était, de façon suggestive, ouvert à la page d'un article intitulé « Depuis la Bulgarie avec des armes et de la drogue[8] ».)

Selon toutes apparences, les laboratoires travaillaient à plein rendement. Ils fonctionnaient en général encore quelques heures, ou même quelques minutes, avant l'arrivée de la police — ils empestaient l'héroïne fraîchement préparée — et on ne trouvait pas de stocks.

A cette époque, l'héroïne pure non coupée se vendait à 250 000 dollars le kilo, soit un quart de milliard de dollars la tonne. Les autorités américaines pensent qu'environ 300 millions de dollars étaient chaque année réexpédiés à Palerme, mais le chiffre réel devait être beaucoup plus élevé. Sur le seul territoire des Etats-Unis, les trafiquants siciliens « avaient l'organisation nécessaire pour blanchir 5 millions de dollars par jour », ainsi que l'a confié Paolo La Porta à Frank Panessa, un agent secret de la DEA[9].

Il y avait donc assez d'argent pour assurer à Palerme un intermède de coexistence pacifique entre Lucanio Leggio d'un côté, et Stefano Bontate de l'autre côté. Au début des années 1980, la *Cupola* dirigeait tout le cartel de l'héroïne[10]. Les sphères d'influence étaient déterminées par accord tacite. Les hommes de Leggio s'asseyaient dans les conseils d'administration avec Bontate et Inzerillo pour répartir les profits et discuter des investissements.

Les deux factions commencèrent alors à réfléchir à la meilleure façon de s'attribuer tout l'argent disponible. « L'appetito viene mangiando », disent les Italiens : l'appétit vient en mangeant. Plus ils devenaient riches, plus ils voulaient être riches.

A ma connaissance, malgré tout ce que l'on a écrit sur cette guerre, on n'a jamais dressé le tableau complet de tout ce qui la rendait inévitable — un ensemble d'intérêts contraignants et inconciliables. Il faut peut-être attribuer cela à un défaut de mémoire historique, un trait constant chez ceux qui s'intéressent à la Mafia. Notons également que les différentes versions de cette guerre ont été données par les perdants et acceptées pour argent comptant par les autorités. Il est vrai que les vainqueurs se montrèrent si odieux que les vaincus furent écoutés avec moins de méfiance qu'ils ne le méritaient.

D'après les perdants, en particulier Buscetta, la guerre n'avait rien à voir avec la drogue : c'était une simple lutte pour le pouvoir. En réalité, l'un n'allait pas sans l'autre. Même si en 1981 Leggio s'était moqué de l'argent — une idée ridicule —, il n'aurait pu exercer le moindre pouvoir sur le reste de la Mafia sans contrôler la source de sa soudaine et inimaginable richesse. Ne serait-ce que pour cela, il devait éliminer Inzerillo et Bontate.

Leggio les avait gardés pour la fin. Après avoir été emprisonné à vie en 1974, il avait pris son temps pour resserrer son emprise sur l'establishment mafioso de Palerme. Les Corléonais s'y étaient employés depuis les provinces les plus éloignées, courtisant les envieux, les voraces, les ambitieux. A présent, ils avaient des alliés secrets de Trapani à Agrigente, à Catane et au cœur de Palerme. La famille même de Buscetta, la famille Porta Nuova, était aux mains de Leggio.

Les clans de son camp prospéraient avec l'héroïne, mais leur puissance reposait essentiellement sur la fourniture de matière première. Catane était le port clef du débarquement de la morphine base en Sicile, et les alliés de Leggio le contrôlaient. Il avait également mis de son côté des contrebandiers de la vieille école qui travaillaient avec la Camorra et avaient ouvert des filières avec le Triangle d'or de l'Asie du Sud-Est vers 1978. Leggio lui-même, en affaires depuis plusieurs années avec les fameux frères Nuvoletta de la Camorra, avait d'excellents contacts avec le Moyen et l'Extrême-Orient. En revanche, il lui manquait l'accès au marché occidental. L'argent que l'on gagnait à fournir les ingrédients n'était rien par comparaison avec l'argent gagné à vendre le produit fini, une partie de la filière solidement tenue par Inzerillo et Bontate.

Ces deux hommes représentaient le réseau à l'ancienne, enraciné à Palerme depuis des générations et fermement implanté à New York. Dans la hiérarchie de la Mafia sicilienne, Bontate était « le Prince » ; Inzerillo était « la personne centrale en Sicile » en raison de son superclan intercontinental — les Inzerillo, les Gambino, les Spatola et les Di Maggio. Ensemble, ils contrôlaient toute la commercialisation de l'héroïne dans le monde occidental.

Ils avaient traité l'accord de concession avec la Mafia américaine. Ils contrôlaient le pipeline d'héroïne qui traversait le Canada, ils dirigeaient la faction sicilienne de la Mafia canadienne, la faction sicilienne de Salvatore Catalano à Brooklyn, les Cuntrera et les Caruana au Venezuela, et la branche brésilienne de la Mafia. Le directeur des ventes de la *Cupola* en Italie, Francesco Mafara, était des leurs[11]. Gaetano Badalamenti, le directeur de l'aéroport de Punta Raisi à Palerme, un point crucial du trafic, était aussi des leurs. Il en allait de même pour le directeur général des laboratoires de Palerme et le clan qui se trouvait derrière l'énorme laboratoire d'Alcamo.

Ce clan-là, basé dans la province de Trapani, était un exemple des innombrables tentacules cachés qui s'étendaient depuis le corps plus visible de Palerme. Le clan Trapani, qui travaillait indépendamment de Palerme, était « au-dessus de tous les autres, le clan le plus important à cause de ses liens avec l'Amérique », écrivit le juge d'instruction chargé du laboratoire géant d'Alcamo. Les premiers laboratoires de traitement de l'héroïne en Italie avaient été installés sur le territoire de Trapani. Pendant quarante ans, les hommes du clan Trapani ont « transformé et vendu l'héroïne aux Etats-Unis, silencieusement, intensivement, et continuellement, investissant des sommes énormes et amassant d'immenses richesses ». Leur production d'héroïne allait directement chez les Gambino de Cherry Hill. Rosario Gambino se fit d'ailleurs prendre la main dans le sac, en possession d'une partie d'un envoi de soixante-quinze kilos fournis par les Trapani. Leur patron, Antonio Minore, un fugitif recherché par la justice, et leur « fer de lance » aux Etats-Unis, se cachait avec les frères Gambino dans le sud du New Jersey[12].

Pour toutes ces raisons, Bontate et Inzerillo tenaient le haut du pavé à Palerme. Tant que la trêve dura, ils furent désignés pour superviser les opérations au nom de tous les autres. On leur confiait la caisse de l'héroïne ; ils représentaient la Mafia sicilienne dans les contacts avec la Camorra, la Ndrangheta de Calabre, et d'autres syndicats du crime à l'étranger ; enfin, ils géraient de grandioses joint-ventures au nom du cartel au Venezuela, au Brésil, en Afrique du Nord et aux Etats-Unis [13].

Quand la catastrophe s'abattit sur eux, Bontate et Inzerillo faisaient des plans pour transformer Atlantic City, dans le New Jersey, en un nouveau Las Vegas de la côte Est, avec des casinos, des hôtels et des boîtes de nuit. Les Gambino de Cherry Hill avaient réglé l'affaire avec le boss de la Mafia américaine à Philadelphie, Angelo Bruno, avec qui ils entretenaient d'étroites relations. (Les deux groupes s'étaient partagé Philadelphie : les Gambino régnaient sur la partie nord de la ville, Bruno sur la partie sud [14].) Le projet d'Atlantic City devait rapporter 130 milliards de lires aux familles siciliennes — 100 millions de dollars — et Salvatore Inzerillo devait détenir personnellement vingt pour cent de l'affaire [15].

Ces accords furent modifiés — pratiquement tous les survivants changèrent de camp du jour au lendemain — mais seulement quand il fut clair que Bontate et Inzerillo étaient finis. Leggio reçut d'ailleurs une aide inattendue des deux hommes eux-mêmes.

En février 1981, Bontate et Inzerillo furent convoqués à une réunion au sommet de la Mafia, pour rendre compte de la disparition de fonds « importants ». Ils avaient « écrémé » pendant des années : ils vendaient l'héroïne du cartel à New York, empochaient une partie des fonds, et se plaignaient que les clients américains payaient moins à cause de la mauvaise qualité de l'héroïne. Quelques-uns de leurs passeurs, dirent-ils, ramenaient quelques kilos de came de basse qualité pour prouver leurs dires [16]. Dans ce cas précis, Inzerillo avait vendu cinquante kilos d'héroïne pour les Corléonais de Leggio et avait gardé l'argent, sans doute une bonne dizaine de millions de dollars. Il dit que les Américains n'avaient pas encore payé, et promit d'amener l'argent lors du prochain sommet de mars. En réalité, avec Bontate, il décida de tuer les représentants de Leggio à la *Cupola* au moment de cette réunion de mars [17].

Leggio avait déjà commencé à les pousser dos au mur, demandant une plus grande part de l'argent de l'héroïne, gagnant leurs alliés par des propositions séduisantes et par la corruption, utilisant tous les moyens détournés à sa disposition pour les harceler. En 1978, les Corléonais avaient monté un coup contre Inzerillo pour le faire accuser de meurtre en tuant le patron de Riezi, Giuseppe Di Cristina, sur le territoire d'Inzerillo. (Ils avaient préalablement mis le boss de Riezi dans le pétrin en tuant le patron de Catane sur *son* territoire [18].) Ils avaient aussi gravement insulté le fier Stefano Bontate : sans tenir compte de la stricte interdiction du kidnapping édictée par la *Cupola* sur le territoire sicilien, ils avaient enlevé et tué le beau-frère d'un puissant financier protégé par Bontate. (Bontate, dont l'intervention avait été réclamée, leur fit baisser la rançon de 6 millions à 3 millions, mais ne put sauver la victime. A la suite de quoi, il ordonna la mort de dix-huit Corléonais et de leurs complices[19].) Pour couronner le tout, les Corléonais ne s'étaient pas contentés de déloger Gaetano Badalamenti de son poste à la tête de la *Cupola,* ils l'avaient carrément expulsé de Cosa Nostra, pour des raisons encore inconnues à ce jour. En tant que *posato,* ou mafioso expulsé, on avait en principe le droit de l'abattre à vue ; cela ne l'empêcha pas de continuer à s'occuper d'héroïne pour tout le monde[20].

La guerre était dans l'air. Des deux côtés, on s'armait jusqu'aux dents, avec des grenades, des gilets pare-balles, des mitraillettes M12, des équipements de tir de nuit, et des Kalashnikov expédiées du Liban dans des livraisons de morphine-base. (Trois dirigeants de la Mafia admirent ultérieurement que les Palestiniens du Liban vendaient à la Mafia de la morphine-base et des Kalashnikov « pour financer leur guerre au Moyen-Orient[21] ».)

De façon assez surprenante, ce fut le modéré, le sage Don Stefano Bontate qui décida de rompre la trêve et de tirer le premier — tous les informateurs de la police s'accordent sur ce point — sans attendre d'avoir à le faire pour se défendre. Lui et Inzerillo (en accord avec Badalamenti qui fut consulté secrètement) voulaient abattre le proconsul de Leggio à la *Cupola,* Salvatore Riina, s'emparer de la *Cupola* et « prendre le contrôle direct du trafic d'héroïne[22] ». Leggio, toujours en prison, apprit tous les détails du projet ; les successeurs désignés de Bontate et Inzerillo les « donnèrent » tous les deux[23]. Aucun membre important du camp de Leggio ne vint au sommet de mars, où Inzerillo était censé amener les 10 millions. Au lieu de cela, on y envoya des sous-fifres pour assister à une quasi-confession ; il n'apporta pas un centime.

La guerre tactique laissa la place à la guerre armée. Dans un rapport à la justice qui devait faire date, le confident des informateurs de la police à la Squadra Mobile, le commissaire Antonino Cassara, exposa ainsi les faits : « Les Corléonais, apprenant que Bontate, Inzerillo et Badalamenti prévoyaient de les éliminer, tuèrent les premiers. »

Bontate tomba dans une embuscade et fut tué un mois après le sommet de mars, le 2 avril 1981. Il venait de fêter son quarante-troisième anniversaire dans sa villa familiale en ville, une maison d'un million de dollars équipée d'un circuit intérieur de télévision, d'un système d'alarme électronique à toute épreuve, et d'une riche salle de réunions au réfrigérateur bourré de bouteilles de Dom Pérignon

Bontate roulait vers sa maison de campagne où il voulait passer la nuit quand il fut coincé à un feu rouge tandis que son escorte armée poursuivait sa route. Les tueurs surgirent à côté de lui, la Kalashnikov à la main, et tirèrent, lui arrachant la moitié de la tête sous l'impact des balles. Son propre bras droit avait renseigné les tueurs par talkie-walkie. (Il n'y eut personne d'autre que les membres de sa famille à son enterrement, bien que cinq camions de couronnes aient été envoyés.)

Inzerillo se croyait en sécurité à cause des 10 millions qu'il devait toujours à Leggio, mais il avait tort. Le 11 mai, il fut abattu par la même Kalashnikov qui avait eu raison de Bontate un mois plus tôt. Les tueurs tirèrent à travers la fenêtre hermétiquement fermée d'une nouvelle Alfa Romeo à l'épreuve des balles ; ils avaient testé leur arme sur la vitrine blindée d'un bijoutier et avaient découvert qu'en concentrant leur tir sur une zone étroite, cela marchait très bien.

C'est ainsi que débuta un massacre systématique qui s'étendit de Palerme à travers toute la Sicile, puis de là à l'Europe, aux Etats-Unis et à l'Amérique du Sud. La police trouvait un cadavre par jour, parfois quatre ou cinq : des corps troués de balles, étranglés, brûlés, battus, démembrés, coupés en morceaux, torturés, ligotés. Elle n'arrivait plus à tenir un compte exact des morts, en particulier pour les victimes de la *lupara bianca* (fusil à canon scié), dont on ne retrouvait jamais les cadavres. Certaines victimes ne furent identifiées que parce qu'une mère ou une épouse se montrait brusquement vêtue de noir. On connut le sort de plusieurs hommes en découvrant leurs têtes coupées sur le siège de voitures en stationnement.

Vingt et un membres du clan Inzerillo furent éliminés. Le fils de quinze ans de Salvatore Inzerillo eut le bras droit coupé pour le décourager de venger son père, après quoi il fut quand même abattu. Santo, le frère d'Inzerillo, fut attiré à un rendez-vous où il apporta (tardivement) une mallette pleine d'argent dû à Leggio ; il ne revint jamais chez lui, pas plus que le Di Maggio qui l'accompagnait. Un oncle d'Inzerillo, Antonio, sortit de sa maison de Delran, dans le New Jersey, et ne rentra jamais. Un autre de ses frères, Pietro, fut retrouvé dans le coffre d'une Cadillac immatriculée dans le New Jersey et appartenant à Erasmo Gambino, cousin de John, Rosario et Giuseppe. Le corps était emballé dans un sac en plastique, les mains menottées dans le dos, la bouche et l'entrejambe pleins de billets de banque américains. (Les billets dans la bouche étaient là pour dénoncer son avidité, ceux des parties génitales pour dire qu'il était moins qu'un homme.)

Les cent vingt hommes d'honneur du clan de Stefano Bontate

furent décimés. Ceux qui ne l'abandonnèrent pas furent exécutés. Toute personne suspectée de loyauté envers Stefano Bontate était tuée, si et quand on la trouvait. L'homme qu'ils avaient choisi à l'avance pour prendre la tête de la *Cupola* reçut trente coups de couteau dans la cour de la prison de l'Ucciardone[24].

Gaetano Badalamenti perdit onze de ses parents. Un de ses neveux fut torturé, abattu et coupé en morceaux en Allemagne de l'Ouest. Le cadavre d'un de ses beaux-frères fut jeté sur un trottoir de Palerme. Deux autres de ses neveux, Salvatore et Matteo Sollena, furent tués dans le New Jersey. Le corps de Salvatore fut découvert dans le coffre d'une voiture, enveloppé dans un grand sac poubelle, les mains liées derrière le dos et plusieurs balles dans la tête.

D'autres chefs associés avec l'ancien régime furent méthodiquement exterminés. Le directeur commercial du trafic d'héroïne à la *Cupola* fut abattu, comme les Buccellato de Castellammare del Golfo, proches des Bonanno de New York ; les Rimi d'Alcamo (« le cauchemar d'Alcamo », comme la police les avait surnommés) ; deux bosses de Catane proches de Bontate[25] ; le patron octogénaire d'Agrigente, Don Giuseppe Settecase ; et un Caruana assez imprudent pour se montrer du côté de Palerme. On découvrit par la suite tout un cimetière de voitures enterrées dans la province d'Agrigente ; elles contenaient les squelettes carbonisés d'autres patrons, tués d'une balle et brûlés avant d'être enterrés.

Le massacre dura trois ans, mais les Corléonais ne souffrirent d'aucune perte. Une fois Bontate et Inzerillo disparus, la vieille garde tendit bien humblement son cou au boucher — un phénomène extraordinaire et encore inexpliqué — ou changea de camp.

En 1983, dans le tribunal de Palerme transformé en place forte, un infortuné jeune idiot du nom de Vincenzo Sinagra décrivit les horreurs de ces jours sanglants. Il y avait participé lui-même, dans un endroit devenu célèbre sous le nom de Chambre de la Mort de la Piazza Sant'Erasmo.

C'était une sinistre petite construction en ciment dans un dépotoir, tapie derrière des roseaux poussiéreux et une barrière de fil de fer barbelé, près du vieux port de Palerme. Au-delà, on voyait des palais du XVIIIe siècle en ruine, des entrepôts aux fenêtres aveugles, des camions en train de rouiller, un café sinistre. La baraque se composait d'une seule pièce avec une petite fenêtre crasseuse, une table et deux chaises, des chaînes, des cordes, et un bidon en métal pour les bains d'acide. La table servait aux interrogatoires ; les chaînes pour ligoter et les cordes pour étrangler, en général avec deux hommes tirant chacun de son côté. Avec l'acide, il fallait de quinze à vingt minutes pour dissoudre les cheveux, les dents, les ongles, la chair, les os — tout sauf la montre de la victime, expliqua Sinagra. Parfois, les corps étaient simplement coupés en morceaux et jetés aux cochons, ou lestés et jetés à la mer.

Sinagra, qui avait travaillé dans la sinistre baraque pour un salaire de misère, ne put expliquer ses raisons d'être : il pouvait seulement raconter ce qui s'y passait. Il lui fallut vingt et une séances pour raconter toute l'histoire à un juge sicilien.

C'était un simple *manovale,* littéralement de la main-d'œuvre sans qualification, un serviteur en apprentissage selon l'usage de la Mafia. Une erreur insensée l'avait livré aux mains de la Mafia ; il avait cambriolé une maison de son voisinage, prérogative du clan local de la Mafia. Il aurait pu être expédié tête la première dans un bain d'acide pour cela — il vit, par la suite, plusieurs autres hommes subir ce châtiment pour le même péché — mais, au lieu de cela, le patron de la Mafia locale lui proposa de travailler pour lui. Comme Sinagra l'expliqua : « Ils allaient me tuer ; j'avais peur. Alors, je suis allé avec eux. »

A la suite de cette aventure, tout ce qu'il fit désormais, et jusqu'au moindre vol, ne l'était pas pour lui, mais pour eux. Ils lui payaient 400 000 lires (300 dollars) par mois, et il était leur propriété. On pouvait lui dire de commettre un hold-up dans une bijouterie, de faire la liaison avec un courrier de la drogue, de collecter le pourcentage mensuel de son *capo* sur un chantier de construction, d'attaquer un client récalcitrant, ou d'enlever quelqu'un. Mais, dans l'ensemble, son travail consistait surtout à trouver et livrer les candidats à la baraque sanglante.

Là, il tenait les jambes de la victime pendant qu'on lui passait le nœud coulant autour du cou. Ou bien il y en avait un qu'il faisait tenir tranquille pendant qu'un autre hurlait sous la torture ; à moins qu'il n'abatte quelqu'un d'une balle dans la tête ou ne tire sur un bout de la corde, ou n'entasse un cadavre dans le coffre d'une voiture ou ne le jette à l'eau depuis un bateau de pêche. Une fois, il dut retirer de l'acide un corps à demi décomposé et l'évacuer immédiatement des lieux à cause d'un hélicoptère de la police qui était venu faire un tour au-dessus de la cabane.

Sinagra était trop bête et trop maladroit pour bien faire son travail ; il se fit bientôt prendre dans un autre endroit en train de commettre un meurtre. La Mafia lui ordonna de faire semblant d'être fou pour échapper à la prison à vie mais, là non plus, il ne fut pas très bon. « Je n'ai jamais essayé d'être un fou, avant. Comment vous faites, pour être un fou ? » demanda-t-il à l'avocat qui lui apportait ses instructions en prison. Ce dernier lui conseilla de se promener tout nu ; d'inonder sa cellule et de demander à aller à la pêche ; de laisser pousser sa barbe et de manger du pain moisi récupéré dans les ordures ; de s'asseoir sur un morceau de viande pourrie pour faire croire aux médecins qu'il ne se lavait pas. Si tout cela échouait, ajouta son avocat, il pouvait encore s'ouvrir les veines ou se pendre.

Il informa finalement ses supérieurs de la Mafia : « Je ne veux plus être un fou ; je veux faire mon temps en prison. » Mais on ne pouvait pas lui faire confiance pour rester tranquillement en prison. « Tu iras dans un asile où tu as des chances de mourir », lui dit-on. Mais avant que ses chances de mourir ne soient organisées, il parla[26].

L'employeur de Sinagra était le patron redouté du clan Corso dei Mille de Palerme, Filippo Marchese, qui sniffait de la cocaïne et se masturbait pendant les séances de torture dans la Chambre de la Mort[27]. Marchese s'entourait d'hommes qui prenaient visiblement plaisir à leur travail — entre autres Pino « Scarpuzzedu » (Vieille Chaussure) Greco de Ciaculli. Mais les chefs de cette armée n'étaient pas forcément des sadiques ou des pervers. Ce massacre relevait d'un terrorisme délibéré, impersonnel : le style de guerre de la Mafia porté au plus haut point.

A l'automne 1981, les vainqueurs commencèrent à leur tour à enregistrer des pertes. Au mois d'octobre, vingt d'entre eux se rassemblèrent dans une élégante villa palermitaine et étaient en train de se répartir le territoire du défunt Stefano Bontate quand la police fit irruption. Plusieurs mafiosi se frayèrent un chemin vers la sortie l'arme au poing et sans hésiter à tirer, mais le nom de ceux qui ne purent s'échapper fournit le premier indice des changements intervenus à la tête de la Mafia.

Il y avait là tout un groupe de traîtres, une partie de ceux qui, dans toute la Sicile, s'étaient ralliés aux gagnants. Et les gagnants, émergeant de leur Trou noir — l'expression sicilienne pour désigner les mystères de la Mafia — créèrent un important effet de surprise.

« Premier parmi les premiers » à Palerme, il y avait Don Michele Greco, chef de la *Cupola* depuis l'expulsion de Badalamenti en 1978. Surnommé « le Pape », Greco était un personnage d'un tel prestige social et d'une telle subtilité dans son double jeu que la police ne soupçonna pas un seul instant ses accointances avec la Mafia pendant plus de vingt ans. Bien qu'il fût un Greco de la famille Ciaculli, on n'avait pas fait le rapprochement avec Salvatore Cichiteddu Greco, un parent éloigné et mafioso notoire. Ce Greco était un grand propriétaire terrien à la richesse aussi solide que sa réputation, qui faisait partie du conseil d'administration de quinze à vingt sociétés et fréquentait les salons les plus élégants de la ville.

Avec sa chevelure d'argent, beaucoup de dignité, son élégance anglaise et une conduite dévote, Michele Greco tenait maison ouverte à la Favarella, son immense propriété, agréablement située à une dizaine de kilomètres de Palerme. Des hommes politiques, des banquiers et des aristocrates titrés venaient y chasser et déjeuner en plein air d'artichauts grillés et de gibier. Des amis amateurs de tir aux pigeons avaient les clefs des grilles, y compris des policiers et des *carabinieri*. Apparemment, personne parmi les invités ne remarqua jamais les réunions de la *Cupola* qui s'y tenaient, et encore moins l'existence du laboratoire de traitement de l'héroïne caché sur la propriété.

Le village de Ciaculli et les Giardini Croce Verde (les Jardins de la Croix Verte) qui le bordaient constituaient la baronnie personnelle de Greco. Cette luxuriante plantation d'agrumes formait un croissant qui s'incurvait doucement vers la mer ; le silence y régnait et elle était toujours déserte, même en plein midi. Des kilomètres de couloirs souterrains reliaient les caves les unes aux autres, assurant aux soldats de Don Michele une fuite rapide. Un policier qui m'a emmené dans ses rondes m'a dit : « Nous frappons à la porte, nous leur donnons une minute et nous enfonçons la porte, sinon ils se seraient tous enfuis par les tunnels et nous auraient échappé[28]. »

Il fallait avoir fait la preuve de sa loyauté pour avoir le droit de vivre à Ciaculli. Explorant les rues vides et frappant à de nombreuses portes, les policiers trouvèrent une centaine de maisons abandonnées : leurs occupants avaient été obligés de s'en aller, mais aucun n'avait porté plainte.

Par la suite, quand Don Michele Greco fut traqué jusqu'à une ferme isolée où il se cachait, il apparut la Bible à la main, déclarant : « La violence est contraire à mon sens de la dignité. Je suis l'homme le plus calomnié du pays. » En effet, il n'avait pas besoin de tuer personnellement. Aux côtés de Don Luciano Leggio, il commandait la plus belle équipe de tueurs psychopathes de toute la Sicile, à la tête de laquelle se trouvait Scarpuzeddu Greco, le neveu et protégé de Don Michele.

Pourtant, ce n'était pas vraiment Michele Greco qui commandait. Il avait été placé à la tête de la *Cupola* par les hommes de Leggio et était peu à peu devenu leur subalterne. C'était Leggio qui dirigeait la guerre.

La stratégie de Leggio, d'une conception brillante et d'une exécution sans faille, fit passer tous les clans de la Mafia sicilienne sous la férule des Corléonais — un exploit sans précédent dans l'histoire de la Mafia. Le haut commissaire de la Commission anti-Mafia écrivit quelques années plus tard : « Les Corléonais constituent le pôle de référence de tous les groupes nouveaux qui opèrent dans les différentes provinces de Sicile. Ces groupes sont composés de délégués ou de représentants locaux des Corléonais, en particulier pour tout ce qui concerne le trafic de drogue[29]. »

Depuis qu'il avait été incarcéré, Leggio avait habilement manœuvré pour faire croire à la police que tous les excès de la Mafia étaient à mettre au compte de ses adversaires. Dans les forces de l'ordre, tout le monde était convaincu que les Bontate, les Inzerillo et les Badalamenti étaient en train de s'exterminer. Des cadavres soigneusement répartis aux endroits stratégiques et des informations anonymes les maintenaient dans l'erreur; pendant ce temps, les Corléonais en faisaient à leur gré.

Ce fut la suprême plaisanterie de Don Luciano Leggio. On ne le pourchassait plus, on ne l'espionnait plus; à demi oublié depuis que les tribunaux l'avaient envoyé en prison, il était plus libre que jamais, derrière ses barreaux. Seul un malade — disait-il — pourrait imaginer qu'un homme condamné à perpétuité, vieillissant et invalide, allait conquérir la Mafia depuis sa cellule.

Mais un condamné à perpétuité comme Leggio bénéficiait d'avantages non négligeables. Alors que les mafiosi en liberté devaient se méfier de la police et surveiller leurs arrières, il pouvait régner sur son royaume depuis sa prison sans être dérangé. Aucun monarque ne dispose d'un pouvoir aussi absolu qu'un *capo-Mafia* en prison. Leggio, le plus puissant et le plus terrifiant *capo-Mafia* de toutes les prisons italiennes, pouvait régenter à volonté la vie de ses sujets. Il avait le « Respect », avec une étrange capacité d'inspirer une terreur instantanée et définitive. Un jour, devant un tribunal de Palerme, il déclara fièrement : « Pendant des années, j'ai été une grande puissance dans ma prison; je suis un mythe. » Il raconta que les autres prisonniers se livraient à toutes sortes de manœuvres pour le rencontrer, juste pour pouvoir dire : « J'ai rencontré Leggio[30]. »

Il n'avait qu'une chose à faire : élaborer une stratégie; ses hommes faisaient tout le reste pour lui. Les médecins s'occupaient soigneusement de sa santé, les gardes de la prison cherchaient à gagner ses faveurs, des subalternes de toutes sortes attendaient ses ordres. De toute évidence, il pouvait faire passer ses instructions sans douter de l'obéissance de ses hommes. Ses Corléonais, fidèles pendant plus d'un quart de siècle, n'auraient jamais fait autrement.

Les hommes en liberté comprenaient aussi bien que ceux qui

étaient en prison que Leggio pouvait faire tuer n'importe qui depuis sa cellule, et n'importe où. Les tueurs « de l'intérieur » ne posaient pas de problème. La peine de mort n'existe pas en Italie ; des meurtriers condamnés à perpétuité se recrutent aisément pour ce genre de travail. Leggio n'eut qu'à choisir le meilleur d'entre eux pour diriger son escadron de la mort en prison, un impitoyable spécialiste du couteau et du fusil originaire de Catane[31]. Pour rappeler à certains de ses associés en liberté que Leggio ne les perdait pas de vue, cet homme leur écrivait . « Oncle Luciano vous envoie son meilleur souvenir. »

A l'extérieur, il avait ses proconsuls à la *Cupola,* Salvatore Riina et Bernardo Provenzano, les Fauves. En dehors des victimes d'un escadron volant de tueurs triés sur le volet qui étaient à leur disposition, ils avaient personnellement commis une quarantaine de meurtres chacun[32].

Le taux d'assassinats à l'intérieur de la Mafia était élevé, mais n'allait pas au-delà de ce que le public pouvait tolérer. Tant que les hommes d'honneur siciliens se contentaient de s'entre-tuer, les gens inclinaient à les laisser se débrouiller entre eux. Mais Leggio menait aussi une guerre parallèle contre l'Etat — une guerre terrible, éprouvante, qui mit le pays en état de choc. A l'encontre de la sacro-sainte tradition, la Mafia se mit à tuer des juges, des procureurs, des officiers de police, des hommes politiques et des journalistes, en obéissant à un plan délibéré. « La Mafia n'admettait plus que quiconque s'oppose à son hégémonie en Sicile », peut-on lire dans le rapport des juges qui inculpèrent 342 de ses membres quelques années plus tard[33].

Les conséquences immédiates parurent désastreuses pour Leggio lui-même. La loi se fit plus lourde que jamais ; les incroyables secrets de la Mafia furent dévoilés ; Leggio fut démasqué ; le cartel de l'héroïne qu'il venait de faire passer sous sa coupe fut découvert et probablement détruit. Quelques personnes en arrivèrent même à penser que ç'en était fini de la Mafia sicilienne. Il n'en était rien.

14.

Cadavres exquis

Le premier policier à tomber dans la guerre de la Mafia contre l'Etat fut le chef de la Squadra Mobile à Palerme, Boris Giuliano, en 1979. Au début d'une chaude matinée d'été, il buvait un *cappuccino* dans un café quand un homme entra, lui tira quatre fois dans le dos et s'en alla. D'après le barman, les mains du tueur tremblaient. Giuliano avait la détente tellement rapide qu'on l'appelait « le shérif ». S'il s'était retourné, le tueur serait vraisemblablement mort à sa place.

Giuliano, un homme au visage plein et aux yeux tristes, avec une moustache noire, était un super-flic. D'une intelligence aussi aiguë que son intuition, c'était un professionnel comme il y en a peu. Il avait suivi les cours de l'académie du FBI à Quantico en Virginie et entretenait des relations étroites avec la DEA. En fait, il ouvrit une nouvelle ère dans la collaboration italo-américaine.

Giuliano sentait intuitivement les choses avant de pouvoir les prouver ; c'est ainsi qu'il fonça droit sur le trafic de drogue. Là où d'autres se contentaient des courriers de la drogue, il surveillait les hommes qui s'occupaient de l'argent, essayant de repérer leurs comptes bancaires et enquêtant sur leur propre banquier, Michele Sindona. Il échangeait des informations avec les Américains, une expérience passionnante pour chacun des partenaires.

Une année d'investigations menées en commun avec la DEA convainquit les Américains aussi bien que Giuliano que ses intuitions étaient fondées : « Les faits montrent que, comme on le soupçonnait depuis longtemps, la Mafia sicilienne s'est réintroduite dans le trafic de drogue international avec une abondance d'hommes et de moyens, utilisant les immenses vieux réseaux de la contrebande du tabac dans le sud de l'Italie et dans les îles, et que cette activité est dirigée d'une main de fer par les grands mafiosi », écrivit-il dans un rapport peu avant sa mort[1]. Giuliano avait même commencé à rassembler des preuves. A l'aéroport de Punta Raisi, il avait mis la main sur une valise non réclamée qui venait de New York et qui se trouvait sur le tapis roulant d'arrivée des bagages ; elle contenait un demi-million de dollars en petites coupures. Enfin, il tenait une preuve matérielle de l'existence d'un trafic de drogue en gros entre la Sicile et l'Amérique. Deux semaines plus tard, Giuliano trouva quatre kilos d'héroïne fraîche et une planque de fusils dans une paisible maison de Palerme — la preuve que la drogue était *produite* en Sicile[2]. Moins d'une semaine après, il était mort.

Deux mois plus tard, le 25 septembre 1979, le juge Cesare Terranova fut abattu d'une rafale de Kalashnikov alors qu'il sortait de chez lui. Il était à Palerme depuis deux jours seulement, après avoir travaillé pendant sept ans dans la Commission anti-Mafia à Rome. Convaincu que les mafiosi siciliens étaient impliqués dans le trafic de stupéfiants, il reprenait du service dans les tribunaux siciliens pour lutter contre eux. « Ne t'en fais pas, ils n'osent pas s'en prendre aux juges, ils ne me toucheront pas », avait-il assuré à sa femme.

La peur et l'appréhension s'étendirent sur toute la Sicile au fur et à mesure que s'allongeait la liste des « cadavres exquis » ou « cadavres distingués ». Le président des démocrates-chrétiens de la région sicilienne, l'homme le plus ouvertement hostile à la Mafia dans le parti, fut abattu en plein jour dans une rue du centre de la ville. Le commandant du poste de carabiniers de Monreale, à huit kilomètres de Palerme, fut assassiné alors qu'il se rendait à une fête foraine avec sa femme et portait son enfant de quatre ans dans les bras ; il avait enquêté sur les Corléonais. (« Ce salaud fichait la pagaille » dans les instances dirigeantes de la Mafia, dit un de ses collègues véreux à un officier des services secrets italiens, tout aussi véreux que lui[3].) Un magistrat qui venait de signer des mandats d'arrêt contre Salvatore Inzerillo, John Gambino, Rosario Spatola et cinquante de leurs hommes fut abattu alors qu'il flânait devant un kiosque à journaux. Le secrétaire régional du parti communiste fut tué alors qu'il traversait le centre de la ville en voiture ; il soutenait au parlement un projet de loi qui autorisait la confiscation des profits illicites de la Mafia et mettait l'organisation nommément hors la loi. Enfin, le nouveau préfet de Palerme, le général Carlo Alberto Dalla Chiesa, fut assassiné, et la sinistre stratégie terroriste de la Mafia apparut clairement[4].

Les hommes d'honneur avaient déjà souvent tué des policiers et des hommes politiques, mais ils n'en avaient pas fait une habitude. La Mafia, qui avait ses propres prétentions à imposer la loi et l'ordre, avait toujours préféré convaincre et corrompre plutôt que de se battre. A présent, forte d'un cartel de l'héroïne riche de ramifications sur toute la planète, Cosa Nostra proclamait ouvertement sa domination sur la Sicile. L'argent était le pouvoir et, dans cette entreprise, l'argent frôlait le pouvoir absolu. La police, les tribunaux, le gouvernement n'auraient plus le droit de se mettre en travers des voies de la Mafia. Quiconque s'y risquerait serait exécuté, un point c'est tout.

La Mafia a dû penser que ce serait un jeu d'enfant. Vous en tuez un, vous en effrayez dix mille ; c'est ainsi que cela aurait dû marcher.

Au contraire, on assista à une réaction collective d'un courage peu ordinaire. Un petit groupe de policiers et de juges poursuivit son avancée sur le territoire de la Mafia, de plus en plus loin : des hommes qui partageaient le même état d'esprit, à la Squadra Mobile, chez les carabiniers, à la police fiscale, parmi les représentants du ministère public, et parmi les juges d'instruction. Ils étaient tous siciliens, avec une compréhension intime de l'ennemi et aucune illusion sur leur sort probable. L'ennemi les supprima les uns apres les autres. « Le message était sans équivoque. Nous savions que, plus nous enquêtions sérieusement sur la Mafia, plus nos vies étaient menacées », dit Giovanni Falcone qui fut à la tête du groupe des juges anti-Mafia. Pourtant, chaque fois que l'un d'eux tombait, un de ses collègues le remplaçait.

Les tensions étaient épuisantes et la solitude oppressante. Attaquer la Mafia revenait à ébranler les mécanismes subtils qui maintenaient la Sicile dans une sorte d'équilibre politique et économique, qui valait ce qu'il valait. Beaucoup de gens avaient tendance à juger ces quelques obstinés plutôt comme des fauteurs de troubles que comme des héros. Les Siciliens, en particulier, semblaient les considérer avec scepticisme et méfiance. *Palermo-bene,* le gratin local, leur battait ouvertement froid. (L' « autre » Palerme, plus honnête, n'avait pas encore dit son mot.) Aucune marque de soutien ne vint du centre du pouvoir à Rome, que les Italiens appellent le Palazzo. Au contraire, l'absence de tout commentaire impliquait la contrariété, voire la désapprobation. Quant à leurs collègues du tribunal de Palerme, ils leur manifestaient une quasi-hostilité. Le juge Falcone a raconté : « Ils ont commencé par m'ignorer ; ensuite, ils m'ont traité comme un animal d'une espèce rare ; puis j'ai eu droit aux flèches empoisonnées. Enfin, ils ont établi des relations normales, sans agressivité mais sans sympathie [5]. »

Malgré tout cela, quand arriva l'été 1982, ces enquêteurs déterminés avaient presque entièrement découvert ce que des dizaines de « repentis » avoueraient deux ou trois ans plus tard. Le total de leurs découvertes fut transmis aux autorités judiciaires en juillet par le commissaire Antonino Cassara de la Squadra Mobile, dans un rapport confidentiel qui proposait l'arrestation de 162 mafiosi, essentiellement accusés de trafic d'héroïne et d'assassinats multiples. Intitulé « Greco + 161 », ce rapport devint la base de travail du plus rude assaut de la justice que la Mafia ait connu dans toute son histoire.

Antonino « Ninni » Cassara, adjoint du chef de la police de Palerme, était un homme jeune, grand, d'une élégance désinvolte et à l'allure faussement décontractée, que ses hommes adoraient. Son bureau, un réduit sans soleil dans le palais décrépit qui abritait les forces de l'ordre, fut le centre d'une agitation incessante pendant toutes les heures que j'y ai passées : cigarettes fumées à la chaîne, gobelets en carton pleins de whisky, téléphones qui n'arrêtaient pas de sonner, enquêteurs épuisés qui se penchaient à plusieurs sur des albums pleins de photos de bandits aux mines patibulaires.

Cassara avait rassemblé une extraordinaire équipe de policiers en civil. Ils étaient sous-payés (moins de 1000 dollars par mois) et incroyablement mal équipés. La Squadra Mobile n'avait pas de banque de données informatique et encore moins d'ordinateurs. Ses dossiers sur la Mafia étaient vieux de dix ou vingt ans, donc complètement dépassés et inutiles ; ce qui aurait pu avoir le moindre intérêt avait disparu depuis longtemps. Ils disposaient d'à peine une demi-douzaine de voitures banalisées pour sillonner les quartiers de Palerme infestés par la Mafia, des vieux clous dont les radios émetteur-récepteur n'arrêtaient pas de tomber en panne. Les conditions de sécurité étaient inquiétantes. Le quartier général de la Squadra Mobile n'avait pas de porte de derrière ; n'importe quel flâneur posté dans le petit parc qui faisait face à l'entrée pouvait instantanément signaler les entrées et les sorties. Sous le porche poussiéreux, une grande plaque de bronze portait les noms de ceux de leurs collègues qui avaient déjà été tués dans une embuscade.

Malgré tout, l'équipe mit la main sur quelques-uns des secrets les mieux gardés de la Mafia. Pour une fois, des mafiosi coopérèrent. Cassara réussit à recruter plusieurs informateurs remarquables. L'un d'eux, qui portait le nom de code de « Prima Luce » (Première Lumière), était Salvatore « Totuccio » Contorno, un « homme de valeur » (c'est-à-dire un tueur) qui travaillait pour Stefano Bontate depuis 1975 (voir chapitre 16). Une douzaine de ses parents avaient été tués au cours de la guerre de la Mafia, et il n'avait lui-même échappé à la mort que parce qu'il tirait plus vite et mieux que les autres. (Le médecin qui soigna ses blessures par balles fut tué par la suite.) Arrêté pour trafic de drogue en mars 1982, il se mit venimeusement à vider son sac contre les familles gagnantes[6].

Une autre source — nom de code « Ambrosiano » — fut Ignazio Lo Presti, allié par mariage au multimillionnaire Nino Salvo, un des plus puissants financiers de l'île. Les Salvo, concessionnaires de la collecte des impôts dans toute la Sicile — sur laquelle ils retenaient dix pour cent — étaient des hommes d'honneur mouillés jusqu'au cou. Ils étaient la couverture de respectabilité de Bontate et d'Inzerillo, l'accès principal à ce que Cassara appelait « une vaste et indéfinissable zone grise » reliant la Mafia à l'establishment italien. Lo Presti, arrêté peu après l'assassinat d'Inzerillo, faisait partie des intimes des Salvo. (Il disparut sans laisser de traces peu après sa mise en liberté, en août 1981[7].)

Sans la sauvagerie de leurs adversaires, des hommes comme ceux-là n'auraient jamais parlé. Ils apportèrent des informations explosives. A l'été 1982, le commissaire Cassara savait la vérité sur le trafic de l'héroïne, les forces irréconciliables en présence à la *Cupola,* les renversements d'alliances, les raisons de la chute de Stefano Bontate et l'irrésistible ascension de Luciano Leggio.

On peut se demander si, en un quart de siècle, il y eut quoi que ce soit qui ait rendu la Mafia sicilienne aussi furieuse que le rapport de Cassara. Le rôle des puissants Salvo était mis au jour, les exposant à la prison et à la ruine. (Ils accusèrent Cassara d'être lui-même un « nouveau mafioso » quinze jours avant d'être arrêtés.) La couverture de Don Michele Greco était percée, le forçant à se cacher. Le rôle démoniaque de Leggio était révélé au grand jour. Les Corléonais étaient désignés comme les nouveaux maîtres de la Mafia et leurs sanglants alliés surgirent de l'ombre à Catane.

Ce dernier secret était peut-être le plus dangereux de tous. On avait toujours considéré les habitants de Catane — environ un million de personnes — comme des gens qui bénéficiaient d'un climat merveilleux, d'un sol extraordinaire, de plages de sable blanc et fin, d'un excellent port ; et par-dessus tout, ils étaient hors des griffes de la Mafia. En réalité, la Mafia y était installée depuis soixante ans — Catane ne le cédait qu'à Palerme pour le trafic de stupéfiants, entre autres choses —, mais personne, du côté des autorités, n'avait eu l'occasion de le savoir[8].

Catane était le Milan sicilien, un important centre d'affaires, centre financier, et centre politique. C'était le siège de grosses entreprises internationales, celles des Cavalieri di Lavoro (les Chevaliers du Travail, un titre honorifique décerné par le président de la République italienne). Ces hommes vivaient sur leurs propres territoires ; le Cavaliere Carmelo Costanzo et ses fils possédaient un ensemble résidentiel de douze villas avec une piscine olympique et un terrain de football privé. Leurs voitures portaient le fanion de la famille, et toute la circulation s'arrêtait quand ils passaient. La ville tout entière faisait une pause quand ils donnaient leurs réceptions annuelles, où de petits éléphants en or se nichaient sous les assiettes des dames, tandis que des billets de cent mille lires étaient distribués aux policiers locaux[9].

Les Cavalieri di Lavoro versaient de généreuses contributions à tous les partis qui gouvernaient à Rome, en particulier aux démocrates-chrétiens et aux socialistes. Ils avaient une énorme influence politique. Personne n'avait osé suggérer qu'ils puissent avoir affaire avec la Mafia, dont l'existence à Catane était de toute façon systématiquement niée. « La Mafia est une pure invention, un produit de l'imagination », dit le chef des démocrates-chrétiens de la ville, loyal jusqu'au bout, alors que toute l'Italie avait depuis longtemps appris la vérité[10].

Le rapport Cassara resta pendant quelque temps le secret le mieux gardé. Il fut remis au premier juge d'instruction de Palerme, Rocco Chinicci, un juriste intègre qui fut tellement impressionné par son contenu qu'il ne faisait plus confiance à personne de son entourage. Une copie parvint au général Dalla Chiesa, qui ne faisait pas non plus confiance à grand monde autour de lui.

Dalla Chiesa fut désigné pour mettre en œuvre la riposte de l'Etat à l'intolérable arrogance de la Mafia, et il n'aurait pu y avoir un meilleur choix. Les Dalla Chiesa venaient du berceau politique de l'Italie, le Piémont, au nord du pays, terre de la Maison de Savoie et des pères du Risorgimento ; c'est là que naquit l'Italie moderne (1865). Des générations de Dalla Chiesa avaient servi avec honneur dans les carabiniers depuis que ce corps d'hommes courageux avait été formé pour protéger les chefs de la jeune nation. Le général lui-même, un homme solide avec un panache tout militaire et qui se tenait très droit, incarnait les valeurs — honneur et dignité — des meilleurs serviteurs de l'Etat. On ne pouvait douter de sa loyauté et de son courage. Au début des années 80, l'Italie avait été confrontée à la plus violente vague terroriste du monde, la Turquie exceptée. Dalla Chiesa avait su retourner cette terrible situation. En 1982, il était devenu une légende dans les rangs des carabiniers et un héros national.

Comme il approchait de l'âge de la retraite, le général fut placé au poste décoratif de commandant en second des carabiniers, un poste où il se sentait inutile et qui le déprimait. Quand le gouvernement lui demanda de quitter ses carabiniers bien-aimés et de partir en urgence sur le terrain en Sicile, il accepta, mais sans se faire d'illusions. Il écrivit dans son journal : « Cela m'a surpris, cela m'a presque fait peur... une fois de plus, je suis l'instrument d'une politique qui se dérobe des deux côtés. »

Dalla Chiesa arriva à Palerme le 30 avril 1982, dans une explosion de joie populaire. Pour beaucoup d'Italiens, c'était un géant. Les plus intrépides des patrons de la Mafia avaient visiblement la même impression ; ils avaient réellement peur de lui. En fait, ils avaient peur depuis son premier poste en Sicile, une dizaine d'années plus tôt, comme commandant de la légion des carabiniers de la région ouest de l'île. A l'époque, j'avais rencontré cet officier plein d'allure, avec son uniforme impeccable et ses gants blancs, d'une extrême courtoisie et d'une intelligence étonnante, et qui s'avouait déjà un implacable adversaire de la Mafia.

Les archives de la Commission anti-Mafia étaient pleines des avertissements du général sur le développement du trafic de drogue à cette époque, au début des années 70, soit à un moment où le trafic passait presque inaperçu. Pis que tout, il avait rédigé des rapports sans pitié sur les alliés politiques de la Mafia, taillant sans merci dans le vif du sujet[11].

La Mafia sicilienne n'aurait jamais pu devenir le colosse qu'elle était sans la collusion de certains leaders de la démocratie-chrétienne. Pas de tous, loin de là : essentiellement ceux qui étaient mêlés à la politique sicilienne. Dalla Chiesa avait dénoncé les plus compromis d'entre eux comme des mafiosi à part entière, avec faits et dates à l'appui de ses dires. Les hommes qu'il désignait — jusqu'à certains ministres — avaient assuré la sécurité de la Mafia, ses profits et ses privilèges depuis la fin de la guerre. Les politiciens mêmes qu'il avait dénoncés au début des années 70 dirigeaient l'île au début des années 80 : le nouveau président de la région de Sicile, Mario D'Acquisto ; le maire en activité de Palerme, Mario Martellucci ; les plus connus des anciens maires de la ville, Salvo Lima et Vito Ciancimino[12]. (Le nom de Lima apparaît cent soixante-trois fois dans le rapport de la Commission anti-Mafia de 1976 ; quant à Ciancimino, soixante-dix pages lui étaient entièrement consacrées.)

C'étaient ces hommes-là qui avaient élu plusieurs importants démocrates-chrétiens et, en particulier, le plus puissant de tous, Giulio Andreotti. Andreotti avait une solide base électorale en Sicile, à peu près un quart de l'électorat de son parti était dans l'île. Les démocrates-chrétiens ne pouvaient pas se passer d'Andreotti qui, lui-même, aurait eu du mal à se passer de politiciens comme Salvo Lima.

C'était tout le problème de la mission de Dalla Chiesa. Il avait toujours été proche des démocrates-chrétiens, ses partisans les plus fervents jusque-là ; Andreotti lui avait personnellement exprimé son admiration et son soutien. Mais à partir du moment où il était question de la Sicile, ils ne pouvaient que se heurter.

On continue de s'interroger sur ce qui a pu se passer entre les deux hommes. D'après Andreotti, rien. Pourtant, Dalla Chiesa eut bel et bien un entretien délicat avec lui avant de partir pour la Sicile. Le général écrivit dans son journal : « Je lui ai fait clairement comprendre que je n'aurais aucun égard particulier pour cette partie de l'électorat liée à ses Grands Electeurs. » « Mon père a parlé de cette rencontre en famille », écrit de son côté son fils Nando, rappelant les mots du général : « Je suis allé voir Andreotti, et quand je lui ai dit tout ce que je savais de ses amis en Sicile, il est devenu livide [13]. »

Quel qu'ait été le ton de leur conversation, Dalla Chiesa n'attendait aucun soutien de ce côté-là. Il était certain qu'il n'avait aucune aide à attendre des partisans d'Andreotti qui gouvernaient Palerme. Le général avait prédit qu'il rencontrerait « une résistance locale subtile et brutale, si ce n'est un rejet clair et net » de la part de l'establishment sicilien, et c'est effectivement ce qui s'est passé.

Ce fut une guerre assez différente de celle qu'il avait menée contre les terroristes. La Mafia n'était plus le fléau de la seule Sicile. C'était un syndicat du crime international qui menaçait toute l'Italie et une bonne partie du monde occidental — une menace incomparablement plus grave pour une société libre que celle des Brigades rouges. Mais la classe au pouvoir en Italie ne se mobilisa pas pour lutter contre la Mafia comme elle l'avait fait contre les terroristes. Envoyer de nouveau Dalla Chiesa au front n'était guère plus qu'un geste symbolique. Le plus triste de cette tragique histoire reste peut-être que les Siciliens ordinaires étaient avec lui, mais non l'Etat italien.

En tant que préfet de Palerme, le général était le principal représentant de l'Etat sur place. Le gouvernement lui avait voté de grands pouvoirs pour « coordonner la lutte contre la Mafia sur le plan national et local » ; sans cela, il aurait refusé sa mission. Il voulait disposer de pouvoirs « officiels et précis », comme il l'écrivit au premier ministre avant de partir, « car l'expérience a montré que les promesses sont toujours oubliées, toutes les garanties ôtées, que tout est toujours étouffé dès que l'on touche à certains intérêts [14] ». En réalité, les promesses furent oubliées ; les pouvoirs votés par le gouvernement ne furent jamais précisés officiellement. Que le Palazzo diffère cette officialisation était exactement le genre de message que les Siciliens guettaient.

Dès le début, Dalla Chiesa fut snobé par les maîtres de l'île et adoré par le public (à la surprise de beaucoup de gens). Il écrivit dans son journal : « Je me suis trouvé dans une situation où une partie de la population attendait de moi des miracles tandis que l'autre partie maudissait mon arrivée. »

Le public m'a donné l'oxygène de son estime ; et l'Etat a joué son existence, non sur la volonté de combattre la Mafia, mais sur l'utilisation de mon nom pour faire taire l'irritation des partis politiques...

Quant à moi, certainement l'homme le mieux informé de tout ce qui est arrivé dans le passé récent, je me trouve face à une tâche véritablement écrasante et aussi — pourquoi pas ? — dangereuse. Les promesses, les garanties, l'expression d'un soutien, tout se dérobe. La vérité est que j'ai été catapulté dans un environnement où je ne peux me fier à rien... sans personne auprès de moi, sans l'aide d'un seul ami[15].

Dalla Chiesa était angoissé par les dangers que courait sa future seconde femme. Née dans une bonne famille et très protégée, cette belle jeune femme qui était infirmière bénévole à la Croix-Rouge, avait la moitié de son âge. Il ne voulait pas qu'elle le rejoigne en Sicile, mais elle insista jusqu'à ce qu'il cède. Ils se marièrent alors que commençait un cauchemar de violence.

Le sang coulait dans Palerme comme jamais auparavant. Les tueurs fonçaient dans les rues en plein midi, sur de grosses motos tirant presque sans y penser. On retrouvait des corps décapités dans des voitures abandonnées devant la gare, des cadavres étaient brûlés dans les rues du centre de la ville, des corps étaient jetés devant la porte du quartier général de la police. Le juge qui présida le maxi-procès de Palerme a écrit : « L'atmosphère était sans pitié, d'une violence terrible[16]. »

Le juge nota aussi qu'un homme d'action comme Dalla Chiesa ne pouvait pas éviter de générer des « sources de friction, d'insatisfaction et d'intolérance... Plus il avançait, plus il rencontrait d'obstacles bureaucratiques ». Mais il y avait des obstacles bien moins innocents. Plus Dalla Chiesa en apprenait sur la Mafia des années 1980, plus il se sentait encerclé et pris au piège. Comme le juge Chinicci et le commissaire Cassara, il sentait l'invisible présence de la Mafia à chacun de ses pas.

Le général découvrit des taupes de la Mafia à des postes officiels élevés et d'autres à la préfecture même, qui entravaient ses mouvements[17]. Le rapport de Cassara lui avait donné des renseignements sur certains hommes de la meilleure réputation — les Salvo, les

Costanzo, les intouchables de l'île — et il en apprit de plus en plus au fur et à mesure que passaient les semaines. (A peine douze jours après son arrivée à Palerme, cinquante agents de la Guardia di Finanzia, la police fiscale, firent une descente dans les bureaux de Salvo et raflèrent dix caisses de documents.) La moindre invitation semblait cacher un piège ; il les refusa pratiquement toutes. Peu avant sa mort, il confia au journaliste politique le plus lu de toute l'Italie, Giorgio Bocca :

> La Mafia est prudente, lente, elle prend ta mesure, elle écoute, elle t'observe soigneusement de loin…
>
> Par exemple, un ami qui a fait des affaires avec toi ou qui a travaillé dans ton bureau dit comme par hasard : « Et si nous allions prendre un café avec un tel ? » C'est un nom illustre. Si je ne sais pas que l'héroïne coule à flots dans cette maison, j'y vais et je leur sers d'alibi. Si je le sais et que j'y vais, c'est le signe que je suis prêt à les approuver.

Des rumeurs grossières furent lancées contre Dalla Chiesa. On disait qu'il « criminalisait tous les Siciliens », qu'il « sapait l'autonomie de la Sicile », qu'il voulait devenir un autre « Préfet de Fer » comme le Cesare Mori envoyé par Mussolini. Un avocat de Palerme très mondain déclara :

> Le général Dalla Chiesa peut être une catastrophe pour la Sicile. S'il se met en tête de jouer le super-flic contre le trafic de drogue, il finira par ruiner notre ville. Imaginez que tous ceux qui vivent de la drogue soient du jour au lendemain privés de travail. Ils mettront nos maisons à sac. Ils vont nous attaquer, cambrioler nos magasins et nos bureaux. On ne sera plus en sécurité dans les restaurants. Nos femmes ne pourront plus sortir en manteau de fourrure. Nous ne pourrons plus sortir le soir. Nous n'aurons plus un instant de paix, vous pouvez m'en croire. Non, méfiez-vous de ce qu'il fait, ce général piémontais[18].

La meilleure défense du général, c'était l'homme de la rue. Il débarquait sans prévenir dans un lycée pour parler avec les étudiants et se faisait chaleureusement applaudir. Il rendait visite aux syndicats, parlait dans des réunions de travailleurs ; il invita même un groupe de maires de petites villes à Corleone pour un rafraîchissant échange de vues. Son message était très simple : « Pouvoir regarder votre interlocuteur sans baisser les yeux, pouvoir rire, parler, écouter et regarder vos fils et les fils de vos fils sans rien avoir à vous reprocher, pouvoir transmettre aux jeunes une existence faite de sacrifices et de renoncements — mais honnête — cela est possible si nous nous tenons les coudes[19]. » La réponse démentit les clichés les plus enracinés sur la Sicile. Les Siciliens honnêtes ne demandaient qu'à combattre la Mafia, si on leur en donnait la possibilité. Ils ne se fiaient pas au Palazzo, mais ils faisaient confiance au légendaire général des carabiniers venu du Piémont.

Le fait n'en restait pas moins que Dalla Chiesa était horriblement exposé. Le silence de Rome, les critiques de la presse gouvernementale, l'hostilité glaciale des politiciens locaux, tout cela démontrait clairement que l'Etat désavouait le général. Que cela fût le résultat de l'indifférence, de l'incompréhension, de l'opportunisme politique ou de la torpeur bureaucratique — les tribunaux ont écarté toute autre possibilité plus sinistre —, il n'en était pas moins abandonné dans la situation classique des victimes de la Mafia : au milieu d'un espace vide.

Dalla Chiesa le savait, ainsi qu'il le révéla dans une interview donnée à Giorgio Bocca à la fin d'un été nerveusement épuisant : « J'ai beaucoup réfléchi à ce nouveau fait : la Mafia qui tue les puissants, qui lève ses regards jusqu'à ces messieurs du Palazzo. Je crois que j'ai compris les nouvelles règles du jeu ; le fort est tué quand deux conditions fatales se trouvent réunies — quand il est devenu trop dangereux mais peut être tué parce qu'il est isolé. »

Quand un homme fort devient-il trop dangereux ? Quand il insiste pour faire respecter la loi, propose de la renforcer, ou enquête sur « l'accumulation de capital et les complexes réseaux de contrôle » de la Mafia, ou menace de révéler des secrets explosifs. Dans cette même interview, le général mentionnait quelques-uns de ces secrets : que la Mafia était solidement implantée à Catane, par exemple, et qu'elle avait des relations étroites avec les Cavalieri di Lavoro[20].

Le préfet de Catane monta immédiatement au créneau. Il n'y avait pas, et il n'y avait jamais eu, de Mafia à Catane, déclara-t-il fermement à la presse. Le maire de Palerme déplora que le général ait pu faire de telles insinuations. « La Mafia, la Mafia… les gens disent n'importe quoi ! » s'exclama-t-il. Le président de la région de la Sicile demanda des explications au général. « Si ces choses sont vraies, nous devons en tirer les conséquences. Si elles ne sont pas vraies… », dit-il sans achever sa phrase…

Le cent vingtième jour après sa prise de fonctions, Dalla Chiesa rencontra secrètement le consul américain à Palerme, Ralph Jones. Le général était profondément découragé par la façon dont le gouvernement italien manquait à ses promesses, par l'attitude menaçante des leaders politiques locaux et, par-dessus tout, par la flagrante complicité des démocrates-chrétiens avec la Mafia. Au mépris de tout protocole, il demandait aux Etats-Unis d'intervenir. Jones révéla par la suite . « Il pensait que seul le gouvernement américain pouvait faire quelque chose au plus haut niveau pour que les choses bougent[21]. »

Jones a aussi rapporté une histoire que le général Dalla Chiesa lui avait un jour racontée :

En tant que commandant des carabiniers en Sicile au milieu des années 1970, il reçut un appel du capitaine des forces de l'ordre d'un village de l'ouest de la Sicile, Palma di Montechiaro ; le capitaine avait reçu des menaces du chef local de la Mafia.

Le général Dalla Chiesa se rendit au village. C'était l'heure de la promenade de la fin d'après-midi. Le général prit le bras du capitaine et commença à marcher lentement avec lui en remontant la rue principale, puis ils la redescendirent, et la remontèrent encore. Tout le monde avait les yeux fixés sur eux

Puis ce curieux couple s'arrêta devant la maison du chef de la Mafia du village. Ils se tinrent ainsi jusqu'au moment où il fut bien clair que le jeune capitaine n'était pas seul.

« Tout ce que je demande, c'est que quelqu'un me prenne par le bras et marche avec moi », conclut le général.

Dalla Chiesa a raconté cette histoire à Jones le 3 septembre 1982. Il fut assassiné le soir de ce même jour. Sa jeune femme était venue le chercher à la préfecture et ils rentraient chez eux dans sa petite voiture. Deux grosses motos les suivirent depuis le quartier général. Huit hommes en tout — quatre sur les motos et les autres dans des voitures suiveuses — les attaquèrent dans la Via Carini, dans le vieux quartier, ainsi que leurs gardes du corps qui les suivaient dans une autre voiture. Les tueurs tirèrent une rafale de Kalashnikov d'abord sur sa femme puis sur le général, qui s'était jeté sur elle pour la protéger. Puis quelqu'un sortit d'une BMW et tira encore une fois pour être sûr de la réussite de l'attaque.

Une main endeuillée et anonyme déposa des fleurs à l'endroit où il était mort et y écrivit : « Ci-gît l'espoir des Palermitains honnêtes. »

La solitude du général l'avait rendu vulnérable, nota ultérieurement le juge Falcone. « Carlo Alberto Dalla Chiesa fut expédié en Sicile dans des conditions rien moins qu'idéales pour *paraître* comme l'expression d'une volonté réelle de combattre la Mafia. Il ne personnifiait pas l'autorité de l'Etat, comme cela aurait dû être le cas. Cosa Nostra a donc cru qu'elle pouvait frapper en toute impunité, car il ne représentait que lui-même[22]. »

La Kalashnikov avec laquelle on le tua était celle qui avait servi contre Salvatore Inzerillo ; il n'y avait pas réellement de mystère sur les commanditaires des assassins. La décision n'avait pu être prise que par les nouveaux maîtres de la Mafia sicilienne.

Cette fois, Leggio et ses hommes étaient allés trop loin. Il y eut une énorme réaction dans la population et le gouvernement lui-même fut choqué. Un nouveau préfet fut nommé à Palerme, nanti d'une grande partie des pouvoirs que l'on avait refusés à Dalla Chiesa. Une nouvelle Commission anti-Mafia fut constituée à Rome. Le parlement italien adopta la loi la plus sévère du monde en ce domaine en l'espace de quelques semaines. La loi était soutenue par le ministre de l'Intérieur Virginio Rognoni, un démocrate-chrétien (le promoteur originel de cette loi, le défunt leader communiste Pio La Torre, avait été assassiné à Palerme le jour de l'arrivée du général Dalla Chiesa).

La loi Rognoni-La Torre faisait un délit du seul fait d'appartenir à la Mafia, passible de longues peines de prison. Elle abolissait le secret bancaire dans les cas de fonds suspectés d'appartenir à la Mafia. Tout bien acquis par la violence ou la menace pouvait être saisi par l'Etat — argent liquide, bijoux, yachts, voitures, biens immobiliers, valeurs boursières, sociétés commerciales, que ce soit la propriété du mafioso lui-même ou de sa femme, de sa fiancée, ou de sa maîtresse. Les agents de la police fiscale commencèrent à travailler pour voir clair dans un labyrinthe de comptes bancaires ouverts par des prête-noms. Les Salvo se virent confisquer 30 millions de dollars en un mois. Tout patron de la Mafia pouvait se retrouver sur la paille du jour au lendemain, un sort qu'il pouvait estimer pis que la mort.

Pourtant, rien de tout cela ne les effraya beaucoup. En 1982, les hommes d'honneur ne firent pas le gros dos pour prendre la fuite comme ils l'avaient fait après l'épisode de la bombe de Ciaculli vingt ans plus tôt. Les relations entre la Mafia sicilienne et l'Etat avaient changé ou, du moins, c'est ce que croyaient les mafiosi de Palerme, en pleine jubilation ; des informateurs de la police firent savoir que : « Toute tentative d'affaiblissement de la Mafia serait désormais brisée l'arme au poing[23]. »

L'attaque suivante se produisit à peine quatre mois plus tard, en janvier 1983. La victime en fut le juge GianGiacomo Ciaccio Montalto, abattu d'une rafale de mitraillette à une heure du matin alors qu'il arrivait en voiture devant sa porte. Juge d'instruction à Trapani depuis treize ans, Ciaccio Montalto avait « embêté beaucoup de monde », selon un haut fonctionnaire du gouvernement[24].

Trapani, avec une population de quatre-vingt mille habitants, avait la plus forte concentration de banques de toute la Sicile[25], le plus grand nombre de comptes de dépôts de toute l'Italie et la plus forte concentration de mafiosi par tête d'habitant[26]. Le juge Ciaccio

Montalto était certain que, au fil des années, des tonnes d'héroïne avaient été expédiées de cette province vers les Etats-Unis. Il avait lui-même suivi la trace de cargaisons d'une valeur d'un tiers de milliard de dollars, de Trapani à Paris, et de Paris à Montréal, en l'espace de quelques mois seulement[27].

Sur la piste de la drogue, il avait échangé des informations avec le juge Carlo Palermo qui enquêtait sur le trafic de drogue et d'armes de la Mafia turque dans le nord de l'Italie. Ciaccio Montalto venait de découvrir plusieurs importants dépôts en dollars dans les banques de Trapani et avait signé quarante et un mandats d'arrêt. Mais surtout, il traquait sans relâche les laboratoires des environs de la ville. Le plus grand laboratoire d'héroïne de toute l'Europe — celui d'Alcamo, qui s'apprêtait à produire quatre tonnes d'héroïne par an — fut découvert peu de temps après son assassinat.

Ciaccio Montalto était un autre de ces hommes dangereux et isolés. L'Etat n'aurait pas levé le petit doigt contre la Mafia, à Trapani. Le sous-préfet de Trapani avait averti le général Dalla Chiesa de « ne pas criminaliser cette ville sérieuse et travailleuse ». Le procureur en poste à Trapani n'avait jamais eu les moyens de monter un dossier contre la Mafia, par manque d'enquêteurs Le tribunal local avait de toute façon été fermé après la chute d'un morceau de plafond dans la bibliothèque. Ciaccio Montalto, un des deux seuls juges d'instruction de tout Trapani, ne put même pas obtenir de l'Etat un ordinateur pour compenser l'absence de personnel. D'éminents citoyens l'accusèrent d' « individualisme exacerbé » parce qu'il s'en prenait aux plus gros chefs mafiosi de la ville. « Celui qui a fait ça devrait être envoyé en exil ! » cria quelqu'un la seule fois où le juge réussit à amener l'un d'eux devant le tribunal. Sa mère raconta à la presse : « Mon fils m'a souvent dit qu'il se sentait très seul, que quelques personnes seulement à son bureau le comprenaient et l'aidaient. » Sa femme ajouta : « Il avait l'impression que son entourage essayait de créer un espace vide autour de lui[28]. »

Et les choses continuèrent. Les assassinats ne ralentirent pas et l'héroïne circula plus abondamment que jamais ; les expéditions aux Etats-Unis atteignirent le plus haut niveau jamais connu. L'establishment sicilien se montra aussi réticent que par le passé. Le même petit groupe de juges et de policiers qui forçait le territoire interdit de la Mafia continua plus ou moins dans les mêmes conditions qu'auparavant.

Puis, en été 1983, la Mafia affirma une fois de plus sa souveraineté sur la Sicile. Le juge Rocco Chinicci, qui travaillait dans l'obsession du secret sur les pistes relevées dans le rapport Cassara, acheva son énorme enquête sur les crimes de la Mafia depuis 1975. Ce mois de juillet 1983, il signa les mandats d'arrêt contre les Salvo ; contre le chef de la *Cupola,* Michele Greco ; contre les proconsuls de Leggio, Salvatore Riina et Bernardo Provenzano ; plus environ deux cents autres mandats contre divers hommes d'honneur. Le 29 juillet, l'explosion d'une voiture piégée avec une bombe de cinquante kilos contrôlée par radio tua le juge Chinicci, son chauffeur, deux gardes du corps et le *portiere* de l'immeuble où il vivait. Sa femme était à la fenêtre et vit tout.

Chinicci fut le dernier juge à travailler seul. Les terribles secrets qui le hantaient passèrent à une équipe anti-Mafia de dix juges et procureurs, à la tête desquels se trouvait Giovanni Falcone. Les secrets comme les risques seraient ainsi partagés. Toutes les enquêtes criminelles impliquant la Mafia dans l'île devraient aboutir entre leurs mains ou, au moins, passer par leurs mains. On pouvait tuer l'un d'entre eux, il en resterait encore neuf pour poursuivre la tâche jusqu'à ce que toute la meute meurtrière des patrons de la Mafia se retrouve devant le tribunal.

15.

La Pieuvre émerge

A l'étranger, la Grande Guerre de la Mafia ne souleva aucune émotion particulière. Les différents gouvernements ne se sentaient guère concernés et beaucoup d'Italiens éprouvaient la même impression. Ils considéraient encore la Mafia sicilienne comme une calamité exclusivement nationale, sinon régionale.

Pourtant, la Mafia n'opérait plus seulement en Italie mais dans le monde entier. Une multinationale de cette ampleur ne pouvait rester cachée encore longtemps. N'importe laquelle d'un millier de pistes entrecroisées pouvait faire remonter les enquêteurs jusqu'à la Mafia, et c'est ce qui finit par arriver.

Cela se produisit dans les années 80, quand on releva la trace de la Mafia en Grande-Bretagne, en France, en Allemagne de l'Ouest, en Belgique, aux Pays-Bas, en Espagne, en Suisse, en Grèce, au Kenya, en Thaïlande, en Afrique du Sud, au Canada, au Venezuela, au Brésil, en Haïti, en République dominicaine, à Porto Rico et même dans l'île d'Aruba et aux Seychelles. En 1984, les Etats-Unis en particulier disposaient de suffisamment d'éléments pour casser une des entreprises les plus impressionnantes de la Mafia, une filière de la drogue qui reliait trois continents.

Grâce à un extraordinaire concours d'événements, les Etats-Unis et l'Italie percèrent, indépendamment l'une de l'autre mais en même temps, la couverture de la Mafia sicilienne. Les enquêteurs américains commencèrent à repérer sa présence chez eux au début des années 80, juste au moment où les Italiens commençaient à découvrir ses secrets chez eux

Les Américains travaillaient différemment et, en tout cas, pensaient différemment. En Amérique, Cosa Nostra ne tuait ni les juges, ni les policiers, ni ses propres membres, au rythme moyen d'un cadavre par jour. Même Al Capone, au temps où il régnait sur le crime à Chicago, dans les années 20, n'avait pas tué plus de soixante-quinze personnes par an. Le pire, dans la situation à laquelle les Américains étaient confrontés, était une corruption massive et une inertie administrative paralysante. Ils ne subissaient pas les pressions étouffantes familières à leurs homologues italiens ; ils ne connaissaient rien non plus de semblable à l'expérience que faisaient les Italiens de la rouerie et de l'art du camouflage de la Mafia.

En fait, jusqu'en 1980, ils ne savaient presque rien de la Mafia. Les premières enquêtes — celles demandées par le sénateur Kefauver et par le sénateur McClellan — n'avaient pratiquement abouti à rien. La police locale continuait à assimiler le crime organisé à la pègre locale. Les agents du Bureau des stupéfiants mettaient la main au collet de petits revendeurs, qui créaient de petits problèmes. Le FBI était presque entièrement absorbé dans la lutte contre la subversion. J. Edgar Hoover ne voulait pas entendre parler d'un « complot national » dans le « milieu » ; il interdit au FBI d'enquêter sur cette hypothèse, jusqu'à sa mort en 1972. De toute façon, il y avait peu de chances d'arriver à quoi que ce soit sous le règne d'Hoover. Les agents du FBI réussirent à cacher pendant trois ans un micro dans le bureau de Raymond Patriarca, le boss de la Mafia de Boston, mais ils n'eurent pas le droit d'utiliser leurs preuves devant les tribunaux. Les Etats-Unis n'avaient pas de législation adaptée à ces situations. « A l'époque, nous ne récoltions que les malades, les éclopés et les malchanceux », explique Steve Ryan, ancien conseiller de la Commission présidentielle sur le crime organisé.

En 1970, le Congrès avait remédié à la situation. L'utilisation d'enregistrements sonores comme preuve avait été légalisée par l'article 3 (Title 3) d'une loi autorisant la surveillance électronique. La loi RICO, le Racketeer-Influenced and Corrupt Organizations Act, donnait la possibilité de poursuivre une entreprise de crime organisé ; si deux personnes ou plus se rendaient coupables de deux crimes ou plus dans le cadre d'un racket, on pouvait les condamner à perpétuité en vertu des textes sur le trafic de drogue. C'étaient des mesures révolutionnaires, bouleversant une longue tradition juridique, et elles frappèrent Cosa Nostra de toute leur force répressive — mais pas avant une dizaine d'années après leur adoption.

Le changement décisif se produisit au début des années 80 lorsque le président Reagan déclara la guerre au crime organisé. Ce fut le premier assaut contre Cosa Nostra à bénéficier d'une concertation au niveau national. Il fut redoutable, essentiellement grâce à un jeune Italo-Américain, décidé, énergique et persuasif, Rudolph

Giuliani. Vice-ministre de la Justice sous le nouveau président républicain, Giuliani fonça dans le marécage bureaucratique, dans le même mouvement fit jouer un fonctionnaire sur l'autre — en particulier les chefs du FBI et de la DEA — et s'attaqua à Cosa Nostra depuis le haut de l'échelle. Il commença par créer un corps d'intervention spécialisé, l'Organized Crime Drug Enforcement Task Force, qui regroupait le personnel et les moyens du FBI et de la DEA, ainsi que les attorneys fédéraux du ministère de la Justice, les Douanes, le Service d'Immigration et de Naturalisation, les Finances, la police nationale et la police urbaine. Une douzaine de corps d'intervention spécialisés régionaux quadrillèrent les métropoles du crime. Ces organismes avaient de l'argent, du personnel, le soutien du gouvernement, tous les moyens nécessaires à une offensive en grand. Le propos n'était plus d'additionner les arrestations au jour le jour du menu fretin mais de coincer des familles entières de la Mafia, à commencer par les boss en activité.

Alors qu'ils s'occupaient de la famille Bonanno, les Américains tombèrent ainsi sur l'armée secrète de la Mafia sicilienne. Ils le firent à la façon dont ils réussissent le mieux ce genre d'opération, avec une armée d'hommes parfaitement entraînés, des recoupements informatiques systématiques, un extraordinaire équipement électronique — le plus formidable instrument de renseignements du monde. Un million d'heures de travail furent investies dans ce qui devint le dossier de la Pizza Connection. La Police spéciale de New York installa quarante-sept écoutes téléphoniques dans la ville et soixante dans le reste du pays. Une centaine d'agents travaillèrent par roulement de deux équipes par vingt-quatre heures, pendant dix-huit mois, à la surveillance physique des suspects. On récolta ainsi une masse d'informations très denses, pas toutes utiles et souvent incompréhensibles. Le procès de la Pizza Connection était déjà en cours quand les agents lancés contre la Mafia se rendirent compte de ce qu'ils avaient découvert.

Malgré tout cela — et jusqu'en 1985 — le FBI ne réunit de « preuves positives » que sur vingt hommes d'honneur siciliens pour tous les Etats-Unis. Deux ans plus tard, la liste atteignait le millier de noms[1]. La vérité était si loin des idées reçues en matière de crime organisé qu'il fallut un bon moment avant de l'entrevoir.

L'affaire de la Pizza Connection commença réellement avec l'homme qui avait été la découverte et le tourment de l'agent Douglas Le Vien — Enzo Napoli. Très peu de gens se sont jamais rendu compte du rôle de Le Vien, et certainement pas Napoli. Je l'ai moi-même appris seulement quand j'ai entrepris la rédaction de ce chapitre. Ma source fut la brillante analyste de renseignements de la DEA, Mona Ewell, la première à détecter et suivre la piste de la Mafia sicilienne en Amérique[2]. « Nous surveillions les communications téléphoniques d'Enzo Napoli dans sa prison de Danbury (Connecticut), me dit-elle. A vrai dire, c'est comme ça que tout a commencé. » Napoli était en prison depuis deux ans après s'être fait prendre avec un kilo d'héroïne, quand la DEA décida de s'intéresser à lui d'un peu plus près. Entre 1980 et 1982, ses centaines de coups de téléphone furent écoutés, et Mona Ewell chercha à y repérer un fil conducteur.

Au bout d'un moment, elle trouva une piste. Le frère d'Enzo, Antonino, appelait de Caracas leur frère cadet Gaetano à Brooklyn. Gaetano appelait aussitôt Enzo à Danbury, sur quoi Enzo passait à son tour plusieurs coups de téléphone à l'extérieur. Il y avait un homme qui appelait régulièrement un compatriote de Sicile nommé Domenick Mannino qui possédait une chaîne de vingt-six pizzerias dans le nord de Philadelphie, les Mimmo's Pizzas. « Les frères Napoli étaient la clef de l'histoire. Je me rendis compte que, quand son frère l'appelait du Venezuela, Gaetano rappelait aussitôt Enzo à Danbury et je sus qu'il devait se passer quelque chose. Les Napoli nous ont menés à Philadelphie, jusqu'à Domenick Mannino — c'est comme ça que tout a commencé », me dit Ewell.

En 1982, le nom d'Enzo Napoli était le premier nom souligné sur la fiche de Mona Ewell destinée à Caracas, et la DEA se sentit suffisamment intéressée pour envoyer au Venezuela Tom Tripodi, un des as du Bureau des stupéfiants. Tripodi, qui avait travaillé avec le commissaire principal Boris Giuliano à Palerme quatre ans plus tôt, était déjà bien renseigné sur la Mafia sicilienne. Il n'en fut pas moins stupéfié par ce qu'il découvrit en Amérique du Sud. Comme le raconte Ewell, « quand il revint, il avait découvert tout le pot aux roses » :

Nous avions tous les détails ; nous savions tout. Antonino Napoli était un des associés des Cuntrera. Nous avons vu les Cuntrera et les Caruana. Les mesures de sécurité prises pour protéger leurs résidences étaient incroyables... Ils contrôlaient le Venezuela d'une façon que vous ne croiriez pas.

Nous avons vu comment ils travaillent, toutes les couvertures pour brouiller les cartes. Ce avec quoi ces gens travaillaient, c'était l'argent. Cela faisait des années que leurs noms étaient associés à l'argent. *Historiquement,* c'étaient eux qui mettaient l'argent en œuvre.

Ils le faisaient aussi bien pour l'héroïne que pour la cocaïne : l'argent arrivait et la cocaïne partait pour l'Europe. Il y avait un énorme pipeline sicilien de cocaïne à destination de l'Europe qui existait depuis, au moins, 1978 — l'année de *l'explosion* de la cocaïne en Europe.

...

C'était une opération inimaginable et qui durait depuis longtemps, très longtemps... A mon avis, c'est toujours la clef du problème. Ce sont les gens qui ont l'argent ; ce sont eux qui sont dans les affaires de stupéfiants depuis le plus longtemps.

La DEA ne pouvait rien faire au Venezuela, pas plus que les Italiens qui, à peu près à la même époque, avaient commencé à monter une enquête générale sur les Cuntrera[3]. Le Venezuela n'avait signé d'accord d'extradition avec aucun des deux pays et, de toute façon, ne montrait aucune disposition à coopérer. En outre, même au quartier général de la DEA à Washington, Tripodi et Ewell se heurtèrent à un mur. « Ce fut un long et rude combat d'amener les gens des services concernés à croire à cette affaire, dit-elle. Pour nous, c'était très frustrant ; ici, personne ne nous croyait. Les Italiens savaient la vérité, mais nos propres collègues en Amérique ne voulaient pas y croire. »

Ses supérieurs s'intéressèrent néanmoins à l'ami qu'Enzo Napoli ne cessait d'appeler à Philadelphie. Vers la fin de 1982, un agent secret de la DEA, Frank Panessa, fut envoyé à Philadelphie pour tester Domenick Mannino. Il ne put coincer Mannino — personne n'y est encore arrivé —, mais il ramena ce que les milliers d'heures d'écoute téléphoniques de la Pizza Connection n'auraient jamais pu obtenir : « la poudre », l'héroïne de la Mafia sicilienne.

Panessa, un homme de haute taille, aimable et très relax, qui travaillait pour le Bureau des stupéfiants depuis vingt ans, inspirait instantanément confiance, une confiance fortement soutenue par sa facilité à se procurer rapidement de l'argent liquide. La DEA, qui n'avait jamais pu acheter un kilo entier d'héroïne auparavant, en avait à présent les moyens ; le nouveau corps d'intervention de Rudolph Giuliani, l'OCDETF (Organized Crime Drug Enforcement Task Force, Corps d'intervention contre le trafic de drogue organisé), fournissait l'argent. Panessa put ainsi faire six achats d'héroïne, un kilo à chaque fois, pour lesquels il déboursa près d'un million de dollars[4]. (Il dut se battre pour ne pas en acheter plus, m'a-t-il raconté. « Ils m'amenaient toujours plus d'héroïne, trois ou cinq kilos à la fois. “ Je ne te demande pas d'argent, me disait le vendeur. De quoi est-ce que j'aurais l'air de ramener tout ça à Brooklyn ? ” »)

Les trafiquants de Philadelphie avec qui Panessa fit affaire, tous mafiosi siciliens qui avaient adhéré en Italie, l'accueillirent comme un ami de la famille ; ils se figuraient qu'un homme capable d'allonger un million de dollars pour leur marchandise ne pouvait pas être un agent du gouvernement. Dans leur innocence, ils confièrent ingénument à Panessa plus de secrets qu'aucun de leurs collègues n'en dit jamais au FBI. (A l'exception de Luigi Ronsisvalle, qui n'a pas fait une grosse impression, pas un seul mafioso sicilien d'Amérique n'a parlé au FBI.)

Le meilleur informateur de Panessa fut Paolo La Porta, un homme d'honneur de Sicile et principal fournisseur du réseau de Philadelphie. (C'est ce La Porta qui avait pris Luigi Ronsisvalle en main à son arrivée dans Knickerbocker Avenue en 1965.) Ils faisaient ensemble de somptueux repas, échangeant des « présents » dans un emballage cadeau pendant qu'ils étaient à table : l'héroïne contre l'argent. La Porta se sentait assez en confiance pour conseiller Panessa sur la meilleure façon de marier sa fille adolescente, et même pour lui emprunter 100 000 dollars. (Les bons au porteur qu'il lui donna en échange furent payés par la suite dans une banque de Porto Rico avec un intérêt de treize pour cent net d'impôt.)

La Porta venait en général de Knickerbocker Avenue, le fief des gens de Salvatore Catalano. La Police spéciale de New York les prenait pour la faction sicilienne de la famille Bonanno, mais La Porta se trouvait en situation d'être mieux renseigné. En fait, dit-il à Panessa, la « faction sicilienne » était la Mafia sicilienne, et son territoire n'était pas seulement une enclave de la famille Bonnano mais tout Brooklyn.

A en juger d'après les informations de La Porta, la Mafia américaine avait *donné* Brooklyn à ses silencieux partenaires siciliens. Comme Panessa en témoigna ultérieurement devant la Commission présidentielle sur le crime organisé :

> Nous avons eu de nombreuses conversations à propos de Brooklyn. Quand on disait Brooklyn, cela voulait dire la Mafia sicilienne, en tant qu'organisation distincte de la Cosa Nostra italo-américaine aux Etats-Unis. Il y avait une nette différence...
>
> La Porta m'expliquait que Brooklyn contrôlait toute l'héroïne aux Etats-Unis... Les Siciliens utilisaient les Italo-Américains pour distribuer l'héroïne, mais cela n'allait pas plus loin[5].

La Porta lui-même frayait avec les gros bonnets du trafic de la drogue dans la Mafia sicilienne. Salvatore Inzerillo avait été son grand ami ; il était aussi très proche de Gaetano Badalamenti ; il faisait des affaires avec les Gambino de Cherry Hill (à qui il présenta Panessa) ; et la plus grosse part de son héroïne venait des plus proches collaborateurs de Salvatore Catalano, Cesare Bonventre et Baldo Amato. Ces compatriotes lui fournissaient aussi de la cocaïne en gros. Une fois, il en mit trente kilos sur la table pour Panessa qui n'en croyait pas ses yeux. « Qu'est-ce qui t'étonne ? Nos copains de Brooklyn contrôlent aussi la cocaïne », s'exclama La Porta.

Bonventre trompait ses amis siciliens ; il coupait lui-même l'héroïne et leur envoyait de la came de mauvaise qualité. Quand Panessa s'en plaignit, La Porta lui dit sèchement : « Ecoute, ici c'est la Mafia ! Tu te plains pas. On ne peut rien y faire. Ça vient de Sicile. Quand on reçoit les cargaisons, on doit les prendre telles quelles... Mais il y a des gens qui vont payer pour ça... Tout le monde a ce qu'il mérite en temps voulu[6]. » La Porta continua, expliquant qu'il y avait « en ce moment une lutte pour le pouvoir dans la Mafia sicilienne pour le contrôle de la distribution de l'héroïne aux Etats-Unis ». C'est ainsi que, en temps voulu, Cesare Bonventre se retrouva en morceaux dans trois bidons de deux cents litres à Garfield dans le New Jersey.

La Porta voulait, de toute façon, court-circuiter Bonventre. Avec un partenaire de longue date — Filippo Ragusa, un futur gros gibier du dossier de la Pizza Connection — La Porta venait d'importer quarante kilos d'héroïne en provenance de Palerme, cachés dans des caisses de carreaux de céramique. (Les agents du FBI rattrapèrent l'héroïne à Buffalo mais pas Ragusa. Inexplicablement, ils ignorèrent son partenaire de Philadelphie.)

La Porta avait aussi voyagé en Bulgarie et en Yougoslavie. Avec quelques-uns de ses amis mafiosi, il s'apprêtait à acheter la morphine-base liquide fabriquée dans ces pays ; il la ferait mettre en bouteilles dans l'usine familiale à Marsala en Sicile, puis l'expédierait en république Dominicaine, où « ses hommes » installaient un laboratoire de transformation. Il expliqua à Panessa : « La république Dominicaine, c'est à nous[7]. »

La morphine liquide donnait à Panessa une incroyable opportunité de rencontrer l'équipe de La Porta à Palerme. La drogue en bouteilles devait être expédiée pour un tour d'essai à travers la société d'import-export de Panessa à Hambourg en Allemagne de l'Ouest (une société factice, en réalité la DEA). Il était déjà en route pour la Sicile avec le frère de La Porta pour conclure l'affaire quand La Porta lui ordonna brusquement de rentrer. Panessa témoigna par la suite : « Il me dit que ses amis, là-bas, devaient tuer un juge. Il me dit que ce n'était pas le bon moment pour essayer de faire passer l'héroïne par l'Italie parce que la police italienne tombait sur tout le monde pour savoir qui avait tué le juge. » Le juge en question était Rocco Chinicci.

L'ampleur de l'opération intercontinentale était difficile à apprécier. Une fois, Panessa proposa à La Porta de blanchir une partie de l'argent de la drogue du réseau de Philadelphie ; La Porta le remercia, mais refusa en lui disant poliment : « Nous avons tout ce qu'il faut pour blanchir cinq millions de dollars par jour. » Même en tenant compte des week-ends et des vacances, cela représentait quand même plus d'un milliard de dollars par an, pour les seuls Siciliens — trois ou quatre fois plus que le montant découvert dans l'enquête sur la Pizza Connection. Un des blanchisseurs qui travaillaient pour Philadelphie, Rosario Dispenza, manipulait à lui seul un million de dollars par jour à Queens, pour le compte de quatre réseaux de drogue siciliens, apparemment indépendants les uns des autres, le long de la côte Est[8].

En neuf mois, les gibiers de Panessa lui apprirent que la Mafia sicilienne était une entité distincte aux Etats-Unis ; qu'elle avait le monopole du marché de l'héroïne dans ce pays et une part importante du marché de la cocaïne ; qu'elle opérait, à partir de son siège national de Brooklyn, au moyen d'un réseau de circuits imbriqués les uns dans les autres ; qu'elle utilisait les mafiosi américains uniquement comme vendeurs — des inférieurs, des subalternes ; qu'elle possédait la république Dominicaine, prévoyait d'importer la morphine liquide de Bulgarie et de Yougoslavie, et qu'elle avait beaucoup d'affaires dans le monde entier ; enfin, qu'elle faisait une fortune monumentale.

Panessa aurait difficilement pu voir toutes les implications de ce qu'on lui disait à cette époque. Il aurait été certainement bien étonné d'apprendre qu'aucun autre enquêteur, en Amérique comme en Italie, n'avait découvert autant de choses en un quart de siècle.

En théorie, des informations aussi remarquables auraient dû être envoyées de Philadelphie dans tous les bureaux des forces de l'ordre du pays, mais il ne se passa rien de tel. Ce fut en partie le résultat d'une vieille histoire de rivalité entre services ; la DEA n'était pas pressée de transmettre des informations que le FBI aurait pu utiliser (et vice versa). Par ailleurs, la DEA était toujours en train de pourchasser des trafiquants de drogue quelque part, dont des Siciliens. Pratiquement personne, parmi les dirigeants, ne croyait que deux bandes de trafiquants siciliens, n'importe lesquelles, puissent avoir des liens entre elles, et encore moins qu'elles en eussent toutes. « Mais non, c'est une coïncidence », répondit-on à Panessa quand l'héroïne trouvée sur un trafiquant de New York se révéla identique à la sienne[9].

C'est ainsi que, pratiquement jusqu'à la fin de sa mission, la police spéciale New York ne tira aucun bénéfice des informations rassemblées par Panessa. Et même quand elle s'y intéressa, elle n'en profita que par un coup de chance.

Au printemps 1983, encouragée par les résultats de Panessa, la DEA envoya un deuxième agent secret, Steve Hopson, à Philadelphie. Grâce aux contacts de Panessa, Hopson se vit proposer l'achat d'un demi-kilo d'héroïne par un certain Benny Zito qui travaillait dans une des Mimmo's Pizza de Mannino. Pour transmettre la commande, Zito passa un coup de téléphone fatal à New York. L'homme à l'autre bout du fil était Giuseppe Ganci, un des pontes de ce que l'on croyait être la faction sicilienne de la famille Bonanno — raison pour laquelle le FBI avait mis son téléphone sur écoute. Une fois le rapport établi, on avait le chaînon manquant de la Pizza Connection.

Le FBI avait rassemblé une montagne de preuves sur la conduite douteuse de la « faction sicilienne », mais pas le moindre élément susceptible de démontrer le rapport des Siciliens avec la drogue. Le passage de l'héroïne de Ganci à Zito, puis à un agent de la DEA à Philadelphie, resterait la seule preuve concrète obtenue par la DEA jusqu'à ce que l'on procède aux arrestations [10].

Le chaînon manquant ainsi dévoilé, New York ouvrit les yeux sur le travail capital de la DEA à Philadelphie ; et les foudres de la loi s'abattirent. L'attorney fédéral de Philadelphie voulait tout le dossier, de même que son collègue du district Est de Brooklyn ; de même que Rudolph Giuliani, le nouveau responsable du district Sud de Manhattan [11] ; et même le district Sud du New Jersey le réclamait, invoquant les relations de Panessa avec La Porta.

Après une orageuse réunion avec les représentants des quatre districts, le ministère de la Justice donna Zito au district Sud de New York et le reste à Philadelphie. Ce n'était pas une décision inhabituelle ; les conflits de juridiction sont normaux et les solutions politiques inévitables. Il n'en restait pas moins que l'on avait perdu une extraordinaire occasion de contrer une menace qui concernait toute la nation.

Une fois les dossiers répartis entre deux tribunaux, les pistes de l'enquête qui menaient à une unique organisation criminelle furent laissées de côté. Les deux districts fédéraux n'échangèrent plus la moindre information. Le monde souterrain brièvement entrevu par Panessa — l'entrelacement des réseaux, le monopole du marché américain de l'héroïne, la mainmise sur Brooklyn — tout cela resta inexploré.

A Philadelphie, on jugea huit trafiquants, mais sans parler de leurs liens avec un immense cartel international. A New York, on jugea vingt-deux trafiquants siciliens, sans parler de leurs liens avec les trafiquants de Philadelphie ou avec les milliers d'autres opérant en Amérique [12]. Paolo La Porta, qui travaillait avec cinq des plus gros bonnets de la Pizza Connection — Gaetano Badalamenti, Cesare Bonventre, Baldo Amato, Filipo Ragusa, Giuseppe Ganci — ne pouvait servir de preuve contre eux. L'agent de la DEA lui-même, Frank Panessa, ne put témoigner au « procès Pizza ». Les procureurs ne pouvaient pas utiliser devant les tribunaux ce que Paolo La Porta leur avait appris. Les comptes rendus de ses révélations furent enterrés aux archives.

Le FBI, ignorant tout des indiscrétions de La Porta, ne savait presque rien du véritable état des choses à Brooklyn. Ses agents, voyant les choses de l'extérieur, n'imaginaient pas le curieux statut de la Mafia sicilienne. Tout le monde pensait que c'était une filiale de Cosa Nostra en Amérique, bien qu'aucun de ses membres ne fût connu pour avoir prêté serment à une famille américaine. Les dernières informations disponibles laissent toutefois penser qu'il y aurait eu une exception. Plusieurs informateurs du FBI affirment maintenant que John Gambino, un mafioso sicilien adhérent à la Mafia sicilienne, aurait aussi prêté serment à la famille Gambino. Mais on n'a aucune preuve que d'autres que lui l'aient fait : « D'après nos informateurs, Salvatore n'aurait jamais adhéré, pas plus que Cesare Bonventre et Baldo Amato. En quatre ans de surveillance serrée, nous n'avons rien trouvé qui nous permette de croire que l'un d'entre eux avait adhéré en Amérique. C'est pourquoi nous les avons appelés la faction sicilienne de la famille Bonanno », dit l'attorney fédéral adjoint, Louis Freeh, qui dirigeait l'équipe du ministère public dans le procès de la Pizza Connection.

En fait, comme les autorités s'en rendirent compte deux ou trois ans plus tard, ils avaient tous adhéré en Sicile. « Sal Catalano a été envoyé à New York pour l'héroïne », dit Tom Sheer, chef de la division criminelle du FBI à New York. « Ils ont tous été envoyés ici dans le but exprès de s'occuper du trafic d'héroïne, chacun pour le compte de sa propre famille », a écrit un juge sicilien qui s'est penché sur leurs trafics de blanchiment de l'argent [13].

La première fois que le FBI entendit parler de ces Siciliens transplantés, ce fut par un de ses meilleurs agents secrets, Joe Pistone, qui avait infiltré la famille Bonanno dès 1975. Un soldat des Bonanno les signala à Pistone au Toyland Social Club, le lieu de rassemblement de la famille Gambino dans le quartier de Little Italy à New York. Il les appelait les « zips », comme l'a écrit Pistone :

Il dit que les zips étaient des Siciliens envoyés ici pour distribuer l'héroïne et servir d'hommes de main à Carmine « Lilo » Galante, le boss de la famille Bonanno. . Cette opération, dit-il, était exclusivement dirigée par Galante. Les zips étaient efficaces parce que, tout en faisant partie de la famille, ils étaient inconnus dans ce pays — pas de dossier à la police.

Ils étaient installés dans les boutiques à pizzas, où ils recevaient et distribuaient l'héroïne, blanchissaient l'argent et attendaient les ordres de Galante.

...

Les zips, dit-il, avaient un très fort esprit de clan et étaient très secrets. Dans l'ensemble, ils restaient groupés dans le quartier de Knickerbocker Avenue à Brooklyn. C'était, me dit-il, les tueurs les plus impitoyables de la profession...

Ceux qu'il m'indiqua étaient Salvatore Catalano et Caesar Bonventre [14].

Cela se passait en 1977, l'année de l'ouverture du pipeline d'héroïne sicilien. Sal Catalano, un Sicilien taciturne proche de la quarantaine, costaud, venait juste de prendre le contrôle de Knickerbocker Avenue, s'étant occupé de faire abattre son ancien boss. Son inséparable compagnon à l'allure élancée et à l'élégance décontractée, Cesare Bonventre, dont les collègues plus grassouillets enviaient le « look » italien, avait réglé la question pour Catalano, comme il avait l'habitude de le faire.

Tuer le boss d'un quartier ne fut que le premier pas dans l'implacable avance de la Mafia sicilienne. Ses hommes étaient en route pour contrôler toute la famille Bonanno, et pas seulement elle. Tandis qu'une armée d'enquêteurs observaient leur avancée sur le territoire Bonanno, ils empiétaient aussi sur le territoire de Brooklyn de la toute-puissante famille Gambino de New York.

Les Gambino de Cherry Hill, distincts des Gambino de New York, tenaient la Dix-Huitième Avenue à Bensonhurst. Ils vendaient beaucoup d'héroïne par l'intermédiaire des Gambino de New York, en particulier le sous-boss de la famille, Aniello Della Croce, qui contribuait généreusement à leur financement. (« Ne me dites pas ce que c'est ; je vous demande seulement de me rendre un million et demi pour un million », disait-il.) Mais John, Rosario et Giuseppe Gambino devaient eux-mêmes rendre des comptes à Palerme. John, le frère aîné, était plus particulièrement d'une « espèce différente », dit Mona Ewell — un homme d'honneur de Sicile qui « coiffait » ses associés aux Etats-Unis. Et c'était un personnage du réseau sicilien bien plus important que tout autre inculpé du procès des pizzerias. En dehors des livraisons qui lui parvenaient en passant par le territoire des Bonanno, il avait d'autres sources abondantes d'héroïne, dont le laboratoire d'Alcamo près de Trapani, qui avait une capacité de quatre tonnes par an[15]. D'après les rapports des magistrats italiens au début des années 1980, il était « au sommet », le « point de convergence [et] la destination ultime en Amérique » de toute l'héroïne expédiée par les familles régnantes de Palerme.

Cependant, les autorités italiennes et américaines n'échangeaient toujours que peu d'informations en ces années-là. Cet aspect de l'histoire correspondait à un tel imbroglio de relations tribales entre les deux côtés de l'Atlantique que la police spéciale de New York ne put jamais le débrouiller. C'est ainsi que John Gambino est toujours en liberté.

Dans les deux enclaves de Brooklyn, les Siciliens occupaient leur territoire tout à fait comme une société occupe les bureaux qu'elle loue. Les locataires avaient l'usage du bien, et les propriétaires encaissaient le loyer. Bien entendu, les propriétaires gardaient un œil sur ce qui s'y passait, et les deux parties se livraient ostensiblement à des manifestations de respect mutuel. Mais aucun boss de la Mafia américaine n'a jamais demandé des comptes à un homme d'honneur sicilien : ceux-ci dépendaient uniquement de Palerme. On pouvait difficilement s'attendre à ce que l'informateur de Joe Pistone fût au courant de cela quand il essayait de lui décrire leurs relations avec Carmine Galante. Et à l'époque, personne n'imaginait pareille chose.

Le redoutable Galante, un boss de la Mafia trapu, gras, mauvais et détesté de ses soldats, *avait l'air* d'être le grand patron du trafic de l'héroïne. Il était inévitable que l'on prenne les mafiosi américains pour les patrons dans leur propre pays. Or, Galante, qui était un proche de Vito Genovese, était depuis longtemps le vendeur de drogue le plus connu et le plus rapace du pays.

Comme son collègue américain Joe Bonanno, Galante venait de Castellammare del Golfo, port de départ d'un florissant commerce d'héroïne depuis la Seconde Guerre mondiale. Bonanno l'avait envoyé en Amérique dès 1953 pour organiser l'acheminement de la drogue *via* Montréal et, par la suite, il avait rencontré Lucky Luciano en Italie. En outre, et c'était là le point le plus important, Galante avait assisté au sommet d'octobre 1957 à l'Hôtel des Palmes à Palerme. En tant que boss adjoint de Joe Bonanno, il s'y trouvait comme partie prenante dans l'accord sur la franchise de l'héroïne. Il remplaça Bonanno au poste de boss de la famille, entre ses séjours en prison en 1974, et avait alors hérité de toute l'organisation.

Bien après la découverte de la filière sicilienne, les enquêteurs continuèrent d'ignorer la somme exacte payée par les Siciliens pour leur franchise de l'héroïne en Amérique. D'après Louis Schilero du bureau du FBI de Brooklyn-Queens : « Dans les millions de mots qui figurent dans les rapports de surveillance effectués dans le cadre de l'Article 3, il n'y en a pas un seul qui fasse allusion à un payement pour l'héroïne sicilienne aux familles new-yorkaises de Cosa Nostra. »

Par la suite, les attorneys fédéraux du procès de la Pizza connection arrivèrent néanmoins à la conclusion que Carmine Galante avait été l'encaisseur des loyers de la Mafia américaine. « Il devait récolter l'argent pour toute la Commission, dit Richard Martin, procureur en chef du procès. Quelles qu'aient été les sommes payées par les Siciliens, c'était Galante qui les encaissait et les redistribuait [16]. »

Galante avait toujours eu un problème : son irrépressible avidité. A sa sortie de prison en 1979, il avait apparemment décidé de ne plus redistribuer l'argent de l'héroïne. Il fut abattu au cours de l'été de la même année et Salvatore Catalano, un envoyé accrédité du cartel de l'héroïne de Palerme, prit sa place. C'était la première fois, dans toute l'histoire de la Mafia, qu'avait lieu un tel « rachat ». Dès lors, c'était un homme d'honneur sicilien qui dirigeait toute la famille Bonanno de la Mafia américaine, une des cinq familles dominantes aux Etats-Unis.

Plus de vingt ans s'étaient écoulés depuis le dernier meurtre du boss d'une famille américaine ; les bonnes gens étaient choqués et la police très étonnée. On peut supposer que la Commission de Cosa Nostra avait donné son accord pour l'exécution, une coutume consacrée par l'usage, mais Galante avait été mis en place par les Siciliens.

Cesare Bonventre et Baldo Amato étaient les gardes du corps siciliens de Galante et étaient assis à sa table quand trois hommes masqués tirèrent sur lui, dans la cour du restaurant Joe and Mary de Knickerbocker Avenue. Comme Galante s'écroulait, Bonventre se leva et lui tira deux balles supplémentaires dans la tête. L'agent Le Vien, qui se rendit sur les lieux pour le compte de la Brigade criminelle, vit les preuves des coups tirés par Bonventre, mais cette partie de l'histoire n'a jamais été publiée. Joe Pistone lui-même savait seulement que Bonventre et Amato avaient assisté au meurtre et avaient filé. Comme l'a écrit Pistone : « Les zips étaient en principe les préférés de Galante. Mais deux de ses principaux copains siciliens étaient avec lui quand il a été abattu [17]. »

Plus tard, après l'assassinat de trois autres membres importants de la famille Bonanno, les petits malins de New York commencèrent à y voir un peu plus clair. « Ces salauds de Siciliens veulent soutenir personne ! » dit un des chefs de la famille Bonanno à Pistone. « Ces types veulent tout contrôler. C'est pour ça que ces trois gars ont été tués — ils étaient contre les Siciliens[18]... Vous leur donnez ce foutu pouvoir... et ils vous enterrent. Ils n'en ont rien à foutre. Ils se fichent de savoir qui est le boss. Ils respectent rien[19]. »

Catalano tint seulement deux ans à la tête de la famille Bonanno. Comme il l'avoua en 1981, quand il abdiqua, il ne parlait pas suffisamment anglais pour pouvoir communiquer avec ses hommes. Pourtant, il s'accrochait fermement à sa « faction sicilienne ». En fait, sa seule contribution notable au bien-être de la famille fut le renouvellement du bail des Siciliens sur Brooklyn[20].

A l'extérieur, personne ne savait que Catalano avait été élevé au poste du défunt Galante. On le surveillait simplement comme l'un des « zips » des Bonanno quand se produisit une rencontre cruciale. A une heure de l'après-midi, le 6 octobre 1980, une Cadillac vint chercher Catalano et Giuseppe Ganci, reconnaissable à sa silhouette très enrobée, à la boulangerie de Catalano de Middle Village, dans Queens. Ils s'arrêtèrent ensuite au Withers Social Club de Brooklyn pour prendre un troisième homme, un inconnu, et se rendirent au Martini, un restaurant de fruits de mer à Bay Ridge[21]. Une demi-heure plus tard, Paul Castellano les rejoignit pour déjeuner. Boss de tous les Boss en Amérique et chef en exercice de la famille Gambino de New York — la plus importante et la plus puissante des familles de la Cosa Nostra américaine —, Castellano n'avait pas l'habitude de déjeuner avec les sous-fifres de la Mafia. Or, ce jour-là, pour la première et la dernière fois, il passa deux heures avec les Siciliens[22].

Il fallut plusieurs années à la police pour comprendre que le Grand Paul Castellano s'était, en réalité, assis aux côtés du Grand Chef Blanc à la langue fourchue : Salvatore Catalano et ses collègues de la Mafia sicilienne, en train de coloniser Brooklyn. « Ils mettaient au point les termes d'un nouvel accord sur le montant de la concession sur l'héroïne », dit Richard Martin, représentant le ministère public dans le procès de la Pizza Connection. « Carmine Galante était hors course ; dès lors, l'argent irait directement dans les mains de Castellano[23]. » C'est le point de vue bien informé de tous ceux qui se sont occupés du dossier de la Pizza Connection. « Nous savons que les Siciliens ont payé les boss américains pour l'héroïne depuis le début, dit Louis Freeh. Paul Castellano était payé, malgré ses menaces de mort contre les autres parce qu'ils en vendaient[24]. »

Pourtant, en 1980, à l'époque de ce déjeuner, le FBI ne pouvait pas comprendre pourquoi le Grand Patron aurait discuté avec une obscure faction d'une famille new-yorkaise de moindre importance. Deux jeunes agents nouvellement assignés à la surveillance des « zips » de Knickerbocker Avenue conclurent simplement que toute personne admise à s'asseoir avec le Grand Paul valait la peine d'être surveillée. Alors, ils surveillèrent.

16.

Le choc de la vérité

L'histoire de la Pizza Connection n'est pas une banale histoire de gendarmes et de voleurs, même si c'est un bon scénario dans la catégorie.

Il circule beaucoup d'idées fausses sur l'enquête du FBI. Le FBI n'a pas remonté toute la filière des boutiques à pizza de la Mafia sicilienne à travers les Etats-Unis. (Le nom de Pizza Connection est né sous la plume des journalistes simplement parce que plusieurs des accusés possédaient des pizzerias à Brooklyn et à Queens.) A aucun moment, il n'a failli démanteler le réseau de l'héroïne de la Mafia sicilienne en Amérique, lequel réseau fonctionne toujours. Il n'a pas découvert l'identité des véritables importateurs de l'héroïne dans le pays ni comment, ou par qui, on lui faisait traverser tous les Etats-Unis, d'une côte à l'autre, comme la cocaïne ; il n'a pas non plus réussi à interrompre le pipeline de drogue pendant plus longtemps qu'un bref intervalle[1].

L'enquête du FBI n'a pas non plus démantelé un seul des nombreux réseaux siciliens à l'extérieur de New York, qui se recoupaient tous. (La DEA a réussi à démanteler le réseau de Philadelphie.) En particulier, cette enquête n'a pas gêné les mafiosi siciliens qui louaient le territoire de Brooklyn à la famille Gambino de la Mafia américaine. C'étaient les Siciliens de John Gambino, le réseau des Gambino de Cherry Hill, le plus important des Etats-Unis d'après tous les témoignages.

En revanche, l'enquête du FBI a abouti au démantèlement du réseau sicilien qui travaillait sur le territoire de Brooklyn de la famille Bonanno. Là, les trafiquants étaient des hommes d'honneur de haut rang venus de Sicile, connus pour avoir importé au moins 150 kilos d'héroïne par an pendant cinq ans, soit peut-être cinq pour cent de l'approvisionnement du réseau aux Etats-Unis. (Ce chiffre était, en réalité, certainement plus élevé mais on n'en a aucune preuve.) D'après le ministère de la Justice, ils faisaient des expéditions de drogue à New York, à Newark, à Philadelphie, à Chicago et à Detroit. Les actes d'accusation du procès se référaient encore à ces trafiquants comme à « la faction Catalano, composée de membres et d'associés de la famille Bonanno ». Il faudrait encore un certain temps avant que l'on comprenne qu'ils avaient adhéré en Sicile et ne devaient de comptes qu'à Palerme[2].

Envoyer les trafiquants en prison ne signifiait pas que le problème était résolu mais plutôt que, pour la première fois, on avait *reconnu* son existence devant les tribunaux. Pour une fois, les accusés n'étaient pas les petits revendeurs à la sauvette ou les courriers de la drogue. Un juge et des jurés avaient confirmé officiellement l'existence d'une conspiration internationale et organisée, allant depuis la fourniture de matière première à la production, au transport et à la commercialisation de la drogue, jusqu'au blanchiment de l'argent.

Il fallut cinq ans pour obtenir des preuves que les tribunaux puissent accepter, et l'enquête donne l'impression d'avoir progressé aussi péniblement que si les enquêteurs avaient dû marcher sous l'eau. Parti de la surveillance de quelques « zips » par deux agents, le dossier s'est étoffé jusqu'à faire travailler une centaine d'agents à la surveillance d'un défilé presque incessant de ces Siciliens. Des hommes aux visages totalement inconnus de la police new-yorkaise entraient et sortaient d'endroits aussi variés qu'une boulangerie de Queens, une pizzeria proche de Columbus Circle à Manhattan, un magasin de fromages à Brooklyn, un restaurant du New Jersey, un cimetière de voitures, un garage, le parking d'un centre commercial. Ils utilisaient des itinéraires détournés, entraient et sortaient de façon furtive, portaient des boîtes de carton ou des sacs en papier pleins. Certains laissaient dans des voitures des paquets que d'autres enlevaient. En arrêter un ou deux présentait le risque de voir les autres s'enfermer dans un secret encore plus profond et de faire échouer toute l'enquête. Les filatures auraient pu se poursuivre éternellement. Le simple fait de mettre un nom sur les visages prit de longs mois, voire des années de travail.

On imagine mal les obstacles qui ont rendu la constitution du dossier d'accusation aussi difficile. Quelques dizaines de personnages louches sous surveillance intensive vendaient de la drogue en gros, on *savait* qu'ils le faisaient, et on n'arrivait pas à leur mettre la main dessus. Ce n'est que tout à la fin que la plus importante concentration d'hommes et de moyens jamais réalisée dans l'histoire judiciaire des Etats-Unis réussit à ouvrir des brèches dans leurs défenses.

Les trafiquants n'étaient pas tous intelligents — il s'en fallait même de beaucoup pour certains — mais ils avaient de gros atouts. En premier lieu, les trafiquants de haut niveau sont toujours très difficiles à coincer. Ils opèrent à un stade où, le plus souvent, ils ne voient même pas la drogue. Plus ils occupent une situation élevée dans la hiérarchie du trafic, moins il y a de chances de les trouver en contact avec le produit.

Les trafiquants de cette espèce travaillaient en outre dans un pays où l'on ignorait leur passé criminel. Ils se parlaient en utilisant un code indéchiffrable pour des étrangers, ils changeaient de passeport comme les autres hommes changent de chemise, et se fondaient dans une communauté d'immigrants aussi énorme qu'anonyme. Ils avaient une longue pratique de la dissimulation et observaient une discipline militaire. Par-dessus tout, ils appartenaient à la fraternité criminelle la plus subtile et la plus complexe du monde, qui avait pris l'ampleur d'un immense cartel international. La police en était à presque trois ans de travail sur le dossier Pizza quand les enquêteurs réalisèrent enfin ce dernier fait, et son corollaire : aucun pays ne pouvait plus combattre à lui tout seul une pareille organisation.

Les services fédéraux ne se rendirent compte de cette réalité que très lentement. Le FBI, un corps de police remarquable en temps normal, subissait les conséquences de l'aveugle entêtement de son ancien chef. Après un demi-siècle passé sous la direction de J. Edgar Hoover, les agents du FBI ne connaissaient pas grand-chose des activités de la Mafia dans leur propre pays, et guère plus sur ses activités en Sicile ou dans d'autres pays, ce qui était quelque peu embarrassant. Il fallut attendre 1980 pour que le FBI crée une banque de données informatique sur le crime organisé ; et il ne fut mandaté sur *aucune* affaire de drogue avant 1981[3].

La DEA avait des experts et une remarquable banque de données mais, apparemment, elle n'avait pas pensé à chercher un lien entre les différentes affaires de drogue. Entre 1969 et 1972, par exemple, les agents fédéraux spécialisés dans la lutte contre les stupéfiants avaient gardé sous surveillance étroite des quantités de mafiosi siciliens qui gravitaient autour du réseau dirigé par Buscetta à New York. Ils avaient suivi la piste jusqu'au Brésil puis de nouveau aux Etats-Unis, jusqu'à Filipo Casamento, dont l'Eagle Cheese Company avait absorbé près d'une tonne d'héroïne pour la seule année 1972[4]. Cette année-là, l'arrestation de cet « aimable commerçant, toujours avenant et le mot pour rire » (d'après son avocat) s'inscrivit dans le cadre du plus grand coup de filet de trafiquants jamais connu. Pourtant, il semble que personne ne se rendit compte de la signification des anciennes activités de Casamento quand il réapparut comme une figure centrale du procès de la Pizza Connection[5].

Les deux premières années d'enquête se réduisirent donc pratiquement à un coup d'épée dans l'eau. Vers la fin de 1982, les agents du FBI se noyaient dans la paperasse : listings, photos, rapports de surveillance, documents bancaires, numéros de téléphone. Le dossier était pourtant encore si mince que les services de justice du district Est de Brooklyn le refusèrent et que le district Sud ne l'accepta qu'avec réticence. « Ils avaient certainement quelque chose dans le dossier, mais se heurtaient à des problèmes de corruption », dit Richard Martin dont le bureau traîna finalement la Mafia sicilienne devant les tribunaux.

La révélation du pot aux roses commença réellement dans le bureau du ministre de la Justice à Manhattan, au numéro un de St. Andrews Plaza, juste derrière le tribunal fédéral de Foley Square. Rudolph Giuliani donna une impulsion extraordinaire aux différents services des forces de l'ordre, et il supprima une grande partie des obstacles qui entravaient la bonne marche de la justice.

Giuliani n'avait pas encore quarante ans et faisait une carrière éclair quand il fit éclater une bombe sur New York, en 1983. De son grand bureau plein de lumière, d'où l'on avait une vue fabuleuse sur Brooklyn Bridge, il décida de traduire en justice les cinq familles de New York et la commission nationale de la Mafia américaine. Quand on lui offrit les têtes de ce que, comme tout le monde, il prenait pour la faction sicilienne de la famille Bonanno, il ne pouvait pas refuser.

Les attorneys qui préparèrent le dossier d'accusation étaient jeunes et résolus : Louis Freeh, mince, calme et pensif ; Richard Martin, l'allure désinvolte, doué d'un esprit spéculatif et observateur[6]. Ils avaient une montagne de papiers à étudier, qui se réduisit à peu d'éléments solides, sauf sur un point : il y avait les traces abondantes d'un énorme mouvement d'argent. Des Siciliens photographiés avec Sal Catalano et sa bande de Knickerbocker Avenue apportaient à la banque des valises et des sacs de sport remplis de billets de 5, 10 et 20 dollars, déposant des sommes considérables : 4,9 millions de dollars à la Merrill Lynch entre mars et la mi-avril 1982 ; 5,2 millions dans une agence de la E. F. Hutton entre le 27 avril et le 2 juillet ; 8,25 millions dans une autre agence de la même banque entre le 6 juillet et le 27 septembre ; enfin, 1,78 million de dollars furent envoyés en Suisse entre le 20 octobre et le 21 novembre[7].

En dehors de cela, rien ! Les quantités d'enregistrements autorisées en 1983 dans le cadre de l'Article 3 ne fournirent que des conversations à mots couverts dans un dialecte inintelligible, où il était surtout question de chemises et de sardines. Les transcriptions en anglais n'avaient, dans l'ensemble, aucun sens mais beaucoup d'humour involontaire. (*Porca madonna,* une expression familière que les Siciliens utilisent sans y penser, fut traduit par « pig mother » — maman cochon !)

Au mois d'avril, le FBI voulait laisser tomber le dossier, mais le district Sud ne l'entendit pas de cette oreille[8]. En fait, il fit même mieux que cela : ouvrant un territoire vierge, Freeh et Martin commencèrent à chercher des recoupements entre différentes affaires. Les agents du bureau se mirent en chasse de tout ce qui pourrait révéler un lien entre un suspect et un autre ; mais aucun d'eux ne pensa à chercher au-delà de l'année où l'on avait noté la présence des Siciliens à Brooklyn. Martin, lui, remonta dix ans en arrière.

Dans d'autres lieux stratégiques, d'autres représentants de l'ordre s'attelaient à la même tâche, au même moment, en Italie comme en Amérique. Ce fut un tournant crucial, le moment où un quart de siècle d'événements bien cachés furent peu à peu ramenés au jour. Martin passa les dix-huit mois suivants à éplucher de vieux dossiers de la DEA et des dossiers judiciaires oubliés. Les noms de plusieurs des principaux accusés du procès de la Pizza Connection revenaient sans cesse — Ganci, Mazzurca, Mazzara, Lamberti, Casamento. « J'ai cherché dans le dossier de la rafle des Rappa dans le New Jersey en 1971 : quatre-vingt-six kilos de drogue envoyés de Palerme par Badalamenti. J'ai cherché dans le dossier de l'Eagle Cheese en 1972. J'ai cherché dans les arrestations de trafiquants faites en *Italie* qui avaient un lien avec *l'Amérique ;* ce n'était pas rien ! » m'a-t-il dit.

En 1983, effectivement, ce « n'était pas rien ». Aussi incroyable que cela puisse paraître, pratiquement personne, d'un côté de l'Atlantique comme de l'autre, n'en avait alors fait autant. Le FBI se heurtait à un mur pour la simple raison que les responsables de l'époque ne pensaient pas en termes de dimensions internationales. Toutes les pistes levées dans l'enquête sur l'affaire Pizza s'arrêtaient à la frontière des Etats-Unis, alors que tous les suspects étaient nés en Sicile. Si l'on avait envoyé dès le début même un seul bon agent du FBI enquêter à Palerme, on aurait sans doute épargné des millions d'heures de travail.

En 1981, par exemple, la police italienne avait lancé des mandats d'arrêt contre trois des principaux personnages surveillés par le FBI à Brooklyn — dont deux des futurs accusés du procès de la Pizza

Connection. La justice sicilienne les réclamait pour répondre d'une accusation de trafic de drogue datant de 1980 qui devint plus tard la pièce maîtresse du dossier de l'accusation aux Etats-Unis : une magnifique preuve, la preuve idéale à produire devant un tribunal[9]. Non seulement les Italiens avaient nommé les trois Siciliens, mais ils avaient désigné leur terrain d'opération de Knickerbocker Avenue. Mis au courant des mandats d'arrêt, le FBI s'était contenté de vérifier l'identité des trois hommes auprès des services d'immigration, et de noter qu'ils avaient tous les trois « émigré de régions de l'Italie connues pour leurs organisations criminelles[10] ». Mais par ailleurs, les Italiens n'avaient pas non plus envoyé un seul agent à Brooklyn. Compte tenu de leur souci commun, il est étonnant que chacun des deux pays n'ait eu qu'une très vague idée de ce que faisait l'autre.

Tandis que les trafiquants de la Mafia passaient leur temps à faire l'aller-retour entre la Sicile et les Etats-Unis dans le plus grand confort — voyage en première classe, accueil de VIP à l'aéroport —, un simple échange de rapports de police ou de dossiers de justice entre ces mêmes deux pays pouvait prendre des mois, quand ce n'était pas des années. (Un procureur sicilien qui travaillait sur la même importante affaire de 1980 a attendu vingt-deux mois avant de recevoir les copies des rapports de la DEA[11].) Des codes pénaux différents, des procédures d'extradition différentes, le secret auquel est tenu le jury d'accusation aux Etats-Unis, le *segreto istruttorio* en Italie, tout cela constitua un ensemble de contraintes paralysantes[12]. Des documents s'égarèrent irrémédiablement, par indifférence ministérielle, ignorance, ennui, ou pis encore. Apparemment, aucun des deux pays n'éprouvait un besoin urgent de communiquer. Chacun pensait essentiellement de l'autre : « Pourquoi ces types sauraient-ils quoi que ce soit ? »

Pourtant, ils travaillaient aux deux extrémités de la même entreprise, souvent sur les mêmes personnages et exactement en même temps. En Sicile, depuis 1980, la police avait découvert huit grands laboratoires d'héroïne dans l'île même ; les magistrats siciliens avaient identifié trente-sept réseaux de la Mafia qui produisaient de la drogue pour le marché américain ; le rapport Cassara avait montré qu'ils étaient coiffés par un unique directoire qui les dirigeait depuis Palerme ; Gianni De Gennaro, un brillant policier qui dirigeait la Cellule de lutte contre le crime organisé, était en train de découvrir le circuit complexe d'expédition des marchandises et de blanchiment de l'argent qui passait par Rome, Florence, Milan, Londres, Montréal et Caracas[13].

Comme les deux pays finirent par le comprendre, les Américains détenaient la moitié d'un dollar dont les Italiens avaient l'autre moitié.

Une tentative d'échange avait pourtant déjà eu lieu en 1981 — la simple mention d'un nom — et avait montré ce que l'on pouvait attendre de la comparaison des renseignements. Giuseppe Bono, qui avait passé une dizaine d'années à aider les Cuntrera à monter leur opération au Venezuela, les avait quittés pour entrer à la *Cupola* de New York en 1980. Le FBI, qui n'avait de lui qu'une photo prise lors d'une surveillance de routine, le connaissait comme un étranger d'âge moyen, portant des lunettes d'allure très professorale, et que l'on avait vu en train de parler avec Sal Catalano et Giuseppe Ganci sur un trottoir de Queens. Mais, pour la police italienne, c'était un trafiquant international de haut vol, un intime des Cuntrera, spécialisé dans le blanchiment de l'argent de la Mafia ; sa société bidon de Milan, la CITAM, lavait des millions de narcodollars. Bono occupait la première place sur la liste établie par la police, répertoriant les noms des 162 mafiosi qui dominaient la pègre italienne [14]. Personne, du côté des autorités italiennes, n'avait la moindre idée de l'endroit où il se trouvait quand il arriva à New York, en 1980 ; ils furent donc saisis quand, environ un an plus tard, le FBI leur demanda s'ils avaient entendu parler de Bono.

Identifier Bono était comme gagner le gros lot à la loterie. La DEA, sur la piste d'un associé napolitain de Bono, découvrit qu'il s'était marié dans la cathédrale de St. Patrick en novembre 1980 et avait donné à cette occasion une grande réception à l'Hôtel Pierre. Les cinq cents invités avaient été photographiés aux frais de Bono. (Il paya 4 746 dollars au photographe [15].) Mettre un nom sur chacune de ces photos fut un petit jeu très absorbant. Finalement — cela prit trois ou quatre ans — les agents apprirent que tous les hommes invités à la réception de Bono étaient des mafiosi siciliens. Tous les suspects du FBI y avaient assisté. Des dizaines d'autres étaient venus de Sicile, de Grande-Bretagne et du Canada. Quand on les reconnut enfin, plusieurs d'entre eux étaient déjà morts, victimes de la grande guerre de la Mafia.

La police américaine et italienne entreprit de montrer les photographies à tous ses informateurs. Richard Martin se rendit plusieurs fois en Italie avec une boîte de deux cents photos pour les étudier encore et encore avec la police, à Palerme, Rome et Milan. Il n'avait toujours pas fini en 1985, à la veille du procès de la Pizza Connection [16].

L'échange d'informations prit tout doucement de l'ampleur. L'examen d'une situation a posteriori manque toujours d'indulgence, et il est certain que l'échec des deux pays à réagir plus rapidement paraît aujourd'hui tout à fait étonnant. Ce n'est que tout à la fin que les Italiens et les Américains se sont rendu compte que, à eux tous, et depuis le début, ils possédaient sans le savoir la clef maîtresse du dossier Pizza.

La preuve parfaite qui échoua finalement sur le bureau de Louis Freeh et Richard Martin consistait en quarante kilos d'héroïne envoyés de Palerme et saisis à Milan en mars 1980, alors qu'ils prenaient le chemin de New York. C'était une prise importante, mais pas exceptionnelle. Ce qui la rendait différente des autres, c'était que la police avait pu suivre sa trace depuis le point de départ jusqu'au point d'arrivée : du producteur au transporteur, et du transporteur au distributeur, de la Sicile à l'Amérique.

Pour le juge Falcone, le juge sicilien qui enquêtait sur ce dossier, l'incident prit une coloration presque magique : c'était comme si les milliers de fragments multicolores d'un kaléidoscope s'étaient soudain organisés en une image parfaitement lumineuse. Dans un premier temps, a-t-il raconté, la prise de Milan semblait sans rapport avec le reste : « Puis, je me suis rendu compte que tout partait de Palerme... Mais suffisait-il d'enquêter à Palerme, en Sicile, en Italie ? Si la police confisque l'héroïne destinée aux Etats-Unis, pourquoi ne pas aller aux Etats-Unis et étudier les effets secondaires de cette opération ? Pourquoi les autres n'avaient-ils pas pris cette initiative [17] ? » Les autres finirent par le faire, mais cela prit beaucoup de temps.

En février 1980, quand les événements se déclenchèrent, Sal Catalano était encore une non-valeur pour le FBI de Brooklyn. C'était également vrai pour les policiers de Palerme mais, en revanche, ils connaissaient bien les trafiquants de drogue qu'il y rencontrait. La police fiscale italienne, la Guardia di Finanza, avait mis sur écoute le téléphone d'un de ces trafiquants et apprit ainsi qu'ils avaient rendez-vous dans un bar de la Piazza Politeama, la place la plus animée de la ville ; elle y envoya un photographe. C'est ainsi que Catalano fut enregistré dans les dossiers de la police locale comme un individu non identifié, de sexe masculin et de race blanche [18]. La police italienne ne découvrit son identité que quatre ans plus tard, quand les Américains reconnurent sa photo. Mais les Italiens savaient depuis 1980 que les camarades de bar de Catalano — dont deux futurs accusés du procès de la Pizza Connection — avaient ensuite vérifié un envoi de quarante kilos d'héroïne à destination de l'Amérique [19].

Au moment de la saisie des quarante kilos de drogue, les deux pays auraient pu sérieusement perturber le fonctionnement du pipeline d'héroïne de la Mafia sicilienne à chaque extrémité. En effet, la DEA savait maintenant qui devait réceptionner l'héroïne et les Italiens savaient qui l'avait raffinée et expédiée. Au lieu de cela, chacun des deux pays partit en chasse de son côté.

La DEA était tombée sur la piste au beau milieu de l'affaire du faux enlèvement de Michele Sindona au cours de l'été 1979. John Gambino avait quitté New York pour promener Sindona dans la région palermitaine au mois d'août. Au cours du mois qu'il passa en Sicile, ses associés avaient envoyé cinq kilos d'héroïne à New York aux cadets des frères Gambino, Rosario et Giuseppe, et les agents de la DEA avaient intercepté la drogue à Kennedy Airport.

Lors de la saisie de deux envois supplémentaires dans le même aéroport, la DEA enrôla une taupe courageuse, Frank Rolli, un bagagiste d'Alitalia. Comme tous les hommes impliqués dans cette histoire, Rolli était né en Sicile et, de temps en temps, il travaillait pour les Gambino de Cherry Hill[20].

L'héroïne arrivait dans des bagages « d'effets personnels » non accompagnés, emballée dans des paquets de talc « Felce Azzuro » (Fougère Bleue). Suivant la piste dans les services de fret d'Alitalia, les agents de la DEA arrivèrent à Rolli et lui mirent la main dessus. Il les amena à un endroit de Brooklyn où il avait été interrogé sous la torture par cinq Siciliens après la disparition de la première valise. Parmi les cinq tortionnaires, il y avait Rosario Gambino et le frère de John et Salvatore Inzerillo, le roi de l'héroïne sicilienne. Inzerillo avait spécialement fait un saut en avion depuis Palerme pour l'occasion[21]. « Nous avons perdu un million de dollars ; que cela ne se reproduise pas », avait-il dit à Rolli.

Rolli avait dû réussir l'épreuve de la torture, car il s'en était non seulement sorti vivant, mais avait été remis au travail. Au début de mars 1980, il fut convoqué d'urgence par Emmanuele Adamita, un homme dont le nom n'avait cessé d'apparaître dans les dossiers de la police depuis quinze ans. Adamita, le chef des passeurs d'héroïne des frères Gambino, avait été un des pionniers de la Mafia sicilienne à Brooklyn ; il y avait installé la boîte aux lettres de Buscetta en 1965.

Rolli se rendit à son rendez-vous avec Adamita, cette fois avec la bénédiction de la DEA et la promesse d'être protégé. Adamita l'emmena au café Mille Luci (le café d'Enzo Napoli de la Dix-Huitième Avenue à Brooklyn) pour rencontrer Rosario et Giuseppe Gambino. Les deux frères voulaient essayer une nouvelle voie d'acheminement plus sûre entre l'Italie et l'Amérique. Pour 30 000 dollars, Rolli accepta d'aller à Milan avec Adamita pour la tester.

Deux agents de la DEA prirent leur taupe en filature et la suivirent avec Adamita de l'autre côté de l'Atlantique ; ils assistèrent à l'arrivée de l'héroïne sicilienne dans un camion chargé de citrons ; ils surveillèrent Adamita et Rolli pendant qu'ils l'expédiaient à New York dans un container en zinc avec une centaine de disques 33 tours de musique pop italienne. La DEA escamota ensuite Rolli pour le faire bénéficier du Programme de protection des témoins (U.S. Witness Protection Program), tandis que la police italienne arrêtait Adamita et ses complices à Milan. Et c'est à ce moment, aussi incroyable que cela puisse paraître, que les autorités américaines et italiennes suivirent des chemins divergents. Les trafiquants piégés en Italie furent jugés en Italie ; les trafiquants américains donnèrent lieu à une procédure séparée (en fait, six procédures distinctes). Mais il n'y eut aucune extradition, ni d'un côté ni de l'autre — même pas pour John Gambino, des Etats-Unis vers l'Italie, malgré des demandes répétées du juge Falcone[22].

A New York, John, Rosario et Giuseppe Gambino furent arrêtés le même jour avec plusieurs de leurs hommes, et mis en liberté conditionnelle sous la surveillance du district Est de Brooklyn. Il y eut six procès séparés, où chacun des six hommes fut acquitté. Pour les Américains, le dossier Adamita était clos ; les agents du FBI, qui commençaient tout juste leur enquête sur la Pizza Connection, n'en entendirent jamais parler. (La DEA, qui avait une équipe spécialement détachée sur cette piste, n'établit apparemment pas le lien.)

En Italie, Adamita et ses complices furent jugés avec soixante-dix-huit autres trafiquants siciliens que les enquêteurs retrouvaient à tous les tours et détours de l'affaire de l'enlèvement de Sindona. En tête des soixante-dix-huit accusés venait John Gambino *(in absentia)* et son complice de Palerme, Rosario Spatola.

Aucun des deux pays ne suivit le travail de l'autre ni ne demanda l'accès aux minutes des procès. Il fallut quatre bonnes années pour que les Américains apprennent que Sal Catalano, Ganci et toute leur bande de New York étaient propriétaires d'une grosse partie des quarante kilos d'héroïne expédiés par Adamita. Les Italiens savaient pratiquement tout sur l'opération Adamita depuis longtemps, sauf l'identification de la photo de Sal Catalano. Ils l'avaient reconnu en 1982, mais n'avaient pas fait le lien.

C'est alors qu'un repenti de la Mafia sicilienne nommé Salvatore « Totuccio » Contorno fournit à la justice sicilienne les derniers détails nécessaires, magnifiquement accusateurs. Contorno, un ancien boucher à la forte carrure, bourru, au parler rocailleux, avec d'épais sourcils noirs et une allure de boxeur professionnel, était le dernier homme de valeur resté fidèle à Stefano Bontate depuis 1975. Les atrocités commises par les Corléonais au cours de la grande guerre firent de lui un *pentito* (repenti) d'une inestimable valeur. Parmi ses révélations les plus importantes au juge Falcone, il y avait une histoire particulièrement significative sur l'expédition d'héroïne d'Adamita. Par chance, ou par hasard, il avait assisté à toute la scène aux premières loges.

Il s'agissait, en principe, d'un essai d'expédition en gros, une sorte de transport en envois groupés destiné à l'ensemble des trafiquants siciliens de Brooklyn. Le container en Zinc partant de Milan contenait des paquets individuels pour les Gambino de Cherry Hill de la Dix-Huitième Avenue et pour l'équipe de Catalano de Knickerbocker Avenue. Catalano s'était même déplacé de New York à Palerme pour vérifier la marchandise avant de l'expédier, accompagné de Giuseppe Ganci et de trois autres des futurs accusés du procès de la Pizza Connection.

Contorno, qui avait bricolé dans toutes les entreprises habituelles de la Mafia, y compris la drogue, se trouvait là par pur hasard. En février 1980, il venait tout juste de risquer 30 000 dollars sur un envoi d'héroïne quand Catalano arriva avec les autres en Sicile pour un séjour d'un mois. Au début de mars, Contorno conduisit le collègue qui l'avait mis sur le coup de l'héroïne, un certain D'Agostino, à une ferme proche d'une fonderie de Bagheria, aux environs de Palerme, où les autres étaient rassemblés. Leur hôte était le chef local de la Mafia, Leonardo Greco (aucune relation avec les Ciaculli Greco). Contorno a raconté la suite :

Je n'ai pas compris ce qui se passait, mais j'ai vu des sachets de Cellophane avec une substance blanche, et quelque chose en train de bouillir sur la cuisinière, et de petits conteneurs en verre, et ça puait l'acide. Je suis sorti pour rejoindre la voiture tellement l'air était irrespirable...

Sur le chemin du retour, D'Agostino me dit que c'était des clients américains pour la drogue. *Il m'expliqua que la marchandise appartenait à plusieurs personnes, et qu'on allait l'expédier en un seul envoi. Pour que l'on ne confonde pas les différents envois, ils faisaient des marques sur chaque paquet... avec un stylo ou une petite entaille au bout...*

Quelques jours plus tard, j'ai lu qu'on avait saisi quarante kilos d'héroïne à Milan et D'Agostino me dit que c'était la marchandise dont j'avais vu une partie.

Contorno identifia « les étrangers » — Catalono, Ganci, et trois autres accusés du procès de la Pizza Connection — quand il se trouva en sécurité à New York, en 1984, prêt à témoigner[23]. Les sacs d'héroïne vides d'Adamita, miraculeusement conservés au tribunal de Milan, se révélèrent porter des marques au stylo de différentes couleurs et des petites encoches, exactement comme le disait Contorno.

En 1984, Quand Contorno décida de parler, les responsables italiens et américains se communiquaient enfin leurs informations. En janvier 1984, des représentants de l'Italie, des Etats-Unis et du Canada s'étaient rencontrés à Ottawa pour parler du dossier Pizza et décider qui, de la Mafia américaine ou de la Mafia sicilienne, était à la tête du réseau de la drogue à New York. La conclusion fut unanime : tous les hommes impliqués dans l'affaire étaient siciliens[24].

Au mois d'octobre, un groupe de travail sur le trafic de la drogue, composé de représentants italiens et américains de haut niveau, se réunit à Rome pour mettre fin aux chinoiseries administratives et échanger des informations vitales pour les enquêtes en cours dans les deux pays. Parmi les personnalités présentes, il y avait le ministre de la Justice américain, le chef du FBI, le chef de la DEA, le ministre italien de l'Intérieur, le chef de la Police nationale italienne, et le directeur de la Guardia di Finanza[25]. Les magistrats du district Sud de New York préparaient le procès de la Pizza Connection ; les magistrats instructeurs du bureau anti-Mafia de Sicile se dirigeaient vers un procès géant à Palerme. Des deux côtés, on procéda cette année-là à des arrestations sensationnelles et les deux procès eurent lieu simultanément en 1986.

Les échanges d'informations s'accélérèrent après la réunion d'octobre 1984. Le juge Falcone passa le dossier de l'affaire de Bagheria au district Sud. Richard Martin l'appelait presque tous les jours à Palerme, et Falcone prenait régulièrement l'avion pour New York. Carmine Russo, un agent du FBI, allait à Rome pour travailler avec la police criminelle italienne. Le bras droit de Falcone dans la Squadra Mobile, le commissaire Ninni Cassara, passa de bons moments avec ses homologues du FBI à Queens.

Un jour, dans son bureau encombré de Palerme, Cassara m'a parlé de cette époque. Plongé dans la préparation du maxi-procès, il ne cessait de relever des pistes qui le menaient à New York. Le FBI l'avait nommé commissaire de police temporaire aux Etats-Unis pour qu'il puisse travailler sur place sans problème. Il s'asseyait souvent avec ses collègues américains dans le camion-espion du FBI pour leur traduire en anglais le jargon de la Mafia sicilienne utilisé dans les conversations téléphoniques qu'ils écoutaient. Le camion était garé en bas d'une rue proche de l'Al Dente, la pizzeria de Catalano et de Ganci sur Queens Boulevard ; après une matinée passée à écouter les échanges téléphoniques des Siciliens, Cassara et les autres allaient souvent y acheter une pizza pour leur déjeuner...

A partir du moment où les deux pays mirent leurs renseignements en commun, leurs polices purent enfin connaître la Mafia sicilienne dans toutes ses extensions internationales. On n'a jamais pu retrouver la trace de toutes les tonnes d'héroïne qu'elle fabriquait et vendait, mais on a pu évaluer l'immensité des opérations à l'échelle des quantités d'argent que cela rapportait.

Le FBI a fait un travail remarquable pour remonter la filière financière. Pendant plus de deux ans, ses agents n'ont pratiquement rien eu à se mettre sous la dent, en dehors de la brève vision du dos de deux hommes tirant un lourd carton à l'intérieur d'un immeuble de bureaux de Manhattan. Mais à force de s'accrocher à cette maigre piste, ils ont fini par découvrir un circuit financier en perpétuelle activité et fonctionnant à l'échelle de la planète.

A l'ouverture du procès de la Pizza Connection en 1985, le FBI avait remonté treize filières qui avaient servi à blanchir quelque 60 millions de dollars. Même si l'on était bien en dessous de la « capacité » des 5 millions par jour annoncée par Paolo La Porta à l'agent de la DEA à Philadelphie, Panessa, cela représentait quand même une somme importante. Des dizaines de millions étaient sortis des Etats-Unis, par avion privé vers les Bahamas, par télex à des banques suisses, et dans des valises sur des vols quotidiens entre les Etats-Unis et la Suisse. Ensuite, l'argent repartait immédiatement à Palerme ou directement pour payer les fournisseurs turcs de morphine à Genève, Sofia et Istanbul.

La découverte de la filière de l'argent turc fut un coup d'éclat. C'était la Mafia turque du trafic drogues-armes, dont le pacte secret avec les hommes d'honneur siciliens en 1975 avait donné l'impulsion de départ à toute leur chaîne de raffineries d'héroïne. Cette alliance était capitale pour le développement et la prospérité du consortium de l'héroïne de la *Cupola,* et elle l'est toujours. En 1988 encore, on s'est aperçu que la Mafia turque avait blanchi 1 milliard de dollars dans un autre réseau international, une somme presque vingt fois supérieure à celle dont on avait retrouvé la trace pour le procès de la Pizza Connection. Ce réseau, qui s'étend dans le monde entier en passant par Bagdad, Damas, Istanbul, Sofia, Lugano, Miami et New York, a été repéré pour la première fois avec la saisie en Suisse d'un envoi de cent kilos de morphine destiné à la Mafia sicilienne[26].

Le rôle fondamental du pacte turco-sicilien d'il y a dix ans fut mis encore plus en évidence au cours de l'été 1984 quand le FBI remonta la piste des fournisseurs turcs en Suisse. En Italie, le juge Carlo Palermo était tombé sur la Mafia turque de la drogue et des armes en 1980 et la poursuivit jusqu'en 1984, l'année même de l'enquête sur la Pizza Connection en Amérique. De Trento où il se heurtait à un mur de silence, le juge demanda son transfert à Trapani, la Suisse de la Sicile. Cinquante jours après son arrivée à Trapani, le 2 avril 1985, la Mafia tenta de le tuer avec une férocité clairement destinée à décourager un éventuel successeur.

La bombe équipée d'une mise à feu à distance qui avait été préparée pour faire sauter sa voiture « était conçue avec une haute compétence technique pour obtenir un impact maximum », a écrit le magistrat instructeur. La bombe rata le juge Palermo, mais pas la voiture qui le précédait, conduite par une femme qui emmenait ses deux petits enfants à l'école, des jumeaux. La voiture fut désintégrée. Le visage de la conductrice fut complètement soufflé par l'explosion, qui ne laissa qu'un fragment du cuir chevelu et de la joue gauche. On retrouva des morceaux de viscères à plus de cent cinquante mètres de l'attentat. Des jumeaux, il ne resta que des lambeaux de vêtements, des fragments d'os et de dents ; on retrouva un pied dans la cour d'une villa voisine[27].

Le 30 avril, la police découvrit la plus grande raffinerie d'héroïne du monde à Alcamo dans la province de Trapani. Approvisionnée en morphine-base turque emballée dans des sacs de jute, et dotée d'équipements bulgares d'une haute technologie, cette raffinerie devait produire quatre tonnes d'héroïne par an, soit une valeur d'un milliard de dollars à la vente en gros.

A juste raison, un tribunal italien conclut que le juge Palermo s'était trop approché de la raffinerie de Palerme et de ses secrets. Les chefs de la Mafia de Sicile, déclara le tribunal, ne toléreraient aucune interférence avec la filière d'approvisionnement de la Mafia turque[28].

Pendant l'été 1985, l'Italie se remettait à peine du choc de cet attentat meurtrier quand Louis Freeh et une équipe du FBI se rendirent en Suisse pour enregistrer les dépositions de fournisseurs turcs. La police suisse avait en effet arrêté plusieurs trafiquants importants, même si le numéro un, Yasar Musullulu, lui avait échappé. Il s'était enfui en Bulgarie en 1983, après avoir roulé ses clients siciliens de près d'un million de dollars sur l'achat d'un bateau qu'il faisait, pensaient-ils, pour eux. On savait qu'il leur avait vendu au moins deux tonnes de morphine-base au cours des deux années précédentes, pour un total de 55 millions de dollars[29].

En l'absence de Musullulu, les Américains obtinrent des renseignements assez complets sur lui auprès d'un de ses compatriotes, un escroc à carrure de géant, Paul Waridel. Né lui aussi à Istanbul, Waridel était millionnaire et menait grand train ; il avait, de temps en temps, servi de courtier pour des contrats de livraison de drogue depuis l'entrée en vigueur du pacte entre la Mafia turque et la Mafia sicilienne. Dans les années 70, il avait rencontré quelques-uns des plus importants des chefs siciliens dans une prison italienne et, depuis, leur avait servi d'intermédiaire avec Musullulu[30].

L'argent de ces transactions représentait des sommes à huit chiffres. Jusqu'en 1982, le plus gros client sicilien, Nunzio La Mattina, acheta pour 40 millions de morphine-base pour le compte du consortium de Palerme à ce seul fournisseur (il en avait plusieurs). Malheureusement pour lui, La Mattina ne put payer 13 des millions qu'il devait pour ces livraisons, ce qui lui valut d'être abattu sur ordre de ses scrupuleux supérieurs de Palerme.

Le remplaçant de La Mattina travaillait directement pour le trésorier et ambassadeur secret à Rome de la Mafia sicilienne — le patron de la famille Buscetta, Giuseppe « Pippo » Calò[31]. Luciano Leggio qui, avec les Corléonais, venait de prendre la tête de la Mafia, eut à cœur de régler la dette du défunt La Mattina, moins 1,5 million de dollars. « Cinq millions et demi de dollars furent directement déposés aux Etats-Unis et envoyés à Musullulu via la Bulgarie, avec neuf pour cent de frais », expliqua Louis Freeh au jury du procès de la Pizza Connection. Le reste de la somme fut transporté de New York à Zurich dans six valises Samsonite « si lourdes qu'il fallait être un véritable athlète pour les soulever », dit Waridel[32].

Le rôle que joue toujours la Bulgarie dans l'organisation turco-sicilienne n'est, en général, mentionné qu'indirectement, si tant est qu'il le soit, sans doute dans l'intérêt des bonnes relations diplomatiques. Comme Louis Freeh l'a souligné devant le tribunal, son rôle était pourtant significatif et direct. « La filière bulgare était essentielle pour Musullulu, comme en a témoigné Waridel. Musullulu lui a confié qu'il avait accès à l'héroïne saisie par la police bulgare, et qu'il pouvait l'utiliser pour ses réseaux de distribution. En fait, Waridel fut emprisonné en Italie pour de l'héroïne qu'il disait provenir de Musullulu, qui lui-même la faisait venir de Bulgarie. »

D'après la DEA, la Bulgarie et Musullulu, à ce jour, jouent toujours les mêmes rôles. En janvier 1989, les agents de la DEA envoyèrent de Berne, en Suisse, des rapports exposant les opérations de blanchiment de l'argent de la drogue — de l'ordre d'un milliard de dollars par an — par la Shakarchi Trading Company, découvertes quelques mois plus tôt. La police avait remonté la trace de cette société après la saisie, par la police suisse, en février 1987, de cent kilos d'héroïne turque destinés à la Mafia sicilienne. L'argent blanchi pour ces trafiquants turcs « entrait en Suisse en provenance de la Bulgarie avec la participation active d'employés du gouvernement bulgare », d'après un télégramme confidentiel de la DEA.

L'argent entre en Bulgarie en contrebande, pour être apporté en Suisse, par l'intermédiaire d'une firme bulgare d'import/export, la Globus, qui est en réalité une agence du gouvernement bulgare dirigée par la police secrète. Le gouvernement bulgare prend un pourcentage sur la valeur des marchandises, qu'il s'agisse d'un trafic d'argent, de drogue ou d'armes, et garantit la sécurité de la traversée de la Bulgarie pour les marchandises concernées. Globus, connue précédemment sous le nom de Kintex, est apparue dans l'enquête sur la tentative d'assassinat contre le pape en 1981.

D'après un autre télégramme de la DEA, la Bulgarie raffinait l'héroïne destinée à l'Occident à partir de la morphine-base turque. Yasser Musullulu, « un des plus gros fournisseurs de morphine-base du monde entier », avait également trafiqué de l'héroïne raffinée en Bulgarie et avait blanchi l'argent des paiements effectués par les Siciliens par l'intermédiaire de la Shakarchi Trading Company en Suisse. « Musullulu est actuellement recherché par la justice italienne et turque ; on pense qu'il vit en Bulgarie et dirige depuis ce pays des laboratoires d'héroïne[33]. »

L'argent découvert dans le cadre de l'enquête sur la Pizza Connection apportait la preuve irréfutable de l'échelle planétaire des opérations de la Mafia sicilienne ; cela montrait aussi qu'on ne pouvait régler le problème sur une base locale. Le FBI n'aurait pas pu suivre la piste de la drogue sans l'aide capitale de l'Italie, de la Suisse, de l'Espagne, de la France, du Canada, de l'Allemagne de l'Ouest et du Luxembourg. L'Italie et la Suisse, en particulier, étaient si étroitement impliquées que des procès essentiels au dossier de la Pizza Connection y eurent lieu contre les blanchisseurs de l'argent arrêtés sur leur territoire.

L'argent permit aussi de soutenir l'accusation contre les vingt-deux inculpés de New York. Les millions de dollars qui changeaient de mains et quittaient le pays — en liquide, en petites coupures — étaient une preuve écrasante, que les enquêteurs pouvaient présenter au jury. Le reste des preuves reposait largement sur les éléments issus de la surveillance systématique où excellait le FBI. Un millier de bobines de films, cinquante-cinq mille enregistrements téléphoniques, un million d'heures de surveillance pesaient de tout leur poids contre les accusés.

Pourtant, malgré toutes les ressources humaines et technologiques du FBI, ses agents n'auraient jamais pu comprendre ce qu'ils voyaient et entendaient en Amérique sans savoir ce qui se passait en Sicile.

La Sicile était plongée en pleine guerre de la Mafia, une monumentale source de confusion pour les agents américains qui avaient déjà assez de mal à s'y retrouver. Les Corléonais et leurs alliés avaient pris le contrôle de la *Cupola* et du pipeline d'héroïne à Palerme, obligeant les mafiosi siciliens de New York à s'entourer d'un luxe de précautions, et les rendant presque hystériques.

A la fin de 1981, les grands vaincus de Palerme étaient presque tous morts, et les survivants comme Gaetano Badalamenti se trouvaient dans une situation très délicate. Expulsé de la *Cupola* en 1978, vraisemblablement condamné à être abattu à vue, il n'en a pas moins continué à expédier de la drogue à l'étranger jusqu'en 1982[34]. Puis il fut apparemment obligé de plier bagage et d'aller poursuivre son commerce ailleurs, ce qui déconcerta tous ceux qui travaillaient sur le dossier Pizza.

Quand il témoigna au procès, Buscetta jura que Badalamenti avait pris la fuite pour sauver sa peau. Si c'est exact, il s'était quand même arrêté tout au long de son chemin pour téléphoner très souvent. Personne ne savait d'où il appelait ; on découvrit par la suite que c'était la plupart du temps à partir d'une cabine téléphonique de Rio de Janeiro. Les as du FBI finirent par retrouver la trace des appels, qui arrivaient dans de petites villes comme Temperance dans le Michigan (au sud de Detroit, dans le Middle West). Apparemment, il ne faisait confiance qu'à ses propres intermédiaires sur place pour conclure ses juteux contrats avec les Siciliens de Brooklyn. A l'évidence, les Siciliens évitaient Badalamenti, même s'ils lui achetaient des montagnes d'héroïne et de cocaïne. Ils étaient soi-disant obligés de le tuer s'ils lui mettaient la main dessus ; mais, en vérité, ils n'en avaient guère envie.

Si Badalamenti était vraiment en cavale, il n'aurait pas pu faire d'affaires avec les nouveaux chefs de la Mafia sicilienne à Palerme. En réalité, il a dû traiter avec eux, ou pour eux. Il a d'ailleurs pratiquement livré son secret dans la seule conversation vraiment significative parmi les milliers de conversations enregistrées par le FBI.

Badalamenti parlait avec un de ses neveux d'Oregon en Illinois. Cela se passait en février 1984 et il appelait de sa cabine téléphonique brésilienne favorite. La question était de savoir s'il fallait utiliser certain fournisseur étranger qui ne travaillait *pas* avec, ou pour la Mafia sicilienne, quelqu'un qui « n'avait pas la franchise » d'importation de stupéfiants aux Etats-Unis. « C'est lui qui a besoin de nous, expliqua Badalamenti à son neuve. Il n'a pas de licence d'importateur. *Nous avons la licence*[35]. » En quatre mots, il y avait là la définition de la franchise de la Mafia sicilienne sur l'héroïne. Ce « nous » ne pouvait signifier qu'une seule chose : Badalamenti le proscrit jouissait toujours de ses privilèges commerciaux, pourvu que ce soit à une distance convenable[36].

Le procès de la Pizza Connection était terminé, et la police avait appris encore beaucoup de détails, quand on se rendit compte de toute la portée de la petite phrase de Badalamenti. En 1987, Louis Freeh, revenant devant moi sur les événements de cette époque, en tira les conclusions logiques : Badalamenti se référait à la décision historique prise par les Mafias sicilienne et américaine en 1957 lors de leur réunion de l'Hôtel des Palmes à Palerme.

En 1984, on était loin de penser à cela quand les agents du FBI écoutaient les conversations téléphoniques de Badalamenti. Les Italiens avaient donné tous leurs renseignements sur lui, mais l'homme restait un mystère total, quelqu'un que l'on désignait seulement comme « l'Oncle » dans des centaines d'enregistrements très déconcertants. Personne ne savait où il était, ou de qui il était l'oncle, ou *qui* il était, jusqu'à ce que Mona Ewell de la DEA rapproche cette voix désincarnée de celle d'un neveu qui lui répondait à Temperance dans le Michigan[37].

Badalamenti n'était pas le seul fournisseur de la bande de Catalano ; il y avait au moins deux familles de la Mafia qui faisaient des expéditions directement de la Sicile. Mais c'était un homme d'honneur comme on en voit dans les romans, l'ancien roi de la Mafia sicilienne, un trafiquant de drogue notoire depuis son entrée dans l'âge adulte ; et, en 1984, il était recherché par la police.

Au cours des premiers mois de 1984, les appels téléphoniques se succédèrent à un rythme frénétique, de Rio à Oregon dans l'Illinois et à New York, et des Etats-Unis à Rio. Badalamenti préparait l'envoi de vingt kilos de cocaïne au réseau de Brooklyn par l'intermédiaire de ses neveux du Middle West : la première chance réelle, depuis quatre ans, de les prendre sur le fait. Mais la chance se présenta de piéger Badalamenti lui-même et les Américains se mirent en chasse. Ils avaient l'argent, l'héroïne vendue à Philadelphie à un agent de la DEA, la réunion dans la ferme de Bagheria, les mille pellicules de film et les cinquante-cinq mille enregistrements — et leur lot de vingt-deux accusés déjà emballés. Badalamenti serait leur ultime récompense pour toutes ces années de labeur forcené.

Quand les Américains le cueillirent à Madrid, en avril 1984, la police italienne était également sur les lieux. Les deux pays étaient arrivés au bout d'enquêtes acharnées qui duraient depuis 1980. Des deux côtés, on s'apprêtait à traduire la Mafia sicilienne devant les tribunaux sous l'accusation de gérer une entreprise criminelle organisée depuis 1975. Les deux pays voulaient Badalamenti, mais les relations étaient assez bonnes pour faire un échange.

Tommaso Buscetta, arrêté au Brésil l'automne précédent, attendait d'être extradé en direction des Etats-Unis ou de l'Italie. Il occupait la deuxième place sur la liste des trafiquants de drogue les plus recherchés du monde entier, juste après Badalamenti ; c'était aussi une prise de haute valeur. Les deux pays le voulaient également. Par consentement mutuel, les Américains prirent Badalamenti et les Italiens eurent Buscetta.

17.

La chute de Buscetta

Les derniers jours de Tommaso Buscetta dans la Mafia sicilienne offrent une image très claire du plein développement de la Pieuvre. On le connaissait alors comme « le Boss des Deux Mondes » : d'abord archétype, puis victime, d'un pouvoir qui avait réussi à s'étendre d'une petite île de la Méditerranée jusqu'en des points stratégiques de toute la planète.

Buscetta fut arrêté au Brésil en octobre 1983, alors qu'il venait tout juste de quitter son luxueux appartement de Rio de Janeiro pour s'installer à São Paulo. Sa jeune et ravissante femme, Cristina Almeida de Guimaraes, était avec lui ; une élégante Ford Landau marron les attendait. Il n'était pas armé (mais il avait un garde du corps sicilien qui rôdait non loin, armé d'un 38 Spécial).

Onze autres trafiquants furent arrêtés en même temps que lui, dans une vaste opération de police à São Paulo, Belem et Rio. Sa femme fut aussi arrêtée, de même que le père de celle-ci, Homero Guimaraes père, qui fut pris après avoir tiré sur un inspecteur, lequel avait répliqué en tirant à son tour. Le fils de Gaetano Badalamenti, Leonardo, fut aussi arrêté, en même temps qu'un personnage pittoresque, un Italien du nom de Zodiaco qui se déplaçait en Rolls Royce et possédait le plus long yacht de la Gloria Marina de Rio. D'après la police, ce fut « la plus importante opération contre le crime organisé jamais réalisée au Brésil ». « Ils nous prenaient pour une vulgaire bande de flics du tiers monde. Ils sont venus pour faire de Rio de Janeiro la capitale de la Mafia, pour pouvoir inonder l'Amérique et l'Europe de cocaïne », déclara le chef de la Brigade brésilienne fédérale des stupéfiants, Pedro Berwanger [1].

« Ils » avaient commencé à s'implanter au Brésil depuis le début des années 70, sans que personne s'en aperçoive chez les forces de l'ordre du pays ou de l'extérieur. « Ils devaient être ici depuis au moins dix ans — *dix ans* — et nous n'en savions rien », m'a dit l'agent de la DEA à Rio quand j'y suis allé en 1986. Ils constituaient l'une des deux filiales de la Mafia sicilienne en Amérique du Sud, comme Buscetta le révéla par la suite ; l'autre était installée juste à côté, au Venezuela[2].

En octobre 1983, la filiale brésilienne se développait rapidement pour approvisionner un marché de la cocaïne en pleine effervescence aux Etats-Unis et en Europe. La police brésilienne pensait que Buscetta avait deux cents « cadres » derrière lui quand on l'arrêta (une des choses dont il préféra ne pas parler quand il se rangea du côté de la loi).

Buscetta ne connut pas la décennie d'or de la Mafia sicilienne, puisqu'il passa l'essentiel de ces années en prison. Extradé une première fois par le Brésil vers l'Italie en 1972, il resta derrière les barreaux jusqu'en 1980. Puis, alors qu'il lui restait encore environ trois ans à purger, il décida de sortir[3]. Dire qu'il s'évada permet de sauvegarder la dignité d'une institution judiciaire qui amusa beaucoup la Mafia. Transféré de la prison de l'Ucciardone à Palerme dans une maison de détention près de Turin, il fut autorisé à sortir dans la journée pour travailler. L'Italie accorde souvent ce privilège de « semi-liberté » aux détenus modèles. Buscetta, qui s'était toujours comporté en détenu exemplaire, partit tranquillement à son travail un beau matin et ne revint pas.

Le juge qui avait signé le permis de travail à temps partiel de Buscetta avait rejeté les « évaluations négatives » fondées sur son passé connu. « L'esprit de la réforme pénitentiaire » offrait au prisonnier « une réinsertion graduelle dans la société » et Buscetta avait montré des signes très prometteurs à cet égard :

> La conduite du prisonnier a été irréprochable. Il s'est toujours montré très respectueux envers le personnel et sociable avec ses camarades, et il a participé avec intérêt au programme de resocialisation de l'individu...
>
> Il n'y a absolument rien qui permette de penser que le détenu a entretenu ou tenté d'entretenir des relations avec des éléments de la Mafia en prison. Au contraire, sa personnalité montre un sincère désir d'être réhabilité... Il est hors de doute qu'il soit prêt à être réinséré dans un mode de vie civil et respectueux des lois[4].

Ainsi récompensé pour s'être conduit exactement comme les chefs de la Mafia sont supposés se conduire en prison, Don Masino

Buscetta rentra chez lui à Palerme. On était en juin 1980 ; le pipeline d'héroïne avait commencé à couler trois ans plus tôt ; la Mafia sicilienne possédait maintenant ce qu'un ministre de la Justice italienne appela « la plus gigantesque entreprise commerciale du monde[5] ». Tous les clans de la capitale sicilienne, sans exception, étaient impliqués dans le trafic de l'héroïne, et l'argent était en train de les détruire. La discipline, les codes de conduite, le respect des limites territoriales et les vieilles fidélités de famille, tout cela s'écroulait. Une trêve fragile contenait encore les armées en formation mais Don Masino entendait battre les tambours de guerre dans le lointain.

C'était à présent un homme mûr, dans la cinquantaine, un homme d'expérience, courtois, à la voix douce et soigné de sa personne. La prison ne l'avait en rien diminué ; au contraire, malgré huit ans d'incarcération, sa légendaire aura était toujours intacte. Un codétenu de Buscetta qui était en prison pour une histoire de drogue témoigna : « J'ai connu Tommaso Buscetta en prison, à Palerme, et je me suis bien rendu compte qu'il jouissait d'une position de suprématie sur tous les autres prisonniers... On savait que Buscetta et Luciano Leggio avaient la même importance dans la Mafia[6]. » Un autre a décrit ainsi la façon dont il vivait à l'Ucciardone :

> Buscetta était très soigneux de sa personne et ne se servait que des produits les plus raffinés. Il ne finissait jamais un flacon d'eau de toilette ou un savon ; il faisait cadeau de ce qui restait. Ses vêtements courants, ses jeans, venaient toujours d'un grand couturier, parfaits.
>
> Il n'y avait que son café qui était préparé en prison ; les hommes le lui apportaient à tour de rôle, bien chaud. Pour le reste, son petit déjeuner, son déjeuner et son dîner venaient des meilleurs restaurants de Palerme.
>
> Buscetta était un chef — en fait le Chef. Il n'élevait jamais la voix, il ne demandait jamais rien ; mais il savait toujours tout... Je ne l'ai jamais entendu menacer qui que ce soit, mais je l'ai entendu dire : « Ce type de la cellule 8 fait trop de bruit et il ferait mieux de la fermer »...
>
> Les prisonniers qui arrivaient venaient toujours lui présenter leurs respects. Ceux qui partaient savaient que c'était leur devoir de venir prendre congé de Don Masino[7].

Apparemment ami de tout le monde et ennemi de personne, Buscetta fut cordialement accueilli quand il revint à Palerme. Pendant tout l'été et l'automne 1980, il connut la vie d'un haut dignitaire en visite auprès d'une sorte de cour impériale de la pègre. A l'extérieur, dans l'autre monde, c'était le plus célèbre évadé de toute l'Italie, en principe un fugitif traqué. Sous la protection de la Mafia, il allait partout et voyait tout le monde (dont un membre du Parlement à Rome, dont il n'a jamais pu se rappeler le nom).

On lui faisait de tous côtés des propositions alléchantes. Pippo Calò, le patron de la famille de Buscetta, la famille Porta Nuova, voulait qu'il prenne en main les affaires de la famille à Palerme tandis que lui-même, Calò, s'occuperait des affaires de la *Cupola* à Rome — essentiellement le réinvestissement des narcodollars et la conclusion des achats de morphine avec les fournisseurs turcs. Il y avait des milliards de lire à empocher avec la rénovation du vieux quartier de Palerme, disait Calò ; Don Masino n'avait qu'à dire son prix.

Plusieurs grands patrons du commerce de l'héroïne lui proposèrent de travailler en association. Giuseppe Ganci, qui vint tout droit de Knickerbocker Avenue au cours de l'été, lui fit une offre, ainsi que le patriarche de la Mafia sicilienne au Brésil, Antonio Salamone, qui arrivait de São Paulo. Même Salvatore Inzerillo, encore chef de la *Cupola* du consortium de l'héroïne, lui demanda de devenir son associé[8].

Buscetta affirme qu'il a refusé toutes ces propositions. (« J'étais peut-être le seul homme d'honneur de Palerme qui n'ait jamais pris part à ce trafic », dit-il plus tard au juge Falcone.) Plus son séjour se prolongeait dans la capitale sicilienne, moins il l'aimait. Il voyait non seulement la guerre qui se préparait, mais il était sûr que ses alliés naturels — Stefano Bontate, Salvatore Inzerillo, Gaetano Badalamenti — la perdraient. Stefano Bontate, l'homme d'honneur qu'il admirait le plus, lui avait tout dit sur les exactions de Leggio et l'avance irrésistible des Corléonais. Il lui avait également confié qu'il avait décidé de tirer le premier : lui et Inzerillo avaient l'intention de tuer le proconsul de Leggio à la *Cupola,* Salvatore « Corto » Riina. Buscetta lui répondit tristement : « Tu es un homme perdu. »

Il n'avait aucune raison de rester maintenant à Palerme, dans l'attente de l'inévitable. Il y passa encore les fêtes de Noël. Bontate, ami et protecteur des Salvo, les percepteurs millionnaires de la Sicile, persuada ses amis de mettre une somptueuse villa à la disposition de Buscetta. Ils firent aussi venir de Paris sa femme et plusieurs de ses enfants dans un jet privé. Un des hôtels des Salvo livra un dîner de réveillon. Puis, dans les premiers jours de la nouvelle année, Buscetta rejoignit Paris en voiture et, avec un autre faux passeport, il prit le Concorde pour le Brésil.

Les agents de la brigade des stupéfiants s'étaient désintéressés du Brésil depuis le spectaculaire démantèlement du réseau corse de Buscetta en 1972, mais toutes sortes de trafiquants n'avaient pas tardé à y revenir. La géographie brésilienne exerçait un irrésistible attrait. En dehors de milliers de kilomètres de côtes incontrôlables, de terres inoccupées et de forêt vierge, il avait des frontières communes avec les pays qui produisaient les neuf dixièmes de la production mondiale de cocaïne : la Colombie, la Bolivie et le Pérou. C'est pourquoi, comme le Venezuela au nord, le Brésil représentait une base idéale pour ce trafic transatlantique qui prendrait bientôt des proportions cauchemardesques : la cocaïne et l'héroïne, échangées l'une contre l'autre en suivant des routes qui les menaient respectivement vers l'est et vers l'ouest, dans un mouvement de va-et-vient entre le Nouveau et le Vieux continent.

Buscetta, arrivant en 1981 sous le nom de Thomas Roberto Felice ou Jose Roberto Escobar, pouvait facilement se rendre invisible aux yeux de la police. Il y avait au Brésil une très importante communauté d'immigrants italiens honnêtes et travaillant dur. Sao Paulo était en particulier un sanctuaire privilégié pour les *desaparecidos* siciliens — des fugitifs qui « s'étaient fait disparaître » en Italie, abandonnant leurs voitures toutes portes ouvertes, laissant tous leurs effets personnels derrière eux pour simuler des enlèvements violents et une « mort blanche » infligée par la Mafia. Cette mégalopole de dix millions d'habitants — pour plus de la moitié, des immigrants italiens de la première ou de la deuxième génération — abritait des quantités de mafiosi siciliens enregistrés comme morts par la police italienne. Antonio Salamone, qui avait échappé à son exil sous surveillance dans le nord de l'Italie, était *'u parrinu,* leur parrain. Ce vieil homme frêle, à l'allure paisible — « un mafioso à face humaine » selon l'expression d'un procureur sicilien —, était un membre de la *Cupola* en congé quand il arriva à São Paulo, en 1974[9] ; il y resta huit ans avant qu'un représentant de la loi apprenne son existence.

Buscetta préférait Rio de Janeiro, également pleine d'immigrants italiens anonymes, mais plus frivole et plus chic. En arrivant, il acheta un bel appartement dans une tour du quartier de Barra da Tijuca sur Copacabana, connue comme un quartier de millionnaires, avec de superbes baies vitrées dominant la mer. Deux étages plus haut, vivait un autre célèbre fugitif italien, « une coïncidence vraiment curieuse », proclama Buscetta, affirmant qu'ils ne se rencontrèrent jamais. C'était Don Antonio Bardellino, de la Camorra napolitaine, recherché en Italie pour trafic continu et aggravé de cocaïne avec l'Amérique du Sud. La présence de ce boss notoire de la Camorra dans le même immeuble de la même ville en dit long sur les relations entre les trafiquants siciliens et napolitains à l'étranger. Bardellino étaient un des trois chefs de la Camorra qui avaient aussi été reçus dans la Mafia sicilienne. Les Siciliens avaient accepté leur adhésion pour sceller leur pacte avec les Napolitains en 1975[10].

A Rio comme à Caracas, Los Angeles, Montréal, Paris et Londres, les deux organisations étaient inséparablement jumelées. De temps en temps, au cours des deux années suivantes, la police tombait sur l'une en poursuivant des membres de l'autre, et vice versa, dans le monde entier ; Don Antonio Bardellino lui-même devait être la cause involontaire de la chute de Buscetta.

Les années à venir paraissaient pleines de promesses quand Buscetta s'installa au Brésil au début de 1981. Il était libre, toujours amoureux, de retour dans son pays préféré, et magnifiquement placé pour faire une montagne d'argent. Mais la guerre de la Mafia éclata en Sicile au mois de mars de la même année, et le monde de Buscetta bascula.

Les morts de la guerre étaient tous du même côté. C'était encore plus vrai pour les hommes des postes avancés de la Mafia sicilienne à l'étranger. Les quelques mafiosi assassinés de-ci de-là, de l'autre côté des mers, essentiellement à New York et dans le New Jersey, suffirent à dompter les autres. Du jour au lendemain, ils passèrent presque tous du côté de Leggio — non sans angoisse et sans peur. Buscetta, affolé par le meurtre de Bontate et Inzerillo, trouva les puissants Salvo non moins affolés quand il appela un de leurs beaux-parents à Palerme :

LE BEAU-PARENT : On devient fous ici... Je ne vois personne, je n'ai plus vu personne depuis un mois... Il y a trop de choses obscures ici... trop de jalousie, trop de trahisons... Tu ne sais plus à qui te fier...

BUSCETTA : Mais si je pouvais parler à Nino (Salvo)...

LE BEAU-PARENT : Mais Nino ne sait rien... Il n'est pas là, il a disparu...

BUSCETTA : Alors, ne le cherche pas, ne le cherche pas...

LE BEAU-PARENT : C'est-à-dire, je sais où le trouver...

BUSCETTA : Non, non... Ne le cherche pas parce que je ne veux pas lui causer d'ennuis... Ne le cherche pas[11] !

Les Salvo changèrent de camp peu après, comme Antonio Salamone à São Paulo, les Cuntrera et les Caruana à Caracas, à Montréal et à Londres, comme les factions siciliennes de Brooklyn, et presque tous les anciens associés de Buscetta qui avaient survécu à la guerre. Quant à Buscetta, il sembla en sécurité, au-dessus de la bagarre, à peu près jusqu'au milieu de la guerre. Puis, en été 1982,

Gaetano Badalamenti fit son apparition au Brésil, visite qui allait avoir pour Buscetta de tragiques conséquences.

Badalamenti voulait que Buscetta revienne en Sicile pour y diriger une contre-attaque contre les Corléonais. Buscetta refusa mais les hommes de Leggio eurent vent de ce qui leur parut un complot dirigé contre eux. En août, le beau-frère brésilien de Buscetta, Homero Guimaraes fils, disparut. Deux semaines après cette disparition, les deux fils de Buscetta, Antonio et Benedetto, disparurent à Palerme — Cela alors que toute l'Italie était encore sous le choc de l'assassinat du général Dalla Chiesa quelques jours plus tôt. Fin décembre, le beau-fils de Buscetta fut abattu dans sa pizzeria de Palerme. Trois jours plus tard, son frère aîné Vincenzo fut aussi abattu avec son fils dans leur verrerie de Palerme.

Les assassinats de décembre furent la réponse immédiate au seul acte de défi direct enregistré dans la grande guerre de la Mafia. En réaction à une douzaine d'assassinats dans sa propre parenté, Badalamenti envoya deux hommes de valeur de Miami pour tuer le plus sadique tueur des Corléonais à Palerme, Pino Greco, la sainte terreur de Ciaculli. Mais les tueurs ratèrent leur coup et on retrouva leurs cadavres six semaines plus tard près de Miami. Le problème pour Buscetta, c'était que l'un d'entre eux avait été son exécuteur des basses œuvres favori à New York, au bon vieux temps[12]. Après cela, sa propre mort n'était plus qu'une question de temps.

Pris par ses tragédies personnelles au cours de l'automne 1982, Buscetta ne se rendit pas compte de la catastrophe qui se préparait d'un autre côté. En effet, au même moment, les polices de trois pays tombent à Paris sur des pistes convergentes de la Mafia et de la Camorra, pistes qui menaient tout droit au Venezuela et au Brésil.

Don Michele Zaza — Michael le Dingue, le chef pas si fou que cela de la Nouvelle famille de la Camorra à Naples — s'était depuis longtemps reconverti de la contrebande du tabac à celle de l'héroïne et de la cocaïne. En automne 1982, avec les raids de la police sur les raffineries de drogue en Sicile et les paroxysmes de la guerre de la Mafia, il décida d'installer sa propre raffinerie d'héroïne en France. Il avait de bons amis corses à Marseille, datant de l'époque de la French Connection, et toutes les relations utiles du côté des Siciliens[13]. Les membres de la Camorra qui l'aidaient travaillaient avec les hommes de Giuseppe Bono à New York, d'Antonio Salamone à São Paulo et les Cuntrera à Caracas.

Zaza entreprit de racheter une fabrique de fromage en France à Rouen, pour la somme de 2 millions de dollars ; l'homme de la Camorra qui pensait en prendre la direction, un certain Nunzio

Guido, était un vieil ami de tout le monde dans le milieu des trafiquants de drogue. Plus bavard que jamais, Don Michele s'étendait au téléphone sur toute la « mozzarella » qu'ils pourraient y produire. « La roba », comme il disait — l'héro, la came — se vendrait à Milan, aux Etats-Unis et dans différentes régions de France. Il en attendait un bénéfice net de 20 000 à 30 000 dollars par jour[14]. Mais la fromagerie avait à peine commencé à produire des « échantillons » d'héroïne pour ses clients qu'elle fut brusquement vendue aux enchères à la fin de 1982 pour une fraction de sa valeur. Don Michele Zaza venait d'être arrêté par la Brigade des stupéfiants de Rome.

La police italienne, qui filait Zaza, l'avait suivi dans un restaurant parisien où elle s'était heurtée à la police française et à la DEA qui, de leur côté, filaient les invités de Zaza. Celui-ci dînait avec une douzaine de personnes qui étaient venues en avion de différentes parties du monde. Un des convives était Alfredo, le frère de Giuseppe Bono ; un autre était leur oncle Antonio Salamone, à qui ils se référaient comme au *parrinu* (le parrain). La police en conclut qu'il devait y avoir un important convoyage d'héroïne en cours. En effet, quatre-vingt-treize kilos d'héroïne — soit une valeur approximative, au prix de gros, de 25 millions de dollars — arrivèrent à la résidence de Zaza à Beverly Hills le mois suivant. Les agents de la DEA manquèrent l'héroïne de peu — ils en retrouvèrent des traces dans des cartons mis au rebut où était marqué « Dinner Plates » (assiettes) — mais ils avaient enfin trouvé la piste de *u'parrinu.*

Antonio Salamone avait pris l'avion pour la Californie et la résidence de Zaza dès la fin de la réunion de Paris. De Beverly Hills, il téléphona aux Cuntrera au Venezuela et envoya un télex à son neveu à Palerme, lui enjoignant de récupérer le beau-fils de Cuntrera à Miami et de continuer sur Caracas. Ensuite, Salamone était tranquillement retourné à São Paulo, les agents de la DEA sur les talons.

Peu après, un autre de ses neveux se fit prendre à l'aéroport de Palerme avec un exemplaire volé du rapport de la DEA sur Salamone. *'U parrinu* quitta le Brésil dans les vingt-quatre heures[15].

Quand Noël 1982 arriva, les polices italienne, américaine et brésilienne avaient une bonne vision du réseau Camorra-Mafia au Brésil. A partir d'un tuyau donné par un de leurs informateurs, les Italiens se lancèrent sur la piste de Don Antonio Bardellino qui comme d'habitude avait une longueur d'avance. Pourtant, quand ils abandonnèrent, la Police fédérale brésilienne (DPF), qui reprit la traque, apprit où il fallait chercher grâce à un vieux trafiquant de drogue qui travaillait avec Buscetta depuis les années 1960. Arrêté encore une fois cet hiver-là, il décida de parler et aiguilla la police sur la résidence du bord de mer de Tijuca[16].

Bardellino avait déjà quitté son appartement du dix-huitième étage quand la police arriva, et Buscetta avait également déménagé. Immédiatement après la découverte du cadavre de son homme de main dans le coffre d'une voiture en Floride, Buscetta s'était retiré dans sa *fazenda* de 26000 hectares au nord de Belem, près de l'embouchure de l'Amazone. Là — bien qu'il affirmât être pauvre — il s'occupait de ses cinq cents chevaux et d'un troupeau de vaches qui donnaient mille litres de lait par jour ; et il attendait les Corléonais venus l'abattre[17].

Cependant, Cristina, la femme de Buscetta, vivait toujours au seizième étage à Tijuca. La police brésilienne la surveillait (de même que la DEA) depuis le mois de mai, jusqu'au jour d'octobre où elle mit six valises dans une Chevrolet Chevette et prit la direction du sud de São Paulo pour rejoindre son mari qui venait d'arriver par l'avion de Belem.

L'arrestation de Buscetta et de onze autres trafiquants en octobre 1983 fit les gros titres de la presse brésilienne. La police du pays pensait avoir ainsi démantelé un colossal réseau international de stupéfiants. La chasse, qui s'était déroulée dans tout le pays, avait duré huit mois. Elle avait abouti à l'identification de deux cents suspects qui travaillaient dans cinq réseaux liés les uns aux autres, de São Paulo à Rio et à Belem tout au nord du Brésil. Des dizaines de « fourmis » avaient été localisées, des jeunes femmes de toutes nationalités qui transportaient la drogue à même le corps, des Boliviennes, des Péruviennes, des Chiliennes, des Colombiennes et des Nigériennes. On trouva des registres indiquant que ces femmes avaient fait quarante-six voyages à l'étranger[18].

D'après le superintendant de la police fédérale à São Paulo, Romeu Tuma, Buscetta était au sommet de la pyramide. « Nous sommes certains d'avoir pris le chef de la filière latino-américaine du trafic de drogue », dit-il. Pedro Berwanger de la brigade des stupéfiants ajouta : « Tommaso Buscetta était le principal coordinateur du marché de la cocaïne entre le Brésil, la Bolivie, le Pérou, la Colombie, l'Europe et les Etats-Unis[19]. »

Buscetta nia tout. Il n'y avait pas de guerre de la Mafia en Sicile, dit-il ; ses fils disparus s'étaient simplement laissé aller à une dispute de jeunes avec quelqu'un. Il connaissait quelques-unes des autres personnes arrêtées, mais seulement par hasard. Son beau-père avait tiré sur les policiers parce qu'il les avait pris pour des gangsters. Lui-même, il n'avait rien fait d'illégal. Un journaliste demanda comment Buscetta, après huit années dans une prison italienne, avait pu acheter un appartement de millionnaire à Rio, des voitures de luxe et un ranch de 260 kilomètres carrés. Il répondit : « J'ai apporté l'argent d'Italie et je l'ai investi en bons d'épargne brésiliens[20]. »

Les Brésiliens gardèrent Buscetta en prison pendant neuf mois, longtemps après la libération sous caution de sa femme et des autres suspects arrêtés avec lui. Buscetta était une trop grosse prise pour qu'on le laisse filer. Les Américains le réclamaient toujours pour l'affaire du réseau de drogue brésilien qui remontait à 1972, sans parler de soupçons plus récents. Les Italiens le réclamaient en tant que fugitif et élément important de leur enquête d'ensemble sur la Mafia. Les Brésiliens le tenaient pour détention de « faux » — son faux passeport au nom de Roberto Escobar — et passaient au crible des caisses entières de documents compromettants saisis lors du raid. Ils découvraient des sociétés écrans, des livres de comptes falsifiés, de faux passeports, de faux documents d'expédition de marchandises à l'étranger, des relevés d'appels téléphoniques à longue distance et des factures de voyages de Rio et São Paulo à Caracas, New York, Montréal, Zurich, Barcelone, Paris, Milan, Rome et Palerme.

Des trafiquants siciliens bien connus tiraient de l'argent et des billets d'avion d'une société de fabrication de papier, la Major Key, qui, tout en ne produisant rien, avait vu ses avoirs nets passer de 6 000 dollars à un million de dollars en un an. Les factures de Buscetta et Gaetano Badalamenti étaient toutes payées par la Major Key, de même que celles du fils Leonardo de Badalamenti, qui s'apprêtait à ouvrir un bureau de représentation de la Major Key à Curitiba au Brésil. Le neveu de Badalamenti, Vincenzo Randazzo — un des futurs inculpés du procès de la Pizza Connection — s'occupait d'implanter une succursale de la Major Key à New York[21].

Mona Ewell de la DEA et Charles Rose, le magistrat en charge du district fédéral Est, vinrent des Etats-Unis pour voir ce que les Brésiliens avaient sur Buscetta ; leur rapport mentionna des « preuves documentées et circonstanciées » des faits suivants :

« Depuis le printemps 1981, Tommaso Buscetta et plusieurs autres individus ont conspiré pour mener à bien des activités illégales, probablement un trafic de stupéfiants. »

Ces activités « s'étendaient au-delà du Brésil, mais les bases de l'opération sont São Paulo, Rio de Janeiro, Betim et Belem. »

« Plusieurs passeports complets, des permis de conduire, etc., ont été saisis, qui constituaient des identités de rechange pour les suspects. »

Homero Guimaraes fils possédait un jeu de papiers au nom d'Otto Levy. Les dossiers d'imposition de Cristina Guimaraes « montraient qu'elle avait reçu de grosses quantités d'argent d'Otto Levy ».

Plusieurs membres du groupe allaient régulièrement à Caracas, en liaison avec « des hommes figurant dans les dossiers de la police et historiquement associés à Buscetta, que l'on suspectait de blanchir l'argent et/ou de faciliter le trafic de drogue de l'Amérique du Sud vers les Etats-Unis ».

Antonio Bardellino, le boss de la Camorra, fut identifié, avec le même groupe déjà cité, comme copropriétaire d'une société de pêche bidon, la CEICO. Cette société exportait du poisson de Rio de Janeiro à Naples, une ville qui n'a nul besoin d'importer du poisson...

La présence de Bardellino en particulier suffisait à dénoncer la combine. Comme le rapport américain le signalait, c'était « le bras droit de Carlo Zippo » — le « *simpatico* ami napolitain » de Buscetta et son partenaire dans le commerce de la drogue au début des années 1970. Les Italiens avaient de nouveau arrêté Zippo en février 1983, avec vingt autres hommes, sous l'accusation d'être le chef d'un énorme réseau de contrebande de cocaïne de l'Italie vers l'Amérique du Sud.

En conclusion, écrivirent Ewell et Rose, « la police fédérale brésilienne pense que Buscetta et consorts étaient impliqués dans une affaire de contrebande de cocaïne qui utilisait les expéditions de la CEICO vers l'Italie, et que la Major Key leur servait à blanchir l'argent[22] ».

C'était leur conviction, mais il leur manquait des preuves irréfutables pour pouvoir faire condamner Buscetta par un tribunal. Par la suite, le superintendant Tuma émit l'hypothèse que la police brésilienne était sans doute intervenue trop tôt. « Je pense que nous avons fait avorter l'opération Buscetta car il n'avait pas encore fini de mettre en place son infrastructure », dit-il[23].

Dans sa prison brésilienne, Don Masino était de nouveau le roi, pour la dernière fois. « C'était un grand honneur pour les autres membres du groupe d'avoir été pris en même temps que lui, dit un assistant de Tuma. Ils allaient lui baiser les mains le matin, et quand on les déplaçait, il montait toujours le premier dans le fourgon de la police. Il maintenait la routine de la discipline, continuant toujours à donner des ordres aux autres[24]. »

Pourtant, Buscetta était dans une situation désespérée. Cristina eut quatre entrevues secrètes avec la DEA au cours de cet hiver, suppliant les Américains de le prendre car, si c'était l'Italie qui lui mettait la main dessus, il serait certainement assassiné en prison[25]. Mais les Américains voulaient qu'il soit envoyé « là où l'on avait contre lui le dossier d'accusation le plus solide ». Le gouvernement américain se mit d'accord avec l'Italie et le Brésil pour « aider le pays qui pourrait obtenir la condamnation la plus lourde contre Buscetta[26] ». L'Italie l'emporta.

Quand il apprit la nouvelle, Buscetta avala de la strychnine et on le sauva de justesse. De retour dans une prison italienne, il n'aurait même pas le temps de faire une prière ; peu de temps auparavant, un de ses vieux amis avait reçu cinquante-huit coups de couteau dans la cour de la prison de l'Ucciardone. Plus tôt il serait mort, expliqua-t-il ensuite, plus les membres survivants de sa famille auraient de chance de rester en vie. Pourtant, quand il sortit de son coma, Buscetta dit que « mourir ne suffirait pas ». La « terrible logique de la Mafia » de ces dernières années avait détruit tous les principes de Cosa Nostra tels qu'il les avait connus, déclara-t-il à la presse. « Tout a changé ; seuls sont restés la fureur, la guerre, le sang — tout cela pour de l'argent. » Il voulait détruire la Mafia sicilienne[27].

Le Buscetta qui se fit témoin à charge a été depuis longtemps dépassé par les événements. Ceux qui ont suivi son exemple ont été moins futiles, moins préoccupés d'eux-mêmes, plus directs, plus proches des événements. Il n'en reste pas moins le premier, le plus prestigieux, le plus fascinant de ceux qui ont parlé, celui qui s'est révélé le plus étonnamment civilisé et urbain.

Le juge Giovanni Falcone, qui dirigeait le groupe d'enquête sicilien, avait toujours affirmé qu'un mafioso ne change pas de camp, par définition. Il n'en avait jamais rencontré un seul qui passe ainsi de l'autre côté et il en avait pourtant rencontré toutes sortes au cours de ses vingt ans de tribunal. « Il y a le mafioso qui se barricade dans sa cellule, dit-il, celui qui fait semblant d'être fou ; celui que la Mafia oblige à faire le fou ; l'insolent qui dit qu'il a été kidnappé... Et puis, il y a le gentil mafioso, obséquieux, au regard humble, jusqu'à ce que des éclairs apparaissent dans ses yeux quand il fait semblant de regarder ailleurs[28]. »

Don Masino ne fit rien de tout cela. Il était là pour parler et il parlait. Dans la mesure où il ne reconnut jamais avoir commis un seul crime, ce n'était pas une confession. Ce fut une série d'entretiens avec ses interlocuteurs siciliens — des confidences souvent instructives, fréquemment réticentes, parfois surprenantes — qui durèrent tout au long de l'été 1984 et une bonne partie de l'automne.

Une grande partie des informations données par Buscetta n'étaient pas neuves. Au début de l'été 1984, le bureau anti-Mafia de Palerme préparait déjà contre la Mafia le plus grand procès de tous les temps. Néanmoins, c'était lui qui pouvait mettre en évidence le lien qui unissait mille petites preuves : lui, Don Masino Buscetta, à la barre des témoins d'un tribunal sicilien.

L'impact pouvait être énorme, mais ce n'était pas l'essentiel. Buscetta « avait été dans l'œil du cyclone » pendant un quart de siècle, comme il le soulignait lui-même. Il avait assisté à la naissance de la *Cupola,* à l'accord sur la concession du marché de l'héroïne, aux débuts du déploiement des hommes d'honneur siciliens aux Etats-Unis, au Canada et en Amérique du Sud. Il avait été l'intime des hommes qui avaient forgé le cartel international de l'héroïne de la *Cupola,* comme de ceux qui avaient assassiné les premiers avec un millier de leurs fidèles, pour prendre le pouvoir.

Buscetta aurait mieux réussi son entreprise de destruction de la Mafia s'il avait dit tout ce qu'il savait. Mais, tel que c'était, il n'en apporta pas moins la preuve que la Mafia sicilienne était une entité distincte qui dominait le marché mondial de l'héroïne, le fait majeur que personne d'extérieur à la Mafia n'avait compris jusqu'à ce jour.

18.

Face à face au tribunal

Comme les juges et les jurés se retiraient pour délibérer dans l'incroyable maxi-procès de Palerme, le chef de la *Cupola,* accusé de soixante-dix-huit meurtres, leur adressa un message d'accompagnement : « Laissez-vous guider par votre conscience », déclara Michele Greco, depuis l'abri des barreaux d'acier de sa cage dans le tribunal transformé en camp retranché. « Je vous souhaite la paix, la tranquillité d'esprit... *Je fais le vœu que la paix vous accompagne pour le reste de vos jours*[1]. »

Soumettez-vous et vivez en paix, ou bien vous ne connaîtrez plus jamais la paix — c'était le classique avertissement de la Mafia à ceux qui osaient siéger pour la juger. La menace sibylline planait sur la pièce scellée et à l'épreuve des explosifs où se décidait le sort des grands patrons de la Mafia sicilienne. On pourrait penser que la Mafia avait été définitivement vaincue par la loi ; les juges et les jurés savaient qu'il n'en était rien.

La vague de meurtres, suspendue pendant les vingt-deux mois que dura le maxi-procès, reprit deux heures après le prononcé du jugement, en décembre 1987. La première victime venait d'acheter un gâteau et du vin pour fêter sa mise en liberté ; acquitté par le tribunal de Palerme, il était condamné par le tribunal de la Mafia. Plus de deux cents cadavres s'accumulèrent sous les coups de la Mafia en Sicile au cours de l'année suivante, en proportion l'équivalent de dix mille personnes aux Etats-Unis[2]. Parmi les victimes, il y avait deux juges, l'avant-dernier maire de Palerme, un caporal des carabiniers, un inspecteur de la Squadra Mobile, un travailleur social trop consciencieux, des *picciotti,* des hommes de valeur, des hommes d'honneur de haut rang, des femmes et des enfants. Vers la fin de 1988, il y eut seize assassinats en moins de trois jours. Palerme semblait être revenue dix ans en arrière.

« Tout ce que je devais juger, ces choses terribles qui étaient arrivées en 1981, je me retrouvais de nouveau confronté à elles... les mêmes cadavres, le même climat », se lamenta le juge adjoint du maxi-procès. « Je me sens plein d'amertume... 1981 appartient presque à l'Histoire, mais aujourd'hui, en 1988, rien n'a changé [3]. » Pourtant, la cour d'assises de Palerme avait condamné à la réclusion à perpétuité dix-neuf *mammasantissima,* et 323 autres mafiosi à des peines dont le total se montait à vingt-six siècles. La Mafia pouvait-elle s'en sortir aussi forte qu'avant — plus forte qu'avant ?

En réalité, quelque chose avait bel et bien changé. La Mafia sicilienne, qui passait depuis plus d'un siècle pour un simple « mode de pensée », s'était enfin montrée sous son vrai jour, celui d'un syndicat international du crime organisé. Les preuves rassemblées la montraient comme « un Etat dans l'Etat, un anti-Etat, avec son propre gouvernement, son armée, son territoire, ses rites, son code moral et son ordre juridictionnel », dit le procureur dans son réquisitoire [4]. On pouvait donc enquêter sur la Mafia et la poursuivre en tant qu'entité constituée. Les chefs de la Mafia pouvaient être jugés comme collectivement coupables de ses crimes, c'est-à-dire qu'ils ne pouvaient plus échapper à une accusation de meurtre. Ils ne se feraient peut-être jamais prendre avec une arme encore fumante à la main, ils n'en seraient pas moins tenus pour responsables d'avoir commandé le meurtre à un subalterne (comme c'était l'habitude). En effet, ils pouvaient être condamnés pour tout acte illégal de la Mafia, dès qu'ils y prenaient part en décidant de son exécution. C'est sur ces bases que huit membres de la Cupola furent envoyés en prison à vie à l'issue du maxi-procès.

L'apparente indifférence de la Mafia à ce verdict capital ne signifiait pas que le procès était un échec. Au contraire, c'était une victoire monumentale pour la justice au sens le plus élevé du terme. Comme toujours en Sicile, pourtant, le tribunal ne pouvait pas aller plus loin. Le reste fut essentiellement une question d'obscures menaces, de manœuvres sournoises, de rigoureuses subtilités juridiques, et de politique.

Mener le procès à bien fut extrêmement difficile. Il atteignait des dimensions invraisemblables avec 464 accusés, un monstre juridique d'après certains commentateurs. Les juges estimaient qu'il ne pouvait en être autrement. En effet, on avait la preuve que la Mafia était une seule et unique organisation, avec « une unique stratégie criminelle », ce qui exigeait une unique réponse judiciaire. Son « unicité » — en Italien *unicita* — impliquait que tout se tenait. Par exemple, la même Kalashnikov avait servi pour le meurtre d'un colonel des carabiniers près de Corleone en 1977, celui de Stefano Bontate et Salvatore Inzerillo à Palerme en 1981, celui d'un de leurs proches alliés à Catane en 1982, celui du général Dalla Chiesa, et celui de Salvatore Contorno (quoiqu'il eût la détente plus rapide que les tueurs). Comment aurait-on pu traiter chacune de ces affaires indépendamment l'une de l'autre ?

Ce n'était pas seulement une question de taille. Le procès était également mal vu de l'establishment italien : une confrontation directe, dramatique avec la Mafia, que l'Etat ne pouvait se permettre de perdre — et, pour des raisons politiques inavouables mais puissantes, pouvait difficilement se permettre de gagner.

Il n'y avait jamais eu de procès de cette sorte, où que ce soit. Le tribunal, construit comme un bunker contre un mur de la prison de l'Ucciardone, contenait trente cages aux barreaux d'acier pour les 464 accusés. Il y avait deux cents avocats pour les défendre. Cinquante de leurs confrères représentaient les parties civiles : des parents des victimes, la ville de Palerme, la Région de Sicile. Deux équipes complètes de juges et de jurés siégeaient par décret ministériel spécial pour éviter que la mort, naturelle ou autre, ne puisse interrompre le procès. Sept magistrats déclinèrent le poste de président du tribunal ; Alfonso Giordano, le huitième, accepta « le risque sicilien ».

L'acte d'accusation, préparé par cinq magistrats instructeurs du bureau sicilien de l'anti-Mafia, comprenait 8 607 pages, avec plus d'un quart de million de pages de documentation. Environ 400 pages étaient consacrées à l'énumération des accusés et des charges pesant sur eux. En dehors d'assassinats multiples, ils étaient accusés d'avoir organisé un réseau mondial de trafic d'héroïne sous les auspices de la Mafia. L'acte d'accusation couvrait la période allant de 1975 à 1985. C'était la décennie fatale, écrivaient les juges, celle où la Mafia sicilienne était devenue un cartel international du crime, et l'un des premiers pourvoyeurs de stupéfiants. La facilité avec laquelle elle le fit, l'incroyable laxisme de toute la classe gouvernante au cours de ces années, constituaient une mise en cause terrible à l'intérieur de l'acte d'accusation lui-même.

Tout au long des années 1970, continuaient les juges, une commission parlementaire avait rassemblé trente-cinq volumes d'informations explosives sur la Mafia. Pourtant, peu à peu, « un voile de souveraine indifférence institutionnelle » avait été tiré sur ces découvertes :

Dix années d'indifférence presque totale au phénomène de la Mafia ont permis aux familles de Cosa Nostra, désunies par les luttes internes et par la pression d'une commission parlementaire, de se réorganiser et de prendre le pouvoir dans les circuits de production et de distribution de la drogue.

Il n'y eut aucune enquête de police pendant six mois après l'assassinat de Boris Giuliano (chef de la Squadra Mobile de Palerme en 1979). Au niveau judiciaire, ses découvertes se heurtèrent à des délais déconcertants et à des acquittements douteux...

Les forces de l'ordre ne remplissaient pas leur rôle ; il n'y avait aucune stratégie de lutte ; les institutions judiciaires n'avaient aucune connaissance de la réalité de la nouvelle Mafia...

Un vide, fait d'indifférence et de scepticisme, entourait certains magistrats et officiers de police qui, malgré eux, devinrent les paladins solitaires de la légalité, des héros involontaires[5].

La solitude de ce petit groupe d'enquêteurs apparut de plus en plus clairement au fur et à mesure du déroulement du procès. Ils vivaient dans un état de siège permanent, coupés de leur famille, campant dans des parties sévèrement protégées du tribunal de Palerme ou au quartier général de la Squadra Mobile, ne s'aventurant à l'extérieur qu'en cas de nécessité absolue, dans des cortèges d'Alfa Romeo blindées, toutes sirènes hurlantes. La presse locale se plaignait qu'ils « militarisaient la ville ». Le chœur des critiques les accusait également d'être des « doctrinaires », d'attirer « une attention morbide sur la Sicile », et de créer une « inquisition[6] ».

La Mafia a rarement été aussi mortellement dangereuse que dans les mois qui précédèrent le maxi-procès. Même avec des centaines de ses membres en prison et les forces de la loi sur ses talons, l'organisation continua à tuer jusqu'à ce que le dernier de ses extraordinaires adversaires en Sicile fût éliminé.

Le commissaire Ninni Cassara fut assassiné en août 1985, après avoir quitté son minuscule bureau de la Squadra Mobile pour faire une visite impromptue à sa famille. On pense qu'un espion, à la Squadra Mobile même ou dans le petit parc situé en face, a signalé son départ. Le temps qu'il arrive à la porte de son immeuble, quinze minutes plus tard, dix tueurs l'attendaient avec des Kalashnikov.

Je suis allée aux funérailles de Cassara à Palerme ; c'est mon pire souvenir de cette époque tendue. Peu d'hommes avaient fait plus que lui pour briser l'emprise étouffante de la Mafia sur la Sicile. Pourtant, à part sa famille et ses collègues, il y avait à peine une centaine de personnes à sa messe d'enterrement. *Palermo-bene,* le Palerme qui compte, n'était pas venu.

Sans doute, beaucoup de gens se souviendront de ce procès comme d'un spectacle, parfois même comique. Le grand hall octogonal vert pâle, l'hémicycle de cages humaines, la masse des robes noires des avocats, la chaise des témoins installée dans une cabine de verre blindé transparent, tout cela composait un extravagant décor de théâtre. La distribution — peut-être le plus vaste assortiment de criminels jamais présenté dans un tribunal — en valait la peine.

Les clowns eurent aussi leurs scènes. Un des accusés entra, les lèvres agrafées ensemble ; un autre avait avalé des clous de quinze centimètres ; un autre fit un strip-tease dans sa cage et jeta une chaussure à son avocat. De vieux tontons aux confortables bedons, des garçons aux visages angéliques, et des voyous à têtes de brigands saluaient, en criant par-dessus un vaste espace de moquette verte, des parents confinés dans la galerie du public.

Toutefois, à côté de ce menu fretin, il y avait aussi les *mammasantissima* qui terrorisaient la Sicile depuis des dizaines d'années ; qui avaient commandé l'assassinat du général Dalla Chiesa, du juge Terranova, du juge Costa, du juge Ciaccio Montalto, du juge Chinicci, de Boris Giuliano et de Ninni Cassara ; qui avaient répandu l'héroïne sur le monde entier et avaient fait de la Mafia « un des pires fléaux de notre siècle », selon l'expression du juge Falcone. Toujours hors d'atteinte de la loi, ils rassemblaient maintenant, contre elle, toute leur intelligence et leur immense pouvoir.

A l'ouverture du procès, en février 1986, il manquait encore plus d'une centaine d'accusés, mais beaucoup de célébrités étaient présentes : Michele Greco, « le Pape » ; Leonardo Greco, boss de Bagheria ; Antonio Salamone de São Paulo ; Giuseppe Bono de Caracas, New York, Paris et Milan, avec son frère Alfredo ; Pippo Calò, l'ambassadeur de la Mafia à Rome ; Giuseppe Fidanzati, l'ambassadeur de la Mafia auprès de la Camorra napolitaine ; et Gerlando Alberti, « l'infatigable vendeur d'étoffes » responsable des raffineries d'héroïne de Palerme, en pleine prolifération.

Luciano Leggio avait une cage pour lui tout seul. Amené pour l'occasion de sa prison de Sardaigne où on l'entourait des plus sévères mesures de sécurité, il était assis, lourd et voûté, habillé avec une paisible provocation, d'un survêtement et de chaussures de tennis Adidas ; il lisait son journal, allumait un cigare noir de Toscane tout en laissant traîner sur le tribunal un regard paresseux. Ses douze années de prison l'avaient empâté, mais il restait inexplicablement effrayant. Des cages voisines, émanaient du respect, de l'obéissance et presque de la révérence à l'égard « du chef incontesté, le sommet de l'organisation de la Mafia, l'intelligence stratégique de Cosa Nostra », selon les termes mêmes du procureur.

La plupart des accusés s'étaient déjà trouvés devant un tribunal, mais jamais dans une situation aussi humiliante, insultante, exaspérante. Les *pentiti,* qui paradaient à la barre des témoins pour déposer contre leurs camarades mafiosi, étaient un affront impensable.

L'Italie avait déjà fait l'expérience des « repentis » avec les transfuges des Brigades rouges qui firent beaucoup pour délivrer le pays des ravages des terroristes au début des années 80. Bien que leur contribution fût d'une valeur inestimable — en réalité même, décisive — beaucoup d'Italiens les considéraient de toute façon comme des traîtres et des renégats. Les transfuges de la Mafia pouvaient encore moins espérer la sympathie du public, a fortiori des remerciements. Les terroristes repentis pouvaient voir leurs peines réduites de moitié ou même être libérés grâce à une loi spéciale ; les *pentiti* de la Mafia ne bénéficieraient pas des mêmes chances : pas la moindre indulgence du tribunal, pas de protection officielle pour eux et leur famille. Seuls Tommaso Buscetta et Salvatore Contorno étaient libres, subventionnés, et en sécurité en Amérique pour témoigner au procès de la Pizza Connection. (Contorno, comme Buscetta, fut pris en charge par le Programme fédéral de protection des témoins.) A Palerme, une vingtaine ou plus de repentis vivaient dans une peur constante, sans rien à gagner que la satisfaction de la vengeance et (pour certains) un poids de moins sur la poitrine.

Pourtant, leur aide n'était pas seulement intéressante mais indispensable. En les interrogeant les uns après les autres, le juge Falcone avait mis au jour l'existence d'une société souterraine structurée et d'une complexité inimaginable, incompréhensible pour qui que ce soit, sauf de ses membres. « La Mafia est plus qu'une simple association de malfaiteurs... C'est un monde à part, dit-il. Au centre, il y a Cosa Nostra. Puis, tout autour, il y a tout ce qui n'est pas elle. Seuls ceux qui vivent dedans peuvent réellement savoir comment sont les choses. Seul celui qui prête serment est un mafioso[7]. »

Ainsi, pour la première fois depuis sa création vers 1865, la Mafia était exposée aux yeux du public. L'un après l'autre, les *pentiti* la dépouillèrent de tout son romantisme et démolirent les plus utiles de ses mythes, à commencer par l'idée toujours vivace qu'elle n'existe pas.

La Mafia qu'ils décrivirent en détail était « globale, unitaire, avec une discipline rigide, structurée verticalement, et gouvernée d'en haut par une *Cupola* dotée de pouvoirs absolus en matière de police, de finances, de vie et de mort... Ce n'est que maintenant que nous pouvons la voir dans sa globalité, mais cela a toujours été comme ça », dit le juge Giusto Sciacchitano du groupe anti-Mafia de Sicilie[8]. La structure du pouvoir s'élevait géométriquement, en une pyramide dont la base couvrait pratiquement tous les villages de Sicile. (On ne découvrit qu'en 1988 qu'elle s'était étendue sur tout le territoire de l'Italie[9].) A la base, il y avait les *capi-Famiglia* (les chefs de famille). Les familles, regroupées par trois selon leur proximité, étaient sous la houlette d'un *capo-mandamento,* qui les représentaient dans les commissions provinciales, dominées à leur tour par la Commission ou *Cupola* à Palerme, la suprême autorité. Une *Inter-Provinciale* ultra-secrète coordonnait les décisions sur toute l'île.

Cette pyramide du pouvoir dans la Mafia devint célèbre sous le nom de Théorème de Buscetta. D'autres repentis confirmèrent amplement cette description, mais sa version était décisive, en particulier sur la question des procédures de meurtre. « Aucun *capo-Famiglia* ne prendrait sur lui de tuer quelqu'un sans le demander à son *capo-mandamento,* qui en réfère à la Commission... La Commission est au courant de tous les meurtres, surtout pour les gens importants », déclara-t-il[10]. Ces quelques phrases de son témoignage suffirent à envoyer plusieurs de ses ennemis en prison pour de longues années.

Buscetta, présent à Palerme uniquement pour témoigner, brilla de tous ses feux. Il fit son entrée dans un tribunal tendu, sous escorte armée, et s'assit dans la cabine de verre à l'épreuve des balles, le dos tourné aux hommes qui avaient ruiné son existence ; il était calme, digne, implacable. Leggio, de sa cage, le traita de ver de terre ; Pippo Calò suggéra que sa femme brésilienne était une prostituée. Buscetta les doucha de quelques mots glacials, de sa voix veloutée de baryton. Il n'était pas un repenti, dit-il, « car je n'ai rien fait dont je doive me repentir. Ce que j'étais, je le suis toujours ». C'était Cosa Nostra qui avait changé. Depuis les années 1970, on y avait « perverti les idéaux que condamnent ceux qui vivent dans la légalité, mais que nous trouvons beaux, nous qui vivons dans cette association ».

Là, Buscetta s'arrangea pour faire accepter au public un deuxième théorème, beaucoup plus pernicieux — celui de la bonne et de la mauvaise Mafia, celle d'avant et celle d'après la prise de pouvoir par Leggio, respectivement la vertu et le vice — une conception qui fut étonnamment bien acceptée. En réalité, les deux n'étaient pas opposées ; simplement, l'une d'elles était, indiscutablement, pis que l'autre.

Les idéaux en question — respect, courage, honneur, tradition — étaient des règles à usage strictement interne à la Mafia, qui ne freinaient en aucun cas, inhibant la froide violence et l'avidité des mafiosi dans le monde extérieur. Ces règles de conduite n'interdisaient pas l'extorsion de *'u pizzu* à l'aide d'une bombe, d'un incendie criminel, ou d'une balle dans la tête. La mise sur pied du cartel de l'héroïne n'avait pas gêné Buscetta quand il travaillait avec des amis comme Badalamenti et Inzerillo, tous respectant plus ou moins leur code d'honneur. Le meurtre n'était pas simplement pardonné, il était exigé.

Néanmoins, la Mafia des jours passés avait imposé le respect, maintenu une loi et un ordre internes, et empêché l'assassinat des femmes et des enfants, des parents éloignés, et même des policiers et des juges (avec des exceptions occasionnelles). C'était possible tant que les profits restaient dans certaines limites, fonction des critères de niveau de vie d'un homme d'honneur. Dès que la courbe de croissance des bénéfices de l'héroïne fut prise de folie, la folie s'empara de la Mafia.

Quoique Buscetta ne le dît pas exactement de cette façon, ce qu'était devenue la Mafia sicilienne le rendait malade. Il ne se trouva que quelques personnes pour douter qu'il veuille réellement la détruire.

Il parla pendant une semaine, passant en revue les activités de la Mafia depuis les années 50, retraçant son implantation sur le marché de l'héroïne, donnant les noms des plus importants trafiquants depuis le milieu des années 70 et ceux des principaux tueurs de Leggio dans la grande guerre de la Mafia. Premier témoin appelé à la barre, Buscetta posa les bases des trois chefs d'accusation sur lesquels le tribunal pourrait condamner la Mafia : son « unicité » organisée ; sa conquête du marché mondial de l'héroïne ; son réseau secret de distribution de l'héroïne aux Etats-Unis. « Tout ce que je sais du trafic de drogue en Amérique est fait par les hommes d'honneur envoyés là-bas par la Cosa Nostra sicilienne », dit-il. Il fit ainsi avancer de vingt ou trente ans la compréhension du problème dans le monde entier[11].

Cela dit, Busceta choisit de ne pas en dire plus. Il ne commença même pas à expliquer comment ces hommes d'honneur siciliens avaient pu déployer une armée d'occupation sur le territoire de la Mafia américaine, ni qui la dirigeait, en dehors de ceux qui étaient déjà identifiés dans le cadre du procès de la Pizza Connection. Il affirma ne rien savoir des Gambino de Cherry Hill — qu'il avait, en effet, rencontrés une seule fois, par hasard, dans un bar de New York. Il soutint même, devant un public incrédule, que Gaetano Badalamenti « ne pouvait pas avoir participé au trafic de stupéfiants, parce qu'il m'a toujours dit qu'il était extérieur à tout cela[12] ».

Il épargna de la même façon la plupart de ses amis de Sicile ; ceux qu'il désigna comme trafiquants de drogue étaient presque tous déjà morts. Par-dessus tout, il refusa définitivement de nommer les hommes politiques qui couvraient la Mafia depuis des années. La seule personne qu'il dénonça, comme une sorte de sacrifice propitiatoire, fut l'ancien maire de Palerme Vito Ciancimino — l'homme de Leggio. « Quand nous serons de l'Autre Côté, et j'y arriverai le premier parce qu'ils vont me tuer,je vous dirai qui sont ces politiciens et, même alors, vous serez étonné », dit-il plus tard à son biographe italien [13].

Finalement, l'autorité imposante de Buscetta impressionna moins les jurés que la candeur des *pentiti* de moindre ramage. Lui ne confessa ni meurtres ni participation au trafic de drogue, aucun de ses propres actes répréhensibles ; les autres le firent. Ce n'est pas l'élégant Don Masino, mais le miteux Vincenzo Sinagra qui, en racontant ses journées passées avec les tortionnaires et les étrangleurs de la chambre de la mort de la Piazza Sant'Erasmo, permit de confondre certains des pires tueurs de la Mafia. (Il n'en fut pas moins condamné à vingt et un ans de réclusion.)

Le héros du procès fut l'homme de valeur du défunt Stefano Bontate, Salvatore « Totuccio » Contorno, également prêté par les Américains pour le procès. Ruffian aussi dépourvu d'affectation que de remords, escroc, coupable d'extorsion de fonds et d'enlèvements, trafiquant de drogue, il témoigna dans le jargon de la Mafia, rapide et souvent incompréhensible, au point qu'il fallut traduire son témoignage pour les documents officiels. (A un moment, un avocat de la défense exaspéré demanda au juge : « Monsieur le Président, pourriez-vous demander au témoin de parler italien ? » Contorno répondit : « Je ne me sentirais pas sûr de moi ».) Même ainsi, il captiva le tribunal par son ton passionné et par le mépris qu'il exprimait ouvertement pour la fraternité à laquelle il avait cru, autrefois. Cosa Nostra n'était plus « qu'une bande de brutes et d'assassins », dit-il.

Contorno était en route pour tuer Pippo Calò à Rome quand il fut arrêté, en 1982. « Vraiment dommage que je l'aie raté », fit-il remarquer. (Il pensait que Calò avait vendu Bontate aux Corléonais.) Après deux tentatives de meurtres sur sa personne à la suite de la mort de Bontate, il avait acheté deux voitures blindées et le matériel électronique nécessaire pour les faire démarrer à distance.

Contorno était personnellement en guerre contre les clans vainqueurs qui avaient tué douze de ses parents et il n'essayait pas de s'en cacher. « Ils voulaient me tuer et ils n'ont pas pu, et maintenant je suis un *pentita.* Et me voici, monsieur le Président », déclara-t-il au président du tribunal. « Ils » désignait les Corléonais. Contorno ajouta : « Il n'y a pas de clans gagnants et de clans perdants, parce qu'il n'y a pas de vaincus ; ils les ont tous tués. »

Il nomma 150 membres de la Mafia, debout dans sa cage de verre et tournant sur lui-même pour faire face aux plus vils des hommes, les désignant l'un après l'autre alors qu'ils défilaient. Le juge annonçait les noms par ordre alphabétique et Contorno répondait froidement, dans un silence de mort :

— Giuseppe Abate est-il un homme d'honneur ?
— Oui.
— Filippo Argano ?
— Oui.
— Pietro Alfano ?
— Oui.
— Francesco Adelfio, Mario Adelfio, Salvatore Adelfio, Giovanni Adelfio connu sous le nom de « Giannuzzo » ?
— Oui.
— Franco Adelfio a-t-il fait du trafic de drogue ?
— Toute sa vie[14].

Le témoignage de Contorno sur le trafic de drogue était écrasant, et pas seulement à cause de sa spectaculaire contribution au procès de la Pizza Connection. Sa rencontre accidentelle avec Sal Catalano et Giuseppe Ganci dans une ferme de Bagheria en 1980 — où il les avait vus « tester cette drogue pour savoir si elle était bonne ou si elle ne faisait rien » — n'était qu'un élément parmi beaucoup d'autres.

Contorno n'avait pas opéré dans les hauteurs où évoluait Buscetta, mais au ras du sol, depuis l'année de sa prestation de serment, soit 1975, à peu près l'époque des contrats passés avec la Camorra et la Mafia turque. Il savait tout sur la morphine-base en provenance de Turquie et de Bulgarie, et il avait participé aux réunions avec les *camorristi* à Naples. Il affirma catégoriquement : « Il y avait des mafiosi comme nous, les Bardellino, Zaza, Nuvoletta, tous hommes d'honneur, pas la Camorra. Ils disent Camorra, mais ça n'existe pas. C'étaient des hommes d'honneur de Palerme. »

Contorno avait vu personnellement plusieurs des raffineries de drogue de l'île, y compris une qui était installée sur la propriété de 250 hectares de Don Michele Greco à Ciaculli, La Favarella. Mais La Favarella, où la *Cupola* avait l'habitude de se réunir et les mafiosi en fuite de se cacher, était trop exposée. « Il y avait trop d'agitation, trop de flics qui s'y intéressaient, alors ils ont déménagé le laboratoire », dit-il.

Dans la Cosa Nostra de Sicile, tout le monde était impliqué dans le trafic d'héroïne, sauf Bontate, déclara Contorno, fidèle à la mémoire de son patron vénéré [15] :

Ce n'était pas comme si Stefano Bonta leur disait qu'ils ne devaient pas et qu'alors ils aient obéi. Il ne pouvait rien empêcher dans notre famille... Parce qu'ils lui disaient : « Je dois faire la drogue, ma famille doit manger... »

Ils étaient tous dedans, parce qu'il y avait beaucoup d'argent à se faire, c'était mieux que de construire des maisons, mieux que tout. Si vous investissiez cent millions de lires, ça vous en rapportait trois, alors tout le monde a sauté là-dessus à pieds joints... ils ont laissé tomber tout le reste, ils ne s'occupaient plus que de la drogue...

Si je voulais faire de la drogue tout seul, je pouvais le faire tout seul. Si nous étions trois ou quatre dans la famille à vouloir le faire, nous pouvions le faire, pas de problème...

Il y avait un accord général, parce que la morphine arrivait en grosses quantités à la fois... Si c'était moi qui avais investi dans la cargaison qui arrivait, ce serait moi qui m'occuperais de transformer la morphine en héroïne, et pareil pour tout le monde.

Tout le monde avait son rôle à jouer... Si je voulais cent kilos, ils me donnaient cent kilos... Ils la raffinaient à Palerme et tout le monde prenait ce qu'il voulait et l'envoyait où il voulait [16].

Ensuite, les dollars revenaient d'Amérique dans des valises ou dans des paquets aux emballages discrets. Il était facile de changer l'argent en lires. « Nous avions les banquiers, il y avait des banquiers dans les banques qui étaient des “ amis ”... Pas de problème. »

La Mafia sicilienne contrôlait tout le commerce de la drogue, poursuivit Contorno. « Je dis bien les Siciliens, pas les Milanais ou les Turinois ou les Français — les Siciliens. C'est-à-dire nous les Palermitains de Cosa Nostra, je ne parle pas de la population... Cosa Nostra avait la haute main sur tout le marché de la drogue, tout devait passer par Palerme, tout revenait à Palerme [17]. » Et les Siciliens ne devaient de comptes à personne d'autre, pas même à Cosa Nostra en Amérique. Quand on lui demanda si les Américains avaient réclamé des explications pour le meurtre de Franco Mafara, responsable à la *Cupola* de la commercialisation de l'héroïne en Italie, Contorno parut surpris : « Non, non... s'ils ont dû tuer Franco Mafara, c'était sans intérêt pour les Américains... Il arrivait tellement de choses à Palerme ! Et pourquoi auraient-ils dû en parler aux Américains ? Ils n'étaient pas autorisés à donner des explications. Ils devaient tuer Mafara ? Alors ils l'ont tué, point final. »

Luciano Leggio, qui prit la suite de Buscetta et Contorno à la barre des témoins, se montra respectueux, obséquieux et chagriné. Impeccablement vêtu, pour l'occasion, d'un complet sombre, avec une pochette de soie et une cravate à rayures, Leggio se déclara ahuri par la liste des charges, à faire se dresser les cheveux sur la tête, retenues contre lui. Il n'avait aucune idée de ce que pouvait être la Mafia et ne savait même pas ce qu'était la drogue. « Je n'ai jamais rien fait dans ma vie dont j'aie à rougir. Je n'ai jamais été l'ennemi de personne. J'ai toujours été un homme tranquille... Ils peuvent me calomnier, mais personne ne peut dire un mot contre moi. »

Il rappela à la Cour toutes les fois où il était passé en jugement et avait été acquitté — il était actuellement en prison pour un unique meurtre, rien de plus, commis plus d'un quart de siècle plus tôt —, et fit remarquer presque sans la moindre ironie qu'aucun être vivant n'avait jamais témoigné contre lui jusqu'à présent. C'est vrai, un patron nommé Di Cristina avait dit aux carabiniers des choses tout à fait choquantes à son sujet, avant d'être assassiné (semble-t-il, sur l'ordre de Leggio). « Mais si ce type est mort, c'est seulement dans les rêves qu'il peut maintenant venir dire des choses », conclut Leggio dans une jolie formule.

A toutes ces accusations, je n'aurai qu'une réponse : j'étais en prison, je suis toujours en prison. Excusez-moi, mais comment pourrais-je courir dans tout le pays, me promener dans les rues et revenir à ma cellule, à moins que j'en aie la permission ?

Si c'est cela, il faut alors que j'aie reçu l'aide de différents gardiens de prison, de directeurs de prison, des sergents qui surveillent le courrier et le téléphone. Mais je suis ici, dans une cage, et je ne vois pas un seul surveillant, gardien ou directeur de prison dans une cage. Si ces gens m'ont aidé, pourquoi n'ont-ils pas été inculpés [18] ?

Ils n'avaient pas été inculpés parce que pas un seul individu, dans tout l'appareil pénitentiaire italien, n'aurait été assez stupide pour se dresser contre Leggio. Il avait bloqué les tribunaux avec cet argument depuis sa condamnation à perpétuité en 1974, et continuerait à le faire. Personne n'a su utiliser la loi pour paralyser la loi plus triomphalement que Luciano Leggio.

Après la déposition des vedettes, quelque 1 337 autres témoins furent appelés à la barre. Beaucoup mentirent, rétractèrent leurs déclarations antérieures, ou s'écroulèrent, visiblement à demi morts de peur. Mais leur attitude ne suffisait pas à maintenir ou faire tomber les accusations. Indépendamment des *pentiti* ou des témoins défaillants, le corps de preuves était plus que suffisant pour rendre le dossier solide.

Ces preuves montraient une Mafia en pleine expansion, une situation inquiétante. Depuis « l'épicentre » de Palerme, ses filets s'étaient étendus sur toute la Sicile jusqu'au détroit de Messine qu'ils avaient franchi pour s'étendre sur la Calabre, Naples, Rome et la lointaine Italie du Nord.

Une colossale organisation Mafia-Camorra d'extorsion de fonds, d'enlèvements, de trafic de drogues, et de blanchiment de l'argent, avait été découverte à Milan : 159 piliers du commerce international de la drogue y étaient impliqués, dont les frères Bono, les frères Fidanzati, les frères Salamone, les frères Cuntrera, les frères Nuvoletta, les frères Zaza, et Buscetta, entre autres. Ils étaient sur le point d'acheter le circuit milanais de San Siro et l'hôtel Hilton de Milan pour près de 100 millions de dollars quand ils avaient été démasqués[19]. Les écoutes de leurs lignes téléphoniques à Milan avaient mis les enquêteurs italiens sur la piste des familles Cuntrera-Caruana du Venezuela, du Canada, et de Grande-Bretagne ; la Pizza Connection s'était insérée dans la partie du tableau concernant New York. La police avait suivi la trace des mouvements internationaux des narcodollars dans des banques des Caraïbes, de la Suisse, de Milan et de Sicile. Elle avait rassemblé les faits concernant la filière d'approvisionnement de la Mafia turque à partir d'Istanbul et de Sofia, et une autre filière jusque-là inconnue : une ligne directe reliant Palerme au Triangle d'or en Extrême-Orient.

Cette route nouvellement ouverte appartenait presque exclusivement aux plus proches alliés de Leggio à Palerme et Catane, dirigés par « le clan délicieusement mafioso » d'un certain Nitto Santapaola. Ils avaient commencé à pomper cette source illimitée de morphine-base et d'héroïne vers 1979, et s'étaient rapidement développés à partir du moment où la police s'était mise à fermer les raffineries siciliennes. C'était moins cher, plus facile et plus tranquille d'acheter de l'héroïne raffinée en Thaïlande et de l'importer directement sur le marché occidental.

En 1983, la Thaïlande regorgeait de trafiquants siciliens dont les fournisseurs chinois ne traitaient aucune affaire avec la Mafia en dessous de la tonne de marchandise. Un seul et unique fournisseur, un natif de Singapour appelé Koh Bak Kin, avait expédié 3 750 kilos de morphine-base lors de sa première livraison à Palerme, depuis

Bangkok via Copenhague ; c'était suffisant pour produire près de quatre tonnes d'héroïne, les deux tiers de l'approvisionnement annuel du demi-million d'héroïnomanes américains[20]. Koh Bak Kin avait fourni au moins 280 kilos d'héroïne raffinée en 1982 ; en 1983, il avait pris la commande de près d'une demi-tonne supplémentaire et avait expédié une autre livraison de 233 kilos, qui fut saisie sur le canal de Suez[21]. Le bateau transporteur, l'*Alexander G.*, avait été chargé par des hommes armés sur l'îlot de Ko-Fra-Kong, à trente kilomètres au large de la Thaïlande. Arrêté à Bangkok et amené à Palerme pour témoigner, Koh Bak Kin ne dit pas un mot de plus que ce qu'il savait que savait déjà le tribunal. De toute façon, il n'en fallait pas plus !

Le verdict, rendu en décembre 1987 au bout de près de deux ans d'auditions, confirma les points fondamentaux de l'acte d'accusation : l' « unicité » de la Mafia, le réseau de l'héroïne organisé sous ses auspices, les meurtres sur commande, la culpabilité collective de son organe de direction. Tous les membres de la *Cupola* furent condamnés, avec 323 autres accusés. Plus de 100 personnages de moindre importance furent acquittés par manque de preuves, mais aucun patron d'envergure ne fut acquitté, à l'exception de Leggio. Son étincelle d'humour amusé à la barre des témoins était justifiée : tout le monde savait, mais personne ne pouvait prouver qu'il dirigeait la Mafia depuis sa cellule de prison.

Dans la presse étrangère, le maxi-procès de Palerme fut traité comme un sujet méritant un article de temps à autre. Peu de gens se rendirent compte qu'une bataille titanesque avait été livrée dans ce lointain tribunal de Sicile. On ne réalisa pas non plus qu'il n'y avait pratiquement pas un pays d'Europe de l'Est et de l'Ouest, de l'Amérique du Nord et du Sud, d'Afrique, du Proche-Orient et d'Asie où la Mafia ne travaille pas, ou qu'elle ne corrompe pas en le traversant. La Suisse, l'Allemagne de l'Ouest, l'Espagne, la Grèce, la Grande-Bretagne et le Canada faisaient partie de ses bases de livraison et de ses centres bancaires. La France était une fois encore un centre de production de l'héroïne, cette fois sous la direction de la Mafia sicilienne. La Bulgarie et la Yougoslavie jouaient un rôle vital. Le Liban, la Syrie, l'Iran, le Pakistan et la Turquie faisaient partie de ses fournisseurs. Les Tamouls de Sri Lanka finançaient leur soulèvement par la vente d'héroïne dans les réseaux de la Mafia. Le Kenya était un de ses pays de réunion. La Guinée-Bissau achetait des armes et des Mirage en se servant d'une société fantôme qu'elle dirigeait sur la côte du nord de l'Italie (en association avec des terroristes d'extrême droite). Les îles de Vianatu et d'Aruba, les Seychelles, Malte, la république Dominicaine et le Venezuela étaient ses sanctuaires favoris. Même à Katmandou, près du sommet des Himalayas, derrière une barrière de montagnes inaccessibles, on découvrit un réseau d'officiers et de politiciens véreux qui émargeaient au livre de paye de Palerme[22].

Pas un pays n'avait levé le petit doigt contre la Mafia sicilienne pendant un quart de siècle. Les Etats-Unis, sa première et préférée victime, n'avaient réussi, après tout ce temps, qu'à élaguer une seule ramification : une bande de trafiquants avérés, importants mais pas irremplaçables. Le procès de Palerme était le premier assaut sérieux jamais lancé contre le phénomène de la Mafia pris dans son intégralité et dans son infinie complexité.

Le courage des juges, des jurés, et des policiers n'aurait probablement pas pu se rencontrer ailleurs qu'à Palerme — aurait même sans doute été difficile à imaginer ailleurs. Chacun d'eux mettait sa vie en jeu, et leurs chances de survivre au procès, qu'elle qu'en fût l'issue, n'étaient pas brillantes. Beaucoup de raisons expliquent ce courage, bien sûr, mais la principale tenait à leur qualité de Siciliens. Ils avaient tous une longue pratique de la Mafia et ils en avaient assez. Un des jurés déclara : « J'ai l'impression d'être un partisan de Garibaldi qui vient libérer la Sicile. »

Etant Siciliens, les juges et les jurés se rendaient compte qu'on les laisserait se battre seuls, et ils furent seuls, en effet. Les gens de l'extérieur observèrent le procès avec une curiosité détachée. A l'étranger, beaucoup de gens considéraient encore l'Italie comme un pays plein de guitaristes napolitains et de flics de comédie à la Mack Sennett. Très peu d'étrangers avaient la moindre idée de l'héroïque travail de la police qui avait obligé la Mafia à rendre des comptes.

Aucun des pays concernés ne se comporta autrement qu'en spectateur. Il en fut de même, dans son ensemble, de l'establishment italien. Une poignée de Siciliens en pleine vue et un certain nombre de citoyens ordinaires qui venaient les applaudir, de plus en plus nombreux il est vrai, furent laissés à leur solitude. « Au début, ils leur disaient : “ Allez-y, battez-vous, nous sommes tous avec vous. ” Maintenant, ils disent : “ Battez-vous mais ne nous dérangez pas ” », confia le juge Falcone la veille de l'ouverture du procès[23].

La bravoure de ceux qui se battirent était d'autant plus admirable qu'ils savaient que, seuls, ils ne pouvaient pas vaincre. En réalité, c'était encore pis qu'ils ne le pensaient. Ce qu'ils avaient réalisé avec le maxi-procès commença à être défait aussitôt le verdict rendu. A peine un an plus tard, presque tout le terrain gagné était reperdu.

19.

La Pieuvre de nouveau libre

La fragilité des moyens de défense d'une société libre contre la Mafia apparut avec une clarté atterrante en 1989. La justice italienne adopta une telle ligne de conduite que les juges et les jurés furent désavoués, la vérité fut occultée par des astuces juridiques de coupeur de cheveux en quatre, et une horde de mafiosi dûment jugés et condamnés furent relâchés. En une grotesque parodie de justice, les vaincus devinrent les vainqueurs.

Au début de la nouvelle année, seulement 60 des 342 condamnés du maxi-procès de Palerme étaient encore sous les verrous. Les autres étaient soit sortis en liberté conditionnelle et s'étaient évanouis dans la nature, soit étaient sortis, tout court. Michele Greco, condamné à perpétuité, avait toutes les chances d'être libéré au bout de deux ou trois ans. Gaetano Fidanzati, condamné à vingt-deux ans de prison, était déjà dehors. Giuseppe Bono et son frère Alfredo, condamnés respectivement à des peines de vingt-trois et dix-huit ans de prison, étaient dehors et menaient grand train ; Giuseppe fut dégagé de son obligation de payer une caution, fixée à l'origine à un quart de million de dollars, sous prétexte qu'il était pauvre [1]. (Les Bono laissaient tout leur argent en Suisse.) Antonio Salamone, condamné à vingt-deux ans de prison, avait été renvoyé dans ses foyers par la cour de cassation en considération de « son âge avancé » et de son « grave état de santé », sur quoi il avait promptement quitté le pays. (On dit qu'il serait de nouveau au Brésil [2].) Même Luciano Leggio, dont on pensait qu'il était bouclé pour de bon, espérait être bientôt libéré.

Des centaines d'autres mafiosi avaient été remis en circulation, sans qu'ils se soient, pour autant, le moins du monde amendés. Don Michele Zaza, condamné à neuf ans et demi de prison en 1984 sur de lourdes charges de trafic de drogue, faisait le tour de l'Europe dans sa nouvelle Mercedes[3]. Tous les accusés condamnés par un tribunal italien pour leur rôle dans le blanchiment de l'argent de la Pizza Connection étaient en liberté, tout comme deux des trois patrons de la Mafia condamnés pour l'assassinat du capitaine des carabiniers Basile — le troisième avait été tué par des camarades mafiosi en prison ; en liberté, également, le patron condamné pour l'assassinat du juge Ciaccio Montalto[4]. Toujours libres, 100 des 120 condamnés de Turin, où les membres du « clan de Catane » qui opérait dans cette ville avaient accumulé 26 condamnations à perpétuité et des peines de prison pour une durée totale de plus de sept siècles. En liberté, les deux hommes condamnés pour l'assassinat du juge Chinicci, cela après avoir été jugés et rejugés six fois ! Michele Greco, trois fois condamné par d'autres tribunaux pour avoir ordonné l'assassinat de Chinicci en 1983, avait été finalement acquitté avec ses deux hommes de main.

On se serait cru au bon vieux temps, mais dix années cruciales venaient de s'écouler. La couverture de la Mafia avait été balayée en Italie comme en Amérique. Trahie et discréditée par ses propres membres, prise dans le colimateur de la presse, décapitée par les fournées successives d'arrestations, maudite dans des millions de pages de témoignages devant les tribunaux, Cosa Nostra avait été condamnée dans une douzaine de procès historiques. A présent, on pouvait poursuivre ses membres selon des procédures impensables seulement quelques années plus tôt.

Pourtant, dans une démocratie hautement civilisée, il était possible d'arrêter, de juger et de condamner un homme d'honneur sans que cela l'empêche de vaquer librement à ses affaires. Il était d'une importance vitale de préserver les droits de tout citoyen. Là où la loi n'était pas explicitement permissive, elle comportait suffisamment de vides pour être utilisée par des avocats habiles, des politiciens rusés et des juristes d'une précision inflexible. C'est ainsi que la Mafia pouvait l'emporter sur la loi sans même avoir besoin de la tourner.

En fait, l'Italie avait adopté une législation assouplie pour le régime pénitentiaire et le code pénal au moment même où l'appareil judiciaire commençait à s'appesantir sur la Mafia. Ses membres n'étaient pas plutôt capturés que la nouvelle législation œuvra (inévitablement, sinon intentionnellement) dans le sens de leur remise en liberté.

En 1984, le parlement avait imposé des limites strictes au délai dans lequel les prisonniers devaient être jugés : deux ans à partir du jour de l'arrestation jusqu'au jugement en première instance, une année et demie de plus pour la cour d'appel, et encore un an pour la cour de cassation. Le délai tombait sans exception, aussi complexe que soit la procédure. Un accusé pouvait partir au beau milieu de son procès si le délai était expiré ; il pouvait aussi s'en aller si le jugement était rendu, mais pas encore enregistré à la chancellerie, ce qui pouvait prendre des mois.

Ces dispositions étaient valables pour le tout-venant, mais un dossier impliquant la Mafia pouvait ligoter un tribunal. Les procès contre les hommes d'honneur donnaient naissance à des montagnes de papier. Imbriqués comme ils l'étaient en un réseau planétaire — faire l'aller-retour entre la Sicile et l'Amérique, acheter de la morphine à Sofia ou Bangkok, payer un fournisseur turc à Zurich, blanchir l'argent à Londres —, leur procès exigeait le recours à des polices étrangères et à des documents bancaires de tous pays, à des interrogatoires à l'étranger, et à des traducteurs jurés. Même au gouvernement américain, qui y consacra d'énormes ressources, il fallut trois ans pour pouvoir faire reconnaître la culpabilité de la vingtaine d'accusés de la Pizza Connection.

Un autre texte du parlement italien, en 1986, offrit des « ristournes » de peine aux prisonniers modèles. (Les hommes d'honneur sont toujours des prisonniers modèles.) Ceux qui se conduisaient bien avaient droit à six semaines de permission chaque année et, pour chaque année passée en prison, une déduction de trois mois sur le total de leur condamnation. Après dix ans de bonne conduite, ils étaient autorisés à demander la « semi-liberté », c'est-à-dire à passer la journée à l'extérieur de la prison et seulement la nuit dans leur cellule[5].

Au cours du second semestre de 1988, 2992 prisonniers en permission ou en semi-liberté disparurent. Des milliers d'autres regagnèrent leur cellule, mais c'était « la qualité, non la quantité, qui comptait », déclara le ministre italien de l'Intérieur Antonio Gava. La moitié des fugitifs étaient des mafiosi de haut rang condamnés pour meurtre, vol, enlèvement et trafic de drogue. La plupart étaient de Palerme, Catane ou Naples ; l'un d'eux était membre de la *Cupola*.

Presque tous les membres de la *Cupola* restés en prison avaient trouvé une solution pour passer ce temps le mieux possible. Munis d'un certificat d'invalidité, ils étaient confortablement installés pour une durée illimitée dans une aile de l'hôpital civil de Palerme. (Parmi les maladies diagnostiquées sans rire par les médecins, figuraient un torticolis, une hernie, une « transpiration excessive », des tendances à l'évanouissement, et un besoin physiologique d'air marin[6].)

Le scandale éclata quand on apprit que Luciano Leggio pourrait être bientôt libéré. Il avait fallu un quart de siècle pour le mettre derrière les barreaux et les prisons semblaient brusquement devenues incapables de le garder. Il demandait déjà à bénéficier de son droit à la semi-liberté. En additionnant ses points de remise de peine, il pouvait s'attendre à retrouver la liberté totale en 1991. Cette perspective ébranla suffisamment le gouvernement pour qu'il envisage des restrictions à la loi, au moins pour les mafiosi. Personne ne les transformerait en honnêtes citoyens, et les laisser sortir sur parole équivalait à légaliser leur évasion.

Toutefois, si l'on pouvait modifier une loi, on ne pouvait pas lutter contre une attaque paralysante venue de l'intérieur de l'institution judiciaire. Même si 464 mafiosi avaient été traduits devant la cour d'assises de Palerme, une juridiction supérieure était en train d'établir les fondements juridiques qui les tireraient d'affaire. A partir de 1986, la cour suprême italienne (la Cour de cassation) cassa presque tous les jugements importants prononcés par les autres instances contre la Mafia.

La plupart des décisions furent élaborées par un éminent juriste, Corrado Carnevale, surnommé « le casse-jugements ». Beaucoup de ses argumentations reposaient sur son art de couper les cheveux en quatre : « défauts de motivation », « défauts de notification », « vices de forme » et « vices de procédures ». D'autres rejetaient simplement l'opinion des jurés sur les preuves fournies. Annulant les jugements d'une instance inférieure dans la partie du procès de la Pizza Connection jugée en Italie, le juge Carnevale estima par exemple que :

Les « conversations codées » écoutées en Amérique par le FBI étaient trop codées pour être retenues comme une référence à la drogue.

L'accusé Antonio Salamone, quoique « adhérant aux méthodes de la Mafia », ne pouvait être considéré comme un membre de cette organisation, ne serait-ce que parce que « il vivait sur un autre continent »

Un des principaux responsables du blanchiment de l'argent de la Pizza Connection pouvait à juste titre prétendre qu'il n'avait pas eu conscience de manipuler l'argent de la drogue ; et cela bien qu'il ait admis que l'argent qu'il lavait arrivait en « petites coupures, abîmées, crasseuses et en énormes quantités », et qu'il lui était apporté par « des Siciliens qui sentaient leur mafioso de loin[7] ».

On ne pouvait mettre en doute l'intégrité du juge Carnevale ni faire appel de ses décisions ; il était la juridiction de dernier ressort.

Les autres tribunaux étaient sans recours quand la plus haute autorité juridique du pays s'occupait de défaire pratiquement tout ce qu'avait réalisé le bureau anti-Mafia sicilien, et s'occupait pour finir de disloquer ce groupe lui-même.

A l'automne 1988, la Cour de cassation démolit la seule base juridique sur laquelle les tribunaux avaient jamais pu lutter contre la Mafia sicilienne — son *unicita.* Selon les termes mêmes de l'arrêt, la Mafia ne « correspondait pas à une structure unitaire et verticale ». Au contraire, elle était « composée de familles opérant pour leur propre compte, sur des territoires différents, sans aucun lien hiérarchique avec la *Cupola* de Cosa Nostra [8] ».

Les enquêteurs qui avaient travaillé pendant dix ans pour prouver le contraire étaient atterrés. Ils n'avaient cessé de perdre du terrain depuis le début du maxi-procès. A présent, à peine un an après le verdict, son principal pilier était démoli, et les fondements du bureau anti-Mafia disparaissaient. Ce n'était pas seulement la Cour de cassation qui sabordait l'équipe du juge Falcone. Les instances dirigeantes du judiciaire la laissaient aussi tomber. Bien que défendue par une minorité passionnée au Conseil suprême de la magistrature, l'équipe fut abandonnée par une majorité à la vertueuse rhétorique. Pas un seul membre du gouvernement italien ne leva le petit doigt pour sauver l'équipe de Falcone.

L'atmosphère s'était appesantie mois après mois, comme si l'ennemi n'était pas la Mafia, mais les juges qui travaillaient contre elle. Les douces voix de la raison s'interrogeaient sur la sagesse des juges et sur leurs motifs. On les accusait de carriérisme, de chercher des « arrestations pour faire les gros titres de la presse », ou d'infliger le hurlement de leurs sirènes de police aux Palermitains pour renforcer leur image de machos, en bref, de courir pour leur avancement et pour la gloire. Les médisances et les insinuations sournoises semaient le trouble dans le tribunal de Palerme, qu'on finit par appeler le « Palais Poison ».

Un chœur d'esprits délicats déplorait l'utilisation des *pentiti,* dont le témoignage avait révélé la face cachée de la planète Mafia. Les demandes pressantes des *pentiti* pour obtenir des sécurités supplémentaires étaient ignorées. L'un d'entre eux résuma ainsi la situation : « S'ils ne me protègent pas, maintenant que j'ai rendu service à l'Etat, vous pouvez deviner ce qui va m'arriver. Ce qui va arriver ? Ils vont me tuer, voilà ce qui va se passer [9]. » Pourtant, aucun parti ne déposa un projet de loi visant à l'instauration d'un programme de protection des témoins. L'Etat ne pouvait protéger ni les transfuges ni leurs familles, avoua le ministre socialiste de la Justice [10].

Le destin d'un Antonino Calderone, le dernier et le plus important *pentito* de Sicile qui parla en 1988, est un avertissement très clair. Homme d'honneur de Catane pendant toute sa vie, Calderone était parvenu aux échelons les plus hauts de la Mafia jusqu'en 1982, date à laquelle son frère Giuseppe fut tué par les Corléonais. Giuseppe avait eu toute la Sicile Est sous son contrôle et dirigeait l'*Inter-Provinciale* de la *Cupola.* Ayant reconnu sept meurtres pour son propre compte, Calderone décrivit les liens de la Mafia avec des citoyens au-dessus de tout soupçon, son emprise sur le monde de la finance en Sicile et à Milan, ses relations étroites avec des hommes politiques de haut niveau — tout ce dont Buscetta n'a jamais parlé. « Il raconta tout, sans épargner ses amis ni lui-même, sans restrictions, sans rien demander en échange que la protection de sa famille », dit le chef de la brigade anti-criminelle italienne, qui veillait sur Calderone dans une aile spécialement aménagée de la prison[11].

Pourtant, alors que Buscetta avait été accueilli comme un miracle en 1984, Calderone fut relégué en 1988 dans quelque chose qui ressemblait fort aux ténèbres extérieures. Ayant reconnu plusieurs meurtres, il fut condamné à passer pratiquement tout le reste de sa vie en prison. Mais ses extraordinaires révélations atteignirent à peine les autres assassins de la Mafia. L'enquête issue de sa confession fut morcelée et distribuée à dix secteurs judiciaires différents. Les hommes politiques et les financiers « contigus » à la Mafia furent soigneusement évacués du dossier. Sur les 160 hommes arrêtés après les révélations de Calderone, tous sauf 11 furent relâchés[12].

A la fin de 1988, selon l'expression d'un magistrat sicilien, « la lente agonie de l'enquête anti-Mafia » était terminée. Toute cette entreprise si courageuse était morte.

Les juges, les policiers et les *pentiti* qui avaient mis leur vie en jeu étaient désavoués. Le bureau anti-Mafia de Palerme, d'une valeur inestimable par la quantité de ses connaissances et l'étendue de son expérience, était démantelé (en fait sinon en droit[13]), et l'équipe de la police qui travaillait avec lui était dispersée. (Ceux des policiers qui étaient encore en vie furent transférés. L'un d'eux, par exemple, fut affecté à la surveillance du bureau de poste de Reggio de Calabre.) Les grandes affaires furent fractionnées en plusieurs dossiers sans rapports les uns avec les autres et attribués à des magistrats « normaux » répartis dans toute l'île. En mai 1989, une cour d'appel de Rome déclara expressément que la Mafia n'avait jamais existé : on se serait cru de retour en 1963, quand le cardinal primat de Sicile déclarait que la Mafia était une invention communiste[14].

Vers le milieu de 1988, un juge qui avait été aux premières lignes dit : « L'Etat s'est soumis. Le bureau anti-Mafia est détruit. Le passé a été balayé. La police ne sait plus ce qui se passe dans Cosa Nostra ; pas un seul organisme de police d'ici n'est capable de fournir un rapport sur la Mafia digne de ce nom... Nous risquons de voir se créer un vide dangereux... Nous revenons en arrière, là où nous étions il y a dix où vingt ans[15].

Les espoirs soulevés par cette situation parmi les mafiosi siciliens ont été exprimés d'une façon concise dans un dialogue entre deux d'entre eux à Brooklyn, à peu près à la même époque. Voici le texte de l'enregistrement qu'en a fait le FBI :

— Est-ce que Falcone a enfin démissionné ?
— Non, il a changé d'avis.
— Merde !

L'inquiétude se répandait chez les forces de la loi aux Etats-Unis. Louis Freeh, chef de l'unité de lutte contre le crime organisé du district Est lança cet avertissement : « Sans le bureau italien, la Mafia va l'emporter. Le démantèlement du bureau italien nous créerait des problèmes insolubles... La Mafia a été déstabilisée dans nos deux pays, mais elle n'a pas dit son dernier mot. Nous sommes, en Amérique comme en Italie, à un moment critique. Sans le bureau italien, nous serons également paralysés[16]. »

Quand le bureau anti-Mafia finit quand même par se disloquer, les Etats-Unis n'en ressentirent pas immédiatement les effets. Les juges et les policiers des deux pays continuèrent à travailler en étroite collaboration et procédèrent même à des arrestations spectaculaires de trafiquants de drogue[17]. Pourtant, selon les commentaires de Freeh : « Les hommes ont changé, mais pas le système[18]. » L'axe de la drogue New York-Palerme était toujours en activité, dit Freeh, malgré le harcèlement judiciaire des deux côtés.

Les trafiquants arrêtés en Amérique étaient toujours remplaçables par l'organisation, tant qu'elle continuait de bien se porter. En Italie, son quartier général international, la Mafia relevait la tête avec une virulence terrifiante. Tout le monde admettait qu'elle allait sortir victorieuse de la bataille ; beaucoup de gens pensaient qu'elle avait déjà gagné. En été 1989, le président de la Commission anti-Mafia du parlement italien écrivit au président de la République italienne : « Cher Cossiga, la Mafia a gagné ».

Qu'est-ce qui pouvait bien empêcher une société démocratique et civilisée de se mobiliser contre la Mafia comme elle s'était mobilisée contre le terrorisme ? Ce n'était pas seulement une législation permissive, ou un juriste exceptionnellement pointilleux, mais des milliers d'éléments qui s'ajoutaient à un manque de volonté politique.

Peu d'Italiens, à part ses victimes, voyaient dans la Mafia une menace pour leur liberté aussi dangereuse que les Brigades rouges l'avaient été. En Italie, les Brigades rouges avaient aussi bénéficié d'une période de croissance curieusement ininterrompue. Les intellectuels les protégeaient comme des camarades égarés. Les politiciens pouvaient les utiliser pour jouer, par comparaison, les gardiens de la loi et de l'ordre. L'establishment italien ne se sentait pas menacé dans son existence. La police et les tribunaux, ne comprenant pas grand-chose à leur but profond — détruire l'Etat démocratique — ne les envoyait en prison que pour les libérer, encore et encore. En 1980, seule la Turquie souffrait plus que l'Italie des attentats terroristes.

Là aussi, une poignée de courageux magistrats italiens risquèrent leur vie pour faire comprendre la véritable nature du complot. Plusieurs juges furent assassinés, mais le Palazzo finit par reconnaître que la menace était intolérable. Une fois que ce fut clair, la nation tout entière s'unit et ce fut la fin de la « longue marche contre les institutions » des Brigades rouges.

Mais rien de tout cela n'arriva à la Mafia. Peut-être était-elle trop familière, trop étroitement mêlée au tissu socio-économique, trop bien protégée et camouflée. Quelles qu'en fussent les raisons, elle avait réussi à anesthésier la classe dirigeante italienne. Tandis que tout le pays se plaignait à haute voix de Cosa Nostra, personne ne se souciait de voter contre elle. Aucun syndicat ne s'opposa à elle avec beaucoup d'énergie. En Italie continentale, pas un seul politicien ne se serait présenté aux élections sur un programme anti-Mafia. Aucun parti politique ne fit de la lutte contre la Mafia un élément majeur de sa plate-forme électorale nationale. Ceux qui n'étaient pas corrompus ou effrayés semblaient avoir renoncé, par lassitude ou résignation.

Pourtant, la Mafia pouvait faire chanter le pays et lui dicter sa volonté comme aucun terroriste politique n'avait pu le faire. Elle pouvait se débarrasser d'un policier trop curieux par une menace de mort donnée par un coup de téléphone anonyme — le chef du bureau des homicides de Palerme quitta la Sicile de cette façon en 1989 — et assassiner en toute impunité les plus hauts représentants de l'Etat. Elle pouvait escroquer l'Etat de plusieurs milliards de dollars par an, de façon régulière, flagrante, et défier la loi de venir la chercher.

La Mafia exerçait un « contrôle capillaire sur tous les quartiers de Palerme », dit un magistrat du bureau anti-Mafia en 1988. Son « emprise est totale sur des zones entières du territoire national », ajouta Domenico Sica, le haut-commissaire de la Commission nationale anti-Mafia, faisant allusion à la Sicile, la Calabre et la région de la Campanie autour de Naples. Cosa Nostra avait rendu la justice « impossible » en Sicile, et la riche cité de Catane « ingouvernable », d'après la commission anti-Mafia du Conseil supérieur de la magistrature. Le gouverneur de la Banque centrale italienne estimait qu'elle « contaminait l'ensemble du mécanisme économique national » en « investissant des capitaux sales dans une économie saine ». Pour le ministre de l'Intérieur, elle « finançait la dette nationale » en « lavant » ses narcodollars en bons du Trésor. Quant à Leoluca Orlando, le maire de Palerme, il déclara qu' « elle était en train d'acheter l'Etat italien morceau par morceau[19] ».

Orlando, un démocrate-chrétien réformateur, parlait au nom d'un nombre croissant de Siciliens et d'Italiens qui avaient commencé à reprendre le combat sur le plan politique vers 1985. En quatre ans, la lutte transforma ce jeune enthousiaste en un homme usé, découragé et péniblement marqué par les difficultés. Il était le premier réformateur, en un siècle, à survivre aussi longtemps à ce poste ; les quelques autres maires qui avaient essayé avaient tenu quelques semaines ou quelques mois. Un de ses récents prédécesseurs avait même été tué[20].

L'ancien maire assassiné avait laissé un testament politique qui donnait une idée de l'atmosphère à l'hôtel de ville. « Combien de temps voulez-vous être maire ? Un mois ? Cinq ans ? Si c'est cinq ans, vous devrez traiter avec moi », lui avait dit en 1984 l'ancien maire démocrate-chrétien Vito Ciancimino, qui avait dirigé Palerme pendant trente ans pour le compte de la Mafia, et de lui-même. (Ciancimino empochait un quart de million de dollars par mois quand on l'arrêta, plus tard, en 1984[21].)

Déloger la Mafia — ou seulement essayer —, c'était toucher les nerfs les plus délicats du corps politique italien. La Mafia constituait le vilain secret de tous les partis, simplement un peu plus vilain pour les uns que pour les autres. Même les communistes avaient quelques peccadilles à se reprocher, bien que leur cas fût le plus propre[22]. La Sicile était la plus pauvre région d'Italie, et on la laissait dans sa pauvreté. « Né chômeur et mort chômeur » aurait pu servir d'épitaphe à la plus grande partie de la génération d'après-guerre. Mais l'île était un immense réservoir de richesse cachée, de pouvoir clandestin et de bulletins de vote, largement à la disposition de la Mafia.

Les barons siciliens de la finance, secrètement d'accord, faisaient de généreuses contributions à presque tous les partis italiens. La plupart des partis, de leur côté, avaient de forts contingents siciliens au parlement et avaient besoin d'eux. L'électorat sicilien représentait à peu près un dixième de l'électorat italien, une marge critique dans un pays où aucun parti n'a eu de majorité absolue pendant quarante ans. Les différents partis qui cohabitaient dans des coalitions gouvernementales précaires ne pouvaient se passer du vote sicilien.

A part les communistes et les néofascistes, exclus de la fête, tous les partis bénéficiaient d'un certain nombre de votes en Sicile, répartis sur la tête de candidats agréés par la Mafia. Les autres candidats pouvaient ainsi être éliminés de la course (quand ils ne l'étaient pas physiquement). Bien sûr, tout le monde n'était pas élu de cette façon, ni les partis systématiquement consultés. La Mafia prenait les décisions, calculait selon son avantage. Les leaders nationaux des partis pouvaient en détester l'idée, mais ils vivaient avec elle.

D'après une estimation des tribunaux, la Mafia disposait de près d'un demi-million de votes à répartir : 150 familles multiplié par 50 à 150 membres chacune, multiplié chacun par environ 50 parents et amis[23]. Ce demi-million de bulletins de vote représentait à peu près un cinquième de l'électorat sicilien, un vote sur deux du total des votes enregistrés par les démocrates-chrétiens, soit plus que le total des votes acquis par chacun des autres partis. Régulièrement, à chaque période électorale, le grand patron décidait de la façon dont les bulletins seraient répartis, ainsi qu'un *pentito* de Catane, ancien chef de la Mafia, l'expliqua :

> Les familles votent pour tous les partis, excepté les communistes et le MSI (néofasciste)... Avant les élections, nous donnions le feu vert pour certains noms et certains partis et les commissions provinciales (de la Mafia) s'en occupaient. Les membres de toutes les familles, les parents, les amis, cela pouvait représenter des milliers et des milliers de votes — deux cent mille rien que pour la province de Catane[24]

Le revirement des votes pouvait avoir un effet paralysant sur les petites formations, par exemple le petit, mais exceptionnellement honnête, parti républicain. Le leader national des républicains, Giorgio Lamalfa, était un homme remarquable et intègre, parmi les plus respectés en Italie, mais il avait un problème : le leader républicain en Sicile avait été pendant longtemps en des termes extrêmement douteux avec les chefs de la Mafia. Lamalfa avait sans doute très envie de se débarrasser de cet homme, mais celui-ci obtenait en Sicile plus de votes pour les républicains que partout ailleurs en Italie, sauf en Lombardie du Nord ; en outre, il contrôlait un quart des membres inscrits du parti[25].

Le problème était encore plus ardu pour les démocrates-chrétiens dont les accords sur le partage du pouvoir avec la Mafia dataient de la Seconde Guerre mondiale. La Sicile était leur place forte. Ils avaient toujours dominé les structures locales et régionales du pouvoir. Tous les gouvernements à la tête desquels ils s'étaient trouvés à Rome comportaient un ou deux Grands Electeurs siciliens. Les démocrates-chrétiens y récoltaient un million de bulletins de vote, trois fois plus que leur concurrent le plus proche. Le plus puissant politicien actuel en Italie, Giulio Andreotti, a contrôlé un quart des voix siciliennes des démocrates-chrétiens pendant une bonne vingtaine d'années. Sans sa base sicilienne, il perdrait une part essentielle de sa force.

Le dilemme des démocrates-chrétiens est tel qu'aucun de ses leaders nationaux n'a jamais dénoncé le porte-parole officiel d'Andreotti dans le parti à Palerme, l'ancien maire Salvo Lima. Un de ses successeurs à la mairie de Palerme, également démocrate-chrétien, l'a décrit comme « l'élément le plus inquiétant et le plus corrupteur » de la capitale sicilienne[26]; cela n'empêche pas Lima d'être toujours vigoureusement défendu par le distingué premier ministre de l'Italie. S'en prenant à ses critiques, Andreotti a dit : « Si quelqu'un a des éléments qui permettent d'accuser Lima, qu'il les amène. » En effet, Lima n'a jamais été accusé d'un crime. En revanche, il a été cité 163 fois dans une étude, portant sur dix ans, de la Commission parlementaire anti-Mafia[27].

Les politiciens du monde entier connaissent bien le principe pudiquement baptisé Realpolitik. La Mafia, maître en la matière, a installé des pièges dorés pour les Américains également, depuis l'époque de l'Unione Siciliana. Certains les évitent, d'autres pas. Mais, aux Etats-Unis, peu de candidats aux postes en vue peuvent ignorer les formidables machines électorales de Cosa Nostra dans une douzaine d'Etats d'importance stratégique. Pour donner un exemple parmi beaucoup d'autres, sans les quelque deux cent mille votes que lui apporta Sam Giancana, boss de la Mafia de Chicago, John F. Kennedy aurait perdu les élections présidentielles de 1960. Malheureusement pour Kennedy, il ne remboursa pas sa dette. Au contraire, avec son frère Robert, il s'attaqua à la Mafia. Beaucoup de responsables pensent que c'est la raison pour laquelle ils ont tous les deux été assassinés[28].

Les fiers Kennedy n'avaient peut-être pas compris que la Mafia réclame toujours son dû. Pourtant, en Sicile, un enfant de dix ans le saurait. Là-bas, la Mafia est remboursée de mille façons, par des marchés publics truqués, des crédits de l'Etat à des taux dérisoires, des sinécures, des postes bidons dans l'administration et des cadeaux en or sous forme de silence. Des preuves dangereuses pour les *mammasantissima* disparaissaient. Les dossiers sur les hommes politiques complaisants se perdaient. Des préfets et des commissaires indésirables étaient déplacés, tandis que les juges se heurtaient à d'invisibles barrières.

Il faut bien le reconnaître, l'establishment italien ne fit rien pour contrer la Mafia jusqu'au début des années 1980, quand elle commença à gagner tellement d'argent avec la drogue qu'on eut l'impression qu'il n'y avait aucun moyen de l'arrêter.

Quand les narcodollars devinrent des milliards, la Mafia se déplaça vers le nord et s'implanta dans le centre financier du pays. Le nord, qui avait fait de l'Italie la cinquième des nations industrielles les plus riches, s'était, dans le passé, tourné vers le sud essentiellement pour y trouver de la main-d'œuvre bon marché. Puis, vers 1981, la Mafia installa une succursale d'investissements à Milan avec les frères Bono, les frères Cuntrera, les frères Salamone, les frères Zaza et Buscetta, entre autres. En peu de temps, cette ramification était devenue une source majeure de capital, libre d'impôt[29]. L'argent de la Mafia envahit la Bourse, acheta des entreprises tout à fait légales et enrichit les banques. L'organisation devint un énorme fournisseur de devises pour les importateurs, les investisseurs et les spéculateurs du marché des changes : des dollars à l'étranger contre des lires chez soi.

La Mafia trouva aussi des moyens de relayer le système local d'adjudications truquées des marchés publics en Sicile. De respectables sociétés du nord de l'Italie, secrètement dirigées par des hommes de paille de la Mafia, étaient déjà en train de remplacer dans l'île les firmes compromises avec la Mafia. « Les sociétés liées d'une façon ou d'une autre à Cosa Nostra à Palerme n'auront plus besoin de répondre aux appels d'offres ; les dossiers seront déposés par des entreprises apparemment au-dessus de tout soupçon », expliqua un rapport des carabiniers en 1988. A ce moment-là, la Sicile avait un programme d'appels d'offres pour des travaux publics d'une valeur de 16 milliards de dollars[30].

S'installant encore plus profondément sur le marché financier, les clans de Catane procédèrent à leur propre émission clandestine de titres. Des investisseurs du nord du pays (ou d'ailleurs) pouvaient prêter à la Mafia un demi-million de dollars ou plus, à vingt pour cent par mois, pour financer ses achats d'héroïne en gros. Un capital de 500 000 dollars sans cesse réinvesti pouvait rapporter 1,2 million de dollars par an[31]. Pendant ce temps, comme le révéla le ministre de l'Intérieur Gava, l'argent de la drogue influait sur la valeur de la lire et garantissait la dette nationale. Par l'intermédiaire de banques étrangères — en particulier en Espagne, une tête de pont pour les Siciliens

—, les Colombiens participèrent aux opérations européennes et des milliards de narcodollars affluèrent en Italie pour être investis en anonymes bons du Trésor au porteur. La puissance issue d'une richesse aussi énorme, aussi corruptrice, expliquera aisément les obstacles intangibles qui ont éternellement bloqué les forces anti-Mafia en Sicile. Mais l'inexorable avancée de la Mafia pouvait aussi avoir l'effet inverse ; elle pouvait choquer l'establishment italien au point de l'amener à réagir.

Un pays avec la vitalité, le ressort et le bon sens intuitif de l'Italie ne renonce pas si facilement à sa liberté. Les hommes politiques italiens ne sont peut-être pas des petits saints, ils n'en sont pas tous pour autant incurablement vénaux. Pendant toutes ces années, une grande partie du problème est venue de leur incapacité constante à se rendre compte de l'ampleur prise par la Mafia[32].

La Mafia pouvait obtenir ce qu'elle voulait de beaucoup de gens parce qu'ils n'y voyaient qu'un phénomène propre à la Sicile ; elle était dangereuse, violente, avide, arrogante, mais les leaders politiques cultivés pensaient pouvoir la manipuler. Quand elle eut pris ses dimensions de vampire national — source d'une épidémie nationale de drogue, arbitre des finances du pays, menace directe contre la classe dirigeante —, ils n'en furent plus si sûrs.

A la veille des années 1990, on pouvait constater des brèches très nettes dans les rangs du pouvoir. Le Palazzo continuait d'appeler à la fin de la « culture de l'état d'urgence » et à l'établissement de relations « normalisées » avec la Mafia : en un mot, le retour à la coexistence pacifique. Pourtant, des hommes influents du gouvernement essayaient de transformer la situation.

La résistance populaire devenait un fait de la vie politique, avant tout en Sicile. Des étudiants, des intellectuels, des mères de famille et de jeunes activistes politiques étaient en train de faire éclater les partis locaux. Le clergé catholique se prononçait contre la Mafia du haut des chaires, soutenu par un cardinal primat de Sicile au langage incroyablement direct. (Pour Noël 1988, les personnages de la crèche du cardinal Pappalardo étaient des femmes en train de pleurer sur des tombes, des carabiniers luttant pour maintenir l'ordre et un Polyphème géant, incarnation de la violence[33].) Plusieurs membres importants de la démocratie chrétienne avaient décidé de changer la position de leur parti en Sicile vers le milieu des années 80. Le premier ministre d'alors, Ciriato De Mita, avait envoyé un commissaire du parti à Palerme pour mettre à la porte les membres corrompus. C'était lui qui avait eu l'idée de mettre son protégé, Orlando, à la mairie, et la politique du maire était payante. Au printemps 1989, les troupes de

De Mita avaient gagné suffisamment de voix parmi le peuple sicilien pour que le pouvoir traditionnel au sein de la démocratie chrétienne s'en émeuve. Même l'ancien maire, Salvo Lima, demandait « le maximum de solidarité dans la lutte contre la Mafia[34] ».

A la même époque, les cinq partis de la coalition gouvernementale avaient nommé au ministère de l'Intérieur un magistrat rude et énergique, Domenico Sica, au poste de haut-commissaire de l'anti-Mafia ; on lui avait donné les pouvoirs spéciaux refusés au général Dalla Chiesa six ans plus tôt. En fait, on lui donna même plus que Dalla Chiesa n'avait jamais demandé : le libre accès dans toutes les prisons du pays pour interroger les prisonniers suspectés de faire partie de la Mafia, des moyens spéciaux pour coordonner les informations des différentes sources, l'accès aux secrets rassemblés par les magistrats instructeurs.

Pourtant, un an après la nomination de Sica, la Mafia avait atteint de nouveaux sommets. Avec précision, sans faire d'erreur, elle dressait les forces anti-Mafia de toute l'Italie les unes contre les autres, envoyant d'insidieuses lettres anonymes, lançant des rumeurs empoisonnées, faisant peser d'impensables soupçons sur les magistrats les plus exposés de Sicile, même quand elle essayait de tuer leur porte-étendard, Giovanni Falcone, qui échappa presque par miracle à une bombe de cinquante kilos déposée près de sa villa du bord de mer. (Apportée par un commando de nageurs dans un sac de sport Adidas, la bombe fut repérée par un garde du corps au dernier moment.)

Au palais de justice de Palerme, l'air devenait irrespirable. Les juges étaient des collègues d'enquête ; Sica et Falcone ne se parlaient plus ; l'appareil judiciaire tout entier semblait en pleine confusion. Au milieu de ce naufrage, la Mafia faisait de florissantes affaires dans la cocaïne et l'héroïne — plus d'une demi-tonne d'héroïne raffinée fut saisie en Italie en 1988, un record mondial — et le meurtre en série redevenait tout doucement à la mode. Au cours des six premiers mois de 1989 seulement, la Mafia et ses partenaires de la Camorra napolitaine et de la 'Ndrangheta calabraise ont assassiné en Sicile 428 hommes et femmes, ainsi que l'a révélé le premier ministre Andreotti tout en promettant une nouvelle guerre contre le crime organisé[35].

Bien que tous les premiers ministres depuis la Seconde Guerre mondiale aient fait cette même promesse, la guerre attend encore d'être menée à bonne fin. Un jour, l'Italie pourra rassembler toutes ses forces et mettre un terme au cauchemar. Mais ce n'est pas encore le cas.

20.
L'impasse

L'Italie et les Etats-Unis avaient, aux yeux de certains, un dernier travail à terminer avec la Mafia sicilienne en Amérique ; c'était chose faite peu avant Noël 1988. Le réseau de l'héroïne des Gambino de Cherry Hill fut démantelé.

Ce fut un magnifique travail d'équipe. Les policiers américains et italiens synchronisèrent leurs mouvements pendant des mois, et une douzaine d'agents italiens spécialement formés vinrent à New York donner un coup de main au FBI. Le soir du 1er décembre 1988, 133 trafiquants furent arrêtés dans différentes régions d'Italie, et 75 autres dans le New Jersey, en Pennsylvanie, en Californie, en Illinois, en Floride et à Brooklyn. Les plus belles arrestations eurent lieu à Brooklyn, dans la Dix-Huitième Avenue, dans le repaire luxueusement rénové des frères Gambino, le Cafe Giardino (leur ancien Cafe Valentino). Il était deux heures du matin et un ténor sicilien se faisait chaleureusement applaudir quand un agent du FBI prit le micro et invita l'assistance à lever les mains. « Fini de danser, les copains », dit-il.

L'opération Iron Tower (Tour de Fer), comme on l'avait baptisée, était beaucoup plus importante que celle du mois d'avril précédent où avaient été interpellés une centaine de trafiquants siciliens en Amérique et en Italie. A l'époque, le FBI pensait avoir « démantelé la filière sicilienne de la drogue », mais, en décembre, la filière en question avait pris des dimensions pratiquement impossibles à cerner.

La vedette de l'opération du printemps, Emmanuele Adamita, avait travaillé comme transporteur d'héroïne pour les Gambino de Cherry Hill depuis les années 60. En avril 1988, quand la police lui mit la main au collet, il était engagé dans un énorme trafic d'héroïne à destination de l'Amérique et de cocaïne pour l'Europe, dirigé depuis Palerme. Son arrestation ne diminua pas d'un gramme les livraisons de drogue[1]. A la fin de l'année, l'opération Iron Tower ne démantela pas non plus le réseau sicilien, mais permit de découvrir beaucoup plus que ce que l'on savait sur l'ensemble de l'entreprise. Comme toujours, les enquêteurs ne cessaient de s'étonner de l'ampleur des opérations des Siciliens.

Le Cafe Giardino, mis sur table d'écoute malgré les savantes précautions de ses habitants, fournit suffisamment d'éléments de preuve pour agrafer un des frères Gambino, mais un seul, Giuseppe, certainement pas le plus brillant du lot. Le plus jeune, Rosario, avait déjà été envoyé en prison pour quarante-cinq ans, pour trafic d'héroïne. John, le gros gibier, avait de nouveau glissé hors des mailles du filet ; le FBI n'avait toujours pas assez de preuves pour le mettre derrière les barreaux. (John Gambino avait été condamné à six ans et demi de prison en Italie — une condamnation prononcée *in absentia* et confirmée par la Cour de cassation en 1985 — mais les Etats-Unis ont toujours refusé son extradition à l'Italie.)

Le vieux complice parlermitain de Gambino a également échappé à la justice. Rosario Spatola — trafiquant de drogue milliardaire, chef en second sous le défunt Salvatore Inzerillo, cosponsor du faux enlèvement de Michele Sindona — avait disparu de Sicile en 1986. (Condamné à Palerme trois ans plus tôt, il n'avait eu qu'à partir quand la cour d'appel avait omis de faire passer son affaire dans les délais légaux.) Spatola avait été photographié avec les mêmes personnages à Brooklyn, mais le FBI le rata. (Il fut quand même arrêté cinq mois plus tard.)

Même avec ces restrictions, la prise se révéla remarquable. Il ne s'agissait pas seulement du réseau des Gambino de Cherry Hill, mais aussi de toutes les familles qui dirigeaient autrefois la vieille Mafia à Palerme, et que l'on croyait éteintes. Le raid permit de cueillir une demi-douzaine d'Inzerillo, un assortiment de Gambino, un Di Maggio, un Badalamenti, et plusieurs Mannino — oncles, neveux et cousins des Gambino de Palerme et propriétaires de la chaîne de pizzerias Mimmo's Pizza à Philadelphie[2]. On pensait que ces familles, qui composaient le superclan Gambino-Inzerillo-Spatola-Di Maggio, avaient été décimées depuis plusieurs années déjà par les Corléonais ; en fait, elles n'avaient cessé d'acheminer l'héroïne depuis la Sicile pendant toute la durée de la grande guerre de la Mafia. Non seulement ces familles avaient survécu, mais elles étaient plus riches et plus actives que jamais, même si leur statut avait changé. Seigneurs autrefois, elles étaient devenues vassales de Luciano Leggio. « Tu ne déplaces pas une miette sans qu'on le sache à Corleone », dit Giuseppe Gambino à un visiteur juste arrivé de Palerme et qui le rencontrait au Cafe Giardino. « C'est eux qui dirigent la maison ; tout vient de Corleone », renchérit le visiteur[3]. (A Corleone, en l'absence de Leggio, le grand homme était « Corto », surnom de « Corto » Riina, le proconsul de Leggio et son héritier en titre. « Corto » était un fugitif, recherché par la police depuis 1969.)

Les Corléonais savaient tout des activités du vieux super-clan, mais rien n'en avait filtré pendant une décennie de découvertes policières et de révélations de repentis. Malgré toutes les arrestations et les procès de part et d'autre de l'Atlantique, ses membres avaient réussi à maintenir la liberté de circulation sur leurs propres routes d'acheminement de la drogue, et à garder leurs raffineries en activité. Ils n'avaient jamais cessé d'avoir un accès direct au marché américain, même avant l'accord de concession sur l'héroïne de 1957. Il fallait remonter à 1947 pour retrouver trace de la saisie d'un de leurs envois de drogue. La raffinerie voisine d'Alcamo sur la côte sicilienne, le plus gros laboratoire d'héroïne jamais découvert dans le monde entier, leur appartenait. Les magistrats siciliens pensent qu'ils ont dû envoyer un nombre incroyable de tonnes d'héroïne en Amérique pendant toutes ces années[4].

Malgré la malchance qui s'est abattue sur certains membres de la famille, leurs innombrables parents et associés continuent à expédier et, paraît-il, à raffiner l'héroïne. Au moment où ces mots sont rédigés, la police recherche leurs laboratoires dans l'ouest de la Sicile[5].

La prodigieuse stabilité du pouvoir de ces clans donnait une indication que peu d'enquêteurs américains semblaient capables d'apprécier, même à la fin de 1988. Quand ils annoncèrent leur raid sur le réseau des Gambino de Cherry Hill, ils ne firent aucune allusion à la continuité historique du phénomène. Au mieux, ces quelques gros trafiquants qui avaient créé et alimenté, depuis des dizaines d'années, la demande de drogue aux Etats-Unis apparurent dans les médias américains comme des personnages simplement pittoresques. Incroyablement, les autorités américaines semblaient encore les prendre pour les « zips » qui travaillaient pour la pègre de Brooklyn, des sous-fifres au service des familles new-yorkaises de Cosa Nostra. L'acte d'accusation les désigna comme « la faction sicilienne basée à Brooklyn » de la famille Gambino d'Amérique. Où tous ces gens avaient-ils été depuis que le Grand Paul Castellano, le Boss de tous les Boss aux Etats-Unis, s'était assis pour déjeuner avec Sal Catalano, le Grand-Père Blanc venu de l'autre côté de l'eau ?

Malgré toutes les preuves accumulées, les enquêteurs habitués à s'occuper de la Mafia américaine ne comprenaient toujours pas que la tête de la Pieuvre était à Palerme, pas à New York. « La tête est ici, ici, *ici* », répétait avec exaspération un commissaire du quartier général de la Squadra Mobile à Palerme, alors que la presse continuait, à tort, de dire le contraire[6].

La base du réseau était le village à l'allure sans prétention de Toretta, sur une colline à l'écart de l'autoroute Palerme-Trapani. C'était le domaine du défunt patriarche de la Mafia Rosario Di Maggio, l'homme d'honneur qui était tombé mort de peur parce qu'il avait pris les policiers venus l'arrêter pour des tueurs de la Mafia déguisés.

Torretta était aussi ce village où la police italienne avait trouvé des robinets en or dans les salles de bains d'humbles maisons paysannes au début de 1986, fruits d'une ardente industrie familiale. Elle était arrivée à Torretta après la découverte d'une mère de huit enfants qui essayait de passer les contrôles de l'aéroport de Punta Raisi à Palerme avec deux kilos d'héroïne cachés dans ses sous-vêtements — les effluves de parfum Trussardi dont elle s'était inondé le corsage pour dissimuler l'odeur de la drogue l'avaient dénoncée.

C'était l'une des nombreuses « fourmis » de Toretta, des mères de famille de tout âge qui transportaient trois ou quatre kilos de drogue à New York pour un salaire de dix millions de lires, et un séjour gratuit d'une semaine au Sheraton. Lors de la descente de police dans le village, on avait découvert les gaines spéciales, avec des sacs en coton cousus à la main et fixés en rangées pour s'adapter autour de la taille sans faire de boursouflures trop apparentes. On trouva également des jambières en coton spécialement conçues pour être portées sous les pantalons des hommes. Gianni De Gennaro, qui dirigea l'enquête, expliqua : « Tout le village était dans le coup[7]. »

Il fallut presque trois ans de travail pour suivre les pistes qui menaient de Torretta aux Etats-Unis, et pas seulement aux Etats-Unis. Quand plusieurs enquêtes italiennes et américaines aboutirent à Torretta, les preuves saisies par la police apparurent comme le miroir des intérêts si vastes de la Mafia sicilienne. Le réseau découvert pour les enquêteurs ne se composait pas seulement de mafiosi siciliens mais aussi de trafiquants de la Camorra napolitaine et de la 'Ndrangheta calabraise. Mais à ce moment, les trois sociétés étaient devenues tellement imbriquées qu'il était difficile de les distinguer les unes des autres. Leurs membres étaient tous des habitués des voyages internationaux.

Plusieurs d'entre eux avaient rencontré des agents secrets du FBI à Amsterdam et à Londres. Un trafiquant de Los Angeles importait de l'héroïne chinoise en lui faisant traverser le Pacifique. Un autre venait prendre l'héroïne amenée d'Asie à San Francisco par des hommes qui travaillaient pour le fils du haut-commissaire de l'île Maurice dans le Royaume-Uni[8]. Un autre encore à Miami négociait « pour John » (Gambino) l'expédition de l'héroïne directement du Pakistan, et avait stocké dans un entrepôt une tonne de cocaïne pure, importée de Colombie pour être exportée vers l'Europe. (Il s'agissait de Salvatore Riina, un ami d'Enzo Napoli et de Buscetta, et membre fidèle de leur cercle intime à Brooklyn dans les années 1960.) En république Dominicaine, un Inzerillo supervisait « l'affaire des vins », un énorme projet international impliquant la Bulgarie et la Yougoslavie. L' « affaire des vins » était le plan décrit à l'agent secret de la DEA Frank Panessa par son contact amical de Philadelphie, Paolo La Porta, en 1983. L'héroïne liquide fournie à Sofia devait être mise en bouteilles comme du vin, en Sicile et expédiée à Saint-Domingue pour être réexpédié aux Etats-Unis via le Mexique. « La république Dominicaine nous appartient », avait dit La Porta à l'époque. Pourtant, rares étaient les responsables de la répression du trafic qui l'avaient compris.

Tout cela se passait en 1988, presque cinq ans après la découverte essentielle du caractère d'entité autonome de la Mafia sicilienne et de sa domination du marché de l'héroïne aux Etats-Unis. Quelques-uns des trafiquants qui n'avaient cessé de se trouver dans le colimateur du FBI depuis 1980 — et de la DEA depuis 1970 — opéraient toujours sur leur territoire de Brooklyn. Les hommes mêmes qui étaient venus de Palerme un quart de siècle plus tôt pour mettre l'organisation en place s'en occupaient toujours. Bien pis, à en juger d'après les faits, l'accord avec la Mafia américaine, qui avait rendu leur installation possible au début, était toujours en vigueur.

En 1988, les responsables ne savaient pas qui avait pris en charge la collecte des paiements de la concession de l'héroïne à la Mafia américaine après le meurtre de Paul Castellano à New York en décembre 1985. Pourtant, à peine plus d'un an après, le FBI récolta quelques informations hautement suggestives à ce sujet.

Depuis le début de 1987, on avait vu John Gambino rendre visite une fois par semaine à John Gotti, l'homme le plus important sur la scène de la Mafia américaine, le chef régnant de la famille Gambino de New York. Ces contacts remontaient au 7 mars 1987, quand un témoin oculaire informa le FBI que « cinq différents *capos* de cinq différentes familles de Cosa Nostra rencontraient John Gambino dans l'arrière-salle du Cafe Giardino ». Les *capos* « revenaient un par un et parlaient affaires avec Gambino[9] ». Quelques semaines plus tard, le

27 avril, John Gotti se rendait en personne au Cafe Giardino. Arrivé dans une limousine avec trois gardes du corps, il s'enferma en privé avec Giuseppe Gambino pendant une heure[10].

Le boss de la famille la plus puissante de Cosa Nostra en Amérique ne fait pas des visites officielles à des subalternes. Gotti en particulier n'aurait certainement pas fait tant d'honneur aux chefs des « zips » sans d'impératives raisons. Il les détestait, et ils le lui rendaient bien. (Il n'était pas sicilien d'origine, source de profonde méfiance des deux côtés.) Son opinion sur les mafiosi siciliens en général apparut dans un échange piquant avec deux de ses « soldats » dans une conversation enregistrée par le FBI :

1er SOLDAT : Ils sont en train d'ouvrir partout dans ce foutu bled, ces zips, hein ? Il y en a trois juste ici sur l'avenue, ils font tous plein de fric...

2e SOLDAT : Ça fait quinze ans que Johnny est ici, tu sais... S'ils montent une salle de jeu, tu sais, Johnny en fera une autre...

GOTTI : Ils vont pas jouer à rien... J'ai quatre cents types que je vais envoyer de tous les quartiers, je les mettrai ici... Laissez-les continuer, on va voir ce qu'ils feront.

UN SOLDAT : Qu'est-ce que vous voulez qu'on fasse ? Qui a fait venir ces enfoirés ?

GOTTI : Je crève d'envie que quelqu'un se propose... Il ferait mieux d'aller en Russie et de trouver un mec, il ne peut pas le faire échapper aux cinq équipes qu'on connaît...

UN SOLDAT : Ils font comme s'ils comprenaient rien, ces enfoirés de leur mère...

GOTTI : Ils ne comprennent pas ce qu'ils veulent pas comprendre... Ils se baladent avec des centaines de milles dans les poches, et toi tu te balades avec ton chapeau à la main.

L'opération Iron Tower fut saluée par quelques enthousiastes du FBI non seulement comme le chant du cygne des « zips » en Amérique, mais comme l'agonie de toute la Mafia américaine. « Les familles de New York sont à genoux. La Mafia est en train de se désagréger. Elle s'écroule sous nos coups », affirma un des agents spéciaux du bureau du crime organisé[12].

Les forces de l'ordre américaines avaient en effet infligé des coups terribles à la Mafia au cours des années 80. Environ 2500 mafiosi américains étaient allés en prison avec leurs associés. Les chefs de toutes les familles de Cosa Nostra aux Etats-Unis avaient été traînés en justice, et la plupart jugés puis condamnés. Tous les membres de leur Commission nationale avaient été mis en accusation, certains récoltant des peines de prison allant jusqu'à un siècle. On leur avait pris beaucoup d'argent et ils avaient perdu la possibilité d'en gagner encore plus, en particulier dans les syndicats. Leur commandement passa à des hommes plus jeunes, inexpérimentés, impulsifs, coupés depuis plusieurs générations de la vieille culture de la Mafia, et privés de la mémoire de leur propre histoire. Non seulement ces nouveaux leaders bouleversèrent des arrangements commerciaux anciens et délicats, mais ils prirent l'habitude de s'entre-tuer pour gravir plus vite les échelons, quelque chose que les mafiosi ne faisaient plus depuis que Lucky Luciano avait imposé son nouvel ordre, dans les années 1930. Beaucoup de criminologues réputés pensèrent que l'organisation battait de l'aile.

Les Etats-Unis allaient constater, eux aussi, la fragilité de la loi quand il s'agissait de la Mafia. John Gotti, dont la promotion à l'intérieur de Cosa Nostra après la mort de Castellano n'a pas eu d'égale depuis la Seconde Guerre mondiale, fut acquitté par un tribunal de Brooklyn en 1987. (Le complice qui l'avait vendu au FBI fut assassiné l'année suivante[13].) Le frère de Gotti, Gene, fut également acquitté à ce moment-là ; et en 1988, après avoir été accusé d'avoir vendu de l'héroïne pour plusieurs millions de dollars, il fut libéré à l'issue de deux procès tous deux entachés d'un vice de procédure[14]. Il fut enfin condamné au troisième essai, en mai 1989.

Toujours en 1988, mais dans le New Jersey, vingt boss importants de la famille Lucchese — en fait, tout son état-major — furent acquittés après avoir été accusés de diriger une entreprise criminelle avec la famille Genovese. Le procès dura vingt et un mois, quatre mois de plus que le procès de la Pizza Connection et engendra une montagne d'écoutes téléphonique et quatre-vingt-dix témoins. Mais les faits rassemblés ne convainquirent pas les jurés, dont plusieurs donnèrent même l'accolade aux accusés quand ils quittèrent le tribunal après l'acquittement, et leur souhaitèrent bonne chance[15].

Inquiétantes en elles-mêmes, ces défaites devant les tribunaux constituaient des indications d'une puissance sous-jacente trop rapidement niée. La Cosa Nostra américaine était capable d'encaisser non seulement les assauts de la loi mais une concurrence plus forte que jamais. Le territoire du crime organisé avait été envahi par d'innombrables groupes ethniques et indigènes : Colombiens, Boliviens, Mexicains, Cubains, Portoricains, Antillais, Vietnamiens, Coréens, Chinois, Japonais, Israéliens, Russes, ghettos noirs et d'innombrables bandes de motards comme les Hell's Angels (les Anges de l'Enfer), les Outlaws (les Hors-la-Loi), les Pagans (les Païens) et les Bandidos (les Bandits).

Plusieurs groupes de criminels avaient des ramifications internationales. Les Triades chinoises, de deux siècles plus anciennes que la Mafia, opéraient dans de nombreuses parties du monde, de même que les Yakusa japonais, cinq fois plus importants que la Mafia, du moins par le nombre des membres. Même les Hell's Angels, avec trente-cinq « filiales » aux Etats-Unis, en avaient autant à l'étranger, dans des pays aussi variés que le Canada, la Grande-Bretagne, le Danemark, l'Allemagne de l'Ouest, la France, le Japon, la Nouvelle-Zélande et le Brésil[16].

Malgré tout, peu de ces gangs avaient le cran de se dresser contre Cosa Nostra, qui louait occasionnellement les services de certains d'entre eux aux Etats-Unis et concluait des alliances avec d'autres. Les Hell's Angels étaient « associés à des familles de Cosa Nostra dans plusieurs activités illégales », d'après un haut fonctionnaire du FBI. Les Cubains payaient une taxe aux familles de New York pour l'exploitation des jeux à numéros à Harlem. Les familles de Chicago employaient des Mexicains, des Portoricains et des Colombiens. Des tueurs antillais exécutaient des contrats pour les familles de New York et leur servaient même de gardes du corps. La famille Patriarca de Boston fournissait des usuriers pour les tripots des Triades chinoises qui, à leur tour, achetaient des armes aux familles de New York. Les Yakusa avaient « créé un lien opérationnel spécifique avec des éléments de Cosa Nostra à New York », éléments avec qui les Colombiens entretenaient aussi « une sorte d'accord de coexistence[17] ».

La Mafia américaine n'était pas comme les autres groupes ethniques. Elle était plus souple, sa communauté plus soigneusement intégrée à l'ensemble de la nation, avec un réseau de protection et une couverture politique incomparablement plus sûrs ; surtout, elle bénéficiait de la filière sicilienne pour la drogue, la marchandise qui intéressait le plus ses partenaires. Plus il s'abattait sur l'Amérique de groupes désireux de s'introduire sur le marché des stupéfiants, plus il était nécessaire d'instaurer une forme de hiérarchie dans la pègre. Cosa Nostra était ce qui ressemblait le plus à un gouvernement souterrain de ce genre. « Loin d'avoir été menacée et entravée par la prolifération des organisations criminelles, Cosa Nostra a assuré son hégémonie sur elles et les a utilisées », a déclaré le directeur adjoint du FBI à la section des enquêtes criminelles, Floyd Clark, au printemps 1989. « C'est toujours la plus importante organisation criminelle aux Etats-Unis[18]. »

L'idée que cette organisation avait perdu son indispensable partenaire secret — l'idée que la Mafia sicilienne avait été liquidée en

Amérique après le raid spectaculaire du FBI en décembre 1988 — n'était qu'une information bidon pour les journaux télévisés du soir. Aucun gang ne pouvait afficher quelque chose de comparable au système de repli des trafiquants siciliens aux Etats-Unis, renforcé par tant de refuges privilégiés — au Venezuela, au Brésil, dans la république Dominicaine, en Bulgarie et aux Seychelles — et soutenu par un pareil pouvoir dans la mère patrie.

Les trafiquants siciliens pouvaient avoir besoin d'un certain temps pour reformer les rangs après le coup porté aux Gambino de Cherry Hill, comme ils l'avaient fait après la découverte de la Pizza Connection. Ils n'en avaient pas moins toujours récupéré leur belle santé « vite et bien », comme le dit Louis Freeh, et ils étaient en train de se remettre en selle cette fois encore. En effet, d'après Freeh, les Mafias sicilienne et américaine, à elles deux, continuaient d'être « les superpuissances du monde des stupéfiants[19] ».

Il y a beaucoup de place sur le marché des stupéfiants, évalué à plusieurs centaines de milliards de dollars par an. Les trafiquants sont apparus partout pour livrer de la drogue n'importe où, mais peu d'entre eux possèdent une dimension internationale. Seules trois formations peuvent traiter à une échelle de gros, à un niveau international : les Triades chinoises pour l'héroïne, le cartel colombien pour la cocaïne, et la Mafia sicilienne pour les deux. Et c'est là que réside l'avantage qui assure la suprématie de la Mafia : c'est la seule des trois qui travaille de préférence sur le marché mondial. En outre, à côté de la vente de sa propre production, elle sert de courtier aux deux autres groupes.

Il n'y a pas de guerre entre les trois grands. De la même façon que la Cosa Nostra américaine ne bouscule pas la Mafia sicilienne, ni les trafiquants chinois ni les Colombiens ne l'agressent, alors qu'ils tueraient pratiquement n'importe qui d'autre. Les hommes d'honneur de Palerme peuvent se déplacer en sécurité dans la jungle traîtresse du commerce des stupéfiants car les autres ont tous besoin de leur système de distribution locale à l'étranger, dans la mesure où il s'étend là où personne ne peut s'implanter.

La Mafia achète ou fait le courtage de la cocaïne colombienne depuis trente ans, en grosses quantités depuis 1978 et massivement depuis 1983. Aujourd'hui, on atteint des chiffres terrifiants. La tonne de cocaïne de Sal Rina déposée dans un entrepôt de la Mafia à Miami pouvait être perdue sans grand problème (sauf pour Rina) quand il fut arrêté avec les autres complices de John Gambino. Rina n'était qu'un numéro dans l'armée des mafiosi siciliens engagés dans le grand échange transatlantique d'héroïne et de cocaïne.

En février 1989, par exemple, la police française, en collaboration avec la police italienne et la DEA, saisit une demi-tonne de cocaïne qui était en route vers l'Italie, la deuxième plus importante saisie de cocaïne jamais réalisée en Europe. (L'Espagne avait décroché le record en 1988 avec une prise de deux tonnes.) La cocaïne avait été apportée de Colombie par bateau, via les Antilles françaises, jusqu'au Havre où elle avait été cachée sur un voilier qui devait être transporté par convoi routier en TIR jusqu'à la Méditerranée. Des trafiquants de plusieurs nationalités étaient impliqués, mais la cocaïne était celle de la Mafia sicilienne[20].

Quelques mois plus tôt, Scotland Yard avait mis à jour un plan destiné à inonder la Grande-Bretagne de cent kilos de cocaïne par semaine — plus de cinq tonnes par an. La cocaïne devait être cachée dans des pièces soudées de tracteurs et de pelleteuses mécaniques et envoyée par avion à l'aéroport d'Heathrow où, d'après le procureur de Londres, il était « presque impossible » de la détecter. La cocaïne était produite à Cochabamba en Bolivie. La « faction sicilienne » de la Mafia à Detroit dans le Michigan s'occupait de son acheminement depuis le lieu de production[21].

Les hommes d'honneur de Palerme sont tellement doués pour brouiller les pistes qu'on commence seulement aujourd'hui à les mentionner comme fournisseurs de cocaïne. Sans l'inquiétude de plus en plus obsédante née de l'expansion de la consommation de cocaïne dans le monde, ils continueraient de passer inaperçus. Curieusement, les craintes de l'opinion publique à l'égard de la cocaïne tendent à éclipser la peur de l'héroïne, un poison infiniment plus mortel. L'héroïne tue beaucoup plus vite, coûte beaucoup plus cher, et génère infiniment plus de délinquance. Et contrairement à certaines affirmations récentes, sa consommation n'est nullement en déclin. Il est possible que les catégories d'utilisateurs aient quelque peu changé en Amérique, mais le nombre de drogués n'y diminue pas et, dans le reste du monde, il prend les proportions d'une véritable épidémie, notamment en Europe.

En Italie, le port de Naples, avec 3 millions d'habitants, compte actuellement 20 000 héroïnomanes — soit 1 pour 150 habitants, ce qui est à comparer au chiffre de 1 pour 500 aux Etats-Unis. Plus de 250 000 seringues usagées ont été ramassées par les services de nettoyage de la ville au cours des neuf premiers mois de 1988. Les dealers venaient du Ghana, du Nigeria, du Sénégal et de Tunisie, mais leurs fournisseurs étaient les principaux alliés de la Mafia, les Napolitains de la Camorra[22].

Le syndidat de l'héroïne des Siciliens a évolué de façon prévisible. Après la découverte par la police d'une quinzaine de raffineries en Italie, les trafiquants ont transféré à l'étranger leurs unités de production. En 1986, en France, la police a découvert une étonnante résurrection de la vieille French Connection, avec une nouvelle équipe de direction. Les gangsters corses et leurs chimistes d'autrefois — toujours les meilleurs du monde — avaient repris la production à Marseille. Comme toujours, la morphine-base venait de Turquie et le produit fini partait, pour l'essentiel, à New York. Pourtant, ainsi qu'un tribunal français le découvrit en décembre 1988, c'était cette fois la Mafia sicilienne qui investissait et qui, indiscutablement, tenait les rênes. D'après le tribunal, les preuves existaient « de la ferme direction de la Mafia sicilienne dans tout ce qui concernait l'héroïne dans le bassin méditerranéen[23] ».

Pendant ce temps, les trafiquants siciliens tendaient de plus en plus à acheter de l'héroïne déjà raffinée au Proche-Orient et en Extrême-Orient pour l'acheminer ensuite là où ils voulaient, supprimant ainsi le passage par la Sicile. A l'approche des années 1990, Bangkok grouillait de trafiquants, ce qui suffisait à montrer la nécessité de chercher la réalité derrière les apparences[24].

Quand la « China White » (l'héroïne, la « blanche » chinoise) apparut en force sur le marché européen en provenance de l'Asie du Sud-Est, on pensa qu'en 1989 elle était acheminée presque entièrement par les réseaux chinois. Les Triades prélevaient certainement une large part du marché ; elles se firent d'ailleurs prendre aux Etats-Unis avec une énorme cargaison de quatre cents kilos. Pourtant, que ce soit comme courtiers des Triades ou pour leur propre compte, les trafiquants siciliens qui travaillaient dans l'ombre continuaient de représenter une incalculable puissance.

Istanbul regorgeait aussi d'acheteurs venus de Palerme et de Catane. Trois cents camions sous immatriculation TIR passaient tous les jours la frontière turque en provenance d'Iran, porte d'accès à la région du monde qui produit le plus d'opium, en Asie du Sud-Est. Des Turcs, des Syriens, des Libanais et des Palestiniens se chargeaient de raffiner la drogue et les camions TIR repartaient vers les zones de livraison italiennes.

En janvier 1989, dans un seul camion TIR retenu et fouillé à Milan, la police trouva 115 kilos d'héroïne « brown sugar » répartis dans quatre valises Samsonite. Des hommes de la Mafia turque faisaient également le voyage dans le camion ; les trafiquants siciliens qui attendaient de prendre en charge la marchandise réussirent à s'échapper. Les agents de la DEA, qui travaillaient en tandem avec la police italienne, savaient que c'était un transport de la Mafia. Encore mieux, ils savaient que ce n'était qu'une des livraisons programmées régulièrement toutes les deux semaines — soit, annuellement, deux tonnes et demie d'héroïne raffinée par ce seul canal, une moitié pour les Etats-Unis et l'autre pour l'Europe occidentale. En Sicile, la police enquêtait sur deux autres réseaux dont on estimait qu'ils recevaient chacun cinquante kilos par mois de leurs fournisseurs turcs[25]. L'axe sicilo-turc de la Mafia était plus fort que jamais.

Au printemps 1989, Floyd Clark, du FBI, déclara : « La Mafia sicilienne est toujours la plus importante. Ils ont des itinéraires d'acheminement de la drogue que nous n'avons jamais trouvés et dont nous ne connaissons rien. Nous sommes ignorants du pivot essentiel du trafic. Nous n'avons pas encore trouvé l'articulation entre la drogue et le blanchiment de l'argent. Nous n'arriverons jamais à saisir cela tant que nous n'aurons pas repéré toutes les connexions internationales[26]. »

Au seuil des années 90, tant de questions se posent ! Bien que sa vraie nature d'ennemie dangereuse pour la société ait enfin été démontrée, la Mafia semble imperméable aux attaques tant que les faits mis en lumière restent ignorés, sous-estimés ou occultés. Il y a une étrange perversité, presque une tendance suicidaire, dans le refus ou l'incapacité des pays et des continents attaqués à reconnaître ce qu'ils voient et entendent. Les faits ont montré que la Mafia est un phénomène criminel anormal, auquel il est impossible de résister quand on ne l'a pas parfaitement compris.

La police ne pouvait pas agir avec Cosa Nostra comme elle l'aurait fait avec une bande de loubards. Les juges ne pouvaient pas non plus la traiter de cette façon sans mettre en danger leurs sacro-saintes institutions. Les politiciens ne pouvaient pas non plus laisser aux seuls policiers et magistrats le soin de régler le problème. La loi, à elle seule, ne pouvait détruire Cosa Nostra — et, comme l'exemple de Mussolini l'a démontré une fois pour toutes, profaner la loi sous prétexte d'en venir à bout ne serait pas seulement dangereux mais inutile.

Un pays ne pouvait pas, à lui tout seul, contenir la Mafia, pas plus qu'on ne pouvait l'attaquer fragment après fragment. Il fallait couper la tête et tous les membres en même temps. Cela réclamerait une action d'une volonté absolue comme la communauté internationale en a rarement mené. Cela pourrait arriver, mais il n'y a pas beaucoup de temps à perdre. Au printemps 1989, la Guardia di Finanza (la police fiscale) a décrété une Alerte rouge, compte tenu des « nouvelles opportunités » qui s'ouvraient à la Mafia sicilienne sur le marché financier international. Ces nouvelles opportunités étaient le Marché

Commun lui-même. En 1992, les pays du Marché Commun européen aboliront leurs frontières internes. Pratiquement tout l'ouest de l'Europe sera libéré des barrières douanières, des contrôles de passeports et des barrages routiers.

Comme n'importe quel citoyen de la communauté européenne, les hommes d'honneur et leurs associés pourront alors se rendre sans problème de la Méditerranée à la Baltique, et du Danube à la côte atlantique de l'Irlande. Même eux n'auraient pas espéré autant d'un monde complaisant : une Mafia sans frontières.

Épilogue

Ce livre se devait de finir, comme il a commencé, avec le détective Douglas Le Vien car c'est lui qui a trouvé la clef de l'invasion secrète de la Mafia aux Etats-Unis. Personne, à ma connaissance, parmi les membres des forces de la loi, en Amérique comme en Italie, n'a franchi autant d'obstacles bureaucratiques avec autant de détermination et de ténacité, pour remplir autant de rapports pleins d'informations extraordinaires, qui n'ont pas été lus. Ce n'est qu'en 1986, quand je suis revenue de New York en Italie avec trente-cinq enregistrements du journal personnel de Le Vien couvrant les événements de 1976 à 1978, que j'ai compris le grand projet de la Mafia.

J'étais pleine d'admiration pour ce jeune flic têtu et irrévérencieux, pour son engagement passionné dans une cause perdue, son flair pour suivre une piste à partir d'un simple indice, son impatience envers les tâcherons sans imagination et son mépris pour les « costumes vides » trônant derrière leurs bureaux. Il n'acceptait pas de plier et de baisser les bras, et s'étonnait toujours de voir tant d'hommes autour de lui qui le faisaient. Etaient-ils aveugles, timorés ou pourris, ou quoi ? « Simplement, ils ne *veulent* pas en entendre parler. Ils seront contents de voir Enzo se retrouver en liberté pour pouvoir fermer le dossier, et nous ne trouvons *rien.* Ça me rend dingue, ces enfoirés ! Bon Dieu, je ne comprends vraiment pas ! » — voilà comment Le Vien déversait sa colère dans son magnétophone.

Ce que Le Vien avait déterré, en agent obstiné et habitué au terrain qu'il était, ne commencerait pas à sortir des ordinateurs fédéraux avant une dizaine d'années. Les noms des Siciliens composant plusieurs des avant-postes stratégiques de Palerme pour le trafic de l'héroïne — à Brooklyn, Emmanuele Adamita, Salvatore Riina, les frères Gambino de Cherry Hill et Salvatore Catalano ; Nick Rizuto au Canada et les Cuntrera au Venezuela — figuraient tous au premières places dans les rapports de Le Vien adressés à toutes les agences gouvernementales.

Bien que l'on sache tout ce qui les concerne, les frères Napoli, qui ont été faits hommes d'honneur à Villabate en Sicile, sont toujours répertoriés dans les dossiers fédéraux comme des membres de la famille Gambino d'Amérique. En réalité, ils sont tous les trois des hommes de John Gambino, à très haut niveau, et toujours en liberté.

Gaetano Napoli, le plus jeune et apparemment le moins important, a été l'hôte de John et Giuseppe Gambino pour un week-end à l'hôtel Playboy du New Jersey en 1975. Il a été photographié assis à la place d'honneur à leur table, et il a payé la note du week-end[1]. Un homme d'honneur sicilien ne peut pratiquement pas aller plus haut dans l'organisation.

Antonino Napoli a fait partie du cercle des intimes de John Gambino à New York à partir des années 1960. Ils sont tous les deux allés à Caracas à peu près à la même époque, au début des années 1970, et sont devenus des partenaires d'affaires de la famille Cuntrera dans ses entreprises locales en plein développement.

Enzo Napoli faisait presque tous les jours le point avec John Gambino en 1976 et 1977, les années de l' « Opération Gros Sous ». Quand Le Vien dînait avec Enzo au Ritz ou au « 21 », il le filait ensuite assez souvent jusqu'à l'appartement de John Gambino à Bensonhurst. Il les a vus ensemble des dizaines de fois au Mille Luci, le café d'Enzo de la Dix-Huitième Avenue — le terminal des livraisons d'héroïne en gros que Ronsisvalle apportait de Knickerbocker Avenue.

Enzo était encore avec John et Giuseppe Gambino en décembre 1988, lors de la descente du FBI au Café Giardino. Pendant l'enquête du bureau, il n'avait cessé de s'y rendre et on avait réussi à enregistrer quelques-unes de ses intéressantes conversations. Par exemple, au cours de l'été 1988, on l'entendit se plaindre à Giuseppe Gambino et à un certain Francesco Inzerillo (un neveu du défunt Salvatore Inzerillo). A ce qu'il disait, quelqu'un lui devait 150 000 dollars depuis un peu trop longtemps. « Vincenzo, c'est quelqu'un que tu *aimes* », lui fit remarquer Inzerillo d'un ton réprobateur. « Il y a des gens qui préfèrent faire pleurer les autres plutôt que de pleurer eux-mêmes… Tu as bon cœur… Alors, on va l'appeler. Moi, je n'ai pas le cœur comme toi. Je suis méchant. Je lui dirai ses quatre vérités[2]. »

Si les circonstances l'avaient permis, le bon cœur d'Enzo aurait mis Le Vien en face des frères Gambino et de leur bande en 1976.

Incroyablement attaché à son faux ami millionnaire « Tommy Russo », il invita Le Vien à rencontrer une partie de « ses amis » de la Dix-Huitième Avenue. Pour un enquêteur dont le visage était connu de la moitié des truands de Brooklyn, c'était une perspective inquiétante.

« J'ai passé un sale moment à essayer de me tirer de là, nota Le Vien dans son agenda sur magnétophone. Il veut que je rencontre des gens. Je dis, " Pourquoi pas juste nous deux ? ". Il me regarde. Bon Dieu, ce type a une tête qui fait peur. Seulement, il a fait une erreur ; il ne m'a jamais demandé qui étaient ma mère et ma grand-mère. » Le Vien s'arrangea pour éluder l'invitation d'Enzo de la seule façon susceptible d'impressionner son gibier. Comme Enzo sortait d'un restaurant dans l'East Side, il vit Tommy Russo pousser un Noir terrifié sur le trottoir, sortir un calibre 22 muni d'un silencieux, tirer (à blanc) et tasser un corps devenu tout mou (celui d'un agent) dans le coffre de sa Mercedes. Enzo n'en parla jamais, mais il retrouva toute sa confiance.

Craignant de rencontrer les hommes de Napoli en chair et en os, Le Vien entreprit de débrouiller les labyrinthes de leurs noms, de leurs relations et de leurs habitudes connues, ce qui aboutit à un album de famille du superclan transatlantique des frères Gambino. Si Le Vien avait eu la possibilité de suivre ses pistes en Europe, il aurait pu se faire une idée plus juste du clan. Mais il ne put jamais aller jusque-là.

L' « Opération Gros Sous » avait à peine six mois quand la DEA arrêta Enzo Napoli pour l'importation d'un unique kilo d'héroïne thaïlandaise. Les agents de la DEA travaillaient sur le coup depuis plusieurs mois, avaient mis les téléphones sur écoute, filé les complices, et infiltré un agent comme courrier d'Enzo. En mars 1977, ils savaient que son homme à Bangkok, un Sicilien d'origine, Freddy Porcello, « était en mesure d'envoyer dix kilos d'héroïne pure d'Asie aux Etats-Unis tous les quinze jours[3] ».

La surveillance de la DEA avait montré que cet unique kilo n'était qu'un échantillon : Napoli s'apprêtait à recevoir et à passer un quart de tonne d'héroïne par an. Sur un des enregistrements de ses conversations téléphoniques, on l'entend dire à son homme de Milan : « Ecoutez, c'est seulement une fois par mois. » Il aurait pu mener les agents des stupéfiants à ceux qui, de là, allaient passer l'héroïne en Amérique, mais au lieu de cela il fut arrêté[4]. Une fois de plus remis en liberté sous caution, Napoli donna à Le Vien une occasion d'en voir plus, de l'autre côté de l'Atlantique. Les relevés de cartes de crédit et les notes de téléphone montrent qu'Enzo avait fait au moins six voyages en Europe avant son arrestation ; et il s'entretenait souvent par téléphone avec deux des plus gros revendeurs d'héroïne de toute l'Europe[5].

Le numéro qu'il appelait à Munich était celui d'Agostino Flenda, « le Prince ». La DEA enquêtait sur Flenda depuis 1975 et le considérait comme « une figure majeure de la pègre sicilienne à Munich ». Son agent de Bonn soutenait que Flenda était « le représentant de Cosa Nostra à Munich, en contact direct avec le quartier général de Cosa Nostra à New York ». En fait, Flenda était le représentant *sicilien* de Cosa Nostra à Munich et il y travaillait en tandem avec un trafiquant de la Mafia turque bien connu, Ertem Tegmen[6].

Les agents de la DEA, apparemment inconscients de cette relation, enquêtaient toujours sur Flenda quand ils arrêtèrent Enzo Napoli en mai 1977. A ce moment-là, Napoli téléphonait souvent en Sicile aux hommes qui donnaient leurs ordres à Flenda et à ses pareils.

On avait pu repérer le destinataire de ces appels, un certain Salvatore Montalto, né à Villabate et habitant Palerme. Quand Enzo l'appelait de New York, Montalto appelait Antonino, le frère d'Enzo, à Caracas ; celui-ci, à son tour, appelait un « coupe-circuit » à Miami, lequel rappelait Enzo à New York[7].

La police italienne n'approfondit pas le dossier car, en 1977, elle ne savait pas qui était Salvatore Montalto. On le prenait pour un respectable marchand de fuel domestique. Il se révéla par la suite être le patron de Villabate, membre de la *Cupola,* un trafiquant de drogue majeur, et le lieutenant du défunt Salvatore Inzerillo. (Il fut condamné à la prison à perpétuité lors du maxi procès de Palerme.)

Voilà qui étaient les hommes d'Enzo Napoli au vieux pays.

L' « Opération Gros Sous » se termina le 2 avril 1978, quand la Brigade d'Intervention décida de prendre Enzo sur le fait, au moment où il vendait une autre arme à feu à Le Vien. Il était toujours en liberté sous caution pour l'affaire du kilo d'héroïne. Cette fois, au lieu d'une caution d'un demi-million de dollars, il eut droit à une cellule.

La plupart des hommes de la Brigade d'Intervention s'occupaient de surveiller « Tommy Russo » pendant qu'il concluait son dernier marché avec son gibier, près de Kennedy Airport, dans le parking d'un hôtel de l'aéroport, où on les arrêta tous les deux. Le *New York Daily News* ne consacra qu'un bref entrefilet à l'affaire. Napoli y était décrit comme « un courtier international travaillant pour les cinq familles de New York », dont l'arrestation « représentait un coup déterminant contre un réseau international de contrebande de fausse monnaie, d'objets d'art volés, de drogues et d'armes ».

Mais il n'y avait pas de coup déterminant, pas de réseau démantelé, pas d'autres accusations, pas d'approfondissement de l'enquête sur les curieuses relations de Napoli et sur sa carrière criminelle. Il plaida coupable et évita tous les écueils d'une audience de tribunal. Condamné à treize ans de prison pour les armes et le kilo d'héroïne, il fut libéré sur parole et retourna à ses occupations quatre ans plus tard.

En échange de leurs cinquante-cinq conversations, toutes enregistrées — les signaux codés échangés depuis des cabines téléphoniques publiques, les discussions d'argent portant sur des chiffres à huit rangs, les verres au Plaza et les dîners au Palace, la croisière sur l'Hudson et le projet d'une croisière à la voile entre Miami et Caracas — Le Vien n'acheta jamais rien d'autre à Enzo que des armes. Le sixième et dernier achat porta le total de ses dépenses à 6 500 dollars. Sa couverture restait toujours solide quand il entra dans une petite pièce grise des bureaux de la Brigade d'Intervention à Brooklyn, pour une étonnante rencontre avec Enzo. « M. Napoli, dit-il, je ne suis pas qui vous croyez. Je suis l'agent Douglas Le Vien de la police de New York. » Enzo en resta muet un long moment et finit par répondre : « Vous avez fait du bon boulot. »

Les instructions de Le Vien étaient d'essayer de retourner Enzo, mais il était sûr qu'il refuserait et, en effet, il refusa. Quelques semaines plus tard seulement, Enzo lança un contrat contre Le Vien, du moins d'après un indicateur de la police. C'était difficile à croire parce que la Mafia américaine, en règle générale, ne tue pas les policiers. « Je n'ai jamais entendu parler d'un membre d'une organisation criminelle qui aurait tué un policier. C'est sans précédent », déclara Edward McDonald, chef de la Brigade d'Intervention contre le crime organisé de Brooklyn, quand l'un de ses agents secrets fut abattu quelques années plus tard. Un de ses assistants fit cette prédiction : « C'est une erreur que la pègre ne tolère pas. Les tueurs sont en fuite, mais on les retrouvera bientôt — morts[8]. »

La dernière chose que voulait la Mafia américaine était bien un affrontement avec la loi. Là où la flatterie et la corruption ne suffisaient pas à obtenir la paix, on pouvait encore arriver à une sorte d'équilibre basé sur un accord tacite de « vivre et laisser vivre » entre les deux parties.

A l'époque, Le Vien voyait la situation ainsi : « C'est *lui* qui a fait l'erreur, la honte est pour *lui*. » Comment un mafioso sicilien pouvait envisager la chose, c'est une autre histoire. La Mafia sicilienne tuait bel et bien des policiers, cela faisait partie d'un parti pris de violence qui semblait paralyser même la Mafia américaine. « Ils ont une trouille monstre des " siggies " », reconnut plus tard Le Vien, devenu plus âgé et moins téméraire.

Qu'Enzo ait lancé un contrat contre Le Vien était plus que probable : le « Tommy Russo » auquel il avait donné sa confiance se promenait maintenant en possession d'informations mortelles pour les hommes d'Enzo. Pourtant, à l'époque, la police de New York ne s'en doutait pas le moins du monde. Ils réagirent seulement au fait qu'Enzo Napoli s'était révélé faire partie des « siggies », des « zips », des « geeps » —, quelqu'un par conséquent d'imprévisible, voire incontrôlable.

A la suite de demandes répétées, Le Vien devint le seul policier pris en charge par le Programme Fédéral de Protection des Témoins. Des agents armés de mitraillettes bloquaient sa rue, tandis que des hélicoptères tournaient au-dessus du quartier quand, avec sa femme et ses deux fils, il fut évacué de son domicile de Brooklyn pour se cacher pendant les six mois suivants. Puis, un jour, le supérieur de Le Vien, le lieutenant Joseph Harding, se rendit au Great Western Beef Restaurant pour parler avec Paul Castellano-le-Grand. Flanqué de son avocat, le plus puissant boss de la Mafia en Amérique n'avait pas l'intention de parler, mais il écouta. Le lieutenant Harding lui expliqua que la police de New York ne tolérerait pas un meurtre. Ils rafleraient toutes les maisons de jeu, envahiraient les clubs, arrêteraient les usuriers — bref, ils s'arrangeraient pour rendre la vie infernale à toute la pègre.

Castellano ne répondit pas directement. Il se tourna simplement vers son avocat en disant : « Je connais Enzo et son frère Nino. Je n'ai aucun respect pour eux. » Il n'aurait jamais dit cela si les frères Napoli avaient fait partie de ses troupes. Dans la Mafia, le respect est tout.

Peu de temps après, Le Vien reçut une lettre du Centre Correctionnel de Manhattan où était détenu Enzo. Deux ans plus tard, quand Le Vien rejoignit les rangs de la Commission présidentielle contre le Crime organisé à Washington, il accrocha la lettre dans un cadre au mur de son bureau. Enzo y expliquait qu'il voulait que Le Vien comprenne bien qu'il ne lui gardait pas rancune. Il admirait les gens qui faisaient bien leur travail, comme Le Vien, et admirait aussi que « vous m'ayez manipulé à votre avantage ». Au cours des quelques années où ils s'étaient fréquentés, écrivait Enzo, il avait, quant à lui, tenu sa parole. Il concluait (les italiques sont de lui) : « *En tant qu'homme, je vous le répète, je ne vous en veux pas...* Dans une situation aussi difficile que la vôtre, j'aurais fait la même chose. »

Chronologie

1904 : Cascio Ferro devient le premier *capo di tutti capi.*
1927-29 : Guerre de Mussolini contre la Mafia sicilienne.
1931 : Lucky Luciano modernise la Mafia en Amérique.
1946 : Lucky Luciano est expulsé en Italie.
1951 : Auditions Kefauver.
1957 : Sommet de Palerme, décision de prendre la concession du marché de l'héroïne, formation de la Commission *(Cupola)* sicilienne, Greco premier président.
Ratification de l'accord sur l'héroïne lors de la rencontre d'Apalachin (New York).
1962 : Mort de Lucky Luciano.
1963 : Guerre à mort entre Greco, Luciano, Buscetta et les La Barbera.
Bombe de Ciaculli, dispersion de la *Cupola,* la Mafia sicilienne se déploie sur le monde, le juge Terranova commence son enquête.
1964 : Première arrestation de Leggio.
1967 : Procès des 114 et autre grand procès de la Mafia.
1968 : Casamento fonde Eagle Cheese aux Etats-Unis.
1972 : La police démantèle le réseau corse au Brésil, Buscetta est arrêté et extradé vers l'Italie.
1974 : Leggio envoyé en prison.
Pacte de la Mafia sicilienne avec la Camorra.
1975 : Pacte de la Mafia sicilienne avec les Turcs.
1976 : Débuts de l'« Opération Gros Sous » (Le Vien et Enzo Napoli).
1977 : Meurtre de Pete Licata, Catalano prend le contrôle de Knickerbocker Avenue.
La Mafia sicilienne inaugure son pipeline d'héroïne aux Etats-Unis.
1979 : Ronsisvalle se rend à la police.
Enlèvement de Sindona.
Galante assassiné, Catalano prend le contrôle de la famille Bonanno.

1980 : Début de l'enquete sur la Pizza Connection.
Le juge Palerme commence son enquête sur le trafic armes-drogue à Trente.
Affaire des 40 kilos d'héroïne d'Adamita.
1981 : Assassinat de Bontate.
1981-83 : Grande guerre de la Mafia.
1982 : Assassinat de Dalla Chiesa.
Cassara remet son fructueux rapport, « Greco + 161 ».
Procès de Spatola à Palerme, mise en accusation de 79 mafiosi
1983 : Arrestation de Buscetta au Brésil.
1984 : Extradé vers l'Italie, Buscetta parle.
1985 : Début du procès de la Pizza Connection à New York.
1986 : Début du maxi-procès de Palerme.
La Cour de cassation italienne commence à annuler les condamnations des mafiosi.
1988 : Opération Tour de fer (les Gambino de Cherry Hill).
Verdict du maxi-procès.

Annexe

LES VICTIMES
(liste partielle)

LES CADAVRES EXQUIS

ANTIOCHA, Roberto : policier de la Squadra Mobile, Palerme, 6 août 1985.
BASILE, Emmanuele : capitaine des carabiniers, Monreale, 5 mai 1980.
CACCIA, Bruno : procureur de l'Etat, Turin, 27 juin 1983.
CASSARÀ, Antonino : adjoint au chef de la Squadra Mobile, Palerme, 6 août 1985.
CHINICCI, Rocco : juge, Palerme, 29 juillet 1983.
CIACCIO MONTALTO, Gian Giacomo : juge, Trapani, 25 janvier 1983.
COSTA, Gaetano : procureur de l'Etat, Palerme, 6 août 1980.
DALLA CHIESA, Carlo Alberto : préfet, Palerme, 3 septembre 1982.
FAVA, Giuseppe : journaliste, Catane, 5 janvier 1984.
GIALLOMBARDI, Carmelo : carabinier, Altavilla, 12 décembre 1988.
GIULIANO, Boris : chef de la Squadra Mobile, Palerme, 29 juillet 1979.
IEVOLELLA, Vito : inspecteur des carabiniers, Palerme, 10 septembre 1981.
INSALACO, Giuseppe : ancien maire, Palerme, 12 janvier 1988.
LA TORRE, Pio : leader du parti communiste, Sicile, 30 avril 1982.
MANCUSO, Lenin : policier de la Squadra Mobile, Palerme, 25 septembre 1979.
MATTARELLA, Piersanto : président de la Région sicilienne, 6 janvier 1980.
MONDO, Natale : policier de la Squadra Mobile, Palerme, 14 janvier 1988.
MONTANA, Giuseppe : commissaire de la Squadra Mobile, Palerme, 28 juillet 1985.
REINA, Michele : secrétaire du parti démocrate-chrétien, Palerme, 9 mars 1979.
ROSTAGNO, Mauro : journaliste, Trapani, 1er août 1988.

RUSSO, Giuseppe : colonel des carabiniers, Ficuzza, 20 août 1977.
SAETTA, Antonino : juge, Caltanissetta, 1er août 1988.
TERRANOVA, Cesare : juge, Palerme, 25 septembre 1979.
ZUCCHETTO, Calogero : policier de la Squadra Mobile, Palerme, 14 novembre 1982.

LES PERDANTS DE LA MAFIA

ALONGI, Sebastiano : patron de Prizzi, mort blanche, 9 septembre 1983.
BADALAMENTI, Antonino : abattu à la *lupara* (fusil), 19 août 1981.
BONTATE, Stefano : abattu à la Kalashnikov, 23 avril 1981.
BOSIO, Sebastiano : abattu à la *lupara,* 6 novembre 1981.
BUCCELLATO, Antonino : abattu à la *lupara,* Castellammare del Golfo, 30 septembre 1981.
BUSCEMI, Rodolfo : étranglé, jeté dans le port, 1982.
BUSCETTA, Antonio : mort blanche, 11 septembre 1982.
BUSCETTA, Benedetto : mort blanche, 11 septembre 1982.
CARUANA, Leonardo : abattu, Palerme, 2 septembre 1981.
CHIAZZESE, Filippo : mort blanche, 8 juin 1981.
D'AGOSTINO, Emmanuele : mort blanche, 28 mai 1981.
D'AGOSTINO, Ignazio : abattu à la *lupara,* 11 janvier 1982.
DI CHRISTINA, Giuseppe : patron de Riesi, abattu, 30 mai 1978.
DI FRANCO, Carlo : mort blanche, 26 mai 1981.
DI GREGORIO, Salvatore : mort blanche, 4 janvier 1982.
DI MAGGIO, Calogero : mort blanche, 25 mai 1981.
FALLUCCIA, Giovanni : étranglé, dissous dans l'acide, 1982.
FEDERICO, Angelo : mort blanche, 26 mai 1981.
FERLITO, Alfio : abattu à la Kalashnikov, Catane, 16 juin 1982.
GALLINA, Stefano : abattu à la *lupara,* Palerme, 1er octobre 1981.
GNOFFO, Ignazio : patron de Palerme centre, mort blanche, 5 juin 1981.
GRADO, Antonino : mort blanche, 14 octobre 1981.
GRADO, Antonino : abattu à la *lupara,* 11 janvier 1982.
GRAVIANO, Giuseppe : abattu, jeté dans le port, 1982.
IMPASTATO, Giacomo : abattu à la *lupara,* 15 janvier 1982.
IMPASTATO, Luigi : abattu à la *lupara,* Palerme, 22 septembre 1981.
INZERILLO, Giuseppe : mort blanche, 31 juillet 1981.
INZERILLO, Pietro : abattu aux Etats-Unis, 15 janvier 1982.
INZERILLO, Salvatore : abattu à la Kalashnikov, 11 mai 1981.
INZERILLO, Santo : mort blanche, 25 mai 1981.
LO JACONO, Carmelo : étranglé, dissous dans l'acide, 1982.
LO PRESTI, Ignazio : mort blanche, août 1982.
LO VERSO, Maurizio : étranglé, dissous dans l'acide, 1982.
MAFARA, Francesco : mort blanche, 14 octobre 1981.
MAFARA, Giovanni : abattu à la *lupara,* Palerme, 14 octobre 1981.
MAMOLA, Emmanuele : abattu à la *lupara,* Palerme, 5 octobre 1981.

MANDALA, Franco : abattu à la *lupara,* 5 avril 1982.
MANDALA, Pietro : abattu à la *lupara,* Palerme, 3 octobre 1981.
MARCHESE, Pietro : poignardé en prison, 25 février 1982.
MARSALA, Mariano : patron de Vicari, mort blanche, février 1983.
MIGLIORE, Antonio : étranglé, jeté dans le port, 1982.
MISURACA, Calogero : abattu à la *lupara,* Palerme, 9 octobre 1981.
PANNO, Giuseppe : patron de Casteldaccia, mort blanche, 11 mars 1981.
PECORELLA, Stefano : mort blanche, 31 juillet 1981.
PIOMBINO, Nicolo : abattu à la *lupara,* 26 janvier 1982.
RICCOBONO, Rosario : patron de Partanna, mort blanche, novembre 1982.
RICCOBONO, Vito : décapité, abandonné dans une voiture, 1982.
RIMI, Vincenzo : abattu à la *lupara,* Alcamo, 1981.
RIZZUTO, Michele : étranglé, jeté dans le port, 1982.
ROMANO, Giuseppe : abattu, abandonné dans le coffre d'une voiture aux Etats-Unis, 8 février 1983.
RUGNETTA, Antonio : étranglé, jeté dans le port, 1982.
SETTECASE, Giuseppe : abattu à la *lupara,* Agrigente, 23 mars 1981.
SEVERINO, Salvatore : mort blanche, Palerme, 29 mai 1981.
SEVERINO, Vincenzo : mort blanche, Palerme, 29 mai 1981.
SPICA, Antonio : abattu à Milan, 2 février 1982.
SOLLENA, Matteo : abattu, abandonné dans le coffre d'une voiture aux Etats-Unis, 19 novembre 1983.
SOLLENA, Salvatore : abattu, abandonné dans le coffre d'une voiture aux Etats-Unis, 10 novembre 1983.
SORCI, Nino : patron de Villagrazia, abattu à la *lupara,* 12 avril 1983.
TERESI, « Mimmo » : abattu, donné en pâture aux cochons, 1982.
TRAMONTANA, Giuseppe : abattu, abandonné dans le coffre d'une voiture aux Etats-Unis, 8 février 1983.
VITALE, Leonardo : abattu à la *lupara,* Palerme, 2 décembre 1984.

Notes

PROLOGUE

1. Extraits de la conversation enregistrée durant le dîner au Palace Restaurant, 13 janvier 1977.

2. Le fait que Vincenzo Napoli était un adhérant de la *cosca* de Villabate a été confirmé à Doug Le Vien par Luigi Ronsisvalle. Voir chapitre 10.

3. Ces destinations étaient celles qui figuraient sur les factures de la carte de l'American Express appartenant à Napoli. Impossible de savoir où il a pu se rendre en utilisant la carte de quelqu'un d'autre.

4. Communication téléphonique enregistrée, avril 1974, Public Morals Division, NYPD (New York Police Department).

5. L'Eastern District représente le ministère américain de la Justice dans les quartiers de Brooklyn, du Queens, de Staten Island et de Long Island.

6. Mémorandum adressé à la force de frappe de l'Eastern District par le commandant du Central Gambling Unit, NYPD, 4 novembre 1976.

7. Affaire suivie par les services secrets, citée dans un dossier du ministère de la Justice sur Vincenzo Napoli, 25 janvier 1975, concernant la vente de bons du Trésor. Imprimé du ministère de la Justice, 25 janvier 1977. INS (Immigration and Naturalization Service) : rapports sur l'entrée en fraude d'étrangers, cités dans un rapport de la New York State Police, 18 août 1970. Douanes : rapport de Steve Rogers, 10 février 1977. BNDD (Bureau of Narcotics and Dangerous Drugs) sur Enzo Napoli, 30 octobre 1970. Dossier de la police de Miami : Enzo Napoli fut arrêté, mais non traduit en justice, pour avoir utilisé des chèques volés en août 1976 ; Luigi Ronsisvalle fut arrêté avec lui et brièvement incarcéré. FBI : les trois frères Napoli étaient tous soupçonnés de « tremper dans l'introduction en fraude d'étrangers en situation illégale à New York » ; informateur cité dans un rapport du FBI, 5 novembre 1973. Divers rapports de police, cités dans un Rapport du NYPD, Special Forces, 8 septembre 1975 : Vincenzo Napoli était, à ce qu'on croyait, mêlé à des affaires « d'usure, de fraude, de vente d'armes, de vente de marchandises volées, de cambriolage ». L'association des trois frères Napoli avec Paul Castellano et le *consigliere* de la famille Gambino, Joe N. Gallo, figure dans un rapport du NYPD, 4 décembre 1976. New York Police Intelligence Report, 5 août 1976.

8. Le Rubens et le Ter Borch furent récupérés lors de l'affaire Abscam.

9. *New York Times,* 12 avril 1977 ; *Time,* 18 avril 1977.

10. L'US Attorney Tom Puccio, qui prenait tout juste la tête de l'Eastern District, avait une bonne raison de faire traîner les choses. Un agent du FBI faisait alors l'objet d'une enquête pour avoir vendu des renseignements à la Mafia. Cet homme, qui fut le premier agent « marron » jamais découvert au sein du FBI, plaida coupable et fut condamné à un an et un jour de prison. Le rapport du FBI concernant le fusil ne fut pas concluant.

11. Les complices de Napoli à Miami avaient nom Luigi Ronsisvalle et Giuseppe Mirabile, tous deux *picciotti* de la Mafia sicilienne. (L'histoire du premier figure au chapitre 10.) Ils comparurent devant le juge Eskhenazi le 28 septembre 1976. Voir le rapport du FBI MM 87-38484.

12. *New York Times,* 16 janvier 1977 ; *New York Daily News,* 26 janvier 1977.

13. La First National City Bank, à Staten Island, se fit escroquer cet argent en avril 1976 par Enzo Napoli et un autre Italien du nom de Frank Resto. Après avoir témoigné devant un jury d'accusation, Resto fut retrouvé pendu dans son appartement new-yorkais. Comme Le Vien le découvrit un an plus tard, les douanes avaient suivi la piste jusqu'à St. George, à la Grenade, où Resto et Napoli avaient blanchi la majeure partie du butin de Staten Island, par l'entremise de leur propre banque bidon, la First National City Bank and Trust Company, au 11 Halifax Street. « La banque en question appartient à Frank Resto et Riccardo LNU [nom de famille inconnu], signala l'agent des douanes, Steve Rogers. Ledit " Riccardo " n'est autre que Vincent Napoli, spécialisé dans l'écoulement de bons du Trésor volés. » Rapport de Steve Rogers, 10 février 1977.

14. *New York Daily News,* 5 octobre 1977. Consécutivement à son arrestation pour trafic de drogue, en 1978, Enzo Napoli fut interrogé par le FBI et les services secrets américains pour des affaires de fausse monnaie, de fraude bancaire, de détournement de fonds et de trafic inter-Etats de chèques volés. Il ne fut, toutefois, poursuivi pour aucun de ces délits.

15. Les diamants avaient été volés par Luigi Ronsisvalle et Giuseppe Mirabile, sur les instructions d'Enzo Napoli, comme le confirma ultérieurement Ronsisvalle (voir chapitre 10). Ils furent dérobés chez Henry Grosbard, dans la 47e Rue Ouest.

16. Rapports de la DEA, 9 mars et 8 avril 1977.

1. VU DE PALERME

1. L'expert en question était un agent de Washington, Frank Storey, cité dans *US News and World Report* du 11 avril 1988. Le porte-parole était William Carter, cité dans le *Corriere della Sera* (Milan) du 1er avril 1988. Voir chapitre 20.

2. Ce montant estimé de douze milliards de dollars pour le prix de vente au détail de l'héroïne aux Etats-Unis est fondé sur un prix moyen de vingt dollars par dose, une moyenne quotidienne de trois doses par jour pour les toxicomanes confirmés et un chiffre officiel de cinq cent mille toxicomanes confirmés. L'US Attorney Rudolph Giuliani, du Southern District de New York, m'a fourni le chiffre de vingt milliards en 1986. Le chiffre global pour le trafic des stupéfiants est extrait du document publié par la Commission présidentielle sur le crime organisé : « America's Habit : Drug Abuse, Drug Trafficking ans Organized Crime », ainsi que d'une conférence des Nations unies sur les stupéfiants, selon un rapport qu'en a fait la RAI (la télévision italienne), le 19 mai 1989. Le chiffre italien fut publié par le Conseil de la Magistrature Suprême d'Italie, le 31 janvier 1989. Le chiffre de cent dix milliards de

dollars avancé pour ce que rapportaient au total les stupéfiants aux Etats-Unis m'a été fourni par le bureau new-yorkais de la DEA en mars 1986. Des estimations antérieures citées par Francis Mullen, chef de la DEA, au Senate Judiciary Committee, le 23 février 1983, fixaient le chiffre à soixante-dix-neuf milliards de dollars.

Ces chiffres et pratiquement tous les chiffres analogues concernant la drogue, sa consommation et ses profits, sont approximatifs, pour dire le moins. Peu d'experts ès stupéfiants pensent, par exemple, que les statistiques concernant la population des héroïnomanes américains et la quantité totale d'héroïne qui pénètre chaque année sur le territoire national sont exactes. Les conjectures les plus vraisemblables auraient tendance à doubler les estimations officielles.

3. Déposition du juge William Webster, alors directeur du FBI, devant le 7e Congrès mondial des Nations unies sur la criminalité, le 27 août 1987. Les chiffres concernant les profits dans le dossier *Illecito,* publié par l'institut de recherches du gouvernement italien, Censis, le 4 avril 1985, situent le rapport estimé des investissements aux alentours de 1,667 pour cent.

4. Entrevue avec Frank Panessa de la DEA à Rome, août 1988. Entrevue avec Floyd Clark, directeur adjoint de la Criminal Investigative Division du FBI à Washington, et Anthony Daniels, inspecteur adjoint sous-directeur de la même division, le 14 mars 1989.

5. Mémorandum officieux que m'a remis le Bureau of International Narcotics Matters du Département d'Etat, en mars 1989.

6. Estimation du Service intérieur central anti-stupéfiants du ministère italien de l'Intérieur, 10 août 1988. Cité dans le *Corriere della Sera* (Milan) du même jour. Les chiffres concernant les overdoses en Italie pour 1988 ont été fournis par le général Sotgiu, chef du Service anti-stupéfiants du ministère de l'Intérieur.

7. *Time,* 1er août 1988.

8. Les chiffres britanniques m'ont été communiqués lors de mon entrevue avec Colin Hewett, coordinateur de la National Drugs Intelligence à Scotland Yard, en février 1987. Le chiffre français est dû au Comité international pour la lutte contre les abus de drogue, cité dans un câble adressé par l'ambassade américaine à Paris au Département d'Etat, en mars 1988.

9. La population mondiale d'héroïnomanes a été estimée à deux millions et demi et en voie d'accroissement par la DEA (entrevue avec Tom Angioletti, alors chef du bureau de la DEA à Rome). Les chiffres concernant les drogués européens viennent du Bureau of International Narcotics Matters du Département d'Etat, 24 avril 1988. Les saisies d'héroïne en Europe en 1984 et 1985 sont mentionnées dans le rapport du National Narcotics Intelligence Consumers' Committee pour 1985-86. Les chiffres ayant trait aux saisies d'héroïne en 1987 sont tirés du bulletin d'Interpol, *Quest,* deuxième et troisième trimestres 1987. Ceux qui concernent les saisies d'héroïne aux Etats-Unis en 1987 ont été fournis par le bureau de la DEA à Rome. La DEA estime qu'un kilo d'héroïne pure à quatre-vingt-quinze pour cent permet de fournir quarante-cinq mille doses à cinq pour cent.

10. Déclaration de Francis Mullen, directeur de la DEA, à un comité du Sénat américain. *New York Times* du 4 juillet 1983 : « Les instances officielles pensent à présent que les familles du crime organisé à New York importent quatre-vingt-cinq pour cent de l'héroïne qui pénètre en territoire américain. » En 1983, aucune autorité publique n'avait encore conscience du fait que les importateurs directs d'héroïne n'étaient pas les familles de la Mafia new-yorkaise, mais la Mafia sicilienne qui avait obtenu la concession du marché américain de la part de son homologue outre-

Atlantique. Rapport de William Sessions au Committee on Governmental Affairs, Permanent Subcommittee on Investigations, US Senate, 11 avril 1988.

11. Rapport de Sessions au Committee on Governmental Affairs, Permanent Subcommittee on Investigations, US Senate, 11 avril 1988. Selon William French Smith, alors attorney général, la Mafia sicilienne avait fourni « peut-être quatre-vingts pour cent de toute l'héroïne pénétrant dans le nord-est du territoire américain ». Voir : « The Impact : Organized Crime Today », Commission présidentielle sur le crime organisé, p. 57. « Ordinanza di Rinvio a Giudizio » (mise en accusation), maxi-procès de quatre cent soixante-quatre supposés mafiosi siciliens, cité *in* Violante, *La Mafia dell'eroina.*

12. Entrevue avec Frank Storey, le plus grand expert du FBI sur le crime organisé, 28 avril 1988.

13. Entrevue avec Mike Sparato, expert de la DEA à New York dans ce domaine, 25 avril 1988. « Les Chinois n'aiment pas traiter avec les Noirs ; ils se font truander. Ils préfèrent avoir affaire aux Siciliens », me dit-il. Cela me fut confirmé lors de mon entrevue avec Jules Buonavolonta, directeur du Crime organisé au FBI à New York, le 19 avril 1988. Ainsi que par Louis Freeh, Assistant US Attorney du Southern District de New York, qui mena l'enquête dans l'affaire de la « Pizza Connection » en 1985. Frank Storey du FBI à Washington me tint essentiellement le même langage.

14. Entrevue avec le directeur de la DEA à Rome, Frank Panessa, 30 janvier 1989.

15. Rapport du National Narcotics Intelligence Consumers' Committee, 1985-86. Le taux triplé en Europe a été mentionné dans *Time* du 1er août 1988.

16. Entrevue avec Mona Ewell, analyste de renseignements de la DEA. Voir chapitre 7.

17. Entrevue avec l'agent de la DEA à Caracas, octobre 1987. Son estimation est fondée sur les saisies de huit tonnes de cocaïne émanant du Venezuela cette année-là. La méthode standard — certes assez rudimentaire — pour les calculs de ce genre consiste à considérer que les saisies représentent dix pour cent du trafic.

18. L'étude du DISIP, faite en 1982, n'a jamais été publiée et certaines des données les plus intéressantes qu'elle contenait semblent avoir disparu. La teneur en fut révélée au parlement en 1984 par les députés Carlos Tablante et Vladimir Gessen, de la Commission anti-Mafia, qui avaient confié les documents clefs au DISIP. Voir *El Diario de Caracas,* 12 décembre 1984.

L'article du *Diario* sur le rôle de la Mafia dans le trafic de la cocaïne, à la date du 13 octobre 1985, faisait partie d'une série de Rodolfo Schmidt sur la Mafia sicilienne au Venezuela, fondée sur des recherches approfondies. Vladimir Gessen, alors directeur de la Commission parlementaire anti-stupéfiants, m'a confirmé les faits essentiels lors d'une entrevue que nous eûmes à Caracas en octobre 1987. Le chiffre cité quant à la part des Siciliens dans le trafic était de soixante pour cent.

19. Entrevue à New York, 12 avril 1988.

20. Estimation parue dans le Rapport Stewart-Clark auprès d'un comité d'enquête du Parlement européen, 1986 ; citée par Violante, *La Mafia dell'eroina.* p. 19.

21. Arlacchi, *La Mafia imprenditrice ;* Hess, *Mafia.*

22. Gambino, *Blood of My Blood.*

23. Peterson, *The Mob,* p. 444.

24. *New York Times,* 18 décembre 1985.

25. Voir p. 99.

26. Cressey, *Theft of the Nation,* pp. 19, 181-82.

27. Ianni et Reuss-Ianni, *The Crime Society,* est un ouvrage qui contient des textes de plusieurs commentateurs connus, notamment Daniel Bell.

28. Peterson, *The Mob,* p. 440.

29. Entrevue avec Floyd Clark, du FBI, 14 mars 1989.

30. *The Economist* (Londres), cité dans le *Giornale di Sicilia* (Palerme), 2 avril 1988. Le chiffre de trente milliards fut fourni par la Guardia di Finanza à la Commission anti-Mafia du Parlement italien, le 4 mai 1989.

31. Les revenus estimés de la Mafia sicilienne ont été calculés par la Guardia di Finanza et rapportés dans le *Corriere della Sera* (Milan), le 1er octobre 1983. Pino Arlacchi, célèbre criminologue italien, m'a fourni l'estimation comparative du budget du gouvernement régional sicilien.

32. La taille de la Mafia américaine est tirée de « The Impact : Organized Crime Today », p. 36. Le nombre des membres de la Mafia sicilienne est dû à Emmanuele De Francesco, ancien directeur de la Commission anti-Mafia du ministère italien de l'Intérieur.

33. Le racket d'Anastasia pour l'admission de nouveaux membres a été signalé par Joe Valachi : voir Maas, *The Valachi Papers,* p. 256. Les chiffres concernant le nombre de membres ont été rapportés respectivement par la Commission présidentielle sur le crime organisé (« The Impact : Organized Crime Today ») et la Commission anti-Mafia du ministère italien de l'Intérieur.

34. Stajano, *Mafia : L'atto d'accusa,* pp. 40, 72.

35. Falzone, *Storia della Mafia,* pp. 76-115.

36. Cette dérivation du mot a été proposée par Giuseppe Guido Loschiavo, magistrat et auteur sicilien fort estimé, dans son livre *Cento anni di Mafia.* Elle a été reprise par de nombreux autres auteurs, dont Gaetano Falzone, Rosario Poma et Enzo Perrone. Dans *Blood of My Blood,* Richard Gambino fait allusion aux « squadre della Mafia » à la p. 296.

37. Falzone, *Storia della Mafia,* p. 126 ; Servadio, *Mafioso,* p. 19 ; Hess, *Mafia,* pp. 5-6.

38. Poma et Perrone, *La Mafia,* p. 6 : Hess, *Mafia,* p. 5 ; Servadio, *Mafioso,* p. 23.

39. Petacco, *Joe Petrosino,* p. 119.

40. Giuseppe Guido Loschiavo, historien de marque, cité par Poma et Perrone, *La Mafia,* p. 50.

41. Giuseppe Pitrè, *Usi e costumi, credenze e pregiudizi del popolo siciliano* (Palerme : Clausen, 1889).

42. Cet ancien conservateur est Gaetano Falzone, historien sicilien très considéré. Son livre, *Storia della Mafia,* regorge de précieuses informations.

43. Hess, *Mafia,* pp. 70-71 ; Servadio, *Mafioso,* pp. 55-59.

44. Les Américains entendaient parler de la Main noire depuis 1890, l'année où une foule en délire lyncha onze Siciliens à La Nouvelle-Orléans. Les victimes venaient tout juste d'être acquittées après avoir été jugées pour l'assassinat du chef de la police de la ville, Dave Hennesey. L'affaire demeure obscure — Hennesey n'avait rien d'un petit saint de plâtre —, mais la vaste colonie sicilienne de la ville était indéniablement infestée de Mafiosi venus du vieux pays.

45. Petacco, *Joe Petrosino,* p. 135.

46. Pour une version plus complète de la carrière de Cascio Ferro à New York, voir Petacco, *Joe Petrosino.* La présente référence figure p. 75.

47. *Ibid.*, pp. 218-25 ; Pantaleone, *Mafia et dròga,* p. 24. Petrosino fut assassiné le 12 mars 1909.

48. Servadio, *Mafioso,* p. 74.

49. Duggan, *La Mafia durante il Fascismo.*

50. Smith, *Storia della Sicilia medievale et moderna,* p. 701 ; Duggan, *La Mafia durante il Fascismo.*

51. Pantaleone, *Mafia et politica,* p. 58.

52. Barzini, *The Italians,* pp. 345-46.

53. Gosch et Hammer, *The Last Testament of Lucky Luciano,* p. 98.

54. *Ibid.*, p. 101.

55. On appela le sanglant conflit entre Joe Masseria de Trapani et Salvatore Maranzano de Castellammare del Golfo la « Guerra castellamamrese » de New York. Pour la citation concernant Lansky, voir Gosch et Hammer, *The Last Testament of Lucky Luciano,* pp. 115, 146 ; *The Autobiography of Joseph Bonanno,* p. 150.

56. Les inscriptions restèrent closes de 1931 à 1954 : rapport du comité McClellan, 4 mars 1965, p. 13.

2. DON LUCIANO LEGGIO, LE VAINQUEUR

1. Le nom de « Leggio » est souvent écrit à tort « Liggio » dans la presse.

2. Je tiens cela du juge Falcone de Palerme. Il estime qu'environ six cents personnes furent tuées dans la seule zone de Palerme et de sa province, et quatre cents autres dans les régions infestées par la Mafia, par exemple Trapani, Agrigente et Catane.

3. Le sénateur Kefauver a écrit : « Durant la Seconde Guerre mondiale, il y a eu des tas d'élucubrations au sujet de prétendus précieux services que Luciano, qui était alors détenu, était censé avoir rendus aux autorités militaires, dans le cadre des plans pour l'invasion de sa Sicile natale. En creusant la question, nous avons obtenu un certain nombre de versions contradictoires. »

4. En ce qui concerne le débarquement allié en Sicile, on trouvera la version qui fait probablement autorité dans une récente et volumineuse histoire de l'île, impeccablement documentée, due à la plume du célèbre historien sicilien Francesco Renda. L'œuvre complète s'intitule *Storia della Sicilia dal 1860 al 1970.* Le troisième tome raconte le débarquement allié, sous le titre *Dall'occupazione militare alleata al centro sinistra.*

Décrivant l'opération militaire alliée dans son ensemble, le professeur Renda montre clairement que sa conception et son issue dépendaient de nombreux facteurs beaucoup plus complexes qu'un simple marché conclu en douce avec les patrons de la Mafia. Il écrit, entre autres : « La victoire anglo-américaine ne fut pas aussi complète qu'on l'avait espéré, ni remportée sans difficulté… L'invasion était loin d'être réussie d'avance… La résistance des Italiens et des Allemands fut plus forte qu'on ne s'y était attendu » (pp. 19-20).

« Ce qui décida du comportement des troupes italiennes et de la population civile fut (avant tout) l'équilibre des forces stratégico-politiques. Il était impossible, dans de telles circonstances, que les Alliés ne l'emportassent pas et que les personnes encore en possession de leurs facultés de penser et de décider à tête reposée n'en tirassent pas les conclusions qui s'imposaient » (p. 25). « Les gens voulaient la paix et la seule façon de l'obtenir était l'arrivée des Alliés ».

Se référant spécifiquement à l'histoire du mouchoir de soie jaune de Lucky Luciano, le professeur Renda note : « Le mécanisme de la pollution de l'administration de l'île et du gouvernement militaire allié par la Mafia s'autopropulsa de façon tout à fait spontanée, d'autant plus qu'il ne rencontra aucun obstacle de la part des divers préposés aux Affaires civiles. Il n'y a aucune preuve, ni aucune raison de supposer un quelconque complot prédéterminé et intentionnel de livrer la Sicile aux mains de la Mafia, auquel seraient mêlées les autorités d'occupation à tous les niveaux. »

Autrement, voir aussi Servadio, *Mafioso :* « Le prétendu rôle de certains criminels de Cosa Nostra et des *cosche* siciliennes dans l'effort de guerre est et sera toujours controversé. Il existe plusieurs versions, dont beaucoup proviennent des mêmes sources (par exemple Moses Polakoff, l'avocat de Lucky Luciano, qui a fourni des récits contradictoires). La vérité se situe probablement quelque part entre les deux...

« Encore que je doute fort qu'il y ait jamais eu d'importants marchés conclus entre les autorités américaines et les gangsters, il est plus que possible que des promesses et des échanges de faveurs aient eu lieu quelque part au niveau intermédiaire » (pp. 82-83).

Quant au propre rôle de Lucky Luciano, Servadio écrit : « A l'époque, Lucky Luciano était depuis trop longtemps en prison pour être capable de contrôler les " familles " new-yorkaises et tout le monde avait perdu le contact avec la Sicile à cause du régime fasciste. Calogero Vizzini n'avait aucun pouvoir central, car l'opération de Mori avait effectivement réussi à faire voler en éclats le réseau de la pègre sicilienne... Il ne devint un personnage de premier plan qu'après avoir été élu maire de Villalba. »

5. Renda, *Storia della Sicilia dal 1860 al 1970,* tome III.

6. Extrait du témoignage de Luciano Leggio lors du maxi-procès de Palerme : *Giornale di Sicilia* (Palerme), 25 mai 1986.

7. Pantaleone, *Mafia e politica;* Nese, *Nel segno della Mafia,* p. 16.

8. Nese, *Nel segno della Mafia,* p. 16.

9. *Ibid.,* p. 21.

10. Ce verdict intermédiaire, connu sous le nom de verdict écossais, fut évoqué selon un nouveau code judiciaire italien en 1988.

11. Nese, *Nel segno della Mafia,* p. 22. L'excellent ouvrage de Nese sur Leggio s'appuie, pour une grande partie de sa documentation, sur des rapports de la Commission parlementaire anti-Mafia d'Italie.

12. Rapport du général des carabiniers, Amedeo Branca, commandant de brigade en Sicile, 9 octobre 1946.

13. Fava, *Processo alla Sicilia,* p. 194.

14. *Ibid.*

15. Nese, *Nel segno della Mafia,* p. 66 ; Pantaleone, *Mafia e politica,* pp. 127-28.

16. Pantaleone, *Mafia e politica,* p. 120 ; Sterling, « Portrait of a Mafia Killer » ; Nese, *Nel segno della Mafia,* pp. 34-42 ; Poma et Perrone, *La Mafia.*

17. Sterling, « Portrait of a Mafia Killer » ; Nese, *Nel segno della Mafia,* p. 34 ; Poma et Perrone, *La Mafia,* p. 216.

18. « Relazione sull'Indagine Riguardante Casi di Singoli Mafiosi », Commission parlementaire anti-Mafia d'Italie.

19. *Ibid.*

20. La comparution de Leggio devant la *Cupola* est signalée dans les procès-

verbaux des interrogatoires de Tommaso Buscetta par le juge Giovanni Falcone de Palerme, en septembre 1984.

21. Nese, *Nel segno della Mafia,* p. 79.

22. La réforme agraire limitait les propriétés à deux cents hectares.

23. *La Repubblica* (Rome), 17 avril 1987.

24. Hess, *Mafia,* p. 212.

25. Mori, *Con la Mafia,* pp. 128-29, cité par Duggan, *La Mafia durante il Fascismo,* p. 20. Trapani comptait sept cents meurtres par an en 1924, Palerme deux cent soixante-dix-huit.

26. Poma et Perrone, *La Mafia,* p. 61. Entre 1944 et 1962, il y eut deux mille meurtres et disparitions connus dans les quatre provinces occidentales de la Sicile.

27. Le visiteur en question était le journaliste Indro Montanelli qui me l'a rapporté.

28. Il s'agissait du juge Cesare Terranova, assassiné en 1979. Voir chapitre 8.

29. Rapport de l'officier des carabiniers Mario Malausa, cité dans « Relazione sull'Indagine Riguardante Casi di Singoli Mafiosi », Commission parlementaire antimafia, repris par Sterling, « Portait of a Mafia Killer ».

30. Fava, *Processo alla Mafia,* p. 196.

31. *Ibid.,* pp. 196-97.

32. *Giornale di Sicilia* (Palerme), 3 août 1986.

33. Pantaleone, *Anti-Mafia, occasione mancata,* p. 113

34. Fava, *Processo alla Mafia,* p. 194.

35. *Ibid.,* p. 196.

36. *Ibid.,* p. 25. Les permis furent émis entre 1959 et 1963.

37. Pantaleone, *Anti-Mafia, occasione mancata,* p. 19. Rapport de la Commission anti-Mafia au Parlement, 8 juillet 1965. La Commission avait commencé son enquête en 1963.

3. DON TOMMASO BUSCETTA, LE DERNIER DES GRANDS PERDANTS

1. Entrevue avec le juge Falcone, février 1985.

2. L'ouvrage d'Enzo Biagi, *Il Boss è solo* reçut le Premio Bancarella, prestigieux prix littéraire italien, en 1987.

3. Audiences du comité McClellan, p. 184.

4. Maas, *The Valachi Papers,* p. 35.

5. *Ibid.,* p. 44.

6. Audiences du comité McClellan, 25 septembre-9 octobre 1963, p. 120.

7. Interrogatoire de Buscetta par la DEA, mené par Anthony Petrucci, 22 avril 1985.

8. Pistone, *Donnie Brasco,* p. 330.

9. Arlacchi, *La Mafia imprenditrice,* p. 153.

10. Le même serment a été décrit par une vingtaine de *pentiti* au cours des dix dernières années.

11. Interrogatoire de Buscetta par la DEA, 1er mai 1985.

12. Biagi, *Il Boss è solo,* p. 181.

13. Les victimes s'appelaient Giulio Pisciotta et Natale Carollo. Buscetta fut condamné par la cour d'assises de Catanzaro, le 22 décembre 1968. De même

qu'Angelo La Barbera et Salvatore Greco, il fut jugé coupable de « la détention illégale ininterrompue des deux personnes à qui il fut ainsi porté atteinte, Giulio Pisciotta et Natale Carollo », que personne ne devait jamais revoir vivants.

La sentence fut cassée par une cour d'appel « pour vice de forme », selon l'avocat de Buscetta. Voir « Sentenza di Rinvio a Giudizio », du juge Cesare Terranova ; « Sentenza della Corte d'Assise di Catanzaro » ; rapport de la Commission anti-Mafia, 1976, extrait de *I Boss della Mafia.* Traduit littéralement, « acqua in bocca » signifie « de l'eau dans la bouche ».

14. « Sentenza di Rinvio a Giudizio », par le juge Terranova, et « Sentenza della Corte d'Assise di Catanzaro ». Le nom de l'entrepreneur était Giuseppe Annalora. En dépit du témoignage de ce dernier, Buscetta fut acquitté sur ce chef « faute de preuves suffisantes ».

15. Rapport de la Commission parlementaire anti-Mafia d'Italie, 1976. La quantité saisie était de trois mille huit cent quinze kilos.

16. Pantaleone, *Mafia e dròga,* pp. 64-70.

17. « Sentenza di Rinvio a Giudizio », du juge Cesare Terranova, p. 95 ; Pantaleone, *Mafia e dròga,* pp. 92-93.

18. *I Boss della Mafia,* pp. 295-315.

19. Gosch et Hammer, *The Last Testament of Lucky Luciano,* pp. 292-93.

20. Témoignage de John J. Shanley, audiences du comité McClellan, 25 septembre-9 octobre 1963, p. 251.

21. Gosch et Hammer, *The Last Testament of Lucky Luciano,* pp. 301-2.

22. Pantaleone, *Mafia e politica,* pp. 213-14.

23. Pantaleone, *Mafia e dròga,* p. 98.

24. *Ibid.* D'autres noms cités par Pantaleone étaient ceux de Rosario Mancino, Calcedonio Di Pisa, Antonino Sorce et Pietro Davi, tous notoires trafiquants d'héroïne. Luciano s'associa à Antonino Sorce et Rosario Mancino en 1951, pour financer des entreprises de construction à Palerme. Leur firme s'appelait l'ISEP (Istituto Sovvenzioni e Presti). Après la mort de Luciano, un document découvert dans son coffre à la banque indiquait qu'à eux trois, les associés avaient acheté à la princesse Anne de France vingt mille mètres carrés de terrains inestimables en plein cœur de Palerme.

25. Le récit qu'a fait Buscetta de ses relations avec Lucky Luciano a été repris longuement par Biagi, dans *Il Boss è solo,* pp. 147-53.

26. Claire Sterling, « The Boys who Made Bad », *The Reporter,* 17 octobre 1957.

27. Short, *Crime, Inc.,* p. 160 ; Gosch et Hammer, *The Last Testament of Lucky Luciano,* p. 362. L'héroïne avait été détournée par des employés corrompus de la compagnie Schiaparelli à Milan, dont trois furent arrêtés. Le mafioso américain mêlé à l'affaire était Joe Biondo, présenté à un de ces employés par Luciano.

28. Voir chapitres 4 et 8.

29. Lors de son interrogatoire par le juge Falcone, Buscetta révéla l'existence de la rupture de 1951, mais pas son motif. Voir « Interrogazione di Buscetta », octobre 1984, et la déposition de Buscetta, lors du procès de la « Pizza Connection » à New York, en octobre 1985.

30. Petacco, *Joe Petrosino,* p. 121.

31. Interrogatoire de Tommaso Buscetta, par la DEA (Huber et Petrucci), 20 mars 1985.

32. Gosch et Hammer, *The Last Testament of Lucky Luciano,* p. 146.

33. Cressey, *Theft of the Nation,* p. 46. Joe Bonanno importa des soldats de

Castellammare dans les années 1960, alors qu'il luttait pour garder le contrôle de sa famille.

4. MARCHÉ CONCLU

1. Dans la délégation américaine figuraient Carmine Galante, John Bonventre, Frank Garofalo, John Di Bella, John Priziola, Santo Sorge, Nick Gentile, Gaspare et Giuseppe Maggadino et Vito Vitale. Dans le contingent sicilien Genco Russo, Vincenzo Rimi d'Acalmo, Salvatore et Angelo La Barbera, Salvatore Greco, Diego Plaja, Don Mimi La Fata et Calcedonio Di Pisa.

2. Le juge en question, Aldo Vigneri, émit des mandats d'amener contre Carmine Galante, John Bonventre, John Priziola, Frank Garofalo, Santo Sorge, Vito Vitale, Genco Russo, Calcedonio Di Pisa, Angelo et Salvatore La Barbera et Joe Bonanno. Poma et Perrone, *La Mafia,* p. 92 ; Falzone, *Storia della Mafia,* p. 286.

3. Audiences du comité McClellan, 10-16 octobre 1963, p. 777. C'était la première fois que l'on mentionnait la réunion au sommet aux Etats-Unis.

4. Voir Pantaleone, *Mafia e dròga* et *Mafia e politica ;* Poma et Perrone, *La Mafia ;* Servadio, *Mafioso.*

5. Bonanno, *Man of Honor,* pp. 198-200.

6. « Interrogazione di Buscetta », 21 juillet 1984, p. 303.

7. Interrogatoires de Buscetta par la DEA, 20 mars et 14 juillet 1985.

8. Biagi, *Il Boss è solo,* pp. 147, 154.

9. Interrogatoire de Buscetta par la DEA (Huber et Petrucci), 20 mars 1985.

10. Témoignage de John Shanley, chef du Central Investigation Bureau du New York City Police Department, audiences du Comité McClellan, 25 septembre-9 octobre 1963.

11. Estimation de l'U.S. Bureau of Narcotics, audiences du comité McClellan, 4 mars 1965, p. 56.

12. Bonanno, *Man of Honor,* p. 270.

13. Gosch et Hammer, *The Last Testament of Lucky Luciano,* p. 314.

14. Déposition de Henry L. Giordano, commissaire du Bureau of Narcotics, audiences du Comité McClellan, 4 mars 1965, p. 70.

15. Il s'agissait de « Big John » Ormento et Natale Evola.

16. Servadio, *Mafioso,* p. 187.

17. Short, *Crime, Inc.*

18. Gosch et Hammer, *The Last Testament of Lucky Luciano,* p. 348.

19. *Ibid,* p. 372.

20. Procès de la Pizza Connection, p. 37, 566.

21. Teneur d'une conversation enregistrée par la police montée canadienne en 1974 et transmise à la police italienne la même année. Ce texte fut versé aux dossiers du maxi-procès de Palerme, dix ans plus tard. Paul Violi fut assassiné par des mafiosi siciliens en 1978.

22. Poma et Perrone, *La Mafia,* p. 86 ; Pantaleone, *Mafia e dròga,* p. 38.

23. Barrese, *I Complici,* p. 85. Le rapport de police figurant parmi les documents soumis au juge Aldo Vigneri en 1964 stipulait que la réunion de Palerme et celle d'Apalachin un mois plus tard « étaient interdépendantes : leur but était de régler certaines questions en suspens à l'intérieur de Cosa Nostra et de réorganiser les échelons supérieurs de sa hiérarchie. L'élimination d'Albert Anastasia... faisait partie de ce programme ».

24. Rapport de la Pennsylvania Crime Commission, « A Decade of Organized Crime », 1980.

25. Parmi les invités figuraient les chefs des cinq familles new-yorkaises ; Carlo Marcello de La Nouvelle-Orléans ; Louis Trafficante Jr., de Floride ; Angelo Bruno de Philadelphie ; Joe Zerilli de Detroit ; Sam Giacana de Chicago ; Steve Maggadino de Buffalo ; Sam De Cavalcante du New Jersey ; John Scalise de Cleveland ; Frankie Zito du sud de l'Illinois ; et enfin James Coletti du Colarado, ainsi que John Ormento et Natale Evola de la famille Lucchese, trafiquants de drogue particulièrement notoires.

26. Assistèrent aux deux conférences de Palerme et d'Apalachin John Bonventre, Carmine Galante, John Priziola, John Di Bella, Santo Sorge, les frères Maggadino, Frank Garofalo et Joe Bonanno. Les visites à Luciano ont été décrites par Gosch et Hammer, *The Last Testament of Lucky Luciano.*

27. Servadio, *Mafioso,* p. 192.

28. Gosch et Hammer, *The Last Testament of Lucky Luciano,* p. 400.

29. Short, *Crime, Inc.*, pp. 33-36.

30. Ibid.

31. Cressey, *Theft of the Nation,* p. 58.

32. Audiences du Comité McClellan, 11-16 octobre 1963, p. 777.

33. Mangano disparut en 1951. Dans les milieux mafieux, on s'est toujours accordé à dire qu'Anastasia l'avait tué.

34. Interrogatoire de Buscetta par la DEA, 14 juillet 1985.

35. Audiences du comité McClellan, 25 septembre-9 octobre 1963, pp. 319-23.

36. *Maas, The Valachi Papers,* p. 32.

37. Gosch et Hammer, *The Last Testament of Lucky Luciano,* pp. 402-4. La rencontre entre Luciano et Carlo Gambino eut lieu à Santa Marinella.

38. Entrevue avec Ralph Salerno, à New York, en mai 1986. Salerno, aujourd'hui retraité, fut longtemps à la tête de la Central Intelligence Unit du New York Police Department.

39. Interview de Buscetta par Paolo Graldi, dans le *Corriere della Sera* (Milan), 28 octobre 1984.

40. « Interrogazione di Buscetta », pp. 253-54.

41. Procès de la Pizza Connection, p. 37, 562.

42. *Ibid.,* p 37, 552. Voir chapitres 15 et 16.

43. Transcription des appels téléphoniques de Badalamenti en février 1984, Chronologie des événements pour le procès de la « Pizza Connection », p. 233.

44. Entrevue avec Louis Freeh, en mai 1987 ; entrevue avec le juge Giusto Sciacchitano, Palerme, août 1987.

5. L'EXODE HORS DE PALERME

1. Juge Cesare Terranova, « Sentenza di Rinvio a Giudizio » pour le Procès des cent quatorze à Catanzaro, 31 mai 1965, p. 125.

2. Interrogatoire de Buscetta par la DEA à New York, 18 mars 1985. Voir aussi l'interrogatoire du même par la DEA, à la date du 14 juillet 1985.

3. Audiences du Comité McClellan, 10-16 octobre 1963 ; rapport du Comité McClellan, 4 mars 1965, p. 121.

4. Il s'agit d'un autre Salvatore Greco, cousin de Cichiteddu, dit « L'Ingeniere »

(l'ingénieur) ou « Salvatore il Lungo », parce qu'il était plus grand que Cichiteddu. Il était tout aussi important, sinon plus, dans le trafic d'héroïne.

5. C'était Pietro Davi, trafiquant d'héroïne de pointure internationale durant tout l'après-guerre. Pantaleone, *Mafia e dròga,* p. 92.

6. Profil de Buscetta dans le rapport de la Commission parlementaire anti-Mafia, 1965, publié dans *I Boss della Mafia.*

7. C'était le chiffre pour 1985 dans une étude de l'University of California, laquelle figure parmi les rares études sérieuses disponibles.

8. Luciano révéla à Gosch et Hammer qu'il avait décidé de se lancer dans les stupéfiants en 1961. Voir *The Last Testament of Lucky Luciano,* pp. 422-23.

9. *Ibid.,* pp. 432-33.

10. Galluzzo, *Tommaso Buscetta,* p. 30.

11. Pantaleone, *Mafia e dròga,* p. 82. Les oranges en cire furent découvertes par la Guardia di Finanza italienne en 1959.

12. *Ibid.,* p. 108.

13. Soumis à un interrogatoire en 1984, Tommaso Buscetta révéla que Di Pisa avait en fait été tué par Michele Cavatoio, chef de la faction Greco à la *Cupola.* Pour cette raison, Cavatoio et cinq de ses proches avaient été fauchés à la mitraillette en 1969, lors de ce qu'on appela le massacre du Viale Lazio.

14. Poma et Perrone, *La Mafia.* Voir aussi *Il Giornale* (Milan), 14 mars 1981.

15. Poma et Perrone, *La Mafia,* p. 65 ; Pantaleone, *Mafia e dròga,* p. 116.

16. Pantaleone, *Mafia e dròga,* pp. 119-121 ; Fava, *Mafia,* pp. 66-67.

17. « Sentenza di Rinvio a Giudizio », Cesare Terranova.

18. Barrese, *I Complici,* p. 60. En 1984, lors de son interrogatoire par le juge Giovanni Falcone, Buscetta confirma la dissolution de la *Cupola.*

6. UN DÉBUT : L'AMÉRIQUE DU NORD

1. Biagi, *Il Boss è solo,* pp. 170-72.

2. *Ibid.*

3. Audiences du Comité McClellan, 25 septembre-9 octobre 1963, p. 294.

4. Buscetta raconta à ses « nounous » de la DEA qu'il jouait aux cartes avec Paolo Gambino. Selon James Kallstrom, qui enquêta sur les frères Gambino pour le FBI en 1970, Paolo était à la tête d'un gang de Siciliens spécialisé dans l'introduction en fraude d'étrangers à New York. Voir le mémorandum du FBI à New York, 5 novembre 1973.

5. « The Sicilian Mafia and Its Impact on the United States. »

6. Le fait que John, Rosario et Giuseppe Gambino avaient adhéré à Palerme me fut confirmé en octobre 1987, par le Dr Pansa, proche collaborateur de Gianni Di Gennaro, directeur du noyau anti-crime organisé à Rome. Ces deux hommes comptent parmi les enquêteurs d'Italie qui en savent le plus long sur la Mafia. La chose me fut corroborée une seconde fois par Mona Ewell, l'une des plus brillantes analystes des renseignements de la DEA.

7. Les inscriptions avaient été closes par Lucky Luciano en 1931 pour n'être rouvertes qu'en 1954. Voir Maas, *The Valachi Papers,* p. 256. Elles furent de nouveau closes lors de la réunion au sommet de la Mafia, à Livingston dans le New Jersey, en octobre 1957, jusqu'en 1974. Voir « A Decade of Organized Crime ». Les inscriptions furent closes une troisième fois jusqu'en 1977, date à laquelle chaque famille fut autorisée à faire prêter serment à dix nouveaux membres au maximum.

8. Un des agents de police locaux à Delran, New Jersey, du nom d'Art Saul, a conservé ses notes sur les réunions du début des années 1970, dans lesquelles figurent les noms de John, Rosario et Giuseppe Gambino, Filippo Casamento, Emmanuele Adamita, Salvatore Inzerillo et son oncle Antonio, Tommaso Buscetta et son fils Antonio.

9. Immédiatement après la première arrestation de Buscetta, en août 1970, un témoin vit Rosario Gambino escorter précipitamment Melchiorra et Felicia Buscetta hors de la maison, pour tâcher d'éviter la police. Voir Charbonneau, *The Canadian Connection,* p. 295.

10. Rapport de l'INS, 11 septembre 1969. Adamita demanda à son oncle Domenico de laisser Buscetta utiliser son adresse comme « poste restante ».

11. Rapport de la Commission parlementaire anti-Mafia d'Italie, cité par Galluzo, *Tommaso Buscetta,* p. 43.

12. Lettre de la Guardia di Finanza italienne au BNDD, à la date du 9 juillet 1966. Echange de correspondance confidentielle entre le BNDD et les carabiniers italiens, la Guardia di Finanza, et la Nucleo Polizia Giudizario : « Concernant : un complot auquel sont mêlés Calcedonio Di Pisa, Joe Profaci Jr., Antonino Napoli et Tommaso Buscetta », 28 février 1966.

13. Le fils de Buscetta, Antonio, révéla ces faits à Mike Minto, agent de la New York State Police, après l'arrestation de son père en 1970. Rapport de Minto, 18 août 1970 ; rapport du FBI, 22 juillet 1975. Rien ne prouve que la femme et la fille de Buscetta aient été mêlées au trafic de drogue ; en effet, Lisa Wigs faisait aussi du commerce de perruques tout à fait légal.

14. Rapport de la Commission parlementaire anti-Mafia d'Italie, cité par Galluzzo, *Tommaso Buscetta,* p. 48.

15. Interrogatoire de Buscetta par la DEA, 18 mars 1985. Buscetta confia à la DEA que son association avec Napoli pour Pizza City « existait dans les faits mais n'était pas reflétée dans les titres de propriété ». Voir aussi le rapport de la New York State Police, 18 août 1970. Le rapport de la New York City Police, du 8 septembre 1975, mentionne que Buscetta était employé à la Dolce Vita.

16. Rapports de police de Le Vien sur le Murray Hill Town House et la pizzeria Pizza City ; mémorandum du FBI à New York sur le club de jeu de Falcone et Antonino Napoli, 5 novembre 1973. Voir « A Decade of Organized Crime » et « Organized Crime's Infiltration of the Pizza and Cheese Industry ». Ce dernier rapport mentionne p. 23 que la fabrique d'Alburg avait été « détruite par un incendie d'origine suspecte. Les poursuites et autres procédures légales qui s'ensuivirent finirent par mener à la condamnation de Joseph Falcone et de son directeur ». La version fournie par l'informateur du FBI quant à la raison pour laquelle la fabrique avait brûlé n'était pas la seule.

17. Les associés les plus proches étaient Salvatore Inzerillo, Giuseppe Tramontana, Salvatore Rina, Emmanuele Adamita, Bruno Pennisi, Filippo Casamento, Antonio Settimo et Pietro Davi. Rapport de la New York State Police, 18 août 1970 ; rapport du FBI par Charles Rooney, 24 septembre, 1981 ; rapport du FBI, 14 décembre 1982 (Genus Cattails) ; rapport du bureau de l'US Attorney, Southern District of New York à la force de frappe interservices, 26 août 1970 ; rapport de Jack Ricciardi, INS, de la force de frappe de Brooklyn, 27 juillet 1970 ; rapport de la New York State Police, 14 janvier 1970, sur la surveillance de Giuseppe Tramontana. Voir aussi le témoignage du fils de Buscetta, Benedetto, interrogé par le policer new-yorkais, Frank Alessandrino, 31 janvier 1973 ; et son interrogatoire par le BNDD, 11 décembre 1972.

18. Imprimé NADDIS (Narcotics and Dangerous Drugs Information Systems) du FBI, en provenance d'EPIC (El Paso Intelligence Center, centre de renseignements), cité par l'agent du FBI Charles Rooney, le 4 septembre 1981. Dans la liste des proches associés de Filippo Casamento figuraient les trois frères Napoli, Salvatore Inzerillo et « l'organisation de stupéfiants de Carlo Zippo ». Un rapport de Carmine Russo, du FBI, 14 décembre 1982, précise que l'on a souvent vu Buscetta et Carlo Zippo se rendre à l'Eagle Cheese. Un rapport du FBI de Brooklyn-Queens, le 4 octobre 1982, signale que « Buscetta travaillait pour Frank Casamento à Eagle Cheese au début des années 1970 ».

Buscetta nie à présent avoir jamais connu Casamento et a même refusé d'identifier sa photographie. Néanmoins, l'avocat de Casamento, lors du procès de la « Pizza Connection » a parlé de leur amitié à Palerme. Un imprimé NADDIS de la DEA dépeint Buscetta comme un des proches associés de Casamento et précise qu'il a été employé à Eagle Cheese. Voir le rapport du FBI de Brooklyn-Queens, 21 septembre 1981.

19. Rapport de la Commission parlementaire anti-Mafia d'Italie, cité par Galluzzo, *Tommaso Buscetta,* p. 47.

20. Selon les aveux passés ultérieurement par Catania, ils se réunirent à Montréal avec Guido Orsini et Frank Cortoni, tous deux notoires trafiquants de drogue. Voir Charbonneau, *The Canadian Connection,* pp. 451-53.

21. *Ibid.*

22. Selon les aveux de Giuseppe Catania, confirmés par Jorge Asaf y Bala. Voir note 49, ci-dessous.

23. Biagi, *Il Boss è solo,* pp. 125-27.

24. Voir chapitre 1.

25. Buscetta envoya ce message à Gaetano Badalamenti et Stefano Bontate à Palerme. Voir note 26.

26. Interrogatoire de Buscetta par la DEA, 14 juillet 1985. Buscetta aurait dit : « Vers le mois de juin 1970, j'ai eu une entrevue avec Stefano Bontate, Gaetano Badalamenti et Salvatore Greco à Rome. Lors de cette réunion, j'ai suggéré à Bontate, Badalamenti et Greco d'essayer de rétablir la commission de la Cosa Nostra sicilienne, ce qu'ils ont fait avec Salvatore Riina. » La presse écorche souvent le nom de Bontate pour en faire « Bontade ».

27. Réquisitoire du procureur Ayala, au maxi-procès. Voir *La Repubblica* (Rome), 15 avril 1987.

28. L'autre membre de la *Cupola* était Giuseppe Calderone de Catane. Le trafiquant était Gerlando Alberti, actuellement détenu à vie pour trafic de drogue en Italie.

29. Cet épisode est décrit en détail dans un rapport de Jack Ricciardi de l'INS (US Immigration and Naturalization Service), 27 juillet 1970. Buscetta nie catégoriquement avoir été l'Adalberto Barbieri qui se trouvait à bord de cette voiture. « J'étais aux Etats-Unis, alors ça ne pouvait pas être moi », a-t-il déclaré au juge Falcone. Néanmoins, les Canadiens avaient en main sa demande de passeport au nom de Barbieri, avec sa photographie. Il avait obtenu ce passeport le 10 février 1970 et s'en était aussitôt servi pour se rendre en Espagne et au Mexique. Sa présence en Italie au mois de juin 1970 a été prouvée et les carabiniers ont signalé son passage à Zurich, à une journée de voiture de la frontière italienne, précisément vers la date en question.

30. Ce rapport fit l'objet d'un débat en 1973, lors de l'audience de la cour d'appel pour le Procès des cent quatorze ; il comprenait l'identification de la

photographie de Buscetta par le porteur de son hôtel à Zurich. Buscetta prétend que cette identification date de 1972 et qu'elle est donc trop tardive pour avoir le moindre poids. Voir *Il Giornale* (Milan), 31 janvier 1982.

31. Entrevue avec Minto, à Fort Lauderdale (Floride), octobre 1986.

32. Rapport du BNDD, 19 août et 30 octobre 1970. La cargaison n'arriva jamais, sans doute parce qu'on avait remarqué la surveillance policière.

33. Rapport du BNDD, 30 octobre 1970.

34. Interpol à Rome avait envoyé un télex au BNDD et à d'autres services officiels américains le lendemain de l'arrestation de Buscetta, ne mentionnant qu'un vieux mandat d'amener pour double meurtre et association de malfaiteurs, qui remontait à 1963. Pour autant que je sache, il n'en fut même pas question devant le tribunal. Télex d'Interpol, 26 août 1970. En réalité, Buscetta avait été jugé coupable du double meurtre et du délit d'association de malfaiteurs à l'issue du célèbre Procès des cent quatorze à Catanzaro, en 1968.

35. Premiers aveux de Catania à l'agent du BNDD, Ronald Provencher, cité par Charbonneau, *The Canadian Connection,* p. 453.

36. National Institute on Drug Abuse, rapport sur la Black Tar Heroin Field Investigation, juin 1986. Ce rapport parle d'une « épidémie » entre 1967 et 1972, sans donner de statistiques plus détaillées. Les saisies d'héroïne indiquent néanmoins que l'énorme accroissement de l'offre eut lieu entre 1969 et 1972.

37. Rapport du FBI à Brasilia, « Mafia Suspects in Brazil », 17 novembre 1972.

38. La chose m'a été rapportée par deux des « nounous » de Buscetta à la DEA à New York, en mars 1985.

39. Les cargaisons avaient été arrangées par le chef de l'Union corse pour toute l'Amérique du Sud, Lucien Sarti, qui en parla à Pino Catania et Carlo Zippo.

40. A partir de 1963, date à laquelle le comité du sénateur McClellan estimait le nombre des drogués américains à moins de cinquante mille, aucun chiffre officiel ne fut établi aux Etats-Unis jusqu'en 1979. L'estimation de sept cent vingt mille pour 1971 me fut communiquée en mars 1989, par un porte-parole du Bureau of International Narcotics Matters du Département d'Etat. Une estimation de la DEA situait le nombre de toxicomanes aux environs de sept cent cinquante mille en 1977 : après le démantèlement du gang brésilien, le nombre avait chuté pour remonter en flèche à partir du moment où la Mafia sicilienne avait ouvert son propre pipeline vers les Etats-Unis depuis Montréal en 1977.

41. Rapport du National Narcotics Intelligence Consumers' Committee, 1987.

42. Lors de ses audiences à Miami, les 20-21 février 1985, la Commission présidentielle sur le crime organisé situa le nombre d'héroïnomanes pakistanais aux alentours de trois cent mille, sur le témoignage d'un fonctionnaire pakistanais du service des stupéfiants. En 1988, selon un rapport sur la stratégie du contrôle international des stupéfiants, dû au Département d'Etat américain et datant de mars 1988, le chiffre était monté à six cent mille. En mars 1969, un rapport de ce même Département d'Etat mentionnait un million d'héroïnomanes.

43. *The Muslim* (Islamabad), 19 mars 1984.

44. Michel Nicoli fit allusion à cette rencontre dans son long interrogatoire par la DEA, le 9 septembre 1974. Elle eut lieu, selon lui, en mai 1971. Si l'on se fie à plusieurs autres récits, le mois de juin paraît plus vraisemblable.

45. Une chaîne de télévision britannique, Central Television, porta cette accusation dans un long documentaire, en novembre 1988. Elle nomma aussi Christian David, autre membre du gang, comme complice de Sarti dans l'assassinat de Kennedy. David avait acquis une grande notoriété en tant que tueur du gang corse en

Amérique du Sud. Torturé au Brésil, il avoua avoir assassiné le chef de l'opposition marocaine, Mehdi Ben Barka, à Paris en 1965. Voir l'équipe de *Newsday, The Heroin Trail,* pp. 154-55.

46. Equipe du *Newsday, The Heroin Trail,* pp. 152-56.

47. Michel Nicoli, chef du gang corse, révéla dans son témoignage qu'un pilote portugais de la TAP avait introduit à New York pour le compte d'Eagle Cheese quatre cent quarante kilos d'héroïne en l'espace d'un mois et demi, en septembre-octobre 1971. La drogue était fournie par le patron de Nicoli, Lucien Sarti. Le pilote en question, qui avoua ultérieurement, s'appelait Luis Felipe Estores Da Costa Pires. Ce fut lui qui dit au passeur de drogue Claude Pastou que « Carlo Zippo m'a dit qu'Eagle Cheese était le destinataire de tous les envois qu'il avait faits à New York ».

48. Dossier de l'US Southern District sur Filippo Casamento, pour étayer les accusations portées lors du procès de la « Pizza Connection ». Témoignage de Claude Pastou, important passeur du gang corse à Rio, pour le New York Southern District, 4 janvier 1973 : « Carlo Zippo m'a dit que les destinataires d'Eagle Cheese étaient aussi ceux qui avaient réceptionné toutes les autres livraisons qu'il avait faites à New York. » Pastou mentionna nommément Filippo Casamento.

49. Charbonneau, *The Canadian Connection,* p. 450.

50. Interrogatoire de Benedetto Buscetta par le BNDD, 11 décembre 1972.

51. Verdict, cour d'appel de Salerne, 5 juillet 1978, confirmant le verdict de la cour d'assises du 12 juillet 1977. Ce verdict fut maintenu par la cour suprême d'Italie le 19 février 1979. Les autorités américaines et italiennes répugnent à discuter le dossier de Buscetta pour trafic de drogue depuis qu'il s'est « repenti ». Beaucoup de gens soutiennent à présent que sa culpabilité n'a jamais été établie. Néanmoins, dans le réquisitoire qu'il prononça lors du procès de la « Pizza Connection », l'Assistant US Attorney Richard Martin déclara : « Buscetta lui-même fut mêlé au trafic de stupéfiants dans les années 1970. Il s'y trouva entraîné parce qu'il avait des contacts aux Etats-Unis et pouvait circuler facilement entre les Etats-Unis, le Canada, l'Italie et le Brésil » (procès-verbal des débats, p. 37, 657). Rudolph Giuliani, alors chef du Southern District, reconnut aussi la culpabilité passée de Buscetta.

52. Interrogatoire de Michel Nicoli par la DEA, 9 septembre 1974.

53. Les aveux ayant trait à toutes les transactions figurant dans cette liste sont les suivants : Michel Nicoli, interrogatoire par le BNDD, 20 janvier 1973 ; Michel Nicoli, deuxième entrevue avec la DEA, 9 septembre 1974; Michel Nicoli, témoignage concernant l'extradition de Tommaso Buscetta, janvier 1984; Jorge Asaf y Bala, interrogatoire par la DEA, 19 juillet 1974 ; Alfredo Asaf y Bala, interrogatoire par la DEA, 7 février 1974; Benedetto Buscetta, interrogatoire par la New York Police, 31 janvier 1973 ; Claude Pastou (passeur), déposition devant le New York Southern District, 4 janvier 1973; Giuseppe Catania, interrogatoire par le BNDD, 3 octobre 1973 ; Giuseppe Catania, déposition devant le jury d'accusation de l'Eastern District, 16 octobre 1973; Giuseppe Catania, témoignage devant l'US Eastern District concernant l'extradition de Buscetta, 27 février 1974 ; extraits de divers aveux cités, verdict de la cour d'appel, Salerne, 5 juillet 1978; inculpation devant le jury d'accusation de l'Eastern District, 16 octobre 1973; Luis Felipe Da Costa Pires, témoignage, New York Southern District, 27 décembre 1973. Rapports de police corroborant les faits concernant Carlo Zippo : BNDD, 19 août 1970; BNDD, 30 octobre 1970; BNDD, 10 avril 1970.

54. Bien qu'on dise souvent qu'Hélène Ferreira était une « ballerine », les rapports de la police brésilienne la décrivent comme une prostituée.

55. Equipe du *Newsday, The Heroin Trail,* p. 155.

56. Pino Catania fut de nouveau arrêté par la police mexicaine pour trafic de cocaïne, en février 1989.

57. Equipe du *Newsday, The Heroin Trail,* p. 155.

58. Rapport du FBI, « Mafia Suspects in Brazil », 17 novembre 1972.

59. Déclaration de l'US Circuit Judge, M.I. Gurfein, 7 juillet 1975 ; lettre de Filippo Casamento, 14 décembre 1974 ; lettre du pasteur de Brooklyn, église Notre-Dame-des-Grâces, 7 décembre 1974 ; lettre d'un prêtre de Palerme, cathédrale de Carini, 16 décembre 1974.

60. La cour d'assise de Catanzaro imposa une sentence de quatorze ans de réclusion le 22 décembre 1968, laquelle fut ramenée à trois ans, après appel, en 1974. La cour d'assise de Salerne reconnut Buscetta coupable de trafic de drogue le 12 juillet 1977. La cour d'appel de Salerme confirma ce verdict le 5 juillet 1978, mais ramena la sentence à huit ans. La Cour de cassation confirma le verdict de la cour d'appel le 19 février 1978. L'Eastern District de New York avait réclamé l'extradition de Buscetta pour les mêmes délits le 16 septembre 1973.

7. LA MISE EN TRAIN : L'AMÉRIQUE DU SUD

1. Je me suis inspirée d'une série de reportages très solidement documentés, dus au journaliste vénézuélien Rodolfo Schmidt, dans *El Diario de Caracas,* 5 décembre 1984. DISIP est le sigle de « Dirección de los Servicios d'Inteligencia y Prevención ».

2. Buscetta confia à ses « nounous » de la DEA à New York que la Mafia sicilienne possédait des branches officielles au Brésil et au Venezuela. Entrevue avec les « nounous », mai 1986.

3. Cité dans un rapport en deux volumes de la Criminalpol italienne à Milan et Rome, « Bono + 159 », p. 220.

4. Voir chapitre 1, note 9.

5. Rodolfo Schmidt, dans *El Diario de Caracas,* 22 novembre 1984. Le commissaire du DISIP qui mena l'enquête et fournit l'estimation en question s'appelait Camilo Cussati.

6. Puccio parla en ces termes d'Antonino Napoli à Doug Le Vien en décembre 1976. Sa déclaration fut aussi transmise à une réunion de la force de frappe de l'Eastern District par l'Attorney in charge, Charles Weintraub, le 14 décembre 1976. Rapport de la New York Police, mémorandum de l'inspecteur Joseph Conway, lors de la réunion de la force de frappe de l'Eastern District, 14 décembre 1976.

7. Elle a épousé Nino Mongiovi, qui serait, selon la DEA, l'un des plus grands courtiers de stupéfiants à Miami.

8. Les premiers mandats d'amener italiens furent lancés à l'encontre de Pasquale et Paolo Cuntrera en 1984, à la suite d'une très longue enquête sur les activités de la Mafia sicilienne à l'étranger, menée par la Criminalpol à Milan et Rome. Leur extradition fut alors officiellement réclamée aux autorités vénézuéliennes qui n'en tinrent aucun compte. Des mandats furent lancés contre Alfonso et Pasquale Caruana, qui se trouvaient alors à Montréal, en 1985. Leur frère Gerlando était déjà incarcéré au Canada pour une grave affaire de drogue.

9. *International Herald Tribune,* 30 mars 1988. Le ministre, ajoutait le journal, niait être compromis dans l'affaire.

10. Entrevue avec le juge Fulvio Salamone, Agrigente, octobre 1987.

11. La Guardia di Finanza fit savoir à la préfecture de police d'Agrigente que les

Cuntrera étaient allés au Brésil en 1963 et y avaient passé un an. Rapport de la Criminalpol à Rome et Milan, « Bono + 159 », p. 256.

12. Entrevue avec le juge Salamone, Agrigente, octobre 1987.

13. Transcriptions d'enregistrements faits le 22 avril 1974 par la police montée canadienne.

14. « Sentenza di Rinvio a Giudizio », Agrigente.

15. Entrevue avec le juge Salamone, Agrigente, octobre 1987.

16. *Corriere della Sera* (Milan), 8 novembre 1986.

17. Rapport de la DEA, 6 décembre 1982. Parmi la délégation figuraient Galante et Frank Petrula de la Mafia de Montréal.

18. Stajano, *Mafia : L'atto d'accusa,* p. 208.

19. Rapport de la DEA, 6 décembre 1982. Le rôle de Nino Mongiovi à Miami me fut confirmé par les analystes de renseignements de la DEA à Washington, en octobre 1987.

20. *El Diario de Caracas,* 23 octobre 1985 ; *The Gazette* (Montréal), 8 avril 1988 (article faisant partie d'une excellente série, par William Marsden).

21. Entrevue avec Vladimir Gessen, ancien chef de la Commission parlementaire anti-stupéfiants du Venezuela, octobre 1987.

22. *El Diario de Caracas,* 19 novembre 1984.

23. Rapport de la DEA, 11 décembre 1982 ; *El Diario de Caracas,* 17 novembre 1984 ; *The Gazette* (Montréal), 8 avril 1988 ; entrevue avec Gianni De Gennaro, noyau contre le crime organisé, Rome.

24. Documents soumis par Carlo Tablant, membre de la Commission parlementaire spéciale anti-Mafia du Venezuela, cité dans *El Diario de Caracas,* 12 décembre 1984.

25. Entrevue avec Gianni De Gennaro.

26. Cité dans la série d'articles de William Marsden, dans *The Gazette* (Montréal), 7 avril 1988.

27. Déposition de Luigi Ronsisvalle, lors du procès de la « Pizza Connection ». Voir chapitre 10 pour le pipeline de l'héroïne.

28. La police italienne enregistra plusieurs coups de téléphone donnés depuis l'Italie. Voir « Bono + 159 ».

29. Entrevue avec Colin Hewett, coordinateur de la National Drugs Intelligence à Scotland Yard, mars 1987. Le chiffre cité pour le dernier semestre de 1987 est emprunté à *Quest,* le bulletin d'interpol, 2e et 3e trimestre 1987.

30. Parmi eux figuraient le Dr Pansa, du noyau anti-crime organisé à Rome, et le remarquable Ninni Cassarà, adjoint au chef de la Squadra Mobile à Palerme jusqu'à son assassinat par la Mafia, en août 1985.

31. Entrevue avec Colin Hewett, mars 1987. Le principal lieutenant était Francesco Di Carlo, condamné par un juge londonien à vingt-cinq années de réclusion le 11 mars 1987. Il fut pris en flagrant délit, en train d'effectuer le transbordement de soixante kilos d'héroïne à destination de Gerlando Caruana à Montréal.

32. *Daily Express,* 13 mars 1987.

33. « Ordinanza di Rinvio a Giudizio, Michelangelo Aiello + 32 », pp. 71-72. Cette ordonnance italienne mentionne nommément Kingsland et suit la trace de toute l'organisation. Interviewé dans l'émission de Grenada TV, « World in Action », Kingsland nia toute malversation.

34. *Corriere della Sera* (Milan), 14 septembre 1988.

35. *The Gazette* (Montréal), 8 avril 1988.

36. *Giornale di Sicilia* (Palerme), 12 mars 1987. Di Carlo et ses complices furent condamnés à vingt-cinq ans chacun par un tribunal de Londres le 11 mars 1987.

37. Dépêche de l'ambassade américaine à Londres au Département d'Etat, citant le UK Annual Narcotics Report de 1986-87.

38. *Evening Standard* (Londres), 12 mars 1987.

39. *Ibid.* Voir aussi le *Times* (Londres), 13 mars 1987.

8. LE MOURON ROUGE DE CORLEONE

1. Nese, *Nel segno della Mafia,* pp. 115-16. Non seulement Mangano fut victime d'un attentat en 1973, mais il dut essuyer aussi une virulente campagne de défamation qui finit par ruiner sa réputation.

2. Nese, *Nel segno della Mafia.*

3. Poma et Perrone, *La Mafia,* p. 291.

4. Pantaleone, *Mafia e dròga,* p. 121.

5. Barrese, *I Complici,* p. 88.

6. Stajano, *Mafia : L'atto d'accusa,* p. 14.

7. Le juge en question était Aldo Vigneri de Palerme. Les Etats-Unis refusèrent l'extradition des accusés américains qu'il mentionnait, parce qu'il n'existait pas dans leur pays une loi contre la « délinquence organisée », délit retenu contre eux par la justice italienne.

8. Le juge Vigneri prépara son acte d'accusation en 1965. Parmi ceux qui étaient morts depuis le sommet de 1957 à l'Hôtel des Palmes figuraient Lucky Luciano, John Di Bella, Gaspare Maggadino et Frank Garofalo. Poma et Perrone, *La Mafia,* pp. 94-95.

9. « Sentenza di Rinvio a Giudizio », juge Cesare Terranova, pp. 59, 71-72.

10. Voir *Nel segno della Mafia,* pp. 120-22.

11. Voir chapitre 6.

12. Quelques-uns de ceux qui reçurent des peines légères lors du procès de Catanzaro furent sauvés par une amnistie générale, ce qui n'est pas si rare en Italie.

13. *La Repubblica* (Rome, 9 novembre 1982, citant une interview accordée par le juge Terranova à *Il Giornale di Sicilia* (Palerme) en 1978.

14. Le journaliste en question était Marco Nese.

15. Nese, *Nel segno della Mafia,* p. 124.

16. *Ibid.*

17. Poma et Perrone, *La Mafia,* p. 294.

18. *Ibid.*

19. Interview de Leggio par Guido Guidi de *La Stampa* (Turin), citée par Nese, *Nel segno della Mafia.*

20. Nese, *Nel segno della Mafia,* p. 155.

21. Barrese, *I complici,* pp. 195-99.

22. Poma et Perrone, *La Mafia,* pp. 296-97.

23. Le procureur général, Pietro Scaglione, fut tué près de son domicile à Palerme en mai 1971. Buscetta a déclaré sous serment que Leggio en personne avait tiré des coups de feu d'une voiture qui passait. Le patron mafieux de Riesi, Giuseppe Di Cristina, tint à peu près les mêmes propos dans sa longue déclaration aux carabiniers, avant d'être tué par les hommes de Leggio. Tous deux précisèrent que Scaglione était sur le point d'obtenir un verdict en faveur de Vincenzo Rimi, patron de Trapini, alors ennemi de Leggio. Un autre *pentito,* Salvatore Contorno, a confirmé

la culpabilité de Leggio. Pourtant, les tribunaux ont par deux fois acquitté Leggio de ce crime.

Une autre explication fournie pour le meurtre de Scaglione est que Leggio ne voulait pas le voir quitter la Sicile avec ses secrets compromettants. Dans l'hebdomadaire *Panorama,* Romano Cantore a noté : « Toutes les personnes présentes dans l'enceinte du tribunal de Palerme — huissiers, chanceliers, avocats et juges — savaient que les dénonciations, lettres anonymes et autres mémorandums signalant les noms et les activités de la Mafia, étaient fourrés dans un tiroir par Scaglione qui s'exclamait : " Quelle barbe ! " », cité par Nese, *Nel segno della Mafia,* p. 169.

24. Nese, *Nel segno della Mafia,* p. 169.

25. Le journaliste était Marco Nese.

9. ISTANBUL, SOFIA, NAPLES ET LE CROISSANT D'OR

1. Parmi les mafiosi siciliens qui envahirent Naples, les plus importants étaient Gerlando Alberti, Giuseppe Di Cristina et Rosario Riccobono. Violante, *La Mafia dell'eroina,* p. 81.

2. Je tiens à redire toute ma gratitude envers Judith Harris, auteur d'une minutieuse reconstruction de ces événements dans un manuscrit encore inédit.

3. L'héroïne du Sud-Est asiatique « constituait moins de vingt pour cent de l'offre totale aux Etats-Unis tout comme en Europe occidentale », rapporta le National Narcotics Intelligence Consumers' Committee en juin 1987. Les chiffres concernant les exportations hors de Birmanie sont cités dans le rapport sur une stratégie du contrôle international des stupéfiants, publié par le Département d'Etat américain en mars 1988.

4. Bartels est cité dans *Oui,* décembre 1976.

5. Le policier italien qui mena l'enquête sur Sami Duruoz était Cristoforo La Corte, attaché à Criminalpol à Trieste, près de la frontière yougoslave. Ultérieurement, La Corte collabora aux recherches du juge Carlo Palermo et l'accompagna à Sofia. Il a communiqué certains détails sur l'affaire Duruoz à la journaliste américaine Judith Harris. L'envoyé turc qui remplaça Duruoz s'appelait Cevdet Cil, frère du grand patron et trafiquant d'Istanbul, Huseyn Cil.

6. Déposition de John Lawn, chef de la DEA, au Foreign Affairs Committee de la Chambre des Représentants, Task Force on International Narcotics Control, 7 juin 1984.

7. Déposition de R. M. Palmer, sous-secrétaire d'Etat pour les affaires européennes et canadiennes, devant le même comité.

8. *Ibid.*

9. Sterling, *The Time of the Assassins,* pp. 79-80, 96, 125. C'est l'ancien ministre turc de l'Intérieur, Hasan Fehmy Gunes, qui m'a révélé qu'Ugurlu possédait un passeport bulgare.

10. Déposition faite devant le juge Palermo par Hakim Nasser qui avait travaillé avec l'agent de liaison d'Ugurlu à Milan, Salah Al Din Wakkas. Stajanos, *Mafia : L'atto d'accusa,* p. 53.

11. Rapport Cunningham à la DEA, 14 février 1981.

12. Sterling, *The Time of the Assassins,* p. 220. La source de cette information était Interpol en Turquie.

13. Agca se trouvait à Sofia du 3 ou 4 juillet au 31 août 1980, comme l'ont établi

les dossiers du tribunal italien. Voir l'explication du verdict rendu lors du procès pour l'attentat contre le pape ; voir aussi Sterling, *The Time of the Assassins,* p. 103.

14. Sterling, *The Time of the Assassins,* pp. 220-24 ; Stajano, *Mafia : L'atto d'accusa,* pp. 62-63 ; Struffi et Sardi, *Fermate quel giudice,* p. 85. Selon un rapport de la DEA, les polices suisse et hollandaise suivirent aussi la piste de Celenk jusqu'à un réseau de drogue à Amsterdam.

15. Déposition de R. M. Palmer devant le comité de la Chambre des représentants.

16. Struffi et Sardi, *Fermate quel giudice,* p. 49.

17. Cette description est reprise de *The Time of the Assassins.* Le prospectus publicitaire du Vitosha donne la liste de tous ses avantages.

18. Nathan Adams, « Drugs for Arms », *Reader's Digest,* novembre 1983. La délégation sicilienne avait à sa tête Francesco Mafara, directeur du trafic en Italie pour le compte du consortium de l'héroïne de la *Cupola* à partir de la fin des années 1970 jusqu'à son assassinat en 1982.

19. Equipe de *Newsday, The Heroin Trail.*

20. Selon une convention internationale, les camions TIR peuvent franchir toutes les frontières d'Europe sans contrôle douanier, jusqu'à ce qu'ils atteignent leur pays de destination.

21. Stajano, *Mafia : L'atto d'accusa,* pp. 8-9.

22. Le bureau de la Mafia turque à Rome, WAPA, Via Barberini, se trouvait près de ceux des lignes aériennes irakiennes. Voir le « Rinvio a Giudizio » du juge Palermo à Trente, en 1984. Voir aussi Struffi et Sardi, *Fermate quel giudice,* p. 52.

23. Stajano, *Mafia : L'atto d'accusa,* pp. 8-10.

24. Témoignant devant le Foreign Affairs Committee de la Chambre des représentants, en 1984, le directeur de la DEA, John Lawn, déclara : « Depuis 1970 et sans interruption jusqu'à aujourd'hui, la DEA a reçu des déclarations de plusieurs sources différentes précisant la part prise par la Bulgarie dans divers trafics illicites. Les informations quant au rôle joué par des fonctionnaires gouvernementaux, des agences gouvernementales et la description de divers trafiquants d'armes et de stupéfiants ne se sont pas démenties au cours des années écoulées. »

En 1973, l'agent spécial de la DEA, Tom Angioletti, soumit un rapport spécial résumant tous les renseignements accumulés lors d'une série d'entrevues en 1972 avec Henri Arsan, géant des armes et de la drogue qui opérait à Milan. Syrien de naissance, Arsan avait passé dix ans à Istanbul et dix autres années à Sofia avant de monter son opération en Italie. Informateur de la DEA et des services de renseignements italiens pendant quelques années, Arsan fut ensuite débarqué — et demeura libre de poursuivre ses activités. Les Américains et les Italiens le considéraient tous comme un agent double, travaillant pour les Bulgares et par-dessus tout pour les Syriens. Voir Stajano, *Mafia : L'atto d'accusa.* On trouvera dans cet ouvrage un mémorandum secret des services américains sur Kintex, soumis aux autorités italiennes en 1973.

25. « Interrogatòrio di Michele Zaza », juge Aurelio Galasso.

26. C'était l'ancienne Camorra, ressuscitée en 1975, qui livrait une lutte féroce à la NCO (Nuova Camorra Organizzata) de Raffaello Cutolo.

27. Stajano, *Mafia : L'atto d'accusa,* pp. 94-95.

28. *Ibid.,* pp. 91-94.

29. *Corriere della Sera* (Milan, 1er avril 1988).

30. Wakkas fit la connaissance d'Ugurlu et d'un frère d'Huseyn Cil à Bucarest en 1969. Les trois hommes s'entendirent avec un ministre roumain pour faire descendre

le Danube en fraude à des cargaisons de cigarettes de contrebande jusqu'à la mer Noire afin de les faire passer en Turquie. A dater de ce jour, ce fut à Ugurlu que Wakkas eut à rendre des comptes en dernier ressort. Voir sa déposition au juge Carlo Palermo dans Stajano, *Mafia : L'atto d'accusa.* En ce qui concerne son obéissance à Ugurlu, voir le rapport de la DEA dû à Cunningham, 30 décembre 1980, cité par la Criminalpol italienne, 14 février 1981, dans l'acte d'accusation du juge Palermo.

31. Rapport du LABPS (Laboratorio per le Politiche Sociali), attaché au ministère italien de l'Intérieur, 11-12 décembre 1986.

32. *Ibid.*

33. Stajano, *Mafia : L'atto d'accusa,* pp. 48-49.

34. Les agents de la principale branche de la Mafia sicilienne dans le nord utilisés dans ce but étaient les frères Grado, cousins de Salvatore Contorno. Voir *ibid.*, pp. 90-95, où l'on remarquera surtout les déclarations de Buscetta et de Salvatore Contorno.

10. LE PIPELINE D'HÉROÏNE

1. Rapport du FBI, « Luigi Ronsisvalle, Information Concerning Murder », Queens, New York, 30 avril 1979.

2. Les propos de Ronsisvalle sont tous extraits mot pour mot de son témoignage devant la Commission présidentielle sur le crime organisé, 20-21 février 1985, Miami.

3. Entretien avec James Kallstrom, mai 1986.

4. Entretien avec Louis Schiliro du FBI, bureau de Brooklyn-Queens, mai 1986.

5. Le passeur de drogue était Frank Rappa.

6. Le tueur s'appelait Sebastiano Pisciotta et fut victime de la grande guerre de la Mafia. On retrouva son corps tout près de Palerme en 1982. Le nom de Pisciotta était l'un des deux noms qui apparaissaient le plus souvent sur les relevés des appels téléphoniques d'Enzo Napoli à Palerme.

7. Entretien avec James Kallstrom du FBI à New York ; rapports de la Commission criminelle de Pennsylvanie de 1980 (« A Decade of Organized Crime ») et de 1985 ; étude de Sean McWeenie sur « The Sicilian Mafia and Its Impact on the United States », rapport des services d'enquête de la police de Washington, 21 décembre 1984.

8. Les deux autres noms de la liste des cibles de Bonnano étaient ceux de Gaetano Lucchese et de Stefano Maggadino. Demaris, *The Last Mafioso,* p. 179.

9. C'était l'agent Frank Panessa, actuellement directeur du bureau de la DEA à Rome. Il a donné ce chiffre lors de son témoignage devant la Commission présidentielle sur le crime organisé, lors des auditions de Miami des 20-21 février 1985.

10. Rapport des services de renseignements de la police de New York, dossier Tramontana-Settimo, 18 août 1970. Rapport de Sean McWeenie du FBI, « The Sicilian Mafia and Its Impact on the United States ».

11. C'est ce qu'a dit Ronsisvalle à l'agent Le Vien, en contradiction avec les rapports du FBI et de la presse.

12. Voir chapitre 12.

13. Sindona a été condamné par un tribunal de Milan le 18 mars 1986 pour avoir commandité le meurtre d'Ambrosoli par un tueur à gages nommé William Arico. Il est mort dans sa cellule d'un empoisonnement à la strychnine deux jours après sa condamnation (voir chapitre 12). Le tueur est mort en tombant d'une fenêtre d'un

étage élevé dans une tentative de s'évader du Manhattan Correctional Center. L'attorney fédéral adjoint qu'il voulait faire tuer par Ronsisvalle était John Kinney.

14. Voir chapitre 15.

15. Frank Panessa, actuel directeur du bureau de la DEA à Rome, travailla pendant toutes ces années comme agent secret de la DEA à New York et à Philadelphie. Il m'a raconté plusieurs scènes semblables.

16. « America's Habit », Commission présidentielle sur le crime organisé, p. 25-26, figure 5. Le nombre des drogués était estimé à 750 000 pour 1977. D'après une étude de l'université de Californie, ce chiffre était de 625 000 en 1985.

17. *New York Times,* 31 janvier 1986.

18. Ronsisvalle fut libéré sur parole en avril 1985 sur la recommandation de l'attorney fédéral Rudolph Giuliani, chef du district Sud ; Ronsisvalle demanda aussitôt à bénéficier du Programme de protection des témoins, avec sa femme et ses trois filles. Après avoir remporté un triomphe comme témoin vedette dans le procès Pizza, il se rétracta puis revint immédiatement sur sa rétractation. Il soutenait qu'on l'avait menacé pour l'obliger à retirer son témoignage incriminant Salvatore Catalano.

11. DU PIPELINE À LA PIZZERIA

1. En octobre 1983, dans « The Cash Connection », la Commission présidentielle sur le crime organisé estimait que les ventes d'héroïne aux Etats-Unis rapportaient annuellement 2,5 milliards de dollars à la Mafia américaine. Toutefois, à la même époque, les estimations des services secrets américains étaient faites en fonction du principe selon lequel la « faction sicilienne » faisait partie de la Mafia américaine. On sait maintenant que la Mafia sicilienne contrôlait le trafic sur le territoire de la Mafia américaine. Les estimations du revenu de la drogue concernent le commerce en gros. Pour la revente aux particuliers, il faudrait multiplier les chiffres par dix.

Ces estimations n'englobent pas les profits tirés de la cocaïne, que la Mafia sicilienne vendait en grandes quantités en utilisant le même réseau. On ne dispose pas d'estimations pour la cocaïne.

2. Les Douanes américaines procédèrent au contrôle informatique par système Telran le 28 juillet 1977.

3. Rapport de la Commission criminelle de Pennsylvanie pour 1985, p. 17.

4. *Ibid.*, p. 18.

5. Service d'enquête de la police de Washington, 21 décembre 1984.

6. Le propriétaire de la pizzeria était Pietro Alfano, neveu de Gaetano Badalamenti.

7. Rapport de la Commission criminelle de Pennsylvanie pour 1985, p. 18. D'après ce rapport, 8 862 Siciliens en situation illégale furent expulsés entre 1978 et 1983.

8. Il y avait aussi : Salvatore Riina, Giuseppe Tramontana et Bruno Pennisi.

9. Entretien avec James Kallstrom, mai 1986.

10. Rapport confidentiel des services de renseignements de la police de New York, 22 février 1973. En 1985, dans « The Sicilian Mafia and Its Impact on the United States », Sean McWeenie du FBI écrivait : « Le Federal Bureau of Investigation, la Drug Enforcement Administration et l'Immigration and Naturalization Service, avec leurs homologues italiens, ont confirmé que, entre le milieu des années

1960 et le début des années 1970, les Etats-Unis, le Canada et une partie de l'Amérique du Sud ont été envahis de Siciliens qui quittaient l'Italie... La plupart de ceux qui entraient illégalement aux Etats-Unis étaient des fugitifs, recherchés en Italie pour des crimes allant du meurtre au trafic de stupéfiants »

11. Rapport de la police du New Jersey, 22 février 1973.
12. *Ibid.*, pp. 4-5 et 20-21.
13. *Ibid.*, pp. 18-19.
14. *Ibid.*, pp. 16-20.
15. Short, *Crime, Inc.*, pp. 318-319.
16. « A Decade of Organized Crime », rapport de la Commission criminelle de Pennsylvanie.
17. *Washington Post,* 30 juin 1985.
18. Rapports de la Commission criminelle de Pennsylvanie, « A Decade of Organized Crime » et « Organized Crime's Infiltration of the Pizza and Cheese Industry ».
19. Adamita avait en franchise les Pizza Palaces de Weightsville dans le New Jersey et de Levittown en Pennsylvanie. A Peerth Amboy et Bedford dans le New Jersey, c'était Matteo Sollena. Voir le rapport de la Commission criminelle de Pennsylvanie « Organized Crime's Infiltration of the Pizza and Cheese Industry », p. 34 ; et le rapport de la police du New Jersey du 22 février 1973.
20. Ces précisions et les autres informations sur les frères Piancone dans le rapport de la Commission criminelle de Pennsylvanie « Organized Crime's Infiltration of the Pizza and Cheese Industry », pp. 27-34.
21. Blumenthal, *Last Days of the Sicilians.*
22. Cable News Network, 12 avril 1988.
23. *Washington Post,* 30 juin 1985.

12. MICHELE SINDONA ET LES MILLIARDS DU CHANTAGE

1. Di Fonzo, *St. Peter's Banker*, p. 25.
2. *Ibid.*, p. 75.
3. *Ibid.*, p. 79.
4. *Ibid.*, chapitre 9.
5. *Ibid.* Voir aussi Sindona : *Gli atti d'accusa,* p. xvii.
6. Il s'agissait du sénateur Graziano Verzotto qui signa des chèques représentant des pots-de-vin pour le boss de Riesi, Giuseppe Di Cristina, un proche allié de Buscetta, Salvatore Inzerillo et Stefano Bontate. Voir Di Fonzo, *St. Peter's Banker,* p. 7.
7. « The Cash Connection », rapport provisoire à la Commission présidentielle sur le crime organisé.
8. Di Fonzo, *St. Peter's Banker,* pp. 213-214.
9. *Ibid.*
10. Dernière déclaration de Sindona au FBI, dans un interrogatoire daté du 20 mai 1980. Les magistrats chargés de l'enquête en Italie considérèrent cette déclaration comme juridiquement valide. D'après Sindona, Gambino lui fournit le passeport « parce qu'il était aussi un patriote sicilien et qu'il voulait combattre le communisme ».

11. « Requisitoria, Rosario Spatola + 84 », par le procureur sicilien Giusto Sciacchitano, 20 décembre 1981.

12. « Requisitoria, Sindona + 11 », par le juge Guido Viola, p. 102. Voir aussi « Requisitoria, Rosario Spatola + 84 » du procureur Giusto Sciacchitano, p. 205.

13. Di Fonzo, *St. Peter's Banker*, p. 225.

14. *Sindona : Gli atti d'accusa,* p. 26.

15. Le beau-frère de Bontate s'appelait Giacomo Vitale. Son « rôle prééminent » est décrit dans le « Requisitoria, Rosario Spatola + 84 » du procureur Giusto Sciacchitano.

16. Déclaration du frère de Boris Giuliano, Emmanuele, au *Corriere della Sera* (Milan), 27 juin 1985.

17. Sindona fut condamné le 18 mars 1986 par un tribunal de Milan pour avoir commandité le meurtre d'Ambrosoli.

18. *Sindona : Gli atti d'accusa,* p. 205.

19. Rapport de la commission parlementaire de Tina Anselmi sur la loge P2, résumé dans l'édition spéciale de *L'Espresso* (Rome) du 20 mai 1984, p. 47. Le chef de la Squadra Mobile était Giuseppe Impallomeni, le *questore* était Giuseppe Nicolicchia.

20. *Ibid.* Voir aussi « Ordinanza di Rinvio a Giudizio » pour le maxi-procès de Palerme, 1987.

21. Confession d'Antonino Calderone, *La Stampa* (Turin), 2 octobre 1988.

22. Interrogatoire du FBI, 17 juin et 1er juillet 1980.

23. « Interrogazione di Buscetta », texte italien, p. 129.

24. « Requisitoria, Sindona + 11 », p. 110.

25. *Sindona : Gli atti d'accusa,* pp. 188-189.

26. *Ibid.,* p. 192.

27. Sindona avait même menacé de tuer Ambrosoli au nom du premier ministre, démontrant ainsi sa mainmise sur l'homme politique le plus puissant du pays. Ambrosoli enregistra l'effarant coup de téléphone que lui passa le tueur à gages de Sindona, enregistrement publié dans le *Corriere della Sera* (Milan), 20 mai 1984 :

LE TUEUR : Ils vous montrent du doigt, je suis à Rome et ils vous montrent du doigt, comme si vous ne vouliez pas collaborer...

AMBROSOLI : Mais qui sont ces « ils » ?

LE TUEUR : Le Grand Patron...

AMBROSOLI : Qui est le Grand Patron ?

LE TUEUR : Vous savez ce que je veux dire. Le Grand Patron comme le petit patron, tout le monde vous blâme... Vous êtes un chouette type, je serais désolé... Le Grand Patron, vous comprenez ? Oui ou non ?

AMBROSOLI : Je suppose que le Grand Patron est Sindona.

LE TUEUR : Non. C'est Andreotti.

AMBROSOLI : Qui ? Andreotti !

LE TUEUR : Exact. Il a téléphoné et il a dit qu'il s'était occupé de tout, mais que c'était entièrement de votre faute... Alors, faites attention...

28. Le ministre en question était Attilio Ruffini, longtemps ministre de la Défense, et frère du cardinal primat de Sicile alors en place. Citation extraite de « Requisitoria, Spatola + 84 ». Voir aussi *La Repubblica* (Rome), 25 janvier 1984.

29. Hess, *La Mafia,* p. 272.

30. « *Requisitoria, Spatola + 84* », de Giusto Sciacchitano, 20 décembre 1981.

31. Arlacchi, *La Mafia imprenditrice,* p. 130. En lires, cela représente mille milliards. Les biens possédés à Palerme par la Mafia étaient dans l'ensemble au nom d'Inzerillo Sanitari (fournitures pour le bâtiment) et Valentino Construction.

32. *Nuova Polizia,* juin 1981.

13. PALERME : LA GRANDE GUERRE DE LA MAFIA

1. Pour l'estimation des profits, voir chapitre 1, note 3. La participation de tous les clans de la Mafia au cartel de l'héroïne est décrite dans un rapport du commissaire Antonino Cassara aux autorités judiciaires de Sicile, intitulé « Greco + 161 » et daté du 13 juillet 1982. Ce rapport constitue un point de repère dans la lutte de la justice contre la Mafia, en ce qu'il résume des informations confidentielles fournies par des sources aussi variées qu'étonnantes. Parmi elles, on trouve Salvatore Contorno, l'homme de valeur (= tueur) préféré de Bontate, et Ignazio Lo Presti, membre de la famille Passo di Rigano d'Inzerillo et parent par alliance du puissant financier Nino Salvo, également reçu au sein de la Mafia sous la protection de Bontate.

2. Témoignages, entre autres, de Tommaso Buscetta et de Salvatore Contorno au maxi-procès de Palerme. Stajano, *Mafia : L'atto d'accusa,* pp. 208-209.

3. Entretien avec Gianni De Gennaro, Cellule de lutte contre le crime organisé, Rome, février 1987, verdict de la cour d'assises, Palerme, 26 février 1988.

4. Déclaration de William Sessions, directeur du FBI à la sous-Commission sénatoriale permanente sur les enquêtes, 11 avril 1988.

5. Entretien avec Tom Angioletti, alors directeur du bureau de Rome de la DEA, mars 1985.

6. « Ordinanza di Rinvio a Giudizio », maxi-procès, cité dans Galluzzo *et al., Rapporto sulla Mafia degli anni '80,* p. 319. C'était le laboratoire de la Via Messina Marina.

7. Galluzzo *et al., Rapporto sulla Mafia degli anni '80,* p. 307. Ce laboratoire était dirigé par les frères Grado, étroitement associés aux Fidanzati dans les opérations milanaises de la Mafia.

8. « Ordinanza di Rinvio a Giudizio, Calabro, Gioacchino + 19 », par le juge Claudio Lo Curto. La raffinerie d'Alcamo a été découverte le 30 avril 1985.

9. Témoignage de Panessa devant la Commission présidentielle sur le crime organisé, auditions de Miami, 20-21 février 1985. Le trafiquant était sa cible à Philadelphie, Paolo La Porta.

10. Cette information et les événements suivants sont exposés en détail dans le rapport du commissaire Cassara « Greco + 161 ».

11. Mafara fut arrêté en 1982 et avoua. Il fut assassiné au cours de la même année par les Corléonais.

12. « Ordinanza di Rinvio a Giudizio, Calabro, Gioacchino + 19 », p. 397.

13. Rapport de Cassara, « Greco + 161 ».

14. Le jeu fut légalisé à Atlantic City en 1977. Le projet de la Mafia sicilienne pour Atlantic City est décrit dans le rapport du commissaire Cassara « Greco + 161 ». Voir aussi le témoignage de l'agent du FBI Richard Ross devant la Commission présidentielle sur le crime organisé, auditions de Miami, 20-21 février 1985. Ross était responsable des enquêtes sur le crime organisé à Atlantic City.

Le lien particulier entre les Gambino de Cherry Hill dans le sud du New Jersey et la famille Bruno à Philadelphie m'a été expliqué par Frank Panessa, directeur du bureau de la DEA à Rome, qui a travaillé dans cette ville comme agent secret du Bureau des stupéfiants.

15. Rapport de Cassara, « Greco + 161 ». Au cours de cette période, le cousin Emmanuele des frères Gambino essaya d'acheter un hôtel à Atlantic City sous un faux nom « pour la bonne raison que si je m'étais présenté comme un Gambino, le type n'aurait pas voulu traiter avec moi ». Voir le rapport « A Decade of Organized Crime » de la Commission criminelle de Pennsylvanie, p. 72.

16. Rapport de Cassara, « Greco + 161 ».

17. L'histoire des cinquante kilos ne figure pas seulement dans le rapport de Cassara mais aussi dans le témoignage de Buscetta. Il précise qu'Inzerillo n'a pas payé pour les cinquante kilos, et ajoute qu'Inzerillo pensait que Leggio n'oserait pas le tuer tant qu'il n'aurait pas tout payé.

18. Le rapport de Cassara, « Greco + 161 », signale que Giuseppe Di Cristina fut le dernier grand patron assassiné entre 1978 et 1981. Le patron de Catane était alors Giuseppe Calderone, un des cinq occupants de l'Alfa Romeo où se trouvait Buscetta quand une patrouille de police a arrêté la voiture près de la frontière nord de l'Italie en 1970. Calderone a été tué par les alliés des Corléonais à Catane. En 1988, son frère Antonino est devenu sans doute le plus important repenti de la Mafia en Italie.

19. La victime était Luigi Corleo, beau-père du financier Nino Salvo.

20. D'après Buscetta, Badalamenti fut expulsé de la Mafia en 1978. Il n'en resta pas moins à Palerme jusqu'en 1982, quand il s'enfuit vers le nord puis le Brésil.

21. Je tiens cette information de Cassara. Il avait été mis au courant par Francesco Mafara, le directeur commercial de la *Cupola,* qui avait lui-même eu l'information en 1979 de deux chimistes belges travaillant dans les raffineries de Sicile, Albert Gillet et Eric Charlier.

22. Rapport de Cassara, « Greco + 161 ».

23. Le lieutenant de confiance qui trahit Inzerillo était Salvatore Montalto, boss de la Mafia d'Enzo Napoli. Les Corléonais le récompensèrent en le faisant patron de Villabate et en lui donnant un siège à la Cupola, siège qui lui valut ultérieurement d'être condamné à perpétuité.

24. Il s'agissait de Pietro Marchese, le « bon » frère de Filippo Marchese, un tueur psychopathe qui était à la tête du clan Corso Dei Mille de Palerme.

25. Giuseppe Calderone et, plus tard, Alfio Ferlito. Ferlito tomba dans une embuscade alors que quatre agents des carabiniers l'escortaient lors d'un transfert entre deux prisons siciliennes.

26. Témoignage de Sinagra au maxi-procès de Palerme, 15-19 juin 1986.

27. Extraits du témoignage de Sinagra devant le juge Falcone, publié dans *La Repubblica* (Rome) 24 janvier 1984.

28. C'était l'inspecteur Beppe Montana, assassiné par la Mafia en juillet 1985.

29. Rapport du haut-commissaire Boccia au ministre italien de l'Intérieur, publié intégralement dans *Cronache Parlamentiari Siciliane,* décembre 1986, p. 34.

30. *Corriere della Sera* (Milan), 24 mai 1986 : citation du témoignage de Leggio au maxi-procès de Palerme.

31. Au maxi-procès de Palerme, Leggio fut formellement accusé d'avoir utilise Antonino Faro comme tueur en prison.

32. Rapport de Cassara, « Greco + 161 ». Voir aussi la confession secrète que Giuseppe Di Cristina fit aux carabiniers avant d'être assassiné. Stajano, *Mafia : L'atto d'accusa,* p. 21.

33. Attendus du jugement du maxi-procès, 1er octobre 1988.

14. CADAVRES EXQUIS

1. « Ordinanza di Rinvio a Giudizio », maxi-procès, p. 1888. L'enquête commune avec la DEA reçut le nom d'Opération César et commença en 1978.

2. L'argent de la valise avait été envoyé au directeur commercial de la *Cupola,* Francesco Mafara, par Salvatore Sollena, le neveu du New Jersey de Gaetano Badalamenti, en règlement d'une expédition faite par Badalamenti lui-même depuis Palerme. Voir « Greco + 161 ».

3. Du dossier secret M. Fo Biali, saisi par la police dans les bureaux de Rome d'un éditeur-maître chanteur assassiné, Mino Pecorelli, et cité par Sandra Bonsanti dans *La Repubblica* (Rome), 2 septembre 1982.

4. Le président de la région de Sicile était Piersanto Mattarella, tué le 6 janvier 1980. Le capitaine des carabiniers était Emmanuele Basile, tué le 3 mai 1980. Le procureur était Gaetano Costa, tué le 6 août 1980. Le secrétaire du parti communiste était Pio La Torre, abattu le 30 avril 1982. Le général Dalla Chiesa fut tué le 3 septembre 1982.

5. Galluzzo *et al., Rapporto sulla Mafia degli anni '80,* p. 32.

6. Contorno est sans arrêt cité dans le rapport de Cassara sous le pseudonyme de « Prime Luce ». Son identité a été révélée en 1984. Voir *Il Giornale* (Milan), 16 novembre 1984, et *La Repubblica* (Rome), 12 avril 1986.

7. Stajano, *Mafia : L'atto d'accusa,* p. 318-319.

8. L'enracinement de la Mafia à Catane est maintenant établi par d'abondants témoignages des transfuges de la Mafia. Ses fondations y remontent à 1925, comme l'avoua Antonino Calderone, dont le frère Giuseppe avait été le chef de la commission régionale de la Mafia à Catane et de toute l'*Inter-Provinciale* de la Mafia jusqu'à son assassinat par les alliés de Leggio à Catane. *Giornale di Sicilia* (Palerme), 11 mars 1988.

9. Série d'articles de Giorgio Bocca sur Catane, *La Repubblica* (Rome), 24 mars 1988.

10. C'était le député Nino Drago. *Carriere della Sera* (Milan), 9 janvier 1984.

11. Voir le rapport de la Première commission parlementaire anti-Mafia, une étude de dix ans classée en 1974.

12. Dalla Chiesa avait dénoncé encore bien d'autres personnages, dont un ancien ministre chrétien-démocrate, Giovanni Gioia, aujourd'hui décédé, et le leader du parti républicain en Sicile, Aristide Gunnella.

13. Dalla Chiesa, *Delitto imperfetto,* p. 34. Nando Dalla Chiesa, professeur de sociologie à Milan, fut un des révoltés de la génération de 1968 et membre du parti communiste. Quoiqu'il ne fût certainement pas en accord avec les positions politiques de son père, il l'aimait et le respectait tellement qu'on l'imagine mal en train de déformer les circonstances entourant la mission de Dalla Chiesa en Sicile.

14. C'était le premier ministre Giovanni Spadolini, alors à la tête du petit et modéré parti républicain.

15. Dalla Chiesa, *Delitto Imperfetto,* p. 48-49.

16. Attendus du jugement rendu par les juges Alfonso Giordano et Pietro Grasso, cités dans *La Repubblica* (Rome), 2 octobre 1988.

17. Il découvrit qu'un des employés de la préfecture était le frère de Joseph Miceli Crimi qui avait joué un rôle essentiel dans le faux enlèvement de Michele Sindona. Il n'a jamais été officiellement accusé de quoi que ce soit.

18. Dalla Chiesa, *Delitto Imperfetto,* p. 64.

19. *Ibid,* p. 53.

20. « Aujourd'hui, la Mafia est en position de force également à Catane. Avec le consentiment de la Mafia de Palerme, les quatre plus grandes entreprises de bâtiment de Catane travaillent maintenant à Palerme. Pensez-vous qu'elles pourraient le faire s'il n'y avait pas, derrière cela, une nouvelle carte de la distribution du pouvoir au sein de la Mafia ? » Dalla Chiesa, entretien avec le journaliste Giorgio Bocca.

21. La visite à Ralph Jones est décrite dans un remarquable article de Roger Cohen dans le *Wall Street Journal,* 12 février 1985.

22. Stajano, *Mafia : L'atto d'accusa,* p. 226.

23. Rapport du capitaine des carabiniers Ganzer, « Sentenza di Rinvio a Giudizio », maxi-procès ; Stajano, *Mafia : L'atto d'accusa,* p. 293.

24. Ce fonctionnaire était De Francesco, le préfet de Palerme qui remplaça Dalla Chiesa après son assassinat, et fut le premier haut-commissaire de l'anti-Mafia.

25. Quarante pour cent des dépôts bancaires de Sicile, répartis dans six banques régionales, vingt-huit banques provinciales et des centaines de caisses d'épargne, sont concentrés à Trapani.

26. La province de Trapani comprend Alcamo, Castellammare del Golfo, Partanna, Castelvetrano, Marsala, Mazara del Vallo et Salemi.

27. Les envois provenaient de Salvatore Zizzo, un des grands patrons de la Mafia de tous les temps, à destination de son frère Nitto au Canada. *La Repubblica* (Rome), 26 janvier 1983.

28. *La Repubblica* (Rome), 13 mai 1987.

15. LA PIEUVRE EMERGE

1. Le chiffre des vingt mafiosi siciliens est donné par Sean McWeenie dans son rapport au FBI « The Sicilian Mafia and its Impact on the United States ». Le chiffre de mille mafiosi m'a été donné par l'attorney fédéral Louis Freeh en 1987.

2. Le 31 octobre 1988, j'ai eu une longue conversation téléphonique intercontinentale avec Mona Ewell ; j'étais à Rome et elle à Washington.

3. Voir « Bono + 159 », rapport en deux volumes de Toni De Luca de la police criminelle de Milan et Gianni De Gennaro, chef de la cellule contre le crime organisé de Rome, daté du 7 février 1983.

4. Il paya au réseau de Philadelphie un total de 880 000 dollars. L'héroïne coûtait environ 220 000 dollars le kilo, mais Panessa n'a pas payé son dernier achat. Quand ses supérieurs décidèrent de mettre la main sur son gibier, ils considérèrent qu'il n'était plus nécessaire de payer. Par la suite, une fois sa cible en prison, Panessa proposa de payer, mais on lui dit tristement : « C'est trop tard. » Les Siciliens avaient déjà mis un contrat sur lui.

5. Témoignage de Panessa devant la Commission présidentielle sur le crime organisé, auditions de Miami, 21-22 février 1985.

6. *Ibid.,* 20-21 février.

7. Le groupe de La Porta installa une raffinerie dans la république Dominicaine mais la police la découvrit avant sa mise en service, en septembre 1983.

8. Entretien avec Panessa, Rome, 31 octobre 1988.

9. Les marques d'identification de l'héroïne étaient les mêmes que sur l'héroïne achetée par Panessa à Philadelphie et que sur les cinq kilos trouvés sur Ambrogio Farina, arrêté à New York en été 1983. Farina et son fils Salvatore furent

ultérieurement extradés des Etats-Unis vers l'Italie et furent condamnés pour le meurtre du juge Ciaccio Montalto.

10. Zito vendit en tout à Hopson deux kilos et demi de marchandise. Lors de l'arrestation des accusés du procès Pizza en avril 1984, on trouva plusieurs dizaines de grammes de cocaïne sur Sam Evola, neveu par alliance de Gaetano Badalamenti. Dans la période précédant l'ouverture du procès à New York, quatre accusés furent aussi impliqués dans une affaire de quarante kilos d'héroïne en Italie qui remontait à 1980. Voir chapitre 16.

11. Giuliani a quitté le ministère de la Justice à Washington pour prendre la tête du district Sud de New York en juillet 1983.

12. Paolo La Porta fut condamné à trente-cinq ans de prison, son frère Giovanni à vingt ans et leur allié le plus proche, Alberto Ficalora, à trente ans.

13. « Ordinanza di Rinvio a Giudizio, Aiello + 32 », p. 42.

14. Pistone, *Donnie Brasco.*

15. Voir l'acte d'accusation rédigé par le juge Claudio Lo Curto (« Ordinanza di Rinvio a Giudizio ») pour le meurtre du juge Ciaccio Montalto.

16. Entretien avec Richard Martin à Rome, 31 octobre 1988. D'après certains rapports, Galante recevait 5 000 dollars par kilo d'héroïne importé par les Siciliens. D'après d'autres rapports, c'est Pasquale Conte, un Sicilien que la police new-yorkaise considérait comme un des capitaines de la famille des Gambino d'Amérique, qui aurait été chargé d'encaisser ces pourcentages. Toutefois, d'après Martin, ces rapports reposaient sur les déclarations d'un informateur peu fiable et n'ont pas été confirmés par les autres informateurs. Quoi qu'il en soit, le chiffre avancé paraît absurdement bas pour Carmine Galante et la Commission de la Mafia américaine dans son ensemble — 5 millions de dollars par tonne, peut-être 15 ou 20 millions de dollars par an, une somme insuffisante pour beaucoup intéresser la Mafia américaine.

17. Pistone, *Donnie Brasco,* pp. 204-205.

18. Les trois hommes de la famille Bonanno qui avaient été tués étaient Domenick Trinchera, Alphonse « Sonny Red » Indelicato et Philip Giacccone, assassiné en 1981.

19. Pistone, *Donnie Brasco,* pp. 356-357.

20. L'histoire de l'abdication de Salvatore Catalano à la tête de la famille Bonnano m'a été rapportée par Carmine Russo du FBI, qui se trouvait en surveillance au Cafe Roma de Knickerbocker Avenue en cette nuit de 1981. D'après Russo, Catalano était parvenu à cet accord avec les boss de la famille Bonnano lors d'une réunion à Fern Cliff Caterers près de Kennedy Airport ; ensuite, il était allé l'expliquer aux Siciliens, d'abord au Cafe Roma, et plus tard lors d'une « grande table ronde » au Cafe Viale.

21. Le troisième homme était Pasquale « Patsy » Conte, propriétaire de plusieurs supermarchés Key Food dans la région de New York et membre du comité directeur de la chaîne Key Food. D'après Buscetta, il paya 100 000 dollars pour être reçu comme membre de la famille Gambino. A en juger d'après son entourage, pourtant, il est plus vraisemblable qu'il a adhéré en Sicile. Enzo et Gaetano travaillèrent dans sa boucherie de gros quand ils débarquèrent à New York. Luigi Ronsisvalle l'a souvent vu en compagnie de Catalano, Bonventre et Amato dans Knickerbocker Avenue ; une fois, il assista même à une réunion présidée par Conte.

22. « Chronologie des événements », procès Pizza, p. 13.

23. Entretien avec Richard Martin, Rome, 31 octobre 1988.

24. Entretien avec Freeh, 12 avril 1988.

16. LE CHOC DE LA VÉRITÉ

1. Pour les détails de l'enquête, voir Blumenthal, *Last Days of the Sicilians,* et Alexander, *The Pizza Connection.*

2. A partir des chiffres du registre de la drogue découvert au moment de l'arrestation de Salvatore Mazzurco, le district Sud calcula que le réseau prévoyait d'importer une tonne et demie de marchandise « entre une partie de 1982 et 1983 ». L'estimation sur cinq ans d'une importation de 150 kilos de marchandise par an fut fournie à la presse par l'attorney général William French Smith lors des arrestations opérées dans le cadre du procès Pizza le 9 avril 1984.

3. C'est grâce à l'insistance de Rudolph Giuliani que le ministère de la Justice autorisa le FBI à travailler avec la DEA sur les affaires de drogue en 1982. Se reporter à la déclaration de l'attorney général William French Smith lors de la conférence de presse du 9 avril 1984.

4. Voir les rapports du BNDD, 1970-1972, sur le réseau de Carlo Zippo, enquête sur Antonio Settimo : le 8 avril 1970, le rapport de surveillance de Settimo identifie Antonino et Vincenzo Napoli de Lisa Wigs ; le 4 octobre 1970, le rapport de surveillance de Settimo identifie Michael Piancone, Emmanuele Adamita, Antonio Minore, Carlo Zippo, Tommaso Buscetta et Giuseppe Tramontana ; le 18 septembre 1970, le rapport porte sur la surveillance de Settimo et Zippo. Le 30 octobre 1970, Ross Riley du BNDD, résumant l'enquête de 1970, établit le profil de seize Siciliens impliqués dans l'enquête, dont Settimo, Adamita, Nick Rizzuto (de Montréal et Caracas), Giuseppe Catania (de Mexico, New York et Montréal), Giovanni Caruana (à Montréal) et Liborio Cuntrera (à Montréal, téléphonant en Sicile, au Brésil et au Venezuela). Les enquêteurs s'aperçurent que tout remontait à Casamento et à ceux de ses hommes qui réceptionnaient l'héroïne à l'Eagle Cheese.

Dans l'affaire Eagle Cheese de 1972, le District Est estima qu'Eagle Cheese avait reçu des livraisons pour un total de neuf cents kilos d'héroïne au cours de cette année-là. Voir chapitre 9.

5. Les relations de Casamento avec Ganci et Castronovo servirent de « cause probable » pour obtenir l'autorisation des premières écoutes téléphoniques au titre de l'Article 3 dans le procès Pizza. Mais ce ne fut pas avant le début de 1983.

6. Le doyen des attorneys fédéraux du New Jersey, Robert Stewart, un homme inflexiblement méthodique, travailla avec eux en étroite collaboration.

7. « The Cash Connection », Commission présidentielle sur le crime organisé, pp. 33-35.

8. Entretien avec Richard Martin, Rome, 31 octobre 1988.

9. Il s'agit du dossier Adamita pour trafic de drogue, joint à l'affaire Spatola. Les trois hommes arrêtés étaient Frank Castronovo, Filippo Ragusa et Onofrio Catalano, frère de Salvatore.

10. Rapport de Charles Rooney au FBI (Genus Cattails), 15 mai 1981.

11. Le procureur était Giusto Sciacchitano, qui préparait le dossier Spatola. Il imputa le retard dans une grande mesure au laisser-aller de son propre ministère. Voir son « Requisitoria, Spatola + 84 », 1981.

12. Le *segreto istruttorio* interdit la diffusion de toute information détenue par un magistrat enquêteur italien jusqu'à ce que son dossier vienne devant le tribunal. Ce système doit être changé en 1989.

13. « Bono + 159 », rapport en deux volumes de Gianni De Gennaro à la

Questure à Rome. Pour le nombre de raffineries d'héroïne découvertes en Sicile et de réseaux de la Mafia qui y ont été démantelés, voir le *Washington Post* du 3 octobre 1984 ; voir aussi *Giornale di Sicilia* (Palerme), 14 janvier 1988.

14. « Bono + 159. »

15. La DEA a découvert que Bono s'est marié le 16 novembre 1980. L'addition, après escompte, se montait à 63 120 dollars. Bono était enregistré dans les dossiers de la DEA comme un membre de la famille Bonanno. Voir *ibid.*, pp. 155-156.

16. Parmi les invités de Brooklyn présents au mariage, il y avait Giuseppe Ganci, Sal Catalano, Cesare Bonventre, Baldo Amato, les frères Gambino de Cherry Hills, Filipo Casamento et son frère Franco, et Gaetano le frère d'Enzo Napoli. (Enzo, lui, était alors en prison.) Buscetta, à qui on présenta une sélection de 138 photos, en retint 18. Il nia reconnaître Filipo Casamento, mais identifia bel et bien Sal Catalano, Gaetano Napoli, Nunzio Guido de la Camorra au Canada et au Brésil, et Antonio Inzerillo, un oncle du défunt Salvatore Inzerillo.

En 1985, Luigi Ronsisvalle identifia Pasquale Conte comme le troisième homme inconnu qui avait déjeuné avec le Grand Paul Castellano en octobre 1980.

17. Galluzzo *et al.*, *Rapporto sulla Mafia degli anni '80,* pp. 28-29.

18. Le trafiquant dont le téléphone avait été mis sur table d'écoute était Giorgio Muratore. Les autres étaient Frank Castronovo et Filippo Ragusa. Onofrio Catalano, le frère de Salvatore, n'était pas présent, mais avait loué la Mercedes noire qui vint chercher les autres au bar.

19. « Requisitoria, Spatola + 84. »

20. Les expéditions représentaient un total de trente-huit kilos.

21. « Requisitoria, Spatola + 84. »

22. Les Etats-Unis n'ont jamais répondu à la demande d'extradition de John Gambino faite par l'Italie, un fait qui continue à étonner les magistrats siciliens.

23. Stajano, *Mafia : L'atto d'accusa,* pp. 212-213. Outre Catalano et Ganci, Contorno donna les noms de Salvatore Greco (frère du boss de Bagheria), Gaetano Mazzara et Frank Castronovo, connu sous le nom de Ciccio l'Américain. Personnage essentiel du trafic de drogue et du blanchiment de l'argent, Castronovo était copropriétaire du restaurant Roma de Menlo Park dans le New Jersey, où de nombreuses transactions portant sur la drogue eurent lieu. Son associé était Michael Piancone, un des célèbres frères Piancone qui étaient les papas gâteaux du réseau de pizzerias de la Mafia sicilienne en Amérique. Voir « A Decade of Organized Crime », « Rapport 1985 de la Commission criminelle de Pennsylvanie », et « Organized Crime's Infiltration of the Pizza and Cheese Industry ». Voir aussi le rapport confidentiel des services des renseignements de la police du New Jersey daté du 22 février 1973. En février 1980, alors qu'il se trouvait à Palerme avec Catalano et les autres, Castronovo mit la dernière main à un accord immobilier d'un million de dollars pour John Gambino et Salvatore Inzerillo. En 1982, il fut mis en accusation par le juge Falcone dans le cadre du dossier Spatola.

24. Entretien avec le juge Giusto Sciacchitano, Palerme, 4 août 1987.

25. Voir *Giornale di Sicilia* (Palerme), 3 octobre 1984. L'attorney général était William French Smith, le chef du FBI était le juge William Webster et celui de la DEA Francis Mullen.

26. *La Repubblica* (Rome) et *Corriere della Sera* (Milan), 6 novembre 1988 ; *Corriere della Sera,* 2 février 1989. Quand l'affaire éclata, elle déclencha un énorme scandale en Suisse où le ministre de la Justice, Elizabeth Kopp, fut obligée de démissionner à cause de l'implication de son mari dans les opérations de blanchiment. On a dit qu'elle l'avait averti, illégalement, de l'imminence d'une enquête.

27. Acte d'accusation par le juge Claudio Lo Curto, « Ordinanzia di Rinvio a Giudizio, Calabro, Gioacchino + 19 ».

28. Le 19 novembre 1988, trois mafiosi de Trapani furent condamnés à perpétuité par la cour d'assises de Caltanissetta pour tentative d'assassinat sur le juge Palermo.

29. Stajano, *Mafia : L'atto d'accusa,* pp. 200-201, 204.

30. Waridel fut emprisonné de 1978 à 1979 ; il rencontra en prison Giuseppe Ferrera, un important boss de la Mafia allié aux clans de Catane, ainsi que Leggio qui jouait un rôle majeur dans leur approvisionnement en morphine.

31. Le remplaçant était Antonino Rotolo, arrêté avec Pippo Calo en 1985. Calo était le boss du clan Porta Nuova de Buscetta, clan auquel appartenaient tous les deux Rotolo et La Mattino.

32. Résumé de Louis Freeh pendant le procès de la Pizza Connection, pp. 37791-37792.

33. Pour les comptes rendus de la presse, voir *Forbes,* avril 1989 ; *Newsday,* 1er avril 1989 ; *Washington Times,* 2 avril 1989. Origine du matériel : télégrammes confidentiels de la DEA et un long rapport daté du 3 janvier 1989.

34. Voir les déclarations de Salvatore Contorno et Gennaro Totta dans le rapport Cassara « Greco + 161 ».

35. « Chronologie des faits » préparée pour les jurés du procès Pizza, p. 233.

36. Les Corléonais ne répugnèrent pas à utiliser d'autres mafiosi expulsés, à partir du moment où il y avait de l'argent à gagner. Francesco Di Carlo, qui travaillait avec les Cuntrera et les Caruana à Londres, fut également expulsé de la Mafia sur l'insistance des Corléonais, pour quelque obscure raison de convenance. Cela ne les empêcha pas de placer son frère comme patron de sa famille, la famille Altofonte, et d'utiliser Di Carlo pour les représenter à Londres.

37. Ce neveu par alliance était Sam Evola.

17. LA CHUTE DE BUSCETTA

1. *Corriere della Sera* (Milan), 12 octobre 1984, article de Giangiacomo Fo sur la nouvelle arrestation d'Homero Guimaraes père.

2. Entretien avec le « baby-sitter » de Buscetta à la DEA, Tony Petrucci.

3. Buscetta fut condamné à quatorze ans de réclusion pour association criminelle et à dix ans pour trafic de stupéfiants par deux cours d'assises. Les condamnations furent réduites en appel à trois et huit ans respectivement. Voir le témoignage de Buscetta au maxi-procès, intégralement reproduit dans le *Giornale di Sicilia* (Palerme) du 4 avril 1986.

4. Déclaration du juge Lina Monge, Turin, 28 janvier 1980, cité dans Galluzzo, *Tommaso Buscetta,* p. 104-105.

5. Nino Martinazzoli, ministre de la Justice, *Il Giorno* (Milan), 12 mars 1984.

6. Témoignage de Francesco Gasparini devant le juge Falcone, dans *Stajano, Mafia : L'atto d'accusa,* p. 115.

7. Galluzzo, *Tommaso Buscetta,* p. 90-91.

8. Résumé du ministère public, procès Pizza, pp. 33579-33581.

9. Giuseppe Ayala, procureur dans le maxi-procès.

10. Faits révélés par Buscetta lui-même au juge Falcone en 1984, en désignant Antonio Bardellino, Antonio Nuvoletta et Michele Zaza comme les trois chefs de la Camorra.

11. Stajano, *Mafia : L'atto d'accusa,* pp. 319-320. Le parent par alliance était

Ignazio Lo Presti, beau-frère de Nino Salvo ; il disparut en août 1982, sans doute victime d'une « mort blanche ».

12. Les tueurs étaient Giuseppe Tramontana et Giorgio Romano. Tramontana avait été le courrier de confiance de Buscetta pour la plupart des transactions de drogue effectuées quand il vivait à New York, et témoin au mariage de Buscetta le bigame avec Vera Girotti à New York.

13. Les Corses travaillant avec Zaza étaient Paul Graziani et Bernard Quilichini.

14. Pour un compte rendu complet, voir « Bono + 159 », pp. 319-338.

15. *Ibid.*, pp. 115-125. Buscetta a témoigné que Antonio Salamone quitta le Brésil pour éviter d'avoir à tuer Buscetta lui-même sur ordre des Corléonais. Cependant, il est difficile de cerner la date du départ de Salamone. Le 24 octobre 1982, son neveu Francesco Di Matteo, un des participants du dîner de Paris, fut arrêté à l'aéroport de Punta Raisi en possession du rapport de la DEA sur Salamone. Zaza, sur un enregistrement d'écoute téléphonique, disait que Salamone avait quitté le Brésil le 25 octobre.

16. L'informateur était Paolo Lelio Gigante, qui passa de l'héroïne et de la cocaïne pour le réseau corse tout au long des années 1960 et au début des années 1970. Il fut arrêté et mis en accusation avec Buscetta et les Corses lors du démantèlement de leur réseau en 1972. Voir *Giornale di Sicilia* (Palerme), 26 octobre 1983. Le tuyau de Gigante contredit l'histoire couramment acceptée d'après laquelle l'appartement de Buscetta fut découvert par hasard ; le gérant de la résidence aurait reconnu la photo de Buscetta parmi beaucoup d'autres alors qu'on lui montrait une photo de Bardellino. Cette version devint officielle, peut-être pour protéger l'informateur. Pourtant, dans un entretien que j'ai eu avec lui à Rio de Janeiro en octobre 1986, l'agent de la DEA sur place me dit que « ce n'était pas un hasard » si l'on avait trouvé l'appartement de Buscetta.

17. Les corps de Giuseppe Tramontana et Giorgio Romano furent découverts en Floride en février 1983. Buscetta quitta Rio quelques jours plus tard. D'après certains rapports, il n'y avait ni chevaux ni troupeaux sur le ranch de Buscetta quand on l'arrêta. C'est Buscetta qui a ainsi décrit ses troupeaux à son biographe : Biagi, *Il Boss è solo,* p. 224.

18. *Veja* (hebdomadaire brésilien) ; 2 novembre 1983 ; rapport de la DEA, 15 décembre 1983.

19. Les propos de Romeu Tuma ont été cités dans l'hebdomadaire brésilien populaire *Veja* le 2 novembre 1983. Le chef de la police de São Paulo Pedro Berwanger et le chef du bureau des stupéfiants Ugo Pavoa se sont ainsi exprimés lors d'une conférence de presse le 24 octobre 1983. Voir Galluzzo, *Tommaso Buscetta,* p. 157.

20. Entretien de Buscetta avec la presse dans sa prison de São Paulo, *Giornale di Sicilia* (Palerme), 27 octobre 1983.

21. L'autre accusé était Salvatore Mazzurco.

22. Rapport à la DEA par Mona Ewell, Charles Rose et John Huber, 15 décembre 1983.

23. Shawcross et Young, *Men of Honor.*

24. *Ibid.*, p. 183.

25. Entretien avec l'agent de la DEA en place à Rio de Janeiro, octobre 1986.

26. Rapport à la DEA de Mona Ewell, mémorandum pour le gouvernement américain, 15 décembre 1983.

27. Entretien avec Paolo Graldi du *Corriere della Sera* (Milan), 28 octobre 1984

28. Galluzzo et al., *Rapporto sulla Mafia degli anni* '80, pp. 35-36.

18. FACE A FACE AU TRIBUNAL

1. Tous les journaux italiens du 12 novembre 1987.

2. Le nombre des meurtres donné par le premier ministre De Mita était de 135 pour la période comprise entre les mois de juin et novembre 1988. On avait déjà avancé le chiffre de 180 pour l'année, mais il augmenta dans les derniers mois. A la fin de l'année, le chiffre communément accepté était une estimation arrondie à 200. Ces chiffres ne tiennent pas compte des « morts blanches ».

3. Juge Pietro Grasso, comagistrat, dit *giudici in latere* en droit italien, dans *La Repubblica* (Rome), 1er octobre 1988.

4. Résumé des procureurs Ayala et Signorino, 17 avril 1987. L'acte d'accusation définit Cosa Nostra comme « une organisation dotée d'une structure verticale rigide, avec son épicentre à Palerme, et d'une " *unicita* " substantielle, en dépit de crises périodiques. Cosa Nostra, grâce à la victorieuse ascension des Corléonais, est devenue encore plus rigide : un concept tel que celui de la génération spontanée du phénomène mafiosi ne peut s'appliquer ». *Corriere della Sera* (Milan) 9 novembre 1985.

5. « Ordinanza di Rinvio a Giudizio » pour le maxi-procès, 4 février 1986.

6. Giampaolo Pansa, dans *La Repubblica* (Rome), 6 février 1986, citant le doyen de la faculté de droit de l'université de Palerme, entre autres.

7. Galluzzo *et al., Rapporto sulla Mafia degli anni* '80, pp. 33-38.

8. Entretien avec Giusto Sciacchitano, 4 août 1987.

9. Un *pentito* de Catane, Giuseppe Calderone, a fait cette révélation et d'autres aussi étonnantes en 1988.

10. Témoignage de Buscetta au maxi-procès, reproduit intégralement dans le *Giornale di Sicilia* (Palerme), 4 avril 1986.

11. *Ibid.*

12. Stajano, *Mafia : L'atto d'accusa,* p. 97.

13. Biagi, *Il Boss è solo,* p. 21.

14. Témoignage de Contorno, reproduit intégralement dans le *Giornale di Sicilia* (Palerme), 17 avril 1986.

15. Quoique le commissaire Cassara ait eu des preuves des intérêts de Bontate dans le trafic de stupéfiants, il est réellement possible que Contorno ait ignoré sa participation. Il affirmait n'avoir rien su des plans de Bontate pour tuer Salvatore Riina en 1981, peut-être parce que Bontate ne lui confiait pas ce genre de choses. En revanche, Bontate parla de ces projets à Buscetta.

Interrogé sur le rôle de Bontate dans le trafic de drogue, Buscetta répondit . « Stefano Bontate soutenait qu'il n'avait rien à y voir mais, par respect de la vérité, je ne peux pas dire si ses affirmations correspondaient à la réalité, parce que, dans ce domaine, on gardait pour soi ce qu'on faisait. » Voir Stajano, *Mafia : L'atto d'accusa,* p. 97.

16. Témoignage de Contorno, reproduit intégralement dans le *Giornale di Sicilia* (Palerme), 23 avril 1986.

17. *Ibid.,* 24 avril 1986.

18. Témoignage de Leggio, reproduit intégralement dans le *Giornale di Sicilia* (Palerme), 24, 25, 26 mai 1986.

19. « Bono + 159. » Le plan de la Mafia pour infiltrer le milieu financier de Milan a été également décrit par le repenti Antonino Calderone, qui a témoigné que son défunt frère Giuseppe avait réellement mis ce plan au point à la fin de 1979.

20. Stajano, *Mafia : L'atto d'accusa,* pp. 112-135.

21. La commande de cinq cents kilos fut passée par Nitto Santapaola qui régla directement l'affaire avec Koh Bak Kin. *Ibid.*, p. 112.

22. Quatre-vingt-quinze Tamouls furent arrêtés en Italie le 18 mars 1985 pour trafic d'héroïne en complicité avec la Mafia sicilienne à Naples, Palerme et Catane. Ils appartenaient aux Tigres d'Elam et s'occupaient du financement de leur insurrection au Sri Lanka. On dut finalement les relâcher, faute d'un interprète juré parlant leur langue. *La Repubblica* (Rome), 19 mars 1985 ; *L'Espresso* (Rome), 1er décembre 1985.

En 1987, les douanes britanniques suivirent la piste du trafiquant de la Mafia sicilienne Francesco Di Carlo jusqu'à l'hôtel où il résidait à Mombasa, au Kenya. Le registre de l'hôtel prouvait qu'il y avait rencontré d'autres chefss de la Mafia sicilienne et que plusieurs autres hôtels et casinos de Mombasa servaient à blanchir l'argent de la Mafia. BBC, 11 mars 1987.

Les contrats de fourniture d'armes avec la Guinée-Bissau se faisaient par l'intermédiaire d'une société de Massa Carrara, la Euro-Gros. Les détails apparaissent dans les mandats d'arrestation lancés le 30 janvier 1989 contre trente-sept Italiens, dont douze mafiosi des clans de Corleone et de Trapani. Ces mafiosi avaient travaillé avec le trésorier de la Mafia Pippo Calò (ou sous ses ordres), jusqu'à son arrestation en 1985. Leurs partenaires étaient des terroristes d'extrême droite du NAR et d'Ordine Nuovo. Voir *La Repubblica,* 3 janvier 1989.

Aruba, au large du Venezuela, a servi de refuge temporaire, ou de longue durée, à de nombreux trafiquants siciliens. En 1985, au plus fort de l'enquête italienne sur les opérations à l'étranger des Cuntrera-Curuana, la famille Cuntrera au complet quitta Caracas pour s'installer à Aruba pendant un moment. Entretien avec le Dr Pansa, Cellule de Rome contre le crime organisé.

Au cours de l'été 1987, les autorités népalaises arrêtèrent un groupe d'officiers de l'armée qui s'étaient révélés travailler pour la Mafia sicilienne.

La source des informations de Kathmandou est la BBC, 12 juillet 1987.

23. Interview publiée dans *La Repubblica* (Rome), 13 avril 1985.

19. LA PIEUVRE DE NOUVEAU LIBRE

1. Arrêt de la cour suprême (Cour de cassation), *Corriere della Sera* (Milan), 29 septembre 1988.

2. *La Repubblica* (Rome), 11 février 1989.

3. Zaza s'est de nouveau fait prendre en France pour contrebande de cigarettes en mars 1989.

4. Le patron accusé du meurtre du juge Ciaccio Montalto était Calogero Minore de Trapani, un proche allié des Corléonais. La Cour de cassation italienne ordonna sa mise en liberté le 23 novembre 1988.

5. *Corriere della Sera* (Milan), 4 novembre 1986.

6. *La Repubblica* (Rome), 12 et 14 mars 1989 ; *Corriere della Sera* (Milan), 12, 13 et 17 mars 1989.

7. « Sentenza della Corte » par le juge Carnevale, Cour de cassation, pp. 85-86, 121, 128.

8. *Corriere della Sera* (Milan), 30 décembre 1988.

9. Vincenzo De Caro, *Giornale di Sicilia* (Palerme), 23 mars 1988.

10. Propos du ministre de la Justice Giulio Vassalli, un socialiste, rapportés dans *La Repubblica* (Rome), 4 février 1988.

11. *Corriere della Sera* (Milan), 13 mars 1988.

12. *Ibid.*, 30 décembre 1988. A Agrigente, où les magistrats avaient travaillé pendant des années pour rassembler les preuves nécessaires pour condamner trente notables de la Mafia, un seul des condamnés restait en prison à la fin de la même année.

13. Longue déclaration du juge Falcone à *L'Espresso* (Rome), 18 septembre 1988. Au cours des mois suivants, un des juges quitta l'équipe volontairement ; deux furent désistés et nommés sur des dossiers n'ayant rien à voir avec la Mafia ; tous furent chargés de cas de routine qui aggravaient encore leur fardeau professionnel déjà énorme. Officiellement, le bureau était toujours supposé recevoir tout matériel concernant la Mafia à Palerme même, mais pas ailleurs. En réalité, ce principe rendait le travail impossible. Par exemple, un dossier basé sur des arrestations importantes effectuées à Termini Imerese — une station estivale à une vingtaine de kilomètres de Palerme, fréquentée par les plus gros boss de Palerme — fut soustrait à la juridiction du bureau anti-Mafia par le juge Carnevale de la Cour de cassation et transféré au tribunal local de Termini Imerese.

14. Arrêt de la cour d'appel de Rome dans l'affaire de l'attentat à la bombe dans un train à Noël 1984 ; les condamnations de Pippo Calò et de ses coaccusés furent annulées : d'après le tribunal, ils n'appartenaient à aucune association de type Mafia. La déclaration du cardinal primat est tirée du *Corriere della Sera* du 16 avril 1989, qui citait une lettre écrite par Ernesto Ruffini au secrétaire d'Etat du Vatican deux mois après la bombe de Ciaculli.

15. Déclaration du juge Paolo Borsellino, ancien membre du bureau anti-Mafia de Palerme, puis procureur en chef à Marsala. *La Repubblica* (Rome), 20 juillet 1988.

16. Interview de Freeh publiée dans *La Repubblica* (Rome), 14 août 1988.

17. Par exemple, la grande rafle contre les réseaux de drogue de décembre 1988, décrite par un expert du FBI comme « la plus grande dans toute l'histoire de l'humanité ». Plusieurs membres du réseau de Cherry Hill de John Gambino furent arrêtés à ce moment, à commencer par son courrier de l'héroïne favori, Emmanuele Adamita. Voir chapitre 20.

18. *La Stampa* (Turin), 7 octobre 1988.

19. *La Repubblica,* 28 juillet 1989.

20. Le « contrôle capillaire » de Palerme est évoqué dans la déclaration du juge Giuseppe di Lello du bureau anti-Mafia, *Giornale di Sicilia* (Palerme), 28 juillet 1988. Déclaration de Sica sur le contrôle du sud de l'Italie dans le *Corriere della Sera* (Milan), 16 novembre 1988. Sa déclaration sur le contrôle des institutions et les terroristes a été faite devant la commission parlementaire anti-Mafia, le 1er mars 1989. Propos du gouverneur de la Banque centrale, Ciampi, dans *La Repubblica* (Rome), 29 mars 1985. Déclaration du maire Orlando dans le *Carriere della Sera,* 6 août 1988. Rapport du Conseil suprême de la magistrature par le juge Carlo Smuraglia, *La Repubblica,* 4 février 1988. Propos du ministre de l'Intérieur dans *La Repubblica,* 6 juillet 1989.

21. L'ancien maire Giuseppe Insalaco a été tué par la Mafia le 11 janvier 1988. Il avait été maire de Palerme pendant trois mois en 1984.

22. *Corriere della Sera* (Milan), 29 janvier 1988.

23. L'important mouvement coopératif du parti communiste italien avait quelques relations avec les sociétés de production aux mains de la Mafia en Sicile, et ses leaders ont parfois, à titre individuel, été confrontés à des contacts de ce genre. Voire *Corriere della Sera* (Milan), 14 mars 1989. Cependant, en règle générale, ils n'ont pas les faveurs de la Mafia. S'ils obtiennent un score assez lamentable dans les sondages

en Sicile cela peut être à cause, ou malgré cela. Voir Galasso, *La Mafia non existe.*

24. Estimation figurant dans le jugement du maxi-procès.

25. Antonino Calderone, interrogatoire par les juges de Palerme, *Corriere della Sera* (Milan), 15 mars 1988.

26. Le leader des Républicains en Sicile était Aristide Gunnella. Voir Miriam Mafai dans *La Repubblica* (Rome), 11 juillet 1987.

27. Témoignage devant la commission parlementaire anti-Mafia de l'ancien maire de Palerme Elda Pucci, *La Repubblica* (Rome), 4 octobre 1984.

28. Dans *Anti-Mafia occasione mancata,* Michele Pantaleone écrit : « La carrière politique de Lima est une ascension incessante vers un seul but : la conquête du pouvoir, tout le pouvoir dans le parti, toujours plus de pouvoir partout, et par tous les moyens. Dans sa rapide et heureuse carrière, en raison de l'absence d'a priori de ses méthodes, Lima a été l'homme politique le plus commenté. Maire de Palerme en 1958, reconduit en 1960 jusqu'en 1962, encore réélu en 1964, secrétaire provincial de la Démocratie chrétienne, Lima réussit à bloquer toute opposition interne dans son parti et au conseil municipal... En avril 1964, le deuxième groupe de travail de la commission parlementaire anti-Mafia, qui étudiait spécifiquement le cas de Palerme, nota que Salvatore Lima devrait être suspendu de sa place de commissaire extraordinaire au Conseil de la réforme agraire en Sicile (ERAS). La commission anti-Mafia, entre autres choses, avait reçu de la direction générale de la police fiscale le dossier d'Angelo La Barbera : on y démontrait que La Barbera et son frère Salvatore avaient eu des activités politiques en 1958, travaillant pour l'élection de Lima à la mairie et « pour la protection personnelle de Lima » (pp. 40-45).

Pour la défense de Lima par Andreotti, voir l'interview d'Andreotti à *Il Messagero* (Rome), citée dans *Panorama* du 10 décembre 1984, et *Corriere della Sera,* 13 novembre 1986. Voir aussi « Un amico a Strasburgo », extraits choisis de documents rassemblés par la commission anti-Mafia sur Salvo Lima au cours de son mandat de député au Parlement européen de Strasbourg, recueil préparé par le Centro Siciliano di Documentazione Giuseppe Impastato.

29. Davis, *The Kennedys,* pp. 304-306. John Kennedy fut élu à la présidence avec une avance nationale de seulement 118 550 voix : 49,7 pour cent contre 49,6 pour cent à Richard Nixon. Les Républicains de l'Illinois ont fait un contrôle non officiel de 699 circonscriptions électorales dans le comté de Cook après l'élection ; ils ont abouti à un avantage de 4 539 votes pour Nixon — suffisamment pour lui faire remporter l'élection dans l'Illinois et l'ensemble de la nation. Mais la machine électorale du maire Daley était assez forte pour empêcher un recomptage officiel. D'après l'auteur John Davis (un cousin de Jacqueline Kennedy), Giancana lui-même se vanta ultérieurement d'avoir « élu » Kennedy. Voir Blakey et Billings, *The Plot to Kill the President* ; Hurt, *Reasonable Doubt* ; Summers, *Conspiracy* ; Scheim, *Contract on America.*

30. Il s'agit de l'opération sur laquelle ont enquêté Gianni De Gennaro et Toni De Luca de la police criminelle (Criminalpol), voir le rapport « Bono + 159 », 7 février 1983. Antonino Calderone, dont les confessions en 1988 ont dépassé de loin celles de Buscetta, a décrit comment l'opération de Milan a été montée, en partie dirigée par Giuseppe, frère de Calderone et chef de la commission régionale de la Mafia pour la région Est de la Sicile et de l'*Inter-Provinciale* de toute l'île.

31. Des travaux publics pour un montant de 21 milliards de milliards de lires, soit environ 16 milliards de dollars, ont été programmés en Sicile pour la période 1989-1994 : *La Repubblica* (Rome) 18 janvier 1989. L'avertissement à propos des sociétés « respectables » servant de couverture pour la Mafia a été répété par le haut-

commissaire Sica et le juge Di Pisa, un magistrat enquêteur spécialisé de Palerme : *La Repubblica,* 17 janvier 1989.

32. Informations sur Catane recueillies auprès de la police fiscale (Guardia di Finanzia), *La Repubblica* (Rome), 21 janvier 1989.

33. *Corriere della Sera* (Milan), 12 février 1989.

34. Le commissaire Sica fut nommé le 6 août 1988, peu après le meurtre du juge Saetta, un magistrat très respecté de Caltanissetta.

35. Les saisies d'héroïne sont rapportées dans *La Repubblica,* 6 juillet 1989 et les chiffres données par Andreotti sur les assassinats dans le *Corriere della Sera,* 10 août 1989.

20. L'IMPASSE

1. Gaetano Fidanzati fut dénoncé comme le principal associé d'Adamita dans cette entreprise mais est toujours en fuite. Condamné à vingt-deux ans de prison lors du maxi-procès de Palerme, il a été libéré parce que son jugement en appel ne put être prononcé dans les délais légaux.

2. Le mafioso sicilien considéré comme le chef du groupe Toretta à New York était Francesco « Cheech » Gambino, dont la mère était Rosa Mannino. L'information m'a été donnée par Di Gennaro et par Pansa de la Cellule contre le crime organisé de Rome.

3. Plainte déposée par le district fédéral Sud le 30 novembre 1988.

4. Entretien avec le juge Claudio Lo Curto de Caltanissetta qui a, depuis, été muté à Florence. On pense que le juge Ciaccio Montalto a été assassiné à Trapani essentiellement parce que son enquête l'avait amené trop près de cette opération.

5. Entretien avec Frank Panessa, chef du bureau de la DEA à Rome.

6. Il s'agit d'Ignazio d'Antone, dans une émission de la RAI (télévision italienne).

7. Entretien avec De Gennaro, Rome, avril 1986.

8. Il s'agit de Nigel Sevan Soobiah, accusé dans ce dossier mais toujours en fuite ; on pense qu'il vit à Amsterdam. Voir la plainte déposée par le district fédéral Sud, 30 novembre 1988.

9. *Ibid.*, p. 35.

10. *Ibid.* Voir aussi le *New York Times,* 2 décembre 1988.

11. Comme cela a été rapporté dans le *Corriere della Sera* (Milan) par son correspondant à New York, 3 décembre 1988.

12. *La Repubblica* (Rome), 13 décembre 1988.

13. L'informateur était Willie Boy Johnson, assassiné le 31 août 1988.

14. *New York Times,* 28 juillet 1988.

15. *New York Times,* 28 août 1988 ; *La Repubblica* (Rome), 28 août 1988.

16. Discours d'Oliver Revell, directeur exécutif adjoint des enquêtes au FBI, devant l'Association Internationale des Chefs de Police, Houston, Texas, le 13 octobre 1985.

17. Commission présidentielle sur le crime organisé, auditions des 23-25 octobre 1984. Voir aussi le témoignage de Floyd Clark, directeur adjoint des enquêtes criminelles au FBI, devant la sous-Commission sénatoriale sur les enquêtes, avril 1988 ; voir aussi le discours d'Oliver Revell au Texas.

18. Entretien avec Floyd Clark, 14 mars 1989.

19. Entretien de Freeh avec Ennio Caretto, *La Stampa* (Turin), 2 octobre 1988.

20 Frank Panessa, DEA, Rome.

21. *Times* (Londres), 12 octobre 1988. Le *Times* ne parle que de la « Mafia de Detroit » comme responsable, mais les sources de la DEA ajoutent que les trafiquants étaient « la faction sicilienne » de la Mafia de Detroit.

22. L'Osservatorio sulla Camorra a achevé en 1988 une étude méticuleuse sur le problème de la drogue à Naples, étude dont les conclusions ont choqué le pays tout entier. Voir *Corriere della Sera* (Milan), 19 novembre 1988, et *La Stampa* (Turin) même date.

23. Procès de la « Pizza Connection » française, commencé en septembre 1988, rapporté dans *Le Figaro* du 12 décembre 1988

24. DEA, Rome.

25. Entretien avec Frank Panessa, DEA, Rome, avril 1989.

26. Entretien, 14 mars 1989.

ÉPILOGUE

1. Rapport des services de renseignements de la police du New Jersey, 22 février 1973.

2. Rapport judiciaire de la Cellule italienne contre le crime organisé sur Francesco Inzerillo et soixante-neuf autres mafiosi siciliens aux Etats-Unis, 11 novembre 1988.

3. Rapport de la DEA, 9 mars et 18 avril 1977.

4. L'homme de main d'Enzo Napoli qui s'est fait prendre dans cette affaire d'héroïne était Victor Amuso, qui devint par la suite le boss de la famille Lucchese de New York.

5. Les relevés de la carte American Express de Napoli indiquent des débits pour les vols suivants, entre autres vols à destination de l'Europe : Milan, février 1975 ; Paris, mai 1975 ; Milan, octobre 1975 ; Lugano-Rome, janvier 1976 ; Munich, Rome, Lugano et Zurich, février 1976.

6. Rapports de la DEA sur Flenda, 13 juin 1977 ; télex de l'agent de Bonn, 13 février 1977. L'enquête de la DEA dura au moins tout l'été 1977. Dix ans plus tard, quand les faits incriminés furent révélés, le bureau de Rome de la DEA confirma que Flenda avait travaillé pour la Mafia sicilienne.

7. Les informations sur les appels téléphoniques de Napoli en Allemagne et en Italie ont été données par le supérieur de l'agent Le Vien, le lieutenant Joseph Harding, dans un « Summary of Highlights — Operation Earn » le 7 juillet 1977. Les renseignements étaient arrivés au cours du mois de mai — le mois où Enzo a été arrêté pour trafic de drogue. D'après Harding, ils « montraient l'existence d'un lien entre les acteurs du crime organisé international ».

8. *New York Post,* 23 janvier 1986.

Remerciements

Parmi tous ceux qui m'ont aidée à comprendre les faits exposés ici même, mes remerciements s'adressent en premier lieu à feu le commissaire Antonino « Ninni » Cassarà de Palerme et à son dévoué adjoint, feu le commissaire Giuseppe « Beppe » Montana, tous deux assassinés par la Mafia.

Je suis grandement redevable à deux autres merveilleux policiers italiens, fort heureusement toujours en vie : Gianni De Gennaro, chef du noyau anti-crime organisé de la police nationale italienne, et Alessandro Pansa, son indispensable bras droit.

Les juges Giovanni Falcone, Giuseppe Ayala et Giusto Sciacchitano de Palerme m'ont fourni une aide inestimable. Les Assistants US Attorneys, Louis Freeh, du Southern District de New York, et Richard Martin, représentant du ministère américain de la Justice à Rome, ont mis leur savoir à ma disposition avec une exceptionnelle générosité, de même que Frank Panessa, chef du bureau de la DEA (Drug Enforcement Administration, service chargé de la lutte antidrogue) en Italie.

Parmi mes propres collègues, ma plus chaleureuse reconnaissance va à Maria Antonietta Calabro, du Corriere della Sera *(Milan) dont la parfaite connaissance des tribunaux italiens et le méticuleux souci d'exactitude m'ont été continuellement précieux durant les longues années consacrées au présent ouvrage.*

Je remercie aussi du fond du cœur Judith Harris qui m'a permis de piocher à ma guise dans son manuscrit très fouillé sur le trafic international de l'héroïne.

Bibliographie

LIVRES ET ARTICLES

Albini, Joseph, *The American Mafia : Genesis of a Legend.* New York : Appleton-Century-Crofts, 1971.

Alexander, Shana, *The Pizza Connection.* New York : Weidenfeld and Nicholson, 1988.

Anderson, Annelise Graebner, *The Business of Organized Crime.* Standford, Calif. : Hoover Institution Press, 1979.

Anonimo, *Uno di rispetto.* Milan : Arnaldo Mondadori, juin 1988.

Arlacchi, Pino, *La Mafia Imprendritrice.* Bologne : Società Editrice il Mulino, 1983.

Arlacchi, Pino, et Nando Dalla Chiesa, *La palude e la città.* Milan : Arnaldo Mondadori, 1987.

Armi e dròga : L'atto d'accusa del giudice Carlo Palermo. Rome : Editori Riuniti, janvier 1988.

Barrese, Orazio, *I complici.* Milan : Feltrinelli, novembre 1983.

Barzini, Luigi, *The Italians.* New York : Atheneum, 1977.

Benson, George C. S., *Political Corruption in America.* Lexington, Mass. : Lexington Books, D.C. Heath, 1978.

Biagi, Enzo, *Il Boss è solo : Buscetta, la vera storia d'un vero padrino.* Milan : Arnaldo Mondadori, octobre 1986.

Blakey, G. Robert, et Richard N. Billings, *The Plot to Kill the President : Organized Crime Assassinated J.F.K.,* New York : Times Books, 1981.

Blok, Anton, *The Mafia of a Sicilian Village.* New York : Harper and Row, 1975.

Blumenthal, Ralph, *Last Days of the Sicilians.* New York : Times Books, 1988.

Bonanno, Joseph, avec Sergio Lalli, *A Man of Honor : The Autobiography of Joseph Bonanno.* New York : Simon and Schuster, 1983. (Traduction française : *Un homme d'honneur,* Presses de la Cité, 1984.)

Bresler, Fenton, *The Chinese Mafia.* Briarcliff Manor, N.Y. : Stein and Day, 1981.

Brill, Steven, *The Teamsters.* New York : Simon and Schuster, 1978.

Calvi, Fabrizio, *La vie quotidienne de la Mafia.* Paris : Hachette, 1986.

Charbonneau, Jean-Luc, *The Canadian Connection.* Ottawa : Optimum, 1976.

Cressey, Donald R., *Theft of the Nation.* New York : Harper and Row, 1969.

Dalla Chiesa, Nando, *Delitto imperfetto.* Milan : Arnaldo Mondadori, 1984. (Traduction française : *Meurtre imparfait,* Liana Levi, 1984.)

Davis, John H., *The Kennedys.* New York : McGraw-Hill, 1984.

Demaris, Ovid, *The Last Mafioso.* New York : Times Books, 1981.

De Sanctis, Riccardo *Delitto al potere.* Rome : La Nuova Sinistra-Edizioni Samona'e Savelli, 1972.

Diapoulos, Peter, et Steven Linkis, *The Sixth Family.* New York : Dutton, avril 1976.

Di Fonzo, Luigi, *St. Peter's Banker : Michele Sindona.* New York, Londres, Toronto, Sydney : Franklin Watts, 1983.

Dolci, Danilo, *Fare presto (e bene) perchè si muore.* Turin : Francesco De Silva, 1954.

Dolci, Danilo, *Banditi a partinico.* Bari : Editori Laterza, 1956.

Duggan, Christopher, *La Mafia durante il Fascismo.* Cosenza : Rubbetino Editore-Soveri Mannelli, 1987.

Falcone, Nino, et Bruno Caruso, *Almanaccu Sicilianu.* Messine : Pungitopo Editrice, 1986.

Falzone, Gaetano, *Storia della Mafia.* Palerme : S.F. Flaccovio, 1973.

Fava, Giuseppe, *Mafia : Da Giuliano a Dalla Chiesa.* Rome : Editori Riuniti, 1986.

Fava, Giuseppe, *Processo alla Sicilia.* Palerme : Editrice Ites, 1971.

Gage, Nicholas, *The Mafia Is Not an Equal Opportunity Employer.* New York : Dell, 1970.

Gage, Nicholas (édition), *Mafia, U.S.A.,* New York : Playboy Press, 1972.

Galasso, Alfredo, *La Mafia non esiste.* Naples : Tulio Pironti, 1988.

Galli, Giorgio, *Storia del partito armato.* Milan : Rizzoli, 1986.

Galluzzo, Lucio, *Tommaso Buscetta : L'uomo che tradi se stesso.* Aoste : Musumeci, 1984.

Galluzzo, Lucio, *Meglio morto : Storia di Salvatore Giuliano.* Palerme : S.F. Flaccovio, 1985.

Gambino, Richard, *Blood of My Blood.* Garden City, N.Y. : Anchor Press/ Doubleday, 1974.

Giancana, Antoinette, et Thomas C. Renner, *Mafia Princess.* New York Avon, 1984.

Gosch, Martin A., et Richard Hammer, *The Lası Testament of Lucky Luciano;* Boston, Toronto : Little, Brown, 1974.

Gurwin, Larry, *The Calvi Affair.* Londres : Macmilan Ltd., 1983.

Hess, Henner, *Mafia.* Rome, Bari : Laterza e Figli Spa, avril 1984.

Hoffa, James R., raconté à Oscar Fraley, *Hoffa : The Real Story*. New York : Stein and Day, 1975.

Hurt, Henry, *Reasonable Doubt*. New York : Holt, Rinehart and Winston, 1985.

Ianni, Francis A. J., et Elizabeth Reuss-Ianni (édition), *The Crime Society*. New York : New American Library, 1976.

I Boss de la Mafia. Préface de Girolamo Li Causi. Rome : Editori Riuniti, août 1971.

Jannuzzi, Lino, *Così parlò Buscetta*. Milan : Sugarco Edizioni, 1986.

Kaplan, David E., et Alec Dubro, *Yakuza*. Reading, Mass. : Addison-Wesley, avril 1986.

Kennedy, Robert F., *The Ennemy Within*. New York : Harper and Row, 1960. (Traduction française : *Ma lutte contre la corruption,* Robert Laffont, 1964).

Kwitny, Jonathan, *Vicious Circles*. New York : Norton, 1979.

Lampedusa, Giuseppe Tomasi di, *Il gattopardo*. Milan : Feltrinelli, 1960. (Traduction française : *Le guépard,* Le Seuil, 1960).

Lane, Mark, *Rush to Judgment*. New York : Holt, Rinehart and Winston, 1966.

Lernoux, Penny, *In Banks We Trust*. New York : Anchor Press/Doubleday, 1984.

Lewis, Norman, *The Honored Society*. New York : Putnam, 1964.

Maas, Peter, *The Valachi Papers,* New York : Putnam, 1968. (Traduction française : *Mafiosi et Mafia — Les mémoires de Joseph Valachi,* Stock, 1969.)

Marrazzo, Giuseppe, *Il Camorrista*. Naples : Tullio Pironti, 1984.

Mills, James, *The Underground Empire*. Garden City, N.Y. : Doubleday, 1986.

Moldea, Dan, *The Hoffa Wars*. New York, Londres : Paddington Press, 1978.

Moore, Robin, *The French Connection*. Londres : Hodder and Stoughton, 1969.

Mustain, Gene, et Jerry Capeci, *Mob Star : The Story of John Gotti*. New York, Toronto : Franklin Watts, 1988.

Nese, Marco, *Nel segno della Mafia*. Milan, Rizzoli.

Newsday, personnel et rédacteur en chef, *The Heroin Trail*. New York : New American Library, 1973.

Nicolosi, Pietro, *Palermo fin de siècle*. Milan : U. Mursia Editore, 1979.

Pantaleone, Michele, *Mafia e dròga*. Turin : Einaudi, 1966.

Pantaleone, Michele, *Mafia e politica*. Turin : Einaudi, 1962.

Pantaleone, Michele, *L'industria del potere*. Bologne : Capelli, 1984.

Pantaleone, Michele, *Anti Mafia occasione mancata*. Turin : Einaudi, 1969.

Petacco, Arrigo, *Il Prefetto di ferro*. Milan : Arnaldo Mondadori, 1975.

Petacco, Arrigo, *Joe Petrosino*. Milan : Arnaldo Mondadori, 1972.

Peterson, Virgil, *The Mob*. Ottawa, Ill. : Greenhill Press, 1983.

Pileggi, Nicholas, *Wiseguy*. New York : Simon and Schuster, 1985.

Pistome, Joseph D., avec Richard Woodley, *Donnie Brasco : My Unaercover Life in the Mafia.* New York : New American Library, 1987.

Poma, Rosario, et Enzo Perrone, *La Mafia : Nonni e nipoti.* Florence : Vallecchi, 1971.

Puzo, Mario, *The Godfather.* New York : Putnam, 1969. (Traduction française : *Le parrain,* Robert Laffont, 1970.)

Renda, Francesco, *Storia della Sicilia dall 1860 al 1970,* tome III. Palerme, 1986.

Saladino, Giuliana, *De Mauro : Una cronaca palermitana.* Milan : Feltrinelli, 1972.

Scheim, David, *Contract on America : The Mafia Murders of John and Robert Kennedy.* Silver Spring, Md. : Argyle Press, 1983.

Schiraldi, Vittorio, *Siciliani si nasce.* Milan : Rusconi Libri, 1983.

Sciascia, Leonardo, *Le jour de la chouette.* Paris : Flammarion, 1977.

Scott, Peter Sale, Paul L. Hoch, et Russell Stetler (édition), *The Assassinations : Dallas and Beyond.* New York : Vintage Books/Random House, 1976.

Servadio, Gaia, *Mafioso.* New York : Stein and Day, 1976.

Shawcross, Tim, et Martin Young, *Men of Honor : The Confessions of Tommaso Buscetta.* Londres : Collins, 1987.

Short, Martin, *Crime, Inc.,* Londres : Thames Methuen, 1984.

Sindona : Gli atti d'accusa dei giudici di Milan. Rome : Editori Riuniti, mai 1986.

Smith, Denis Mack, *Storia della Sicilia medievale e moderna.* Milan : Editori Laterza, 1983.

Stajano, Corrado (édition), *Mafia : L'atto d'accusa dei giudici di Palermo.* Rome : Editori Riuniti, janvier 1986.

Stendal, Russell, *Rescue the Captors.* Burnsville, Minn. : Ransom Press International, 1984.

Sterling, Claire, « Portrait of a Mafia Killer », *Reader's Digest,* juin 1973.

Sterling, Claire, *The Times of the Assassins.* New York : Holt, 1984. (Traduction française : *Le temps des assassins,* Mazarine, 1984).

Struffi, Maurizio, et Luigi Sardi, *Fermate quel giudice.* Trente : Luigi Reverdito, 1986.

Stummers, Anthony, *Goddess : The Secret Lives of Marilyn Monroe.* New York : Macmillan, 1985.

Stummers, Anthony, *Conspiracy.* New York : McGraw-Hill, 1981.

Talese, Gay, *Honor Thy Father.* New York : Dell, 1971. (Traduction française : *Ton père honoreras,* Robert Laffont, 1973.)

Teresa, Vincent, et Thomas C. Renner, *My Life in the Mafia.* Garden City, New York : Doubleday, 1973.

Violante, Luciano, *La Mafia dell'eroina.* Rome : Editori Riuniti, avril 1987.

Waller, Leslie, *The Swiss Bank Connection.* New York : Signet Books, 1972.

Welch, Neil J., et David W. Marston, *Inside Hoover's FBI.* Garden City, New York : Doubleday, 1984.

Zeiger, Henry A., *Sam the Plumber.*

DOCUMENTS : ITALIENS

« Annullamento di Sentenza ». Par la Cour de cassation, révoquant la confirmation par la cour d'appel de Caltanisetta du verdict de culpabilité mentionné ci-dessus pour le meurtre du juge Rocco Chinicci. Juge Corrado Carnevale. Rome, 3 juin 1986.

[« Bono + 159 »] « Rapporto Giudiziario de Denuncia a Carico di Bono, Giuseppe + 159, Ritenuti Responsabili d'Associazione per Delinquere di Tipo Mafioso e Finalizzata al Traffico delle Sostanze Stupefacenti ». Rapport de la Questura (préfecture) de Rome, Squadra Narcotici (équipe des stupéfiants, dirigée par Gianni De Gennaro). Préparé par le Centro Interprovinciale Criminalpol de Lombardie, Lazio-Ombrie et Sicile-Palerme. Deux volumes, Rome, 7 février 1983.

Dossier complet des témoignages au maxi-procès de Palerme. Tel qu'il fut textuellement reproduit dans le *Giornale di Sicilia* (Palerme). Du 10 février 1986 au 1er avril 1987.

[« Greco + 161 », Rapport d'Antonino Cassara]. « Rapporto Giudiziario di Denuncia a Carico di Greco, Michele più Altri 161 Persone ». Soumis à la justice de Palerme par la Questura de Palerme, Centro Interprovinciale di Coordinamento delle Operazioni di Polizia Criminale, Sicilia Occidentale. 13 juillet 1982.

« Interrogatorio d'Angelo Epaminonda ». Par le procureur Francesco di Maggio du tribunal de Milan (à raison de plusieurs séances dont le compte rendu remplit 230 pages). 19 novembre 1984 au 4 février 1985.

« Interrogatorio di Michele Zaza. » Par le juge Aurelio Galasso, au procès de Salvatore Amendolito + Altri. Rome. 23 avril 1985.

« Interrogatorio di Pietro Luigi De Riz ». Par le juge Giovanni Falcone et le procureur public Giuseppe Ayala. Rome. 20 octobre 1988.

« Interrogatorio di Buscetta, Tommaso ». Par le juge Falcone à Palerme. Série de *verbali* (procès-verbaux). 16 juillet au 12 septembre 1984.

« Mandato di Cattura Contro Abbate, Giovanni + 351 ». Palerme, 29 septembre 1984. Premiers mandats d'amener et actes d'accusation pour le maxi-procès de Palerme, signés par les juges Antonino Caponnetto, Giovanni Falcone, Paolo Borsellino, Leonardo Guarnotta et Giuseppe Di Lello Finuoli. Explication des mandats d'amener par le juge Falcone.

« Ordinanza di Rinvio a Giudizio ». Mise en accusation par le juge Claudio Lo Curto, pour le meurtre du juge Ciaccio Montalto.

« Ordinanza di Rinvio a Giudizio, Baddar Hakam Hussein + 21 ». Mise en accusation par le juge Vittorio De Cesare de 22 Palestiniens et Italiens inculpés de trafic de drogue. Rome. 12 octobre 1985.

« Ordinanza di Rinvio a Giudizio Contro Calabrò, Gioacchino + 19 ». Mise en accusation par le juge Claudio Lo Curto, tribunal de Caltanisetta, pour le procès de 20 personnes inculpées de tentative d'assassinat contre le juge Carlo Palermo. 26 juin 1986. Explication de l'acte d'accusation, 607 pages.

« Ordinanza di Rinvio a Giudizio, Michelangelo Aiello + 32 ». Mise en accusation par le juge Aurelio Galasso pour blanchiment d'argent lié au trafic de drogue dans l'affaire de la « Pizza Connection » et par ailleurs. Rome, 6 octobre 1986.

« Ordinanza di Rinvio a Giudizio, Salvatore Amendolito + 35 » (dont Michele Zaza). Par le juge Aurelio Galasso. Rome, 6 octobre 1986.

« Ordinanza-Sentenza Contro Abbate, Giovanni + 706 ». Ordre de poursuites judiciaires pour ce qu'on a appelé le maxi-procès de Palerme. Quarante volumes. Palerme, 8 novembre 1985.

« Relazione sui Lavori Svolti e Sullo Stato del Fenomeno Mafioso al Termine della V Legislatura ». Document XXIII, section n° 2.

« Relazione sui Mercati all'Ingrosso ». Rapport de la Commission parlementaire anti-Mafia. Mai 1971. Document XXIII, section (*ter*) 2.

« Relazione sulle Risultanze Acquisite sul Comune di Palermo ». Rapport de la Commission parlementaire anti-Mafia. Mai 1971.

« Relazione sull'Indagine Riguardante Casi di Singoli Mafiosi ». Rapport de la Commission parlementaire antimafia, communiqué au Sénat italien en juillet 1971. Document XXIII.

« Relazione sull'Indagine Svolta in Marito alle Vicende Connesse all'Irreperibilità di Luciano Liggio ». Publié par la Commissione Parlamentare d'Inchiesta sul Fenomeno della Mafia in Sicilia, communiqué au Parlement italien le 26 février 1970. Document XXIII, n° 2.

« Requisitoria Contro Calò, Giuseppe + 14 ». Recommandation de mise en accusation pour trafic de drogue et attentat à la bombe contre un train près de Bologne. Bureau de la Procura. Rome, 18 juin 1987.

« Requisitoria, Michele Sindona + 11 ». Recommandation de mise en accusation à l'encontre de Sindona et d'autres personnes dont John Gambino. Par le procureur public Guido Viola. Milan, 6 juin 1984.

« Requisitoria nei Confronti di Calò, Giuseppe, Carboni, Flavio + 25 ». Par le procureur public Domenico Sica. Rome.

« Requisitoria, Rosario Spatola + 84 ». Recommandation de mise en accusation par le procureur Giusto Sciacchitano. Palerme, 7 décembre 1981.

« Sentenza della Corte d'Assise d'Appello di Caltanisetta Contro Rabito, Vincenzo + 5 » (verdict). Confirmation du verdict de culpabilité rendu par la cour d'assises contre Rabito et cinq autres inculpés, dont Michele Greco, pour le meurtre du juge Rocco Chinicci. Par le juge Antonino Saetta. Caltanisetta, 14 juin 1985.

« Sentenza della Corte d'Assise di Catanzaro ».

« Sentenza della Corte Suprema di Cassazione ». Après appel dans l'affaire d'armes et drogue du juge Carlo Palermo. 7 août 1985.

« Sentenza della Corte Suprema di Cassazione ». Annullation partielle du verdict de la cour d'assises contre les trafiquants de drogue turcs et italiens inculpés par le juge Carlo Palermo. Rome, 7 août 1985.

« Sentenza della Corte Suprema di Cassazione sul Ricorso Proposto d'Amendolito + 26 ». Arrêt d'annulation des condamnations dans le procès de la « Pizza Connection » en Italie. Par le juge Corrado Carnevale. Rome, 5 novembre 1988.

« Sentenza di Rinvio a Giudizio ». Par le juge Cesare Terranova. Palerme, 31 mai, 1965.

« Sentenza di Rinvio a Giudizio » Pour le maxi-procès.

« Sentenza di Rinvio a Giudizio ». Mise en accusation de tous les membres de la Mafia d'Agrigente, soit 56 personnes. Par le juge Fabio Salamone. Agrigente, 2 avril 1986.

« Sentenza di Rinvio a Giudizio Contro Cercola, Guido + 14 ». Mise en accusation de Cercola et d'autres, dont Pippo Calò, pour avoir fait sauter un train transportant des passagers près de Bologne au moment de Noël 1984. Par le juge Girone. Florence.

« Sentenza di Rinvio a Giudizio » Extraits de la mise en accusation pour trafic d'armes et de drogue. Par le juge Carlo Palermo. Tribunal de Trente, 15 novembre 1984.

DOCUMENTS : AMÉRICAINS ET CANADIENS

« America's Habit : Drug Abuse, Drug Trafficking, and Organized Crime ». Rapport au président et à l'Attorney General des Etats-Unis par la Commission présidentielle sur le crime organisé. Washington DC, 1986.

[Audiences du comité McClellan]. « Organized Crime and Illicit Drug Traffic in Narcotics ». Audiences du Sénat, Permanent Subcommittee on Investigations of the Committee on Government Operations, 85e Congrès, 1re session, 25-27 septembre, 1, 2, 8, 9, 10-16, 29 octobre 1963 ; 28-30 juillet 1964. Rapport final du sous-comité McClellan, 4 mars 1965.

« The Cash Connection ». Rapport intermédiaire sur le crime organisé, les institutions financières et le blanchiment de l'argent, Commission présidentielle sur le crime organisé, Washington DC, octobre 1984.

« Chronology of Events ». Préparé par l'US Southern District, Manhattan, pour le jury du procès de la « Pizza Connection », 1985.

« Colombian Narcotics-Trafficking Organizations ». Criminal Investigative Division, Federal Bureau of Investigation (FBI), Washington DC, juin 1986.

« Complaint by US Southern District against Giuseppe Gambino and 26 Others ». Par l'Assistant US Attorney, Andrew C. McCarthy. New York, 30 novembre 1988.

« A Decade of Organized Crime ». Pennsylvania Crime Commission, Commonwealth of Pennsylvania, St. Davids, Pennsylvania, 1980.

« The Impact : Organized Crime Today ». Commission présidentielle sur le crime organisé, Washington DC, avril 1986.

« International Narcotics Control Strategy Report, March 1988 ». Département d'Etat américain, Bureau of International Narcotics Matters, 1er mars 1988.

« International Narcotics Control Strategy Report, March 1989 ». Département d'Etat américain, Bureau of International Narcotics Matters, 1er mars 1989.

« La Cosa Nostra in Canada. » Criminal Investigative Division, Federal Bureau of Investigation, Washington DC, mars 1985.

Mise en accusation d'Anthony Salerno, Paul Castellano et 7 autres accusés d'appartenir au conseil directeur national de la Cosa Nostra américaine. Par le Federal Grand Jury. Manhattan, 26 février 1985.

Mise en accusation par le Federal Grand Jury, Manhattan, de Gaetano Badalamenti et 34 autres pour le trafic de drogue de la « Pizza Connection ». Plainte portée par l'US Attorney Rudolph Giuliani. New York, 19 avril 1984.

Mise en accusation primant sur toute autre, 20 février 1985. Plainte sous seing privé des Assistant US Attorneys Louis J. Freeh et Richard A. Martin, 3 avril 1984.

« Narcotics Intelligence Estimate, 1983 ». National Narcotics Intelligence Consumers Committee (NNICC). Washington DC.

« National Drug Strategy ». Federal Bureau of Investigation, Washington D.C., 1986.

« The NNICC Report, 1985-6 ». NNICC, Washington DC, juin 1987.

« The NNICC Report, 1987 ». NNICC, Washington DC, avril 1988.

« Organized Crime and Cocaine Trafficking ». Audiences de la Commission présidentielle sur le crime organisé. Washington DC, 27-29 novembre 1984.

« Organized Crime and Heroin Trafficking ». Audiences de la Commission présidentielle sur le crime organisé. Miami, 20-21 février 1985.

« Organized Crime of Asian Origin ». Audiences de la Commission présidentielle sur le crime organisé. New York, 23-25 octobre 1984.

« Pennsylvania Crime Commission, 1985 Report ». Commonwealth of Pennsylvania, Conshohocken, Pennsylvania, 1985.

« A Report of the Study of Organized Crime's Infiltration of the Pizza and Cheese Industry ». Pennsylvania Crime Commission, mars 1960.

« The Sicilian Mafia and Its Impact on the United States ». Sean McWeeney. Federal Bureau of Investigation, Criminal Investigative Division, Washington DC, 1986.

Témoignage intégral, lors du procès de la Pizza Connection, de Salvatore Contorno, Tommaso Buscetta, Luigi Ronsisvalle, Gaetano Badalamenti, et des agents du FBI Charles Rooney, Carmine Russo et Joe Pistone.

Transcriptions d'enregistrements faits par la Royal Canadian Mounted Police, ayant trait à des entretiens entre Paul Violi et des visiteurs siciliens. Montréal, 22 avril 1974.

Table des matières

Achevé d'imprimer le 27 mars 1990
sur presses CAMERON,
dans les ateliers de la S.E.P.C.
à Saint-Amand-Montrond (Cher)
pour le compte des éditions Robert Laffont
6, place Saint-Sulpice - 75279 Paris Cedex 06

Dépôt légal : mars 1990.
N° d'Édition : 32611. N° d'Impression : 766.